世 界 名 著 阅 读 经 典 文 库

影响世界的100部西方名著

刘锋 张杰 吴文智 主编

苏州大学出版社

图书在版编目(CIP)数据

影响世界的100部西方名著/刘锋,张杰,吴文智主编.—苏州:苏州大学出版社,2010.4
(世界名著阅读经典文库)
ISBN 978-7-81137-463-6

Ⅰ.①影… Ⅱ.①刘…②张…③吴… Ⅲ.①著作—简介—西方国家 Ⅳ.①Z835

中国版本图书馆CIP数据核字(2010)第058624号

书　　名	**影响世界的100部西方名著**
主　　编	刘　锋　张　杰　吴文智
责任编辑	杨　华
出版发行	苏州大学出版社 (苏州市干将东路200号　215021)
印　　刷	丹阳市教育印刷厂
开　　本	787 mm×1 092 mm　1/16
印　　张	22.75
字　　数	420千
版　　次	2010年4月第1版 2010年4月第1次印刷
书　　号	ISBN 978-7-81137-463-6
定　　价	36.00元

苏州大学版图书若有印装错误,本社负责调换
苏州大学出版社营销部　电话:0512-67258835
苏州大学出版社网址　http://www.sudapress.com

前　言

当今社会，物质世界发展之快是人们有目共睹的，就常识而言，无论社会如何发展，精神世界仍是主导物质世界的力量所在，从这个角度看，书籍，特别是那些优秀的文学名著，才是我们这个社会所共有的最大财富。

无疑，书籍是人类最好的朋友，读书能让我们变得聪慧、善良、谦逊……很多优良品质我们都是从书本上得到的，而名著更是给我们留下巨大财富的良师益友。要想成为一个高尚的人，就必须让自己学会阅读。阅读升华人格情操，触及心灵自省，是最有效的教育之一。阅读名著，可以培养我们健康向上的情趣，增长知识，促进智力，可以提高人的综合素质。在阅读的过程中，书中的智慧能使我们的人生得到启迪，书中顽强拼搏的精神能让我们自强不息。阅读名著，就是与伟大心灵的对话。

人，只有通过阅读，才能够发现自己思想的卑微，才能使心灵和灵魂得到净化。名著如同沙漠里的绿洲与甘露，可以使自己的心灵获得重生。从这个意义上说，阅读名著是一种快乐，是很有意义的事情。阅读名著可以让人在精神上得到最大的满足和享受。特别是对于青少年而言，阅读是头等大事，它是青少年增长知识、开拓眼界和陶冶情操的有效途径。

古今中外的名著历来是人类共同的精神财富，对人们生活的各个方面有着巨大的影响。不可否认，世界文明的发展给我们留下了许多优秀的文化作品，但相对于海量的一般普通作品而言，我们所能接触到的优秀作品充其量也不过如沙中珠玉。在这座世界文化宝库面前，存在的一个显要的问题就是：精华与糟粕共存。这里就有一个如何引导的问题。引导阅读，已被发达国家上升到了人才竞争、国力竞争的层面上来认识。正确引导读者步入有益阅读是思想界与学术界的神圣职责。对于大多数一般读者而言，要从浩如烟海的一般图书中去甄别那些有特别阅读价值的名著，虽不是什么登天难事，但也绝非易事。所以，我们的多数读者，想要多读一些优秀作品的愿望还是很难实现的。不仅有不少人限于财力不能购买那么多书，也因现代人生活节奏太快，不能拥有大块时间去一本本地细细阅读、慢慢体味。因此，无论是对研究者还是对普通读者，如果能拥有一套可以概括世界主要名著的工具书，无疑是一大美事。这就是我们编写这套"世界名著阅读经典文库"丛书的初衷。

丛书以独特的视角切入，对世界文化发展脉络予以深刻洞察和梳理，在占有大量信息的基础上，以那些塑造和改变了我们这个世界的人、事乃至理念为线索，勾画了一部生动而清晰的世界文化发展史。在选择评介对象时，以学术性或艺术性并重的原则，兼顾作品的实际影响；在广泛调查、大量翻阅工具书的基础上确定书目。在写作时，语言上注重可读性，追求一种介于学术性和文学性之间的风格。内容上，大致包括三个方面：作者生平及著述与学术或艺术成长历程、作品内容提要及简析、作品的主要影响。

读者可以在短时间内通过对丛书的轻松阅读系统地感受世界哲学、文学、历史、政治、艺术、科学等各个领域的发展与成就。希望这套荟萃世界名著的丛书会被大众所接受，所喜欢。

contents

目录

contents

目录

contents

目录

contents

目录

阿纳托利·纳乌莫维奇·雷巴科夫［俄罗斯］

《阿尔巴特街的儿女》

作者简介

阿纳托利·纳乌莫维奇·雷巴科夫(1911—1998),俄罗斯作家。出身于乌克兰契尔尼戈夫市的一个有名的工程师家庭。雷巴科夫的作品在不同程度上都带有自传性。他的早期作品多以青少年生活为题材,包括儿童小说三部曲《短剑》(1948 年,1954 年拍成电影)、《青铜鸟》(1956)、《枪声》(1975);青少年三部曲《克罗什历险记》(1960 年,1962 年拍成电影)、《克罗什的假期》(1966)、《无名战士》(1970,后拍成电影,改名为《静默一分钟》)。这些作品以情节扣人心弦,语言生动诙谐,人物形象鲜明,富有机智、幽默而深受读者喜爱。1950 年发表的长篇小说《司机》,塑造了雷巴科夫所熟悉的一个地方汽车场中形形色色的人物群像。此书于 1950 年获得斯大林奖金,作者本人被吸收为苏联作家协会会员。1955 年发表取材于航运生活的长篇小说《叶卡婕琳娜·沃洛宁娜》。1964 年发表长篇小说《松树林之夏》。这些作品以生产为题材,描绘复杂的人际关系。1970 年发表《陌生的士兵》,此书于 1973 年获得俄罗斯瓦西里耶夫兄弟国家奖金。1975—1978 年创作长篇小说《沉重的黄沙》。小说反映了一个世代居住在乌克兰的犹太人家庭从 20 世纪初到第二次世界大战前后几十年悲欢离合的命运,主题严肃。该小说被翻译成了多种文字,在二十多个国家出版。从 1987 年 4 月起,苏联《各民族友谊》杂志连载了雷巴科夫的长篇小说《阿尔巴特街的儿女》,引起了极大的反响。

作品提要

莫斯科运输工程学院的学生萨沙·潘克拉托夫在学院党员大会上的一句话被教师阿吉疆扣上了"反对以马克思主义作为统计科学的基础"的罪名。老布尔什维克克里沃卢奇科被莫须有的"破坏集体宿舍修建工程"的罪名开除出党。萨沙去参加在红场举行的游行,同学们向他投去了警觉而好奇的目光。他的朋友对他说,他出的那期庆祝十月革命节的墙报被巴乌林撤销了,原因是"丑化突击手运动"(实际上这只不过是几句无伤大雅的同学之间的玩笑而已)。巴乌林特地走到萨沙面前,当众羞辱了他。人们通过观礼台,眼睛盯着一个人,口中叫着这个人的名字:斯大林!斯大林!人们兴奋地喊着。

节后党委召开了紧急会议,指出发生了两起反党行为。一起是萨沙攻击统计科学中的马克思主义,另一起是萨沙出的墙报。人们指责萨沙搞破坏,是个反革命分子。萨沙试图辩解,可是人们不听解释,反而诱导地询问他与其他人的"联系":有没有找过副人民委员布加金?没有。那为什么布加金找院领导为你说情?大概是舅舅马尔克告诉布加金的。也就是说,用"上面"来压人?系主任扬松试图替萨沙解释,可是被积极分子们的起哄阻止了。第二天人们看到通告:萨沙作为"反党行为的策划人"被开除学籍,其他几个"丧失了警惕性"的共青团员则受到了记过和警告的处分。扬松的系主任一职被某个积极分子所取代。萨沙开始为给自己恢复名誉而奔走。在区党委里,"人们"却正在整材料,以期证明萨沙与前反对派分子克里沃卢奇科有联系。罪名越来越严重了。

妈妈有一天惊恐地对萨沙说有人在跟踪他,萨沙不相信。一种可怕的东西在进入他们的生活。妈妈请一些好心人去劝萨沙到外地躲一躲,萨沙不认为他需要躲避"自己人"。"我相信党,因此也不打算离开她逃走。"夜里,家里来了一个陌生人和两名红军战士,逮捕了萨沙。在审讯室里,侦查员问:"您是为什么在这里坐牢的?"萨沙有点糊涂了,他不明白人家为什么会问这样的问题。他直说了和阿吉疆的冲突以及墙报的事。侦查员对这些不屑一顾,他需要知道的是:萨沙和什么人进行过反革命谈话?萨沙为什么要去找布加金和马尔克说情?克里沃卢奇科没有和萨沙进行过反革命谈话吗?

共产国际前领导人之一洛米纳泽对中国革命的看法与斯大林相左,因而成了反对派并被撤去在共产国际的职务,有人指控他似乎在创建新的共产国际。洛米纳泽还牵连了一些和他有关系的人,他们被认为反对斯大林。

萨沙开始了他的流放生活。他开始接触到那些以前只是听说过的各种反对派分子:社会革命党人、托洛茨基分子、僧侣……面对无情的事实,他开始认真地反思自己的命运。他想变得更宽容些。妈妈和马尔克舅舅吵翻了。她从儿子的命运中看清了许多事情,她恨斯大林。马尔克舅舅决不能容忍她对领袖的这种轻蔑和愤怒。妈妈说:"向无依无靠的无辜者举起屠刀的人,最终也将亡身于屠刀之下!……等到那个时候,你会想起萨沙的。不过,等你想起来的时候已经晚了。你没有保护住无辜的人,将来也不会有人保护你。"

斯大林在准备重建莫斯科,莫斯科从现在起是他的城市,未来的莫斯科是他的纪念碑。可斯大林是孤独的,他不要人们爱他,他要人们怕他。他需要的是让人敬畏的权力。斯大林是列宁同志唯一的接班人,列宁事业的继承人,国家的领导人,集体领导只是个神话。

应该使人民建立对于权力的牢不可破的信念，并要消灭能够谋取权力的人。斯大林同志不能容忍反对派，他要把一切反对派都消灭，并且加强专政机关的建设。

萨沙在流放地逐渐安定了下来。他看到了一团糟的集体农庄。他认识了内务人民委员部的特派员阿费洛夫，阿费洛夫对萨沙是抱有同情心的。集体农庄的庄员们由于不懂起码的操作技术，弄坏了一架机器，农庄主席怪到了萨沙头上。萨沙很可能为此去坐牢。阿费洛夫救了萨沙，还滔滔不绝地向萨沙展示了一套极其完整的整人逻辑。萨沙无言以对。他在想：为了革命事业我做了那么多生理的、心理的准备，却不被看成“自己人”，而成了人民的敌人，这是为什么？

译林出版社 1998 年版封面

列宁格勒正在进行一场场人事变动，斯大林邀请基洛夫参加编写一部“正确的”党史。可基洛夫却以对情况不是很清楚为由消极应付。后来，基洛夫被暗杀。政府公报上要求判决后立即执行枪决。人们意识到黑暗的年头开始了。

（朱剑利）

艾里希·弗洛姆［美国］

《爱的艺术》

作者简介

艾里希·弗洛姆(Erich Fromm,1900—1980),美国心理分析学家和社会哲学家。弗洛姆是法兰克福学派的代表人物之一。他一生的大部分研究活动旨在把马克思主义和弗洛伊德的精神分析理论糅合在一起。他认为一个人的个性的产生既有生物的原因,也有社会文化的原因。通过研究人类解放自身的历史,弗洛姆认为:获得自由的现代人的一种趋势是到极权主义当中寻求躲避新威胁的避难所。同时,弗洛姆还揭示了在商品社会中人的异化等现象。

弗洛姆的主要著述有《逃避自由》(1941)、《人人为己》(1947)、《忘却的语言》(1951)、《理智社会》(1955)、《爱的艺术》(1956)、《西哥蒙德·弗洛伊德的历程》(1956)、《在幻想锁链的彼岸》(1962)、《人心》(1964)、《人类破坏性剖析》(1973)等。

作品提要

《爱的艺术》是一部人生哲学名著,全书共分四章。

在第一章《爱是一门艺术吗?》里,作者首先提出了这个问题。有相当多的人认为爱不是一门艺术,仅仅是一种偶然产生的令人心神荡漾的感受。相信这种观点的人有三个误区:第一个误区是他们认为爱情首先是自己能否被人爱,而不是自己有没有能力爱的问题,所以爱情必须赢得人心和对异性保持吸引力。第二个误区是认为爱本身十分简单,困难在于找到适合的对象。这种误区的产生一是由于现代社会选择爱的对象有了更大的自由度,二是由于现代社会利益交换的观念使得择偶标准变化频繁。第三个误区是将“堕入情网”和“持久的爱”混为一谈。他提出,实际上爱是一门艺术,像其他艺术门类一样,需要学习才能掌握。要学会爱的艺术,一是掌握理论,二是进行实践。

第二章《爱的理论》是全书最重要的部分。作者首先提出,爱是解决人类生存问题的答案。对于人来说,最大的需要就是克服自身的孤独感和孤独的禁锢。亚当和夏娃吃了禁果后，感到很是羞愧，不是因为他们看到了对方的性部位，而是意识到他们之间的差别和距离，意识到了孤独，而又没能通过爱去实现新的沟通。

人类如何克服与生俱来的孤独感，如何超越个人的范畴，实现人类大同，是人类永恒的困惑。古往今来，人们不断摸索实现天人合一、人类大同的途径：第一条途径是原始部落的集体纵欲，在短暂的极度兴奋中消除与世隔绝的感觉。第二条途径是通过结成政治团体、国家或教派的形式与一批人达成认同。第三条途径是通过创造性的劳动使劳动者与其产品合二为一。然而，通过纵欲达到的统一是短暂的，通过与一部分人的融合而达到的统一是一种假统一，通过创造性劳动达到的统一不是人与人之间的统一。作者认为，对人类存在问题真正的和全面的答案是要在爱中实现人与人之间的统一。

那么什么是爱呢?成熟的爱的定义是：在保留自己完整和独立性的条件下，也就是保持自己个性的条件下，与他人合二为一。人的爱是一种积极的力量。"积极"一词往往被误解，认为只要施事就是"积极"。而实际上，施事往往是被动的，比如在升官发财欲望驱使下的忙碌。这里的"积极"的含义是"运用人蕴藏在内部的力量"。也就是说，爱是给予，而不是获取。这里的给予不是为了获得，也不是出于自我牺牲的崇高感，而是通过给予表现自我的生命力。爱的积极性除了有给予的要素外，还有一些其他的要素，即关心、责任心、尊重和了解。

爱是克服人的孤独问题的答案，但同时也是一个具有生物性的要求，即渴求男性和女性的结合。弗洛伊德过分强调了性本能对爱的意义，因为他未能深刻地理解性的作用。弗洛伊德从他的哲学观点出发，把性仅仅解释为生理性的。

作者还分析了父母和孩子之间的爱。母亲对孩子的爱是无条件的。孩子对爱的感受则是我之所以被人爱是因为我是母亲的孩子。孩子稍大后，便会通过自己的努力去唤起爱，从"被人爱"到"爱别人"。父亲对孩子的爱则往往是有条件的。父母对孩子的爱是互补的，一方偏废往往是造成孩子精神病患的原因之一。

从爱的对象来分，爱可分为博爱、母爱、性爱、自爱和神爱。博爱是一切爱的形式的基础。所谓博爱就是对所有人都有一种责任感，能够关心、尊重和了解他人，也就是愿意提高他人的生活情趣。母爱的特点是忘我无私，因此母爱一直被看做是爱的最高形式和最神圣的感情联系。性爱和上述两种爱有所区别，性爱是排他的。对性爱问题的两种观点都是对的：一种观点认为性爱完全是两个人之间的吸

Harper Collins 2000 年版封面

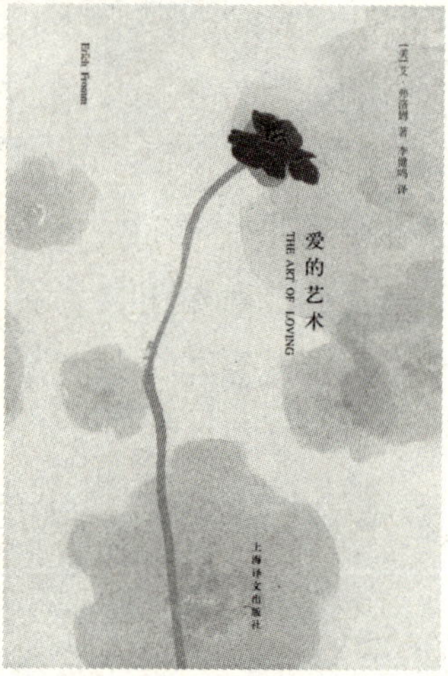

上海译文出版社 2008 年版封面

光明日报出版社 2006 年版封面

引力，是两个特殊的人之间绝无仅有的联系；另一种观点认为性爱只是意志的行为。自爱同爱另一个生命是紧密相连的，原则上爱自己和爱别人是不可分的，因为自私者不是过分自爱，而是从来也没有真正地爱过自己。神爱即对神的爱。神爱与对父母的爱之间存在着十分重要的一致性。孩子先是崇拜母亲，因为他需要包罗万象的母爱；随后孩子又转而崇拜父亲，父亲成为他思想和行动的准则。从人类历史可见，对神的爱开始完全依赖同母神的联系，然后发展到无条件地服从一个像父亲那样的神，最后发展到成熟阶段。

在第三章《爱及其在当代西方社会的衰亡》中，作者提出，每一个在特定社会生活的人，其爱的能力取决于这个社会对这个人的性格的影响。资本主义导致了现代人对自己、对同代人和对大自然的异化，许多假爱的形式取代了它们的位置，而这些假爱的形式实际上只是爱的蜕变形式。在当代西方社会中，两种观点最有代表性，一是把爱情看做是结伴，另一种是把爱情看做是性满足的产物。这两种观点都是错误的，是现代西方社会中爱情衰亡的“正常”形式，是由社会决定并造成的爱情病理。造成这两种精神病态爱情的基本条件是“相爱的”一方或双方都牢牢抓住父亲或母亲的形象不放，并把他或她以前对父亲或对母亲怀有的感情、期待和恐惧都转移到“所爱者”身上。这些人从来没有超越儿童阶段，成年后还在寻找儿童时代的联系。因此产生两种假象爱情：一种假象爱情是偶像化爱情，一个没有达到产生自我感觉高度的人倾向于把自己所爱的人“神化”；另一种假象爱情是多愁善感的爱情，那种无力拆除自己与伴侣之间高墙的男女通过看爱情电影、读爱情小说或者回忆往昔等来感动自己。精神病态爱情的另一种形式是投射法。这种投射法能导致片面地回答自己的问题，从而把注意力集中到“所爱者”的错误和缺点上。另外，神爱的衰亡程度也反映了人爱的衰亡程度。

第四章《爱的实践》：爱是一门艺术，学习爱的艺术如同学习木匠技术等，需要具备一些基本条件。首先要求有纪律，即需要有助于持之以恒的约束，不能单凭一时兴趣。二是要专一。大凡要学会一门艺术都需要集中精力，专心致志。三是要耐心。四是对掌握这门艺术要有极大的兴趣。一个人想成为爱的艺术大师，就必须在生活的每一个阶段先进行纪律、专一和耐心的训练。纪律的训练就是按时进行一定的活动，但是重要的是不要把纪律看做是外部强加的东西，而应该成为自我意志的体现，应该感到是一种愉悦。

除此之外，要掌握爱的艺术还需要一些特殊条件。其中一个主要条件是克服自恋，还要能够客观思考，即理智。爱是以合理的信仰为基础的。合理的信仰则是扎根于自己思想或感情体验的一种坚定的信念，是真正的友谊和爱情不可缺少的特点。产生信仰需要有勇气，也就是要能承担风险及准备承受痛苦和失望。

（唐岫敏）

拉沙·法朗西斯·劳伦斯·奥本海 [英国]

《奥本海国际法》

作者简介

拉沙·法朗西斯·劳伦斯·奥本海（Lasa Francis Lawrence Oppenheim,1858—1919），英籍德国著名国际法学家。早年学习并讲授刑法、国际法和法律哲学等课程。1905年和1906年，他出版了两卷本的《国际法》，作为学生的教科书，受到了学术界的普遍赞赏。奥本海于1908年被聘为剑桥大学惠威尔国际法讲座教授，直到逝世。奥本海生前曾于1912年修订他的《国际法》，此为《奥本海国际法》第二版。除本书外，奥本海还发表了著名的文章《国际法的将来》，并出版了《巴拿马运河的纠纷》、《国际问题及其问题》和《国际事件》等书；还与埃斯蒙德合编《陆战：陆战法规与惯例的说明，供皇家军队使用》等书。

作品提要

《奥本海国际法》被奉为西方权威国际法著作和教科书。上卷两册为《平时法》，下卷两册为《争端法、战争法、中立法》。全书由绪论、7编、33章组成，章下面又分节、目，共计1028目，129万字。本书内容广泛，材料丰富，概括了西方主要国家宣传的国际法原则和它们的实践，反映了西方国际法的主要动向。

上卷第一分册《绪论：国际法的基础和发展》部分包括两章，即《国际法的基础》和《国际法的发展和国际法学》。第一章《国际法的基础》讨论的主要问题是：国际法的法律性质、根据、渊源、国际法与国内法的关系、国际法的领域、国际法的法典编纂等。万国法或国际法是一个名称，用以指各国认为在它们彼此交往中有法律拘束力的习惯和条约规则的总体，以区别于单纯的惯例、道德和所谓国际礼让的规则。接着奥本海把国际法分为“普遍国际法”、“一般国际法”和“特别国际法”。文化、经济结构和政治制度的不同，对于作为国际法基本因素之一的国际社会本身存在不发生影响，却存在一种强有力的团结因素，即各国的共同利益。各国不仅在无数的条约中承认国际法规则有法律拘束力，而且经常确认各国之间是有一种法律的。它们用它们的国内法来承认国际法，命令它们的官员、民刑法院和人民履行、符合国际法对他们违反了国际法对他们的主权者所设定的义务的那些行为。各交战国武装部队的人员——以及一般的个人——是直接受战争法约束的，他们可以因破坏战争法规而受惩罚，这是国际习惯法的一项确定规则。从事海盗行为的人，是受国际法所设定的义务约束的。但是奥本海认为国际法还设有使国际社会有一种职权对一个不愿接受其约束的国家加以新的义务，或在情势变迁使国际法必须改变以适应国际和平与进步需要的情形下，对一个不愿接受国际法国家的权利进行干涉。至于国际法的根据，奥本海认为是各国的共同同意。国际法的渊源有四种：国际条约、国际习惯、一般法律原则和判例学说。这第三个渊源(一般法律原则)虽然只是习惯和条约之外的渊源，但它是独立于习惯和条约的。一般法律原则，包括未概括进现行国际法规则中的那部分原则和各国国内法(主要是民法和诉讼法)中的一些原则。由于国际法是由万民法演化而成的，故其中许多规则(如时效和地域等概念)都来源于民法。此外，一般法律原则似乎可以认为是国内法律原则在国际范围的类推适用，因为大千世界无奇不有，需要法律调整的社会关系极其复杂，而法律规定不可能包罗万象，将其穷尽，否则就不会出现“案情不清”或“无法可依”的现象了。

第二章《国际法的发展和国际法学》包括格老秀斯以前国际法的发展、格老秀斯以后的国际法的发展和国际法学。自然法学派或“国际法否认派”是指那些否认有由习惯或条约产生的任何实在国际法而主张全部国际法只是自然法的一部分的作者，代表人物是萨缪尔·普芬道夫。“实在法学派”是与自然法学派相对立的。这个学派包括所有那些与霍布斯和普芬道夫相反的，不仅主张有由习惯或国际条约产生的实在国际法，而有的实在法学者更进一步，否认自然国际法本身的存在。在18世纪，主要的实在法学者宾刻舒克、摩塞尔和马顿斯有巨大的影响。实在法主义否认国家意志以外任何国际法渊源的有效性，成为极端的国家主权学说的另一种表现。自然法学派与实在法学派的争论已持续了好几百年。

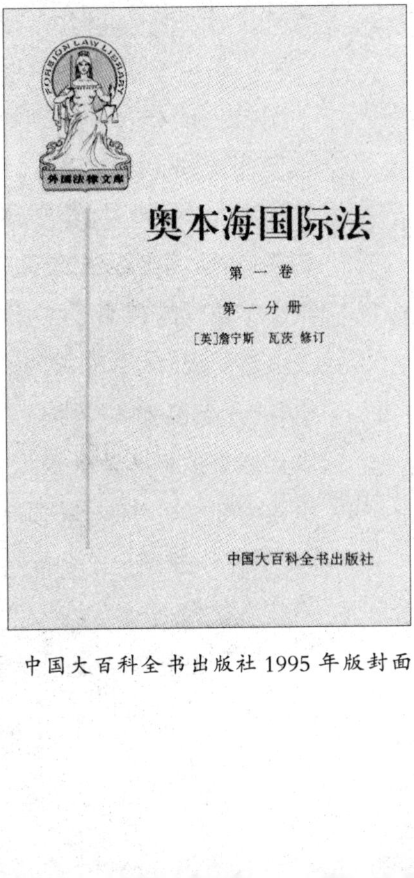

中国大百科全书出版社1995年版封面

第一编《国际法主体》，内容有国际人格者、国家在法律上的地位、国家的责任和国际社会的法律组织。国际法的主体是指能够独立地承担国际法上的权利与义务的国际法律关系的参加者。国际法的基本主体是主权国家，国际组织在一定情况下也可以成为国际法的主体。在国际法上，国家的基本权利有生存权、自保权、平等权、独立权、属地最高权、持有和取得领土权、交往权和名誉权。国家在国际社会中是完全平等的，因而一国法律不具有域外效力。1.对违反国际法的外国立法，一个国家及其法院是没有承认义务的。2.有的国家法院有权拒绝帮助执行外国司法机关违反国际法的判决、裁决，作为保证尊重国际法的一种方法。3.有些国家的法院对显然违反国际法的外国立法可以“公共政策”为由拒绝承认。4.外国法院的判决可以违反国内“法院地法”的公共政策为由而拒绝执行。5.在缺乏确实有力证据的情形下，外国不应被认为作了违反国际法的行为。6.法院将不究问一个外国政府就其领土内财产对其本国人所作的行为的合法性。国家责任是国家由于违反国家义务而承担的一种法律责任。奥本海主张个人也是国际法的主体，说“人类的政治组织必须实现一切法律和政治原则之中一个最基本原则，即:个人是一切法律的最后单位。对组织的成员加以广泛的和可以强制执行的义务以协助保证(并从长远来说能够保证)个人各方面的自由，必须认为是有组织的国际社会的主要目的”。奥本海称，“一般性国际组织”的传统观念是指一个具有潜在普遍性的国家的联合组织，以最后实现那些对于组成政治社会的个人来说应由国家来实现的目的。研究国际社会的组织就应当看它是否接近于实现任何法治下的政治社会的主要目的。或者不设法使其实现，国际法就必须被认为处于可有可无的状态。只有通过国际组织，国际法才能克服它目前的缺陷。在国际组织与国际法基本原则的关系方面，奥本海认为“《联合国宪章》上许多背离平等原则的规定——虽然通常披着责任必须与权利相结合这个意义含混的说法的不漂亮的外衣——在很大程度上最符合国际正义和国际组织的进步要求”。

第二编《国际法的客体》，内容包括国家领土、公海、个人。一般说来，国际法的客体有领土和行为，行为又包括作为和不作为。在本书出版时，个人还被作为国际法的客体，但是到了20世纪90年代，普遍的观点认为个人既不应作为国际法的主体，也不应作为国际法的客体。所谓国际法的客体，即适用国际法的空间，有国家领土、公海等。按照传统国际法，领土的取得方式有五种，即先占、时效、添附、割让和征服。

第三编《国家的对外关系机关》，内容有国家元首和外交部、外交使节、领事馆和其他机构等。国家要进行国际交往，就应设立固定、专门的对外关系机关。这一类机关又分为国内代表机关和国外代表机关，国内代表机关有国家元首、政府首脑、外交部长等，国外代表机关主要指驻外使馆、领事馆、派往国际组织的常驻使团和临时使团等。在这一编中，还讨论了“在外国领土上的武装部队”、“在外国领水内的国有船舶”和“无外交或领事身份的人员”。奥本海把这几类“人”也作为“国家的对外关系机关”中的其他机构来论述。这一点在别的国际法著作中是很少见的。

第四编《国际交往行为》包括概说、条约及其重要类别。与其他国际法著作不同，奥本海将条约作为国际交往行为方式来阐述，而别的学者则会专门列出《条约法》一章。所谓条约是指国家之间依据国际法就相互间权利与义务而签订的国际书面文件。条约的名称有公约、条约、专约、规约、协议、协定、宪章、换文、议定书、联合声明、联合公报和最后文件等。不论其名称如何，只要是规定了缔约各方权利与义务的国际文书，就是条约。按照各种分类标准，条约又可分为双边条约、多边条约、契约性条约、造法性条约、人身条约、非人身条约等。按照条约法的规定，缔约各方忠实履行条约的前提条件是"情势不变"，缔约一方如因"情势变迁"可以单方废约。

Pearson Education India 1993 年版封面

下卷第一分册第一编是《国际争端的解决》。国际争端的解决办法有强制与和平两大类。和平解决国际争端是国际法上一个十分重要的问题。具体办法有政治外交方面的谈判、斡旋、调停、和解、调查等，也有司法解决办法，包括仲裁和国际法院的判决。国际争端的强制解决办法有反报、报复、平时封锁、干涉等。而这些办法在今天看来都有些过时，或者被现代国际法所摒弃了。还有人从国际争端的性质着手，将国际争端划分为法律性质的争端和政治性质的争端，法律性质的争端又称为"可以裁决的争端"，政治性质的争端称为"不可裁决的争端"，无法通过法律办法解决，只能通过政治外交谈判的方式解决。

第二编是《战争》，内容有战争概说、战争的爆发、陆战等。在国际法上，战争是指国家之间所发生的武装冲突和由此产生的法律状态。战争对交战国之间的外交、领事和条约关系均会产生极大的影响，也会对交战国与中立国及非交战国之间的政治、外交和经济关系产生影响。战争是一种十分复杂的社会现象，就事论事地讨论战争很难有结果。战争不是法律工具，这在《巴黎非战公约》中已明文规定。但是这种社会病态既然存在，国际法就应该设法限制它。本编还系统论述了海战、空战、交战国间的非敌对关系、保证合法作战行为的手段、战争的终止和权利的回复。

第三编的标题是《中立》，包括中立概说、交战国与中立国的关系、封锁、禁制品、非中立义务、中立船舶的临检、拿捕和审判等内容。

（盛红生）

加西亚·马尔克斯［哥伦比亚］

《百年孤独》

作者简介

加西亚·马尔克斯(Garcia Marquez,1928—　),哥伦比亚当代著名小说家。因在其代表作《百年孤独》中成功运用丰富的想象力,把幻想与现实融为一体,勾画出一个丰富多彩想象中的世界,反映了拉丁美洲光怪陆离的社会生活和斗争,他荣获 1982 年度的诺贝尔文学奖。1975 年,马尔克斯发表了第二部长篇小说《家长的没落》,这是一部以夸张、嘲讽、挖苦的笔调,猛烈抨击拉丁美洲军人独裁统治的小说。1985 年,第三部长篇小说《霍乱时期的爱情》发表,再次震动世界。马尔克斯的文学成就主要在于他独创地把魔幻现实主义表现手法运用到了炉火纯青的地步。在创作中,他深刻追求神奇魔幻的效果,大量采用阿拉伯神话故事以及印第安民间传说的技巧,把触目惊心的现实与神话传说和幻想巧妙地糅合在一起,形成色彩斑斓、风格独特的图画。在他的笔下,小说的故事性、神奇性、寓言性和象征性变得更为强烈,在表现或讽喻历史方面也显得更为机警和精妙。同时,也使得读者在“似是而非、似非而是”的朦胧境界中,获取一种“似曾相识”却又陌生的审美快感,从而激发读者去寻根求源,探索作者创作真谛的愿望。

作品提要

《百年孤独》以虚构的马孔多小镇为背景,叙述了布恩地亚家族百年的兴衰史。作品情节曲折离奇,人物众多且性格孤僻。故事是这样开始的。何塞·阿卡迪奥·布恩地亚和表妹乌苏拉结婚以后,乌苏拉担心会生出猪尾儿,一直不愿跟丈夫同房。一次,布恩地亚因妻子拒绝同房而遭到邻居阿基拉尔的奚落,盛怒之下,他用长矛刺杀了阿基拉尔。为了逃避死者亡魂的纠缠,布恩地亚携妻出走,不远万里,来到一块荒芜人烟的沼泽地,创建了马孔多村。最初,马孔多只是一个与世隔绝的小村落,人们过着世外桃源般宁静而和谐的生活。不久,一群吉卜赛人来到这里,他们的魔术和冰块使马孔多人十分震惊。何塞·阿卡迪奥·布恩迪亚是一位非常具有创造力的人,他聪颖过人,想象力非常丰富:他从吉卜赛人那里看到磁铁，便想用它来开采金子；看到放大镜能够聚集太阳的光热，便想用它来研制一种威力无比的武器；得到一种航海用的观象仪和六分仪，便能判定“地球是圆的，像橙子”。他想打通马孔多与外界的联系，带领一帮人披荆斩棘干了两个多星期，却以失败告终。他痛苦地说：“咱们再也去不了任何地方啦，咱们会在这儿活活地烂掉，享受不到科学的好处了。”后来他又沉迷于炼金术，整天把自己关在实验室里。由于他的精神世界与马孔多狭隘、落后、保守的现实格格不入，他耽于幻想，对家里和村里的一切事务都漠不关心，以至于精神失常，被家人绑在一棵大树上，几十年后才在那棵树上死去。

乌苏拉一直是家族的顶梁柱，在她的辛勤操持下，他们盖起了豪华的大住宅，财富越聚越多。二十多年后，马孔多的外来居民逐渐增多，她的两个儿子和一个女儿也长大成人，马孔多成了热闹的小城镇。老大何塞·阿卡迪奥是在来马孔多的路上出生的，在那里长大，像他父亲一样固执，但没有他父亲那样的想象力。他和一个叫皮拉·苔列娜的女人私通，有了孩子，他十分害怕，觉得没脸见人。后来他与家里的养女蕾蓓卡结婚，但他一直对人们怀着戒心，渴望浪迹天涯，最后随吉卜赛人出走，经过几年的颠沛流浪生活以后返回家乡，最后莫名其妙地被人暗杀了。为了寻找阿卡迪奥，乌苏拉无意间打通了马孔多与外界的联系。马孔多开始出现了机器和教会，也来了一位政府任命的镇长。可镇长的所作所为并不受马孔多土著居民的欢迎，从此，马孔多便无宁日，各种各样的纠葛、争端、流血事件不断发生。

布恩地亚的二儿子奥雷良诺从小就对发明创造很感兴趣。长大后，他爱上了镇长的女儿金雷梅苔丝。他在国内战争中当上了自由党军队的上校，发动了 32 次武装起义，躲过了 14 次暗杀、72 次埋伏和一次枪决，最后厌倦了战争，自杀未遂，后以制作小金鱼打发余生。可他在战争中生下的 17 个儿子长大后都遭人杀害。从此以后，他万念俱灰，整天躲在家里炼金子做小金鱼，每天做两条，达到 25 条时便放到坩锅里熔化，重新再做。他像父亲一样过着与世隔绝、孤独的日子，一直到死。

1984 年作者在家乡的留影

老三阿马兰塔是个女儿。她爱上了一个意大利人，后又与她的侄子关系暧昧。两次爱情的失意让她心灰意冷，她故意烧伤自己的一只手，终身用黑色绷带缠起来，发誓永不嫁人。她把自己关在房子里缝制殓衣，缝了拆，拆了缝，过着一种孤独、痛苦的生活，最后跟她的父亲、哥哥们一样，孤独地离开人世。

Harper Collins 2003 年版封面

第三代人只有何塞·阿卡迪奥的儿子阿卡迪奥和奥雷良诺的儿子奥雷良诺·何塞。前者是个私生子，因为不知自己的亲生母亲是谁，竟狂热地爱上自己的生母，几乎酿成大错。后者是当地有名的暴君，贪赃枉法，欺行霸市，最后被处死。奥雷良诺·何塞热恋着他的姑母阿马兰塔，但因无法与她结婚，只好找妓女寻求安慰，最后死于政府的枪弹之下。这兄弟俩死时都很年轻。

战争结束后，马孔多改称市了。保守党人何塞·拉克尔出任市长时，马孔多涌来了许多外国人，他们带来了电、电影、汽车等新玩意，还在那儿开发了大面积的香蕉种植园。起初生意颇为兴旺，但好景不长，外国殖民者的残酷剥削使得工人们纷纷起来反抗，政府派军队前来镇压，杀死了三千多人。马孔多经过这番血雨腥风，剩下的只是一派荒芜凄凉的景象。与此同时，布恩地亚家族也像马孔多一样，日益衰落。

第四代的俏姑娘雷梅苔丝天生丽质，楚楚动人。她的身体散发着让人不安的气味，曾把几个男人置于死地。她喜欢光着身子，把时间耗费在反复洗澡上面。她不会做家务，不晓世事，所以人们都不理解她，不愿意和她来往，她只能“在孤独的沙漠里徘徊”。一次，她在晾床单时，被风刮上了天，从此消失。她的弟弟是一对双胞胎，一个叫阿卡迪奥第二，另一个叫奥雷良诺第二。阿卡迪奥第二在美国人开办的香蕉公司当监工。他是一位工人运动领袖，因为不满资本家的残酷剥削，领导三千多工人罢工。后来罢工遭到镇压，三千多人中只有他一人幸免于难。他目击政府用火车把工人们的尸体运往海边丢到大海，又通过电台宣布工人们暂时调到别处工作。他痛恨政府的残暴，到处揭露事实的真相，竟被认为神志不清，在一些人的眼里，他就是一个傻子。他感到很害怕，拒绝与人来往，把自己关在屋子里潜心研究吉卜赛人遗留下来的神秘手稿。吃饭、睡觉、大小便全在一间房内，弄得臭气熏天，一直到死他都呆在这个房间里。奥雷良诺第二没有正当的职业，与妻子关系不好，成天迷恋于酒色。令人感到奇怪的是，每当他跟情妇鬼混的时候，家里的牲畜繁殖得就很快，他因此发了一

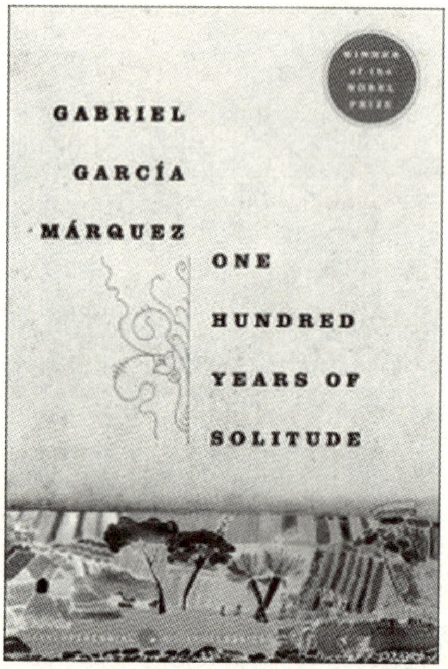

Harper Perennia 2006 年版封面

笔财。几年来，马孔多经常下大雨，他无法到情妇家去，结果家境日益衰落，不久就死去了。

第五代是奥雷良诺第二的一男两女。大儿子何塞·阿卡迪奥很小就被妈妈送到罗马神学院读书。母亲想让自己的儿子长大后成为一名主教。可儿子对此毫无兴趣，但为了将来能够获得一份虚幻中的遗产，只好假装学习宗教，等到母亲死后，他就立刻停止了学习。一次偶然的机会，他发现了乌苏拉藏在地窖里的 7 000 多块金币，他欣喜若狂，过着一种毫无节制的奢侈生活，最后被歹徒杀死。大女儿雷梅苔丝和香蕉公司的一名工人相爱，但遭到了母亲的强烈反对。一次，两人偷偷在浴室里约会，被母亲发现后，母亲以偷鸡贼的借口把小伙子打死。已有身孕的雷梅苔丝经受不了强烈的刺激，进了修道院，以此摆脱孤独、邪恶的尘世。

小女儿阿马兰塔曾经在布鲁塞尔上学，在那里与富裕的加斯东成了家。婚后，她和丈夫一同回到家乡，见到家乡一片凋敝，她感慨万千，踌躇满志地想要重建马孔多。她朝气蓬勃，充满活力，仅三个月就使家园焕然一新。

布恩地亚家族的第六代是雷梅苔丝的儿子奥雷良诺·布恩地亚。他一生除了对躲在吉卜赛人梅尔加德斯的房间里研究各种神秘的书籍和手稿感兴趣外，对其他事情漠不关心。他甚至能与已经死去的梅尔加德斯对话，并受其指示学习梵文。后来，他不知不觉地爱上了姨妈阿马兰塔，并生下了“百年里家族中诞生的唯一一个因爱而生的”男孩，不幸的是，这个男孩却长着一条猪尾巴。阿马兰塔姨妈死于难产，而婴儿则被一群蚂蚁活活吃掉。

就在这时，奥雷良诺·布恩地亚终于在惨象环生中猛然破译出一百年前吉卜赛人墨尔基阿德斯写下的羊皮手稿。原来那里就记载着布恩地亚家族以及马孔多百年的兴衰。手稿卷首的题辞是：“家庭中的第一个人将被绑在树上，家族中的最后一个人将被蚂蚁吃掉。”就在他破译完手稿的那一瞬间，不知从哪里刮来了一阵奇怪的飓风，于是，马孔多小镇瞬间消失得无影无踪。从此这个村镇就不复存在了。

（刘　浩）

弗兰茨·卡夫卡 [奥地利]

《变形记》

作者简介

弗兰茨·卡夫卡(Franz Kafka,1883—1924),奥地利现代著名小说家。卡夫卡创作勤奋,他的作品几乎完全是在业余时间完成的。卡夫卡主要的文学成就小说,归纳起来有三部分。1.生前发表过的短篇小说有《观察》(短篇集,1913)、《判决》(1913)、《变形记》(1916)、《在流放地》(1919)、《乡村医生》(短篇集,1919)、《饥饿的艺术家》(短篇集,1924)、《骑桶者》(1921)等,这部分约44篇。2.生前未发表过的短篇小说有《一场斗争的描述》、《乡村教师》、《地洞》等约34篇,其中有一部分未完稿。3.生前未发表过的3部长篇小说有《美国》、《诉讼》、《城堡》。《变形记》深刻揭露了资本主义社会中人的"异化"现象,以一种有别于传统的现实主义的写作手法被视为现代派文学的鼻祖。

作品提要

一天清晨,格里高尔·萨姆沙——一个旅行推销员从不安的睡梦中醒来,发现自己躺在床上变成了一只巨大的甲虫:坚硬得像铁甲一般的背,由好多块弧形硬片组成的穹顶似的棕色肚子,许多只无可奈何地舞动着的细腿。格里高尔环顾四周依旧的墙壁,看着墙上贵妇人的画像,倾听窗格上的雨声,无比忧伤……他想再睡一会儿,可试了不下百遍,还闭不上眼,只见那些拼命挣扎的腿……他回忆着长年累月的奔波生涯、忙碌的工作、孤独的生活,沮丧心酸。今天还得起床,去赶五点的火车,可闹钟都快六点三刻了,是赶下午七点的火车,还是请假?他犹豫不决。这时传来母亲的叫唤声,格里高尔听到自己的回答声感到惊诧,这分明是他从前的声音,但却掺着痛苦的叽喳声,母子简短的对话使家里人都失望地注意到他的存在。

长江文艺出版社2007年版封面

格里高尔想悄悄地起床,可他宽得出奇的身子,因为没有了胳臂和手无法坐起，无数细小的腿，一刻不停地向四面八方挥动。他几次三番想离开床，可最终还是气喘吁吁地躺在床上。

快七点一刻了，他听到寓所大门的门铃，听出了来访者的招呼声——是秘书主任！格里高尔猛一阵心酸：给这样一家公司当差真苦啊！只要一点小小差池，就会招来最大的怀疑。还得秘书主任亲自出马？他一激动，用尽全身力气一跃下了床，跌落在地板上，脑袋撞在地板上，他痛苦地扭动着。

W. W. Norton & Company 1960年版封面

秘书主任询问格里高尔没乘早班车上班的原因，格里高尔扒着椅子向门口移动，靠着门板直起身，用嘴巴转动插在锁孔里的钥匙，可发现自己没有牙齿。他用下巴颏去启动钥匙，不料嘴巴受伤，一股棕色的液体流了下来。他死命咬住钥匙，用身体的重量将钥匙压下去，门终于开了。格里高尔请求秘书主任在公司帮他美言几句，他发誓一定好好工作。可一听到格里高尔的头几个词，秘书主任就像灼伤了脚跟似的拔腿就跑。格里高尔想挽留秘书主任，博得他的好感，因为他们一家人的前途全系在这里，他得保住自己的职位！秘书主任的逃跑使镇静的父亲慌乱起来，格里高尔百般请求，谦恭地转动脑袋，一切无济于事，父亲像个狂人似的无情地驱赶着格里高尔，嘴里发出嘘嘘声。格里高尔心慌意乱，不顾一切地挤进房间，腰部擦伤了，腿受了重伤，父亲使劲推了他一把，格里高尔终于狠狠地跌进了自己房间里，血流如注。房门砰地被关住了。

格里高尔在房间里呆了整整一夜，饥饿一再使他惊醒。他左思右想，得出决断：目前必须用忍耐和极度的体谅来协助家人克服自己造成的不便。终于妹妹给他送来了品种繁多的食物：半腐烂的蔬菜、吃剩的骨头、过期的乳酪……他眼里噙着满意的泪水，一口一口吞吃乳酪、蔬菜和调味汁。那些新鲜的食物他反倒不喜欢，连气味都难以忍受了。吃完后，妹妹用一把扫帚把吃剩的，还有格里高尔根本没碰的食物扫成一堆，倒进桶里。格里高尔每天就这样获得他的食物。格里高尔悄悄地听到隔壁房间的谈话，几乎没有哪一次谈话不涉及他：女仆乞求母亲立刻辞退她，父亲向母亲和妹妹说明了家庭的经济现状和前景……只要一谈到养家的话题，格里高尔便一头扑到一旁冰凉的沙发上，焦虑得心中如焚。在漫漫长夜里，他通宵不眠。格里高尔心神不宁，妹妹只要一走进房间，总是不失时机地迅速关好各扇房门，不让旁人看见他。就在他变形一个月以后，他有时见妹妹被他吓得朝后退，仿佛他要扑上去咬她似的。自己的模样使妹妹不堪忍受，格里高尔惴惴不安，他花了四个小时将床单拖到沙发上，遮住自己的身体。有一次格里高尔小心翼翼地窥视妹妹对这项新措施

格里高尔发现自己变成了大甲虫

的反应，他仿佛看到了一丝感激的目光。格里高尔渐渐地开始养成了在墙上和天花板上纵横交错来回爬行的习惯，妹妹和母亲于是搬走了他房间的全部家什，拿走他喜欢的一切东西。格里高尔心痛不已：难道这间温暖的、放着舒适的祖传家具的房间要变成一个洞窟?他拼命把头和腿缩成一团，将身体贴近地面，他再也忍受不住了。门铃响了，格里高尔见到了父亲，父亲一身银行杂役的打扮，凶暴严厉的父亲使他不寒而栗，他看着父亲巨大的鞋后跟吓坏了，父亲已下定决心用苹果轰炸他了。格里高尔六神无主地瘫倒在地。格里高尔受了苹果的重创，永远丧失了灵活的能力。他变得沉默了。他观察着，家庭开支日益紧缩，女仆给辞退了，家务活落在母亲身上。母亲和妹妹的首饰被变卖了，他们还设想搬出就眼下境况来说太大的寓所。格里高尔身处黑暗之中，母亲和妹妹黯淡的眼神使他觉得背上的伤口又疼痛起来。

日子一天天过去，妹妹现在再也不考虑给他称心可口的食物了。老妈子拿着椅子也想砸他的后背，家里容忍不了的无用的肮脏杂物都堆到他的房间，房间到处积满了灰尘。寓所里的一个房间还租给了三个房客，房客的杂物等也都塞入了他的“洞穴”。一天，格里高尔被厨房的小提琴声深深吸引，壮着胆子爬去倾听，妹妹演奏得十分精彩。几位房客却非常厌倦，最后他们发现了向前移动的格里高尔，他们要求父亲做出解释，他们不能容忍住在隔壁的竟是格里高尔这样的邻居，要求立即退租。琴声戛然而止，妹妹陷入了迷惘，父亲一头栽进椅子里。妹妹终于提出了要摆脱格里高尔这一怪物的理由和设想。长期的饥饿已使格里高尔虚弱乏力，好不容易到达房门，门便被妹妹急速关上，上了门闩，上了锁。环顾四周的黑暗，他发现自己几乎再也动弹不了了，他浑身疼痛。他怀着无限的深情和爱意回忆他的家人，认为自己必须离开这里。凌晨三点时，格里高尔的脑袋颓然垂下，鼻孔呼出了最后一丝微弱的气息。

格里高尔死了，萨姆沙打发走了房客，妻子、女儿如释重负地回到家里，他们决定用一天的时间来休息、散步。他们写了三封请假信，随后离开寓所，坐电车出城去郊游，他们展望未来的前景。萨姆沙夫妇看着此刻轻松哼着歌曲的女儿，交换着会意的目光：现在已经到了为她找个如意郎君的时候。

（高毛华）

马丁·海德格尔［德国］

《存在与时间》

作者简介

马丁·海德格尔(Martin Heidegger，1889—1976)，德国现代著名哲学家。1914年在弗赖堡大学获博士学位。他是现象学创始人胡塞尔的学生，在哲学上深受胡塞尔现象学的影响。海德格尔在政治上曾对德国法西斯持支持和欢迎的态度，1933年5月加入纳粹党，后与纳粹当局分道扬镳。海德格尔的主要作品有《存在与时间》(1927)、《康德与形而上学问题》(1929)、《什么是形而上学》(1929)、《论根据的本质》(1929)、《论真理的本质》(1943)、《论人道主义》(1947)、《形而上学引论》(1953)、《什么叫思想》(1954)、《什么是哲学》(1956)、《诗、语言、思想》(1971)等。海德格尔是存在主义的创始人，主要从本体论方面进行哲学研究，他用现象学的方法阐述作为个人心理体验的“存在”，建立了存在主义的第一个理论体系。海德格尔哲学剖析现代人的心态、人格以及种种社会现象，既联系现代西方社会的实际，又超越现实。

作品提要

《存在与时间》这部哲学著作的目标是追寻存在的意义。

海德格尔在本书一开始就指出，自柏拉图以来无人真正懂得存在，而“本书的目的就是要具体地探讨‘存在’意义的问题”。海德格尔在论述他的本体论①时，提出了三个基本概念：Sein、Dasein和Existenz。Sein是指包括人在内的一切东西的存在，是一切事物的基础，用它来表示抽象的一般的存在，它没有具体的规定性，只表示事物存在的可能性。Dasein一词不是海德格尔的独创。这个词在德国哲学中被广泛使用着，用以指称个别事物的具体存在或具体存在物，以区别于一般的抽象的存在。海德格尔保留了Dasein的这一基本含义，但在外延上加以严格限制，专门用来指称人，叫“此在”。他认为，人是

① 研究“存在”问题的哲学理论，传统上被称为本体论。

具体的、有血有肉的东西，是有理性的生物存在，即“此时此地”的存在。Existenz 在传统哲学中是指一个事物的“什么”，即决定某一事物是这一事物的东西(指本质)，如果抽掉了这一事物的本质的东西，就不成其为这一事物，这显然是认为本质先于存在。海德格尔用 Existenz 表示人的存在状态，指人具有一切活动及方式存在的规定性，即指神秘化了的心理本能的存在。

海德格尔认为在三个概念中，Sein 是最根本的问题。海德格尔认为必须把本体论放在现象学基础上，运用现象学方法从人出发研究存在。他明确地把这种现象学方法与传统哲学的认识方法(特别是理性方法)对立起来，他对传统哲学把认识关系归结为主客体关系，把认识的目的归结为达到客体，把真理归结为主客体的统一，把知识当做真理的表现形式都加以否定。他的现象学方法的目标不是解决主客体关系，获得客观真理，而是把人直接体验到的自己存在的种种状态展现、揭示出来。人作为特殊的存在者即是此在。“这种存在者，就是我们自己向来所是的存在者，就是除了其他存在的可能性外还能够发问存在的存在者，我们用‘此在’这个术语来称呼这种存在者。”[①]就此在而言，其存在总是我的存在，而且其本质就在于它的存在；此在并不是一种孤立的、单独的存在，世界和它一起出现，一同在此，此在和其他世界是不可分割的，在世(In-der-Welt-sein)是此在的基本存在状态，是一种以直接意识、情绪体验等形式与世界上的物和人的交往活动。人的一生通过他的情绪和情感表现出来，因此，在世的基本结构则是烦。作为此在的人的存在总是处于不断活动的过程中的存在。人生在世总是处于不断地与外物、他人发生各种关系的过程中。这个过程就是烦(Sorgen)，这个词含有焦虑、烦恼、关切、担心、操心等意思。人的生存(此在的存在)有不同的表现形态或环节，它们构成一个统一的结构整体。“‘在世’的存在，就存在而言刻有‘烦’的印记。”[②]烦不是某种心理意义上的人的活动，不可以问“谁”烦，烦“什么”，烦是一种不知其何来、不晓其何往的纯情绪状态，这种“烦”首先不是在人生在世的具体过程中为某个确定的事情操持，也不是为某个确定的个人烦、操心，而是为人生在世的整体本身去烦。看上去，什么也不“烦”方能什么都“烦”，是“全有”。海德格尔认为这种烦的状态是人生在世的基本状态和原始状态，对这种状态我们没有任何选择的权利，我们生来就处于这种状态，无法逃避。海德格尔把烦分为烦神(Fürsorge)、烦忙(besorgen)。烦神是人与人的关系，即由“此在”的人与通常意义

① 海德格尔：《存在与时间》，陈嘉映、王庆节译，三联书店 1987 年版，第 10 页。

② 海德格尔：《存在与时间》，陈嘉映、王庆节译，三联书店 1987 年版，第 240 页。

所理解的人的关系造成的。海德格尔认为“此在”的人在文化、传统、道德、法律、公众的舆论和压力下，把自己本真的“存在”兼融在他人存在的方式下，即沉沦于世界，使自己失掉本性，成为非本真的“存在”，人在社会中存在愈具有社会性，就愈缺乏个性，愈缺乏自由，受到禁锢，从而产生烦的感觉。烦忙是人与物质发生关系，即人与物打交道。为了与把物当做与主体相对应的客体(对象)的观点区分开来，海德格尔强调在烦忙中，此在是与其使用的用具发生关系，而不是直接与物发生关系。用具的根本性质是有用，人在使用工具的过程中就把用具的有用性揭示出来。他物、世界的存在都与用具的使用相关，都是烦忙这种此在在世的形态产物，它们不是作为与此在相对立的客体，而是与此在融为一体，正是烦忙这种此在在世的活动赋予其他存在者和世界以意义。烦统——烦忙与烦神，是此在在世的原动力，也是此在要超越自身的意向。正是“烦”使此在对自身、在世的存在者和他人有所为，从而开展出人生在世的种种情态来。人无论是沉沦于世，过着非本真的生活，还是自由选择自由、本真的生活，均植根于烦。烦在海德格尔那里成了标志人的本质、反映人生真谛的本体论概念。海德格尔用烦来称此在之存在，则是指出这样一种状态：此在最主要地关注和担忧着他自己的将来，同时也关注和担忧着自身当前的状况和被抛入其中的世界。总之，人生就是烦，一切都被烦统治着。

此在的本质特征是展开(Erschlossenkeit)，此在的展开由现身(Befindlichkeit)、领会(Verstehen)、言谈(Rede)构成。它们是此在的存在状态的构成环节。“现身”表现为情绪(Stimmung)，海德格尔认为惧怕、

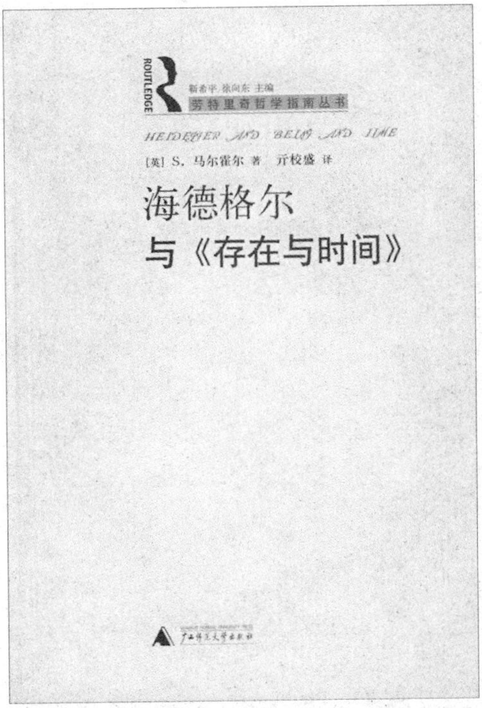

广西师范大学出版社 2007 年版封面

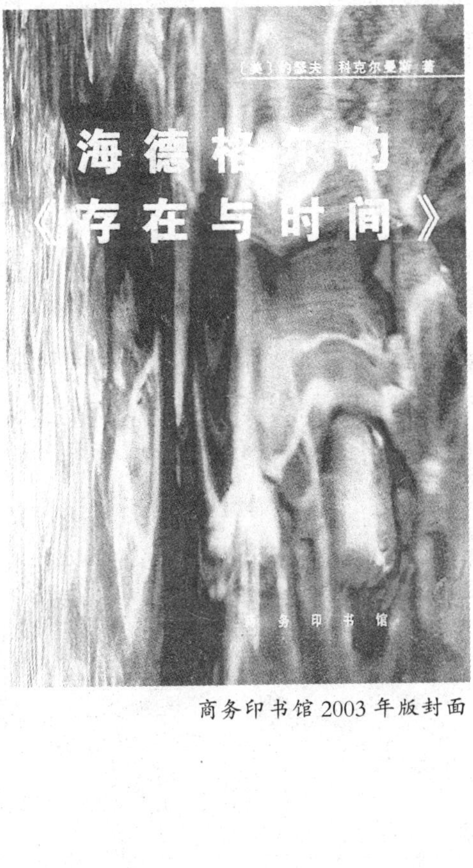

商务印书馆 2003 年版封面

State University of New York Press 1996 年版封面

欢乐、不高兴、满足等都是情绪。“领会”的字面意思是“知道”、“理解”、“知性”。海德格尔认为一切认识活动,无论是感性直观或是理性判断,都是领会的派生模式。“言谈”与现身、领会一样,在存在状态上同样是原始、先天的东西。人把自己表现为言谈的存在者,言谈是此在与世界被展示的一种方式。

就烦神而言,海德格尔指出,此在通过工具进行劳动与他人联系起来,形成相互关心、相互排斥以及互不关照三类关系。海德格尔认为,人们的相互共在首先有一种保持距离的性质,即人人都争强好胜,但这样却反而导致谁也不能领先,这就是此在的共在方式;而此在以闲谈、好奇、两可的方式存在着,寓于其所烦忙的世界。闲谈、空想等都是这些此在的方式的具体表现。正是这些此在的方式支配着相互共在本身,它们的根本特征则是使人在世失去了本真的特性,陷入沉沦境地。安宁、异化与执著是此在沉沦这一存在方式的特性,这些特性表现了此在内在的动荡不安。异化是沉沦的特征之一,所谓异化状态就是此在在沉沦中离开了自己的本真的存在或者是自己的本真的存在被掩饰起来的状态。个人与社会是对立的,人一旦获得社会性的存在,他就与自身分裂,失去了自己的人格和自由,这就是海德格尔的存在主义异化理论。

此在的基本情绪是畏惧(Angst),是孤独的个人被抛入虚无的世界中,并被社会所遗弃而产生的一种“茫然失措”的情绪。人们企图逃避这种状态,而这使人放弃本真的存在而倾向于沉沦,倾向于忘却这种畏惧的日常生活,心甘情愿地使自己受“常人”支配。海德格尔把畏惧看做沉沦和异化的根源。畏惧虽然对人造成了威胁,但真正领悟到威胁,并真正领悟到“此在”的存在是“死亡”。

“死亡”是人解脱烦恼和畏惧的唯一途径。在这个过程中,良知(Gewissen)和决心(Entschlossenheit)证明了此在的返璞归真是确实的。良知是此在处于茫然失措情况下对自己沉默呼唤,使之意识到自己因选择而得到的虚无,从而进一步选择自身,对自己的行为负责。决心则是此在做真正的人的决心和行动,即此在完全听从自己的良心和情绪自由选择自己,把握自己的命运。而这两者都由此在的时间性统一起来。这种时间性包括三个方面：通过此在的先行决心表现的将来(Zukunft)，通过此在的被抛状态体现的曾在(Gewesenheit)，以及通过此在当下行动表现的当前(Gegenwart)，它们都是此在在其存在过程中对时间的主观体验。只有此在才具有时间性和历史性。海德格尔认为此在由生到死把自己表现为全体，此在是以生的方式存在着，不过这种生的方式也正在死去。在生死之间，人们都接触到了时间这一现象。时间是使此在的存在成为可能，这种与此在的密切相关的时间即为此在的时间性。历史性不是描述过去的事件，也不是描述历史事件的规律，而是个人的决断、自由选择，以及命运的统一，此在的历史实际上是个人走向死亡的历史。

(张夕鹃)

让－保尔·萨特［法国］

《存在与虚无》

作者简介

让－保尔·萨特(Jean-Paul Sartre，1905—1980)，法国当代著名哲学家，也是小说家、剧作家和政治评论家，是第二次世界大战后风靡整个世界的存在主义思潮的一位伟大旗手与祭司。他在其小说、戏剧及政治论文中，也贯彻着他的哲学思想。除了《存在与虚无》(1943)、《存在主义是一种人道主义》(1946)、《存在主义与马克思主义》(1957) 等一系列哲学著作外，还有小说《墙》(1937)、《恶心》(1938)及剧本《苍蝇》(1943)、《死无葬身之地》(1946)等。用文学表达哲学思想是萨特的重要创作风格。

作品提要

《存在与虚无》不仅是萨特最重要的具有纲领性的哲学专著，也是一部很有影响的存在主义[①] 代表作。全书除“导言”、“结论”外，共分四卷，第一卷为《虚无与否定》，第二卷为《自为存在》，第三卷为《他为存在》，第四卷为《自由》。该书语言相当晦涩，但有一个基本的脉络，即首先从胡塞尔的现象学出发，说明他在哲学上的基本立场及该书的写作目的，然后确定阐述和认识的方法，进而探讨“自为”、“自在”、“他为存在”等基本概念与相互关系，以及关于“暂时性”、“超越”、“肉体”等概念，最后提出价值、伦理、责任等与存在主义自由学说相关的问题。

存在。该书中的存在，既不是通常语言中谈论任何现实的“存在”，又不是唯物主义的物质存在，也不是传统西方哲学里的主观感知存在。此处“存在”，具有特定的含义：人的自我“存在”。

这种存在，萨特将其区分为两种基本的类型：自在的存在与自为的存在。自在的存在，

---

① 存在主义，又称生存哲学，现代西方的非理性主义学说。存在主义者特别强调个人的具体存在，每个人的存在是独一无二的，人是自由的。

不过是存在场所显示的那个东西。它完全与自身同一，而不能与自身发生任何关系，它就是它所是，此外没有任何质的规定性，没有任何变化、改变、时间性。它是一系列表露在外的显现。那么什么是“显现”呢?“显现”即现象的显露。这里所说的现象，指的就是现象学意义上的、呈现在意识中的东西，而不是一般意义上的现象。这是存在于我们意识之外的“某个东西”，但它只具有现象客观性，即不具备事物的实在性。萨特说，自在的偶然性与事实性是绝对的，它的存在是荒诞的。在认识它的意识对它进行干预之前，它既不是这，也不是那，它只是“无”，是一个混沌的东西。它是存在的、自在的，它是其所是——这是“自在的存在”的三个特点。

萨特、波伏娃与切·格瓦纳1960年在古巴的一次会面

在萨特看来，问题只在于“自为的存在”，即人的意识。人的身体正如其他一切事物，也是一个自在的存在。因此，人由于身体而存在于世界，成为“在世界中的存在”。但人与其他一切事物有根本的区别，因为其他事物没有意识，而人则是自为的存在。人的意识虽以身体作为其存在的常备结构，并因此而属于世界，但它不受自在的存在的决定，它是一个“虚无”，它本来什么也不是，而期待于成为什么。但是，意识有能动性，它有一种有意向的活动，有计划，它要回到自在的存在那里去，否定自身而向自在的存在超越，它外在化于自在的东西，同时把自在的东西内在化。因而意识就使自在的东西具有意义，同时也使自己具有意义。所以，“自为的存在”——意识，是“赋予意义者——被赋予意义者”和“被赋予意义者”——“赋予意义者”。但是，当意识认识到一个对象时，就是意识到它自身不是它所认识的那个存在。例如，当我发现一张桌子时，我没有变成桌子，相反，我意识到桌子不是我。

自在与自为，从来就是统一的“总体的存在”，在这个存在中，“自为”离不开“自在”，同时，“自在”也与“自为”不可分解地联系在一起。关于“自在”与“自为”的论述，是萨特整个哲学中具有关键意义的一部分。他的论证，虽然确定了他的所谓现象学本体论世界观，但并没有如他所愿地避免掉一种令人麻烦的二元论，仍充满矛盾与不完满。

虚无化、暂时性、超越性。就自在与自为而言，萨特不是在同一个意义上论述的。由于自在已先验地“是其所是”，所以萨特更多地来阐述具有超然能动性与无限的活动区域的“自为”。虚无化、暂时性及超越性是自为的几大特征。

生活·读书·新知三联书店 2007 年版封面

自为的存在，是一种有意向的活动，萨特把它称之为虚无化、否定性。这有两种意义：其一，自在的各种事物，本来一片混沌没有任何意义，当我的意识投射其上时，它才显露其意义。但意识本来是"虚无"，所以我从混沌的自在中显露出某个事物，就是把该事物意识化、虚无化了。其二，我的意识直观地显露某物存在时，必须排除此外以外的一切东西，即把一切其他东西作为"无"，把它看做是对我不存在的东西。这也就是否定与虚无中的背景因素。自在的世界中各种事物既是我的处境，又对我所认识的某物的形态构成为背景。他举了这样一个例子：我要到一个咖啡馆找某个人。咖啡馆中桌子、椅子、酒、烟雾、若干顾客，都是使我要找的某人的主要形态得以出现的必要的背景。当我在找寻某人时，这些事物一个个从全部背景中把自己孤立起来，突现出来，吸引我的注意；但当我一看到它们不是(否定!)某人的时候，它们就回复到这个背景的无差别性中，把自己冲淡而虚无化了。

暂时性是萨特用来表述"时间现象学"的基本要素。它具有一些本原的综合的"构成元素"，这些"元素"被看做是"三个瞬间的向度"。萨特认为，这些时间元素是一种现象学描述，而这种暂时性的综合构成，就是"自为"。"我的过去"是"我的现在"的过去，是由于"我"的存在，才能使过去延续到"现在"，而"将来"则是一种"非存在"，它将有待于自我否定，而成为"自为"的将来。因此，萨特说，关于"过去"、"现在"、"将来"的现象学研究证明，自为除了在暂时性中是不能成立的。

在一般意义上，超越意味着趋向或超出某物或某个范围。在萨特那里，"超越"主要指"自为"的自我超越，或者说"自为"本身就是超越，它纯粹就是一个主观性的延伸。超越性与虚无化、暂时性是同一层次同一状态下的概念，"自为"的内在否定性是超越的依据，暂时性的三个向度(过去、现在、将来)则是它超越过程的系列。

由此，可以更清晰地看出"自为"的几个共同性问题：其一，一切变化、流动、行为的主体是自为，即人的自我意识；其二，萨特的否定观、时间观及超越观是对个人意识心理活动的状态描述。关于"自为"这三大特征的描述，是萨特对他的现象学本体论的具体解释。他认为这种阐述是绝对的，因为"自为存在"是不可逃避的。在他看来，凡是寻求逃避"自为存在"，并拒绝将"自为"与"自在"结合起来的认识，就是一种"不诚"。

“他为”存在。萨特认为，在我以外的世界上，不但存在着种种自在的存在物，还存在着像我这样具有意识的存在物。这些和我同样的人们，也如桌子、椅子之类一样，当他们是为我而存在的时候，他们对于我才是真正的存在。因此，他们是依赖我而存在的。然而，他们也是有意识的，所以我知道他们也有一个“自为”，他们也从他们的观点想象着世界。他们也利用世界上其余的东西(包括我在内)作为手段或工具，构成他们的计划。我的自为要把自己的存在物与别的人们统括到我的计划之中，别的人们也这样，于是真正的世界分解了，许多为我而存在的事物，同时又为别人而存在了，甚至于它们离开我而变成别人的东西了。而且，我的真正的我自己，也可能被别人夺去，反之亦然。例如，萨特说，“这时我突然抬起头，有人在那里看着我”①，我一下子感到了羞耻。他认为，这种“羞耻”并不是反思性质的，而是由于别人出现在我的意识中，我是作为出现在他人面前的我的自身而感到“羞惭”。

由此，他具体分析了人对他人的两种基本态度：一种是爱和被虐待狂，一种是恨和虐待狂。他认为人就在这两种态度之间摇来摇去，来回兜圈子，因而在世间缺乏信任与关怀，人与人之间都是冷漠的。

萨特有关“他为”的论述，表明他试图解释“我”与“他人”的关系，其一是“我”离不开“他人”。其二，“我”即“他人”，如我在他人眼中是一自在存在，反之亦然。其三，“我”与“他人”相互限制。由这里可看到胡塞尔现象学对他的影响，其基本方法是还原。胡塞尔意识的意向性原则认为凡意识均是对某物的意识，直接指向某个事物。这样，一涉及意识的存在，同时也就蕴涵着外部事物的存在。在该书中，反映出萨特对人与人关系的看法是十分阴暗的、悲观的，他也没有提出过任何积极地处理与调整人与人关系的原则。而他积极地介入社会生活，重新看待“我”与“他人”，则是二战以后的事了。

自由。自由，在萨特的哲学中占有很重要的地位。西方一些学者甚至称萨特存在主义是自由哲学，可见他的自由观是不容忽视的。

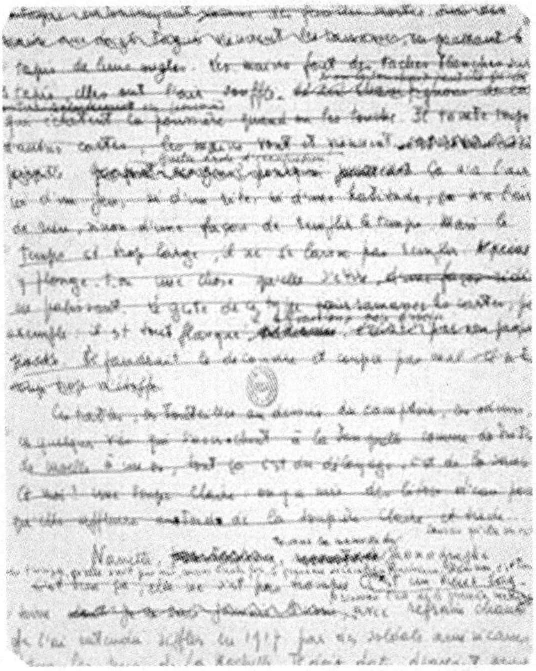

《存在与虚无》手写稿

① 萨特：《存在与虚无》，陈宣良等译，三联书店1987年版，第298页。

Citadel Press 2001 年版封面

在萨特看来，人的根本自由，在对人的极权制奴役之前、之中、之后都是一样的。萨特所说的自由是个人意识、个人意志的自由。按他们的意思，这种自由是一定的“自为的存在”，是被“判定的”，是必须选择的、造就自身的。这是一种无法逃避的选择自由。你选择甲或选择乙是无条件的。自由并不意味着到达目的或是否成功，但只要你选择，不论哪种选择均无关紧要，都是自由的，甚至不选择也是一种选择，也是自由，因为你选择了不选择。

面对这种自由，人的存在可以采取两种根本不同的态度：一种是把自由对自己隐藏起来，最典型的是采取心理决定论的信念；再一种就是承认自由，承认人的存在是自己行动的绝对源泉，并完全对自己的行为负责。在书的最后一节，萨特将它的自由引申到对于责任感、价值的理论中。他反对任何形式的决定论。个人的自由是价值的唯一基础，价值的存在依靠“我”才得以维持。个人不仅要对自己负责，还要对整个世界负责。因为当个人选择了自己时，同时也就选择了世界，人肩负着世界的重担。逃避，即不道德，便是萨特非理性主义的价值——伦理观。

（姚国宏）

赛珍珠［美国］

《大　地》

作者简介

赛珍珠(Pearl S. Buck，1892—1973)，美国小说家、剧作家、散文家、编辑、儿童文学作家和翻译家。赛珍珠的父母均是传教士。她出生五个月之后便随父母来到江苏镇江，直到17岁时才回到美国。1938年，赛珍珠主要因创作了《大地》这部小说而获得了诺贝尔文学奖。从此，她一直成为美国文学舞台上的一个重要人物。她一生中一共创作了85部作品，其中包括小说、传记、儿童文学、政论小册子。赛珍珠的主要作品有《东风·西风》(1930)、《大地》(1931)、《儿子们》(1932)、《母亲》(1934)、《分家》(1935)、《流放》(1936)、《龙子》(1942)、《东方与西方》(1975)等。

作品提要

《大地》是一部长篇小说，它主要讲述了一个普通中国农民王龙的浮沉升迁。从一贫如洗到大富大贵，本书主人公王龙经历了结婚、为父、欢乐、痛苦、人性的脆弱等生命历程和体验。赛珍珠试图用一个中国农民的人生经历来揭示一个普遍真理:《大地》是一出美国伦理道德剧，表现的是历史无情的轮回，历史造就一代人，又使另一代毁灭。

这天是王龙成亲的日子，可是这一天家里的一切都与往常一样，唯一不同的是，今天早晨当王龙一听到父亲的咳嗽声便立刻从床上爬了起来。他揭掉了护窗纸，顿觉有一股微风从东面吹来。春天到了。这可是个好兆头啊，只要再刮上几天，这风肯定会带一场春雨来，田里的庄稼正需要着呢。

王龙要娶的女人是镇上一个大户人家的丫头。王龙当然想娶一个像样的女子当老婆，可他父亲说，像他们这样的家境，哪里娶得起像样的女人。王龙对此没有吱声，他只是提出不要裂嘴麻脸的当自己的老婆。他要娶的女人，王龙并不认识，他只知道今天可以把她领回家。

王龙来到城里，先是花钱剃了头，后又去菜市买了要买的东西，然后来到黄家门前。那把门人从王龙那儿勒索到一块银洋之后，才领着王龙进门来到一个客厅，吩咐他在那儿等

上海译文出版社 2002 年版封面

着，自己到内院去通报。不一会，看门人让王龙进去见黄家女主人，可当他想拎着那只装着鱼肉等物的篮子往里走时，那家伙挖苦王龙说，在这样的人家，那篮里的鱼肉是喂狗吃的。王龙几经磨难才来到老夫人的面前。老夫人只顾抽她的鸦片，要不是身旁一个丫头提醒，她根本没有理会王龙的存在。王龙要娶的女人叫阿兰，她结实，身材高大，穿着一身蓝布衣衫。她在黄家已生活了十个年头，虽说长得不好看，可体魄健壮，农活、家务样样能干。再说她还是个黄花闺女，因为她的相貌没有引起这家男人们的兴趣。老夫人吩咐阿兰要听男人的话，多为他生几个儿子。阿兰一直顺从地、默默地听着这些吩咐。

第二天早晨，王龙舒舒服服地躺着，看着他女人在屋里忙这忙那。阿兰推门从外面来到了里屋，手里端着一碗热气腾腾的茶。王龙满心喜欢地端起茶，三口两口倒进肚里，心里十分满意。婚后几个月，王龙好像啥事也没做，只是一天到晚看着他的女人。其实，他同往常一样，扛着锄头下田锄草，赶着牛去耕地，种蒜栽葱，什么都干，但是这些活儿现在简直成了享受。太阳落山，他回到家里，热饭热菜已摆好了。要在以前，不管他有多累，回到家里还得自己动手生火做饭。如今王龙简直成了天底下最有福气的人。虽然他的女人长相丑陋，手脚粗笨，但她的身体结实、柔滑、圆润，这是黄家那些公子少爷不曾知晓的。

阿兰的确是个持家的能手。她自己动手纺线，用来缝补冬衣；她拆洗被褥，翻晒棉絮，缝补被里被面，拉松被褥，捉净虱子，把床上收拾得干干净净。睡在这样的被褥里，王龙满身舒坦，总是很快入梦。一天，他弯着腰在地里给麦子锄草，阿兰扛着锄头来了。他俩在麦田里干着，王龙不时地抬起头来看看身旁的阿兰。她的脸上汗涔涔的，满脸灰尘，面色也像泥土一样，蜡黄蜡黄的。突然她用极平常的语气对王龙说："我有了。"王龙立刻停下手里的活，呆呆地站着。什么，他要当父亲了?他的心一阵狂喜。啊，他们的运道要转了!这天他们很早就收了工。王龙把这消息告诉父亲，父亲笑哈哈地说："收获的季节到了。"

一天傍晚，太阳刚刚下山，阿兰临产了，她生了个男孩。王龙醉了。几天后，阿兰又回到田里和王龙一起干活了。她把孩子放在地上，哭了就喂奶给他吃。从她肥大、蜡黄的乳房里流出了雪一样白的乳汁，奶水直往外流，流入泥土的奶水滋润着松软、黝黑的沃土。小孩吃了这样的奶长得胖乎乎的，脾气也很乖。他从母亲的胸脯吸取了无尽的生命。

星移斗转，新年快要到了，家家户户都忙碌起来。王龙买了红蜡烛，买了写着福字和发财字样的红纸对联。阿兰用王龙买回的东西做成了一方方好看馋人的年糕。阿兰说她要带着这些年糕到黄家去拜年。年初二，王龙和阿兰从黄家拜年回来，路上阿兰对王龙说，黄家因为境况不好，准备变卖一些田地以维持他们花天酒地的生活。这消息在王龙听来无疑是个福音。他决定向黄家买地，因为大地是他的血、他的肉。王龙从自家墙洞里挖出了银元，从黄家买了一块好地，整个冬天，他和阿兰把时间花在土地上面。

由美国拍摄的电影《大地》剧照

第二年秋天，阿兰又为王龙生下一子。这一次她只在家呆了半天，王龙也没有陪她回家。没等太阳下山，阿兰又来到王龙身边，一起干起活来。这年秋天真是双喜临门：王龙又多了一个儿子，他家的收成比哪年都好。王龙卖了谷子，又得了不少银子，墙洞里又一次满起来。随着第三个孩子——一个哑女的出世，王龙的运道急剧变化。那一年天大旱，颗粒无收。王龙只好变卖了家里的一切，留下农具和三间茅屋，一家人凄凉地离开了自己的家园，来到南方一座城市。不久，城里战乱蜂起，暮色之中，王龙看到一户富裕人家的大门开着，他让人拥挤着，来到了庭院里面。混乱的人群在互相争夺拼抢值钱的东西。在一间房内，王龙撞见了一个肥胖的男人，他见王龙进来，吓得浑身哆嗦，扑通一声跪在地上，嘴里不断地喊“饶命，给你钱”。他从那家伙身上搜出一大笔钱财，最后对那家伙喊道：“滚吧，免得我动手来杀你这胖畜生!”他这个连牛也不敢杀的软心肠汉子，竟也说出这种话来了。带着掠来的钱财，王龙领着一家人回到家乡，回到他的土地之上。他用这些钱财购地置房添牲口。现在他自己不用下地干活了，他雇了六个佃工，他的全部工夫用于农产品交易、活计的支派上面。王龙送他的两个儿子去念了私塾，日后可以帮他料理账目。

王龙富了，俨然成了地主。以前他总觉得把钱花在赌博、游戏和婊子身上，十分可惜，可是现在不同了。他在茶馆门口遇见了他以前就认识的一个叫杜鹃的女人，经她的撩拨，他和一位手指尖细的姑娘度过了一夜春宵。为了讨得那位荷花姑娘的欢心，钱像水一样从他手里流出去。阿兰藏在心口的两颗珍珠就是这样被王龙逼了出来，送给了他心爱的女

Amazon Remainders Account 2004 年版封面

人。王龙把荷花娶过来做了二房，阿兰还一直被蒙在鼓里。王龙在堂屋后又造了三间房，买了雕花床，添了花帐子。八月一个晴朗的日子，荷花坐着轿子，在杜鹃的陪同下到了王龙家。自这两个女人进了王龙家门后，家里生出许多是非来。先是阿兰与杜鹃之间的磨擦，其次是荷花与王龙孩子之间的矛盾，再就是王龙的父亲与荷花，老汉大骂荷花是婊子。这一切给王龙带来了无穷的烦恼。这时他便脱了长衫和丝绒鞋，卷起裤管，扛着锄头和他的长工们一起到田里干活。他疲倦的时候，便躺在田地上睡一会，大地健康的气息便渗进他的肉体，治好他的病痛。

一晃十几个年头过去，阿兰这些年一直像一头牛一样，独自默默地耕作。虽然自从生了那对双胞胎女儿后，她一直没有怀孕，但她的肚皮大得仿佛怀孕一样。终于有一天，阿兰一病不起。从城里请来的医生告诉王龙，她的日子不久了。王龙听后，悲哀极了。送走医生后，他走到阴暗的灶间大哭了一场。王龙差人从外地把儿子叫回来，很快办完了婚事。阿兰在临终前吩咐儿子儿媳要照顾好家人。没等王龙将阿兰安葬入土，他的老父腿一伸也走了。王龙在自家山地上挑了一块好地，将两人安葬了。

转眼王龙到了 65 岁。可是，大媳妇和二媳妇因小事而结怨，女人间的不和影响到两个兄弟。老王感到凄凉、孤独。一天黄昏，他独自一人坐在一棵桂树下，心里想着两个人，一是他的小儿子，二是他的丫环梨花，那是那年发特大水灾时他买下的。那姑娘的年龄和他的孙女差不多，他想许配给小儿子，可心里又舍不得。这时他看见梨花从身边走过，随即将她喊到身边。那姑娘顺从地来到王龙跟前，王龙心里泛起了这对丫头的爱恋，他抱起她来，走进院子里……春天一年年到来，王龙的心里一直怀着一种情感——对田地的爱。一天他悄悄跟着他的两个儿子来到田头。他听见两个儿子细声说："我们卖了这块田，你分得的钱出重息借给我……"一听到"卖田"二字，王龙怒火中烧，他用发颤的声音骂道："啊，没出息的孽畜，田也好卖的么？"他哽咽着，"我们从田地里来的，我们还得回到田地里去。你们保住田地，才可永远生活下去——谁也抢不掉你们的。"说着老泪纵横。他俯下身去，抓起一把泥来，把它紧紧捏在手里。

(张建民)

米哈依尔·布尔加科夫［苏联］

《大师和玛格丽特》

作者简介

米哈依尔·布尔加科夫(1891—1940)，苏联作家和戏剧家，主要作品有小说《白卫军》、《不祥的鸡蛋》、《狗心》、《剧院小说》、《大师和玛格丽特》等，剧本《土尔宾一家的命运》、《逃亡》、《卓依金的住宅》和《紫红色的岛屿》等。大多数小说在他有生之年都未能与读者见面，剧本也被禁演。

作品提要

《大师和玛格丽特》的故事主要发生在20世纪20年代的莫斯科。一个暮春的傍晚，在牧首湖畔，莫斯科文联的头儿柏辽兹正和绰号“无家汉”的诗人伊凡谈论着后者创作的一首长诗。诗人应柏辽兹的要求，在这首反宗教题材的长诗中用阴暗的笔调描绘了主要人物耶稣，但柏辽兹仍不满意，他以雄辩的语言向诗人证明：历史上并无耶稣其人。这时，一个相貌奇特、言行荒诞不经的外国人不请自来，加入了两人的谈话。外国人自称是研究魔术和历史的教授，他宣称耶稣是存在的，因为他本人曾亲眼目睹一千多年前犹太总督彼拉多对耶稣的审讯。教授断然否定人可以掌握自己的命运，并且预言柏辽兹不久就将被一位女共青团员切下脑袋，死于非命。

上海译文出版社2005年版封面

怀疑陌生人是一个精神病人的柏辽兹想到应该打电话给外事局报告情况，便找借口离开了诗人和教授。在穿越铁轨时，他滑到了一辆疾驶中的电车下，被压得身首异处，而开车的，正是一位女共青团员。目睹这一切的诗人伊凡被吓坏了，他怀疑这一切都是那位陌生外国人的安排，于是展开了对他的追踪。最后，追踪失败的伊凡衣着不整地来到柏辽兹所领导的“莫文联”，语无伦次地向正在奢华的餐厅里享用美餐、跳舞的人们讲述了他所经历的一切，却被当做精神病人送进了精神病院。

与此同时，在柏辽兹生前所住的花园街50号，他的死讯以惊人的速度传遍了全楼，人们开始挖空心思地企图抢占他的那套住房，房管所主任博索伊在两个小时内就接到了32份申请，申请的理由五花八门，有人甚至以自杀相要挟……曾在牧首湖畔出现过的“外国人”沃兰德，实际上是魔王撒旦，和他的随从们一起占用了50号的套房，他们用魔法将柏辽兹的合住者、瓦列特剧院整天寻欢作乐的经理利霍捷耶夫送到了千里之外的雅尔塔，并且自称外宾，以高额贿赂买通了前来察看的博索伊，但随后又以告密的方式惩罚了这个收受贿赂的人。

当晚，沃兰德一伙在瓦列特剧院表演魔术，他们恶作剧般地揪下了声称“相信妖魔、那是迷信”的报幕员孟加拉斯基的脑袋，又给他安了回去；揭穿了道貌岸然、要求披露魔术内幕的文艺界领导仙普列亚罗夫的老底；用魔法在场上下起了卢布雨，在舞台上开设了妇女用品商店，引起了人们疯狂而贪婪的抢夺……演出在一片混乱中结束，当那些穿戴焕然一新的妇女们走上街头的时候，她们的新衣、新鞋突然不翼而飞，使她们落入了十分狼狈的境地。

第二天，不可思议的事情在莫斯科继续发生着。人们从院场得到的卢布在流通中成了矿泉水商标；剧院门前排起了几千人的购票队伍，但剧院总务协理瓦列奴哈和财务协理里姆斯基却不知去向。会计主任瓦西里去文娱委员会送公款，看到了一幕奇异的景象：委员会主任普罗霍尔从穿着的西服中消失了，在写字台后办公的是一套会说话的空西服，而在文娱委员会的市分会，人们则中了邪般不能自控地合唱着《光辉的海洋》……

精神病院里也不平静。已安顿下来的诗人伊凡遇上了一个深夜来访的、自称大师的病友，大师相信伊凡在牧首湖畔的遭遇，并且对此表现出了异乎寻常的兴趣，因为他本人正是因为写了一本宗教题材的、有关犹太总督彼拉多的小说才流落到这个地步的。

Grove Press 1987 年版封面

大师告诉伊凡，他曾是莫斯科一家博物馆的工作人员，在一个偶然的机会里，他中了十万卢布大奖，于是辞了职，在阿尔巴特街租了两间房子，开始专心写作。春天来临的时候，他与一位美丽的妇女相识并且相爱了，后者崇拜大师的才华，成了他秘密的妻子，在她的鼓励下，大师很快完成了关于彼拉多的小说。

大师所写的这篇小说分别以“本丢·彼拉多”、“行刑”等为标题，分散在《大师和玛格丽特》的各个部分。故事发生在一千多年前。一个清晨，犹太总督彼拉多强忍着剧烈的头痛，开始审讯流浪哲人耶稣，后者被指控教唆人们去拆毁圣殿，并且有冒犯恺撒政权的言论，地方圣公会已对他作出了死刑判决。在审讯中，耶稣神奇的力量止住了总督的头疼，并使彼拉多逐渐认识到，他是无辜的，他所说的“任何一种政权都是对人施加的暴力，将来总有一天会不存在(包括恺撒政权在内的)任何政权”的话也是真理，但出于对自己的前程、地位的考虑，也慑于罗马政权的威力和地方圣公会的压力，彼拉多违心地核准了对耶稣的死刑判决。

耶稣被处死了，临死前他所留下的遗言“怯懦是人类最主要的缺陷之一”像闪电一样击中了彼拉多的心，为悔恨所折磨的总督借秘密卫队长之手处死了出卖耶稣的犹大，并令人掩埋了耶稣的尸体。

Penguin Books 2007 年版封面

大师的这篇小说赢得了他情人的赞赏，却不为文艺界所接受，人们无法理解作者何以选择这样奇特的题材，一位编辑从小说中摘了几章在报上发表，引起了轩然大波，谩骂式的批评铺天盖地而来，大师在恐惧中烧毁了手稿。厄运接踵而来，新闻记者莫加雷奇为了占有大师的住房，诬告他藏有非法书籍，将他送进了监狱。三个月后出了狱却无家可归的大师不希望将不幸带给自己心爱的人，他在寒冷和恐怖中搭车来到精神病院，希望他的情人从此以后将他忘却。

但大师的心上人，本书的另一个主人公，美丽聪慧的玛格丽特却一刻也没有忘记大师。为了能够找到他，她答应了魔王的要求，去赴他的约会。在魔王的随从阿扎泽勒的安排下，她在全身涂上了回春油脂，骑上飞刷，自由地飞向了城南的河边。在那儿，她受到了许多魔怪精灵的膜拜和欢迎，并被称为“玛格女王”，原来，魔王选中了她做“上元晚会”的女主人。玛格丽特镇定自若地出席了晚会，成功地担当了女主人的角色，魔王对她的表现十分满意，作为酬谢，他为玛格丽特召来了大师，并恢复了大师一度被焚毁的小说原稿。魔王在莫斯科的所作所为引起了当局的注意，他们来到花园街 50 号，企图找到魔术师的踪迹。在一场激烈的枪战之后，大火吞噬了一切。

大师和玛格丽特回到了阿尔巴特街的地下室，两人为心灵的创伤所困扰，不能平静。这时，魔王应耶稣之请，安排阿扎泽勒来访。阿扎泽勒用毒酒使大师和玛格丽特脱离了自己的肉身，他们在熊熊火焰中飞向了永恒的宁静之所。在飞行中，他们见到了在一座荒凉孤寂的山顶上忏悔了近两千年的彼拉多，大师用一声呼喊“你解脱了”使彼拉多得到了渴望已久的宽恕。莫斯科有关部门继续调查“沃兰德案件”，但一无所获。人们很快就将此事淡忘了，生活恢复了原状。只有诗人伊凡无法忘怀他曾经经历的一切，每个月圆之夜，他都会梦见行走在月光之路上的彼拉多和流浪哲人耶稣，梦见手挽手一起走向月宫的大师和玛格丽特。

兹比格纽·布热津斯基［美国］

《大失控：21 世纪前夜的全球性混乱》

作者简介

兹比格纽·布热津斯基(Zbigniew K. Brzezinski,1928—　),国际战略家、资深外交官和学者。布热津斯基的主要著述有《苏联军队的政治控制》、《经常不断的清洗——苏联极权主义政治》、《苏联集团——统一和斗争》、《苏联政治中的意识形态和权力》、《避免瓜分——美国在欧洲的更大作用》、《两个时代之间——美国在电子技术时代的任务》、《脆弱的花朵》、《权力与原则》、《大失败》(1989)、《大失控:21 世纪前夜的全球性混乱》(1993)和《大棋局——美国的首要地位及其地缘》(1997)。与人合著有《极权专制与独裁》和《政治权力——美国对苏联》等。

作品提要

在《大失控:21 世纪前夜的全球性混乱》中,布热津斯基从思想、文化,特别是宗教和哲学的角度来回顾与展望未来世界的发展趋势。布热津斯基把 20 世纪称为“死亡世纪”。根据他的估算,由于战争和各种武装冲突而死亡的不少于 167 000 000 人,甚至可能高达 175 000 000 人,其规模是历史上空前的。在布热津斯基看来,造成这种杀戮的原因是起源于 19 世纪的三个相互关联的巨大力量:1.普遍扫除文盲,2.工业革命,3.城市化。而这些一般公认为历史进步的标志使民族主义、理想主义、理性主义和世俗主义相互影响,并经过大革命的催化而产生了日益增强的沙文主义、帝国主义、乌托邦主义、教条主义和极权主义。而这些就是造成 20 世纪“大死亡”的动因,这些现象都是 18 世纪最先在欧洲发生的,经过 19 世纪的酝酿,终于使公然宣告“上帝死了”的欧洲成为 20 世纪罪恶行为的策源地。

布热津斯基与卡特总统

中国社会科学出版社 1994 年版封面

在布热津斯基看来,在大部分已知的人类社会历史中,人类一直是相对地顺从其周围的世界,承认本身也是自然世界的一部分。生存的严峻要求都被认为是“自然的”而恭顺地承受下来了,而工业革命促使人类向自然界统治生命的挑战能力有了量和质的飞跃,世俗主义更多地把注意力集中到尘世生存的中心地位,提高人类的身体地位而贬低人类的精神领域。最终甚至认为,只要忠实地遵从所揭示的新的真理,人间天堂也是可以达成目标的。这样,人类把历来托给上帝的角色分配给了自己,相信“理性”可以指导政治行为,从而形成了一种为理想主义的目标而从事社会工程的倾向。结果,20 世纪成了空前地致力于建立全面的社会控制的第一个世纪,出现了空前的大悲剧。现在,既然两次世界大战都已过去,冷战也已结束,理想主义的社会工程以失败告终,人类难道不是可以乐观地进入 21 世纪了吗?但是,布热津斯基的答案却是否定的。因为在他看来,在严酷的人为控制消失以后,又彻底转向相对主义的 180 度的大转弯,出现了完全失去控制的局面,世界因此已陷入了“全面的精神危机”。这种精神危机首先是由西方,尤其是比世界大部分地区更早进入新时期的美国带头造成的。权威只能建立在共同的价值观的基础上,而美国的价值观的确是有全球性的影响力的,可惜这是一种无休止地追求物质的消费主义的价值观;美国文化的影响力也确实风靡全球,可叹它只是“粗俗的大众文化”。布热津斯基认为,今天的世界需要美国的领导,但是不仅美国的权力已不足以支持美国的立场, 而且如何把它的权力转成为拥有道德合法性的领导也已大成问题。布热津斯基列出了美国面临的 20 个问题,包含了经济的、社会的和哲学上的三大类互相重合的问题。美国显然需要花一段时间,在哲学上进行反思和文化上作自我批判。必须认真地认识到,以享乐至上作为生活的基本原则是构不成任何坚实的社会支柱的;一个社会没有共同遵守的绝对确定的原则,相反却助长个人的自我满足,那么这个社会就有解体的危险。

布热津斯基反复强调指出,美国社会有“解体的危险”,甚至推测美国可能出现此起彼伏的“城市游击战”。这不是他一个人的担忧,而已经是许多人表示出来的共识。除了今天世界上许多国家都面临的价值观念混乱的问题而外, 它自己还多了一个种族构成变化的问题。到 2050 年,美国人口中,欧洲人后裔的比重将从 60%下降到 40%。这时的美国将与不久前的基本上是欧洲血统的美国迥然不同,它更可能反映出业已使世界分裂的文化的和哲学的分歧。因此,美国内部的社会和文化难题所构成的对美国全球地位的危险有两方面:一方

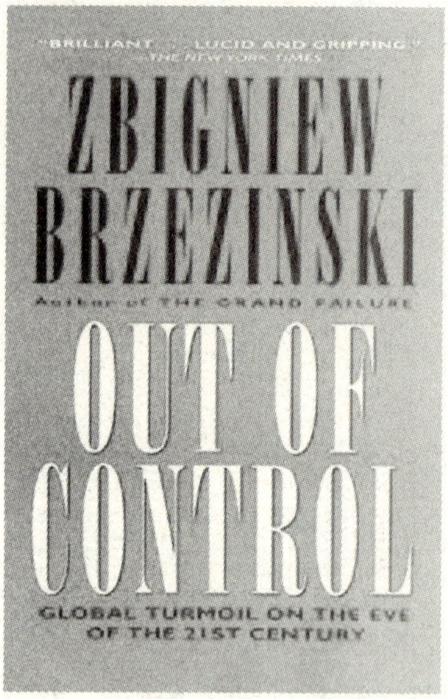

Collier Books 1996 年版封面

面，一个基本上由缺少深刻的人的价值和追求物质享受的思想所支配的社会形象会削弱美国社会模式的全球吸引力；另一方面，这一形象在全世界多数贫困的广大群众中引起过于夸大的物质期望，这类期望的落空就必然会加剧他们对于全球不平等的愤慨之情。

在分析了美国享乐主义的价值观不断削弱美国的道义权威与领导能力，而日本和欧洲又无论如何代替不了美国以后，布热津斯基明确提出“全球不平等现象势必成为 21 世纪政治中的重大问题”。纵观世界历史，在以往的大部分时间里，不平等现象都还能为人们容忍，因为各大陆之间远隔重洋，文化相差甚远，而今世界各地之间距离缩短，交往密切，人们在政治上普遍觉醒，不平等现象就变得难以容忍。这种不平等不但存在于国际范围内，而且存在于各国内部。全球人口大约有三分之二集中在欠发达国家的贫民窟中，他们极容易接受激进的政治鼓动。与此同时，最终将使整个人类生存的生态问题日益严重。一方面，正是发达国家对生态造成了最严重的破坏，因而对生态平衡日益关注；另一方面，穷国正在步富国的后尘，即在实现工业化的过程中常常不顾一切，因为这是它们摆脱落后和贫困的唯一途径。因此，对生态的强调将成为加剧富人和穷人冲突的又一个因素。至少，信徒已近 10 亿之众的伊斯兰教已明确表示要反对这种“邪恶的现代化”，因为它的驱动力是在文化上向最基本的感官屈服。长期以来把公平作为教义主要内容的各大宗教越来越关心社会主义，也有助于把不平等问题变成当代的中心问题。这样，布热津斯基心目中的未来世界的图景已经现出相当清晰的轮廓了，越来越小的地球上，纷争随时可以出现。唯一有资格领导世界的超级大国——美国实际上已丧失领导能力，不但因为它物质力量不足，也因为它在精神上失去了像 18 世纪法国能以民族主义与民主主义对世界所起的“催化作用”。美国的消费主义、享乐主义文化一方面引起其他国家的羡慕与追求，使它们腐化堕落，另一方面又引起后者的嫉妒与憎恨。当大多数人力求要过平等生活的愿望得不到满足时，新的政治上的荒谬事件又可能一阵阵爆发，可能会出现全新的“准法西斯主义”。有没有可能扭转这局面呢？布热津斯基给出的答案是：如果人类要真正掌握自己的命运，就必须克服全球精神危机。要掀起一次新的历史浪潮，使价值观念和行为方式根本改变，才会革除积弊。实际上它产生于一种漫长的文化自我重新审视和哲学的重新估价过程，这一过程将随着时间的推移影响着西方和非西方世界的政治观。但是，在混乱的现象确乎日益明显的现在，人们又看到了多少这种重新审视和重新估价的迹象呢？ （大　圣）

亨利克·易卜生［挪威］

《当我们死而复苏时》

作者简介

亨利克·易卜生(Henrik Ibsen,1828—1906),挪威19世纪伟大的剧作家、诗人。他一生创作了25部戏剧以及丰富的诗歌、书信和文艺论文,极大地影响了20世纪世界各国的文学创作。和莎士比亚一样,易卜生不属于一个时代和一个国家,而属于所有的世纪和全世界。[①] 易卜生一生创作有《凯蒂琳》、《厄斯特罗特的英格夫人》、《海尔·格伦的海盗》、《布朗德》、《埃尔·金特》、《皇帝与加利人》、《社会支柱》、《玩偶之家》、《群鬼》、《人民公敌》、《建筑师》、《当我们死而复苏时》等25部剧作和大量的诗歌作品,为世界文学宝库留下了珍贵的遗产。易卜生的创作有其统一的风格,思想倾向鲜明,哲理蕴涵深刻,艺术手法多样,想象丰富奇特。[②]但是在不同时期,他又表现出逐渐演进的创作走向。易卜生早期的创作(1868年以前)富有民族浪漫主义色彩,充满民族奋发精神与浪漫主义激情。在创作的鼎盛时期(1869—1883),他主要创作现实主义社会问题剧,取得了杰出的成就。到了创作晚期(1884—1899),他的作品具有浓厚的象征主义意味,注重进一步探讨人生哲学和剖析人物心理,与现实主义形成了交织。

作品提要

故事发生在挪威一处风光秀丽的海滨浴场和高山上一个疗养区附近。在一个宁静、和煦、晴朗的夏日清晨,第一幕开始了。鲁贝克教授和太太梅遏刚刚吃完早饭,坐在浴场旅馆外面草地上的柳条椅里。梅遏感到浴场虽然风光旖旎,但过于寂静,难免让人觉得沉闷。鲁贝克也有同样的感受。梅遏发现

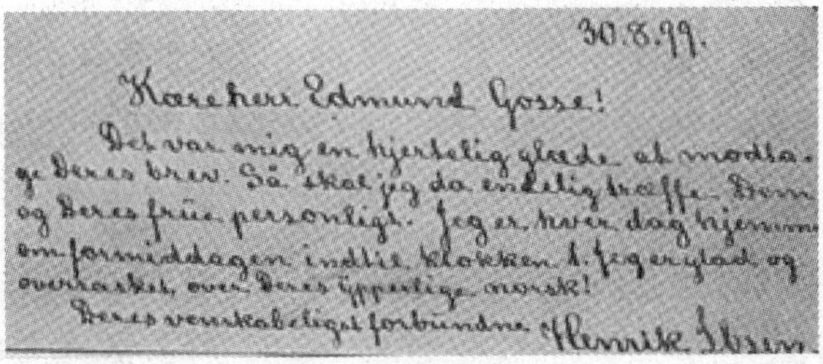

30.8.99.

Kære herr Edmund Gosse!

Det var mig en hjertelig glæde at modtage Deres brev. Så skal jeg da endelig træffe Dem og Deres frue personligt. Jeg er hver dag hjemme om formiddagen indtil klokken 1. Jeg er glad og overrasket over Deres ypperlige norsk!

Deres venskabeligst forbundne Henrik Ibsen.

1899年易卜生创作该剧的手写稿

① 王忠祥:《易卜生和他的文学创作(代序)》,《易卜生文集》,人民文学出版社1995年版,第1卷,第1页。

② 王忠祥:《易卜生和他的文学创作(代序)》,《易卜生文集》,人民文学出版社1995年版,第1卷,第24页。

丈夫近来心绪不宁，喜欢换地方，颇有些厌世气息，因而询问起他的工作。鲁贝克曾在五年前完成了一件惊世杰作《复活日》，一座象征最理想的女人觉醒的大理石像。他对曾给予他灵感与热情的女模特、美丽的少女爱吕尼仍念念不忘。他曾为了追求艺术而拒绝了爱吕尼炽热的感情，给她造成了极大的伤害，如今他心中隐隐有些内疚。在完成《复活日》之后，鲁贝克的创作陷入了低谷。

梅遏提醒鲁贝克不要忘了他在结婚时许下的约定："你答应把我带到一座高山上，让我赏鉴全世界的荣华。"可是鲁贝克将它当做一句戏言，有意搪塞地说："那是我从前用惯的一个比喻……从前我想把邻居的孩子们哄出来，陪我到树林里、到山上去玩的时候常说这种话。"这时出现一位白衣人，她身材细长，脸色苍白，皱纹似乎已经很深，眼睛好像什么都看不见，身后跟着一位穿黑衣服的教会女护士。两人径自走进了凉亭。

地主乌尔费姆来了。他喜欢打猎，声音洪亮，相貌粗犷，被人称为杀熊的人。他认出了雕塑家鲁贝克。一俟在他们旁坐定，他就对梅遏说："凡是我捉得到手的猎物，我都有法子整治——无论是鹰、狼、女人、麋鹿——只要它们新鲜，水分多，血多。"梅遏对乌尔费姆产生了兴趣，起身离去同他商量上山打猎的事儿。

几乎在同时，那位陌生女客走出亭子，在鲁贝克的桌旁坐下。鲁贝克认出她就是被他伤害过的模特爱吕尼。爱吕尼问起了"咱们的孩子"——那尊以她为模特的名作《复活日》。她回忆起被鲁贝克拒绝之后所遭遇的不幸。为了生存，她在杂耍场的转台上表演过，在活动画片里表演过裸体像，有过两次痛苦的婚姻，先后杀死了两位丈夫。爱吕尼声称她自己也死了好些年了。鲁贝克无法抑制住内心的悔恨。多年的分离之后，两人重又产生了一起攀登高峰的想法。爱吕尼央求鲁贝克："为什么咱们不能做心里想做的事呢？……噢，跟我一块儿走吧！"这时，梅遏也决定和乌尔费姆上山去打猎，她似乎对此事非常乐意。

北京燕山出版社 2004 年版封面

夏日黄昏。疗养区附近的山坡上。第二幕在一片美丽的湖光山色之中拉开了帷幕。鲁贝克教授坐在山坡上的长椅上看着溪水边的孩子们做游戏。过了一会，梅遏从旅馆找到了山坡上，告诉他明天一早她就要上山打熊了。鲁贝克对此没有什么反应，只觉得有些疲倦。他说出这次旅行的真实理由，觉得夫妻俩没法再生活在一起了，必须分手。他需要另外一个人跟他做伴，这个人可以供给他他所缺少的东西，可以在事业上跟他志同道合。爱吕尼从右边高原上走来，梅遏走下小丘去和她说话。她借用鲁贝克的话说他需要爱吕尼来打开他心灵之匣，重新发现他的灵感。爱吕尼又一次同鲁贝克独处一处。鲁贝克对她忏悔道："我良心上压着一副重担子。"爱吕尼不禁感到心头一阵轻松。她始终把鲁贝克当做自己的丈夫，把他们共同创造的杰作称做"咱们的孩子"。她说："在我把灵魂和身体供你使用之后，在那座雕像——你把它叫做'咱们的孩子'——完成之后，我对你作了最宝贵的牺牲。这就是说，把我自己从你生命里一笔勾销。"鲁贝克低头说道："并且使我的生命变成荒漠。"爱吕尼突然发怒："我恨你，我恨你这个艺术家，因为你随随便便、漫不经心地抓了一个热血的身体，一个年轻的生命，为了满足你艺术上的需要，你销蚀了她的灵魂。"

Dodo Press 2005 年版封面

鲁贝克在爱吕尼出走后曾对《复活日》有过较大的改动。爱吕尼听说后，悄悄地从胸前抽出一把尖刀，鲁贝克没有意识到她对他的仇恨与对"孩子"爱是如此的极端。爱吕尼痛苦地说："我的整个灵魂——你和我——咱们俩，咱们俩和'咱们的孩子'，都是在那孤零零的雕像里。"爱吕尼把一朵野玫瑰花瓣摘下来，撒在水面上。鲁贝克摘下一大把绿叶子，扔在溪水里。触景生情，两人不由得回想起一同工作过的那一个夏天。爱吕尼和鲁贝克望着夕阳残照，不由情思缱绻。在他们身后的山坡上，猎装打扮的乌尔费姆和梅遏向他们告别，前往深山打猎。梅遏得意地唱起自己的小诗：我自由了!我自由了!我自由了!……夕阳的余辉散尽，两对男女各自在心中想象着渴望的高原夏夜。爱吕尼意味深长地说："咱们看出无可挽回的事情的时候，只是在——在咱们死人醒来的时候。"

山坡陡峭，雪峰耸立，剧情发展到了第三幕。天色正在发亮，太阳还没出来。梅遏和乌尔费姆从石坡上下来。鲁贝克正和爱吕尼沿着上山的路线在峭壁后方出现。两对男女狭路相逢，乌尔费姆警告鲁贝克山路崎岖，风雪险恶。而鲁贝克却认为风声好像《复活日》的序曲，执意要上山。爱吕尼说："属于尘世生活的爱情在咱们俩身上都死了……"鲁贝克热情地说："你知不知道，在我心里像从前一样燃烧沸腾的正是这种爱情?咱们有自由——还来得及过自己的生活。"爱吕尼含笑摇头说："既然如此，这一回，让咱们两个死人——在重新走进坟墓之前——把生活滋味尝个彻底痛快吧!"他们要在光明的高处举行他们的婚筵。一对爱人穿越迷雾向朝阳照耀的高处走去。这时，云雾四合，鲁贝克和爱吕尼隐没在云层中。暴风呼啸而过，教会女护士在左道石坡上张望，梅遏在下面深谷里唱歌：我自由了！我自由了！我自由了!……

高处雪地突然发出雷鸣般的巨响，鲁贝克和爱吕尼双双殉情在雪崩中。教会女护士默默祈祷：愿尔安宁。下面更远的地方传来梅遏得意的歌声。

（严志军）

塞缪尔·贝克特［英国］

《等待戈多》

作者简介

塞缪尔·贝克特(Samuel Beckett,1906—1989),英国戏剧家、小说家、荒诞派戏剧的奠基人。他因 1952 年将戏剧《等待戈多》搬上舞台而一举成名,并成为荒诞派戏剧流派最杰出的代表。贝克特于 20 世纪 30 年代开始致力于文学创作,是用英、法两种文字写作的小说家和戏剧家。从 30 年代到 40 年代,他用英文写了文学批评、诗歌和两部长篇小说《莫非》(1938)和《瓦特》(1942)。1945 年以后主要用法文写作。作品有长篇小说三部曲《马洛伊》(1951)、《马洛伊之死》(1951)和《无名的人》(1953)。在发表《等待戈多》之前,他尽管创作了许多小说,但在文学史上并没有占到非常重要的位置。《等待戈多》演出的巨大成功,才使他在文坛上一鸣惊人,名震西方文学界。自此以后,他相继创作了《残局》(1957)、《那些倒下的人们》(1957)、《克拉普的录音带》(1958)、《美好的日子》(1961)、《呼吸》(1970) 等。1969 年,贝克特因他的"小说和戏剧作品以新的形式使现代人从精神贫困中得到振奋"而获得诺贝尔文学奖。

湖南文艺出版社 2006 年版封面

作品提要

《等待戈多》是一个两幕悲喜剧,故事发生在两个黄昏。

第一幕。地点:荒野一条路旁,一棵光秃秃的树下的土墩上。黄昏时刻,两个浑身发臭的流浪汉埃斯特拉冈(又称戈戈)和弗拉季米尔(又称狄狄)坐在土墩上进行着叫人无法理解的梦呓般的语无伦次的对话,同时做着一些莫名其妙的动作。他们在焦急地等待一个名叫戈多的人。戈多总是等不来,却来了主仆二人波卓和幸运儿。他们把波卓当做了戈多,却发现原来他也与他们苦苦等待的人素不相识。戈多没有来,他们继续等着。最后,等来了一个男孩,他是戈多的使者。他带来消息:戈多今晚不来了,明晚准来。于是他们相信明天一切都会好起来，他们唯一该办的事依旧是等待戈多。

第二幕。第二天，还是同样的时刻和同样的地方，仅有的不同之处是那棵光秃秃的树上一夜之间长出了四五片叶子。两个流浪汉又聚到了一起。他们相视了一会后，突然拥抱。为了共同的目的——等待戈多，他们再次走到了一起。看见枯树，他们才想起昨天发生的事。回想昨天谈了一晚上的空话，像做了一场噩梦。今天是噩梦的继续，但空话少了，更多的是沉默，长时间的沉默。戈多等不来，他们发怒了。狄狄吼道："我他妈的这一辈子到处在泥地里爬!……瞧这个垃圾堆，我这辈子从没离开过它！"接着又互骂对方是"窝囊废"、"寄生虫"、"丑八怪"、"鸦片鬼"、"阴沟里的耗子"、"白痴"，波卓主仆二人再次出现时，他们又以为是戈多来了。狄狄说："终于来啦！救兵终于来啦！"然而他们听到的却是"救命"的呼喊声。一夜之间，波卓眼瞎了，幸运儿哑了。戈多的使者，那男孩又来了，他也不认识狄狄和戈戈了。他又来宣布说："戈多今晚不来了，明天准来。"他们绝望了，于是想去上吊，可是没带绳子，裤带又太短太脆了，一拉就断。他们只好等待戈多的到来。"戈多来了，咱们就得救了。"他们想走，口里喊走，脚却没动，他们还在毫无希望地等待戈多。

《等待戈多》的剧情很简单，就是等待戈多，而戈多不来，戈多永远不来，他们就永远等待。剧作之所以能引起观众的共鸣，让观众为之震动，是因为它有着鲜明的描写现实生活的主题。弗拉季米尔和埃斯特拉冈象征着战后生活在苦难中的人类。二战后的西方世界尽管物质水平仍然高度发达，但是社会动荡不安，人与人之间越来越淡漠，人们无法相互沟通和理解。人类，作为社会存在的支柱，在畸形发展的资本主义社会里，特别是在战后的西方社会里，已经到了无法生存下去的地步。社会的罪恶和灾难，使得人格丧失，个性被毁灭，人们失去了自我，对前景感到迷茫和无望，社会已成为一个不适合人类居住的世界。然而剧中的主人公仍痴痴地渴望着戈多的到来，试图摆脱这种困境。可是戈多永远不会来，他的本性就是不来。明明知道等下去未必有结果，还是等待，直到在等待中死去、消亡。因为他们总把希望寄予明天，"明天戈多准会来"!戈多不来，"苦死了等待的人"。这样一部戏剧多么深刻而又真实地揭示了当代西方人在生活中的困惑与矛盾、内心的迷惘和痛苦。

Grove Press 1982 年版封面

贝克特主张那些没有情节、没有动作的艺术才算得上是纯正的艺术。他的确把《等待戈多》的情节和动作减到了最低程度。这出戏没有传统戏剧所要求的剧情发展、高潮和结尾，没有构成戏剧冲突的具体矛盾。传统戏剧的结构一般呈线性发展，这出戏的结构是呈环形不断循环

舞台剧《等待戈多》剧照

重复。如果戏继续演下去，观众可以肯定，第三幕、第四幕肯定同前两幕一样是没有结果的。两幕剧的“重复”意味着“一切照旧”，暗示了戈多永远不会出现，这两个人还得永远等待怎样也等不来的缥缈的希望——戈多，说明了人生就是一场毫无希望、毫无目的的等待，人生就是一场悲剧。

《等待戈多》中的四个人物总是成双成对地出现，他们相互之间似乎都被一种无形的力量捆绑在一起，一唱一和。剧中的人物虽然无法分离，互为依靠，但是又不能相互沟通，这使作者想要表达的主题——人的孤独——更增添了悲剧色彩。剧中人物除具有成双成对的特征外，还具有小丑似的特征。他们的语言和动作引人发笑，嘲弄的对象恰恰正是他们自己。他们不停地说着语无伦次的话语，做着滑稽无聊的动作，目的是打发他们的时光，来忍受他们无奈的命运。作者运用令人发笑的夸张手法，通过描绘人物卑贱的外形、滑稽的动作和无意义的插科打诨来表现人可笑、荒诞的处境。悲剧的主题经过喜剧化的处理，弥补了因缺乏情节而产生的枯燥感及悲剧的沉重感。

语言在传统的戏剧中作为剧中人物之间与观众之间的沟通手段，历来被戏剧创作所重视。戏剧语言在一定程度上受戏剧形式和主题思想的制约，荒诞派戏剧以其独有的缺乏逻辑的荒诞语言使其内容与形式达到了一致。如果说贝克特剧中的人物塑造情节构成旨在表达人类生存状况的荒诞，那么他的戏剧语言也同样服务于这一目的，即揭示生存的无意义、思维的紊乱。在他的剧中，语言仅仅被人物用为消磨时间、忍受生活的文字游戏，语言已经失去了交流思想和表达观点的最基本功能。

对于贝克特的成就，西方评论界给予了高度评价。他被称为戏剧和小说的巨人，对当今世界几代剧作家产生了影响。

（孙爱玲）

约瑟夫·海勒 [美国]

《第二十二条军规》

作者简介

约瑟夫·海勒(Joseph Heller,1923—1999),美国小说家。第二次世界大战开始后,他加入了美国空军,当了一名轰炸手,曾赴意大利作战。这一经历为他日后的文学创作提供了丰富的素材。海勒的文学创作始于20世纪40年代末。海勒的创作态度非常严谨,故而写作速度相当慢。《第二十二条军规》花了他七八年的时间。在此后将近20年的时间中,他只发表了四部作品:两部小说《出了毛病》(1974)和《像戈德一样好》(1979),两部剧本《我们轰炸纽黑文》(1967)和《克莱文杰的审判》(1974)。毫无疑问,在海勒的所有作品中,三部长篇小说代表了他的主要成就,而《第二十二条军规》又是他对美国当代文学所作的最大贡献。

约瑟夫·海勒被公认为"黑色幽默"的代表作家。他赢得这样的地位是因为他的《第二十二条军规》开创了人们后来称之为"黑色幽默"文学流派的先河。这一流派在20世纪60年代以一种势不可挡的气势在美国文坛迅速发展,把一大批有才华的作家都卷了进去,成了第二次世界大战后美国小说的重要发展方向。

作品提要

《第二十二条军规》这部小说的主要情节非常简单:第二次世界大战末,在意大利厄尔尼尔巴岛以南八英里地中海的一个美国空军军力基地皮亚诺扎岛上,轰炸手约塞连上尉像只惊弓之鸟,在一片混乱、荒谬与恐怖中,置一切权威、信条于不顾,为保存自己的性命而进行着几近疯狂的努力。在这个岛上,他生活的唯一目的就是逃避作战飞行。于是,他一次又一次地装病住进医院,因为他发现唯有医院才是最好的藏身

海勒1986年在迈阿密国际书展上发表演讲

之地。最后，他终于开了小差，逃到了瑞典。

小说着力描写了皮亚诺扎岛这个小小的世界。这里的一切都不可理喻、令人绝望。这里发生的荒唐事一件接一件：关于作战飞行次数的规定没有一点严肃性，可以被任意提高；一个大活人被宣布已经死了，而一个明明已死的人在官方的名单上却还活着；那个梅杰少校只有当自己不在屋子里的时候才允许部下进屋去见他；根据规定，只有从来不提问题的人才可以在开会时提问。为逃离这个荒唐世界，保全自己的性命，约塞连做了种种努力。可是，约塞连每做一次挣扎都只不过发现自己被束缚得更紧，就像有一条绳索紧紧地箍在他的脖子上，你越挣扎它就箍得越紧。这条绳索就是那条该死的第二十二条军规。那么这第二十二条军规又是什么呢?它是一种高度的抽象和集中，象征着冥冥中统治世界的神秘力量。它变幻无常，让人感到高深莫测。

所谓的“第二十二条军规”实际上就是一个圈套，任你怎样努力也休想从它的束缚中逃脱。这是因为这个圈套的奥秘就在于：第一，作为一条军规，军人必须无条件服从；第二，它运用了自相矛盾的推理逻辑，任何想对它提出异议的人都不知道该从何处入手。结果是不论飞行员是否提出停飞要求，一概必须执行飞行任务。飞行大队指挥官卡思卡特上校可以擅自增加飞行次数，可约塞连却不能拒不执行，因为军规规定军人必须执行上级的每一条命令。如果约塞连违抗上校的命令，那么倒霉的只能是他自己。这真是一个妙不可言的圈套，足以使任何人陷入无法摆脱的困境。

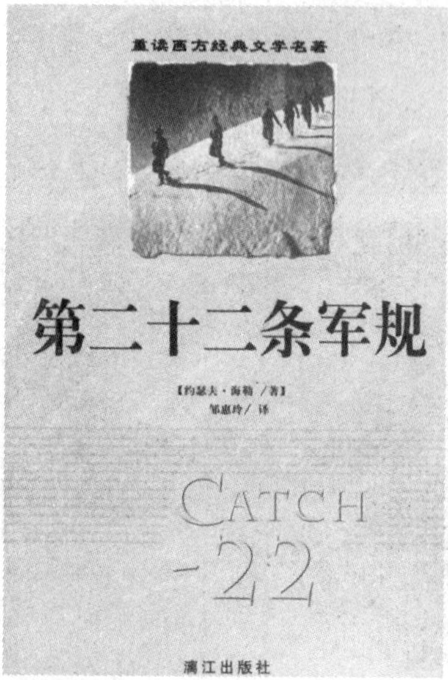

漓江出版社 2005 年版封面

第二十二条军规的第二个巧妙之处在于它虽不是白纸黑字写下的条文，却又无处不在。无人清楚它，却无人不感到它的存在。当它化做具体内容时则诡诈多端，却没有人能奈何得了它。就是这条并不存在的第二十二条军规可以把人置于死地，使你不能有半点违抗，这是多么的专横、荒谬、残暴与冷酷。“第二十二条军规”自问世以来，已成为美国社会压迫制度、专制势力的象征，它无孔不入，无处不在，人们痛恨它，企图推翻它、消灭它，这就是这部小说所包含的严肃主题。这也是它之所以会在经过了麦卡锡时期的美国知识分子的思想上引起共鸣、受到他们欢迎的原因。为了表现战后美国的病态社会及在这个社会中人们的精神变态，约瑟夫·海勒在《第二十二条军规》中摒弃了传统的现实主义手法，在小说的情节、人物和结构诸方面煞费苦心，着意营造出一种荒诞的气氛。小说中人物多，事件多，却没有一条完整的情节发展线索，也没有突出的人物形象。乍看起来，头绪纷纭，杂乱无章，分析时似乎不知该从哪里入手。但是当我们仔细地对小说中的人物和事件进行一番梳理后，不难发现该书的结构犹如一块石子扔进水里所激起的一连串的同心圆似的水波，而石子落水的那一个点则是圆心，它带动着水波发展的所有方向。这种放射式的结构使整本小说呈现一种动态，而那带动全书浑然一体地旋转起来的圆心便是第二十二条军规。因此，尽管小说的人物纷杂，情节显得颠三倒四，反反复复，但是这个漩涡的中心是固定不变的。有了这个不变的中心，当我们再次耐心地把那些人物和事件进行梳理、拼凑，一幅荒谬阴暗的美国社会图像便会越来越清晰地呈现在我们眼前。在这部小说中，海勒显然以美国军队来比喻他眼中的整个美国社会，通过揭露它内部的肮脏、腐败和堕落，使读者能够看透这个社会的本质。

Fischer Books 1996 年版封面

《第二十二条军规》是一部严肃的、讽刺性极强的小说。通过这部小说，约瑟夫·海勒将他眼中的美国社会展现在了读者眼前。这个社会处于一种有组织的混乱、一种制度化的疯狂之中，这个社会的一切只服从"第二十二条军规"的荒诞逻辑。这样一种病态的、荒诞的社会只有海勒的想象力才能够包容它，只有黑色幽默这样的创作手法才能够较好地表现它。通过"第二十二条军规"这个象征，读者也可以看到战争、美国社会及其官僚机器的荒诞、疯狂和不可理喻。这部小说不仅因揭示了美国社会真实的一面而被一些评论家誉为"60 年代的史诗"、"描写疯狂世界的典范"，而且还由于它完美地体现了黑色幽默文学"把握时代"的魅力、"表现了时代的特征"而成为六七十年代美国青年，尤其是大学生的必读作品。"第二十二条军规"也成了"无法摆脱的困境"的代名词而进入了美国人的日常语言。

（王正文）

西蒙娜·德·波伏娃［法国］

《第二性》

作者简介

西蒙娜·德·波伏娃(Simone de Beauvoir,1908—1986),20世纪法国最有影响的女性之一,存在主义学者、文学家。1943年,她以长篇小说《女客》跻身法国文坛。1954年,她更是以《名士风流》一举夺得该年的龚古尔文学奖,奠定了她在法国文学界的地位。1968年,她又出版了《堕落的女人》等三部短篇小说。波伏娃最重要的作品是她的《第二性》,这部作品被认为是女权运动的"圣经"。女权主义运动后来席卷一时,从哲学到文学到社会学最后到语言学,来势汹汹。波伏娃被奉为女权运动的领袖。

作品提要

毫无疑问,《第二性》是一本关于女人的书,想要回答什么是女人以及为什么产生什么是女人这样的问题的原因。这原因是生物的、历史的、政治的、道德的、经济的……波伏娃没有回避任何一个方面,原书洋洋一千五百多页,用批评家的话来说,却有一种"罕见的密度"。

《第二性》分上下两卷。第一卷名为《事实与神话》,波伏娃从哲学、历史和神话的角度详细阐述了关于女人的各种观点。有人说女人是"子宫",是"卵巢",也就是说她们得以存在的价值就在于她们的性功能,在于她们能够使生命得到延续这一上帝最基本的分工。于是波伏娃首先致力于破解生物学上的雄性决定论。生物界中存在着单性生殖和有性生殖,而这一切对于生命的延续同等重要。即便是在高级动物的有性生殖中,两种配子在根本上起着同等的作用;它们共同创造了生命体,而在生命体中它们都既丧失又超越了自

波伏娃和萨特在一起

身。我们也许禁不住要问，那么女人比男人弱，肌肉力不那么强，红血球较少，肺活量也不大；她跑得比较慢，只能举起不太重的东西，几乎在任何体育项目中都不能和男人相匹敌；她打不过男人；并且缺乏稳定性和控制力；她还具有脆弱的一面，这些又是否都是事实呢?波伏娃并不否认，但是她指出，这些事实本身毫无意义，都是想要"把握世界"的男人强行予以解释的，否则它们都只是存在的种种自然现象。在自然现象中，不存在哪个性别对物种更重要的问题。"在人类历史上，生产力与生殖力之间的平衡，在不同的经济条件下是以不同方式确立的，这些条件制约着男女同后代的关系，因而也在制约着男女的相互关系。"

湖南文艺出版社 1986 年版封面

波伏娃写《第二性》的目的就是在于建立关于女人的存在主义观点，并反过来通过妇女问题再一次证实存在主义的意义。从第一部的第二卷开始，波伏娃便开始了这种构建。她先详细考察了自游牧社会以来的女人，她们所扮演的角色以及社会朝这个不利于女人的方向发展的客观原因。游牧民族、早期农耕时代、父权时代与古代社会、封建时代一直到今天这个物质充分发展的时代：随着历史的进步，女人的地位却在下降!这不是单纯的经济原因造成的：在今天，女人可以工作，可以参政。但是她们在精神上和体力上的压力却空前沉重。"女人在看待自己和做出选择时，不是根据她的真实本性，而是根据男人对她的规定"，根据数万年来沉重历史对她的规定。

西苑出版社 2004 年版封面

在《神话》这一章里，波伏娃还着重分析了五位作家笔下的女人，有叫嚣着女人"是黑夜、混乱和被限制的存在"的孟戴朗，也有将女人视为"信号相反的一极赖以存在的一极"的劳伦斯，有说女人是"上帝的婢女"的克洛岱尔，有把女人彻彻底底当成谜一般存在的布勒东，更有对女人向来怀有流浪主义激情的司汤达，但是无论如何，女人都是处于"被限制的存在中"，是"通过被动性布施和平和谐"，只要她拒绝这个分配在案角色，她就成了"女妖"，成了"祸水"。波伏娃说，她是"男人的手段之一，是他的抗衡，他的拯救、历险和幸福"。

中国书籍出版社 2004 年版封面

第二卷题为《当代女性》，分为四部：女性形成、处境、生存之辩和走向解放。与许多探讨女性问题的专家一样，波伏娃首先细细叙

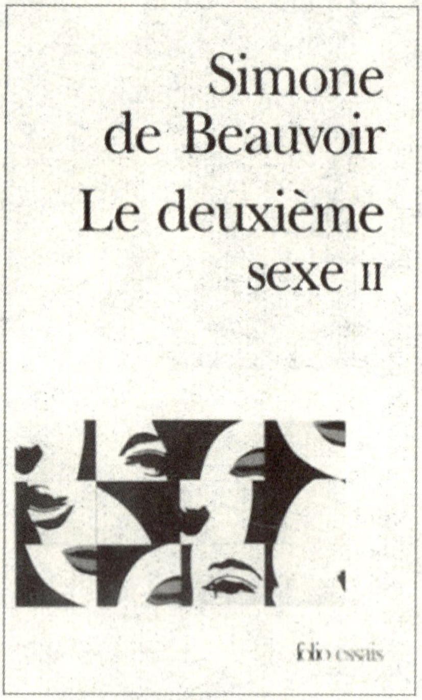

Distri Books 1976 年版封面

述了女婴得以成长为女人乃至母亲的全过程。女孩子在一种什么样的心理环境和社会环境中长大？她的身体都经历一些什么样的变化?从月经初潮到第一次性交，从生命的孕育到最后成为母亲，她们在自身的范围内扮演的角色有什么变化呢？她们每走一步，她们的性别意识就加深一分。

这本书在 20 世纪 40 年代末 50 年代初引起了轩然大波，法国的评论界对此褒贬不一，甚至不乏尖锐的批评。但是，不论是批评者还是褒扬者，大家无不承认作者的“诚实、勇气和博学”。由女人自己来写一本关于女人的书，并且以科学的方式，这对男人的世界当然是一种震撼——尽管在以前，也不乏好事的男人以慈悲的口吻颂扬女人。批评者的理由不外乎三个方面：一是认为波伏娃不过老调重谈。西方自 20 世纪 20 年代以来已经不断在讲着关于女人抽烟、穿裤子的问题，波伏娃难道就不是拾人牙慧？二是里布森就女人问题说过一句甚为经典的话：“女人怎么还能要求与我平等呢？她们早就爬到我们的头上去了!”三是——正如苏珊·里拉说的那样——认为波伏娃本人遵循的就是她的男人(只不过不是她的丈夫而已!)的道德和哲学！1952 年，《第二性》的英译本在美国出版，再次惊动了西方，成为当时的畅销书，被誉为“有史以来的讨论女人的最健全、最理智、最有智慧的一本书”，甚至被尊为西方女权运动的“圣经”。

不管《第二性》有没有成为女权运动的纲领，至少它是一本关于女人的甚为全面的书。波伏娃的文体也向来为人所称道：流畅，清晰，尽管全书洋洋数十万字，读来却令人毫无厌倦之感。作者旁征博引，例子信手拈来，妙语随处可见。我们可以指责波伏娃在遵从着萨特的道德，但是，作为一个风格独特的散文家、小说家，波伏娃在法国的地位终究是不可忽视的。

(袁筱一)

阿尔温·托夫勒［美国］

《第三次浪潮》

作者简介

阿尔温·托夫勒(Alvin Toffler,1928—　),美国著名未来学家。托夫勒出生于美国布鲁克林。1949年毕业于纽约大学文学系。毕业后,先是在大湖工业区当工人,20世纪50年代中叶转到一家焊接生产杂志社工作,开始了写作生活。后来担任过《劳工报》、《宾夕法尼亚日报》记者,曾负责报道白宫和国会活动,还向《民族》、《新共和》等国内外报刊投稿。1959年任《幸福》杂志专栏作家。由于工作关系,积极参与社会活动,对马克思主义也有一定接触了解。后担任该杂志副主编,与著名社会学家丹尼尔·贝尔合作。1961年后,他为国际商用机器公司(IBM)、教育设施基金会做过咨询工作,为洛克菲勒兄弟基金会、美国未来研究所做顾问。1963年,托夫勒参加在奥地利举办的苏尔兹伯格美国研究讨论会。此外,托夫勒还曾在美国新社会学研究院执教,担任过康奈尔大学的客座教授、罗素·塞奇基金会的研究员。

托夫勒著述很多。1964年,以分析美国艺术界经济状况为基础的著作《文化消费者》出版,引起人们的注意。1970年到1983年,相继出版《未来冲击》(或译《未来的震荡》,1970)、《关于经济痉挛症的报告书》(1975)、《第三次浪潮》(1980)、《预测与前提》(1983)。这一组著作集中体现了托夫勒关于未来社会的研究成果, 构成托夫勒的历史哲学和完整的思想体系,在美国乃至全世界引起强烈反响,获得最佳图书奖等奖项,被译为几十种文字,风靡全世界,是世界性的畅销书。其中《第三次浪潮》还摄有影视片,影响极大。

作品提要

《第三次浪潮》是托夫勒最主要作品。全书共27章,分为三部分:浪潮中的冲突,第二次浪潮,第三次浪潮。该书由文明史入手,把文明分为三个时期:第一次浪潮农业阶段,第二次浪潮工业阶段和第三次浪潮阶段。《第三次浪潮》是一本规模庞大、综合的书。它叙述了我们许多人生长其中的旧文明,细致全面而又生动地描绘了一个正在闯入我们生活的文明。

《第三次浪潮》紧紧抓住新技术革命这个要害。他指出,当代新工业已经在量子电子学、信息论、分子生物学、海洋工程学、核子学、生态学和太空科学的综合理论基础上发展起来。有四组相互关联的工业群将成为第三次浪潮时代工业的骨干：电子工业、宇航工业、海洋工程、遗传工程。

这一切昭示着人们在能源和环境问题上面临着新的革命性的突破。电子工业的杰出代表是电子计算机的普及和应用，它能源消耗少，成本低，效能广。而宇航事业是下一次技术革命的策源地，"太空生产"成为科技人员的热门课题。海洋工程不仅扩展了人们的生活空间，更为重要的是它将为饥饿世界解决最困难的食物问题，并提供更丰富的矿产资源。而遗传工程已准备进入经济领域，今后 30 年内，生物学将取代化学，农业将采用它以提高食物供应量。

也就是说在新科技发展条件下，工业化社会的严重危机环境和能源问题有望得以解决。确实，历史上从来没有这么多的人口为寻找新能源投入这么大的热情，而能源结构的巨大突破必然强烈地冲击和摧毁传统的工业化社会。在他看来，第三次浪潮能源结构的特点是原料大部分可以再生，而且资源广泛。在技术领域，来自外层空间和海洋的新材料、遗传工程，这些因素结合在一起，就会产生一股史无前例的革新洪流。我们正在为第三次浪潮文明建设一个激动人心的新的技术领域。过去三百年，无论资本主义国家还是社会主义国家，对新技术提出的基本问题很简单：对经济增长和军事威力有没有贡献？而今天骇人听闻的技术事故告诉人们用这两个标准来衡量技术显然已经不恰当了。新的技术将要通过更严峻的考验，包括生态、社会以及经济和战略的考验，出现了公开反对新技术的阻力。这与工业化社会初期反对新技术有所不同，因为人们从更高角度认识不受限制的新技术将威胁人类与地球的生存。这些人是第三次浪潮的代表人物。他们认为，必须从长远观点着眼于有利于社会和生态的技术，使社会控制技术发展的方向。尖端技术不要太大、太贵、太复杂。

由第二次浪潮群体化传播工具集中产生出来的形象，灌输到群众心目中形成了工业社会生产制度所要求的标准行为规范。第三次浪潮急剧地改变这种状况。群体化的传播工具，将被新的非群体化的传播工具取代。

我们将生活在"瞬息即变的文化"的信息时代，我们不仅被迫接受现实提出的认识模式，还要主动创造新的认识模式。信息领域的深刻变革，注定改变人们对思考问题、综合情况、预测行动后果的方法，改变识字在生活中的作用，甚至改变自己大脑的物质组成和化学性质。

中信出版社 2006 年版封面

第三次浪潮信息环境不仅极大地扩大了社会的记忆，而且使它起死回生，变得既丰富又活泼。可以要求计算机“思考以前没有想到的事情”。这就有可能产生新的理论、观念、艺术见解、技术进展及新的经济和政治创见。

Pan Books 1981 年版封面

第三次浪潮工业已越过大量生产阶段。先进国家制造业工人百分比逐年下降。第二次浪潮最落后的工业已从富国转到穷国中去。出于战略和经济考虑，富国不能完全放弃制造业，但是只生产主要商品，使用更少的工人。努力的最终目标是：在逐渐由顾客直接控制下，产品完全定做，采用整体片，连续流水生产。这个转变对大学生未来的前途、商人投资计划以及国家战略的发展产生影响。

所有办公室的旧等级制度和结构将被改组。电子邮政系统将取代邮局。所有这些，引起许多恐慌，认为成百万人的职业将被取消。新的生产体制将把千万职工从工厂和办公室中解放出来，回到以先进的电子科学为基础的家庭工业时代，从而重新突出家庭作为社会中心的作用。各种强大势力正集中全力促进电子家庭发展。电子家庭为夫妻儿女在一起工作提供了极好的条件，将给社会带来更大的稳定。更深刻的是，它将使个人拥有电子设备，实际上成为独立的企业主，扩大了工人占有的生产资料。

经济变化速度加快，成为公司经营管理中新因素，公司的新陈代谢、分化改组带来许多方面的后果。在第三次浪潮的冲击下，市场地点、劳动就业也开始分得更小，更多样化。在公司危机进一步加深的情况下，要重新确定公司的目的。

总之，工业化社会赖以存在的基础发生了革命性的变动，其形式也随之改变，那种不顾条件追求工业化的形式徒劳无益。

第三次浪潮带来完全不同的时间观念改变了社会基本节奏，把人们从机器束缚中解放出来。技术发达国家里有数千个新兴组织，帮助人们直接处理与自己切实有关的问题。这个自助运动具有重大的经济意义，它代表了从被动的消费者转化为主动的产销合一者，开拓市场的时代已经过去。历史上第一次产生“超越市场”的文明。

第三次浪潮引起思想领域的巨大变动。旧观念崩溃，改变了我们对自然形象的认识，强调人与自然和睦相处，改变以往对抗的状态。

在第三次浪潮横扫全球之际，第二次浪潮关键的政治单位——民族国家，面临重大压力，而它必将最终崩溃。与此同时，它改变旧的政治结构，重新塑造未来生活的特征。

（张传仁）

爱德华·萨伊德［美国］

《东方主义》

作者简介

爱德华·萨伊德(Edward Said,1935 —　　),美国现代文学批评家。生于耶路撒冷,先后在开罗维多利亚学院、美国马萨诸塞蒙特何蒙学校、普林斯顿大学和哈佛大学读书,现为哥伦比亚大学教授,自 1963 年以来,一直在哥大教授英语和比较文学。1974 年任哈佛大学比较文学客座教授,1975 — 1976 年任斯坦福大学行为科学高级研究中心研究员,1979 年任约翰·霍普金斯大学人文学客座教授;他还曾担任过《阿拉伯研究》(季刊)的编辑、纽约国际关系委员会成员、美国科学与艺术院院士、国际笔会执行委员。他分别在 1976 年和 1994 年获得哈佛大学鲍登奖和莱昂纳尔·屈林奖。他的著作包括《约瑟夫·康拉德与自传体小说》、《开始: 意图与方法》、《巴勒斯坦问题》、《文学与社会》、《世界文本及批评者》、《最后一片天空之后》、《怪罪于受害者》、《音乐之精妙》、《文化与帝国主义》、《知识分子面面观》、《和平与不满:从加沙到耶利哥 1993—1995》等。

作品提要

《东方主义》一书是一本政治文学著作,全书分三章:第一章讲述东方主义的范畴,其中包括:了解东方人,想象中的地理及其代表,将东方人东方化,工程、危险。第二章的内容为东方主义结构和重新架构。本章由四部分组成:1.重新划定的疆界、重新界定的问题和世俗化宗教;2.锡尔费德·德·苏西(Silverte De Sacy)与厄内斯特·勒南(Ernest Renan):理性人类学和语言实验室;3.侨居东方和学问:词典学的要求与想象力;4.英法看客与云游。第三章谈论现代东方主义。这部分也由四个部分组成:1.隐性与公开的东方主义;2.东方主义的世俗问题:风格、专长、见解;3.全盛时期——现代英法东方主义;4.近期东方主义。1995 年版的《东方主义》附有一篇长长的后记,是萨伊德对西方东方主义家在近 20 年时间内批评的一个总答词。

那么,何谓东方主义呢?我们所说的东方主义应该包括几层意思,它们之间相互依赖。

首先是学术方面。无论是人类学家、社会学家、历史学家还是语言学家，只要他从事教学、写作和研究东方，那么他便是一个东方主义家，他做的学问就是东方主义。第二层意思是意识形态方面。东方主义是一种思潮，这种思潮建立在本体论和认识论对“东方”和“西方”所作出的区别基础之上。这一层意思上的东方主义家包括埃斯库罗斯、雨果、但丁和马克思。第三层意思是政治领域。东方主义作为一个团体机构，用来针对东方，就东方发表声明、观点，对其进行描述、教化、调解和统治。总之，这一层意思上的东方主义就是要对东方实施控制，重建和树立西方权威。

现代东方主义具有四大特征：扩张、历史对峙、同情和分类，它们是18世纪思想的主流，是现代东方主义知识与组织机构的基础。换言之，现代东方主义就是将18世纪欧洲文化因素世俗化。这种世俗化体现在那些东方主义家的作品中。从19世纪末到拿破仑之后的时代，东方是一块朝圣之地。来自法国的香客总怀有严重的失落感，这是因为法国并不拥有这片土地的主权。他们大都对圣经历史、圣战感兴趣。即使是为了文学目的而去的法国香客，如夏多布里昂，也并非为了寻找一个科学现实，而是为了寻找异国情调。与拉马丁不同，夏多布里昂去东方朝圣，并没有以一个真实自我出现，而是以一个定了型的人物出现的。他去东方是为了完成他的研究，建造他的知识丰碑。他认为《可兰经》既没有文明的准则，也没有可以弘扬人格的精神；既没表现出对暴政的仇恨，也没有宣扬对自由的向往。在他看来，东方犹如一块陈旧的油布，需要有人去修补。他认为圣战不是侵略，欧洲人进入东方，是为了教给东方人自由的意义。夏多布里昂以及以后的东方主义家们认为，东方人，特别是穆斯林，对自由一无所知，他们不懂得什么叫恰如其分，武力是他们信奉的上帝。如果长时间内无人去征服东方人，那么他们就像群龙无首的士兵、无法无天的市民、没有父亲的家庭。

东方主义里的东方是一个代表系统，其代表受到一整套势力的制约，而这种势力将东方纳入西方的学问、西方的意识，后来纳入西方帝国。如果这个东方主义定义看上去政治色彩太重的话，那是因为东方主义本身就是某些政治力量和活动的产物。东方主义基本上是一个强加在东方头上的政治教条，就因为东方没有西方强大。先不说派往东方的西方军队、领事使团、商人、科学团体，光是到东方去的西方游客人数要远远超过去西方的东方游客。东方游客去西方是去学习和瞻仰人家发达的文化，而西方游客去东方的目的则完全不是这么一回事。1800至1900年间，有关东方的书籍估计有60 000册，而在东方，有关西方的书却寥

Debolsillo, Barcelona 2003年版封面

吉林人民出版社 2005 年版封面

寥无几。此外，西方还建立了大量东方主义机构和团体，而东方社会里却没有类似的机构。

西方经营东方主权几十年，把东方从外邦变成了它的殖民空间。对于这种现象，勒鲁瓦－博里欧(Leroy-Beauliew)有极其精辟的论述：一个社会达到成熟和力量高峰时，就要开拓殖民地，扩张繁殖，充当保护人，将一个由它创造的新社会带入成年。殖民化是社会心理学现象中最复杂最微妙的现象之一。殖民化是一种民族的扩张力量、繁殖力量，是空间的扩大和复制，是对全球的征服，在很大程度上是对那个民族语言、习俗、思想和法律的奴役。20 世纪初叶，东方主义将东方投入西方主要通过两种途径：一是通过现代学识的传播，如学术行业、大学、协会、探险、地理组织和印刷业；另一个途径是大融会。几十年来，东方主义家谈论东方，翻译文本，解释宗教、朝代、文化、思想，他们把定一切当做学术目标。随着东西方在商业、政治和其他领域交往的增加，隐性东方主义与目前的、现代的和公然的东方描述之间形成了紧张局面。

如果说欧洲文化消化了东方，那么从事这项工作的特别机构就是东方主义。欧洲的目的是要将自己当做一架万能机器，从欧洲以外汲取养分(无论是知识还是物质方面)，改造一切，为它所用。第二次世界大战以后，国际力量的格局发生了变化，英法不再在国际政治中占主导地位。美国取代了英法，各种利益集团犹如一张巨大的网，将所有前殖民国家与美国连在一起。这个时期的东方主义家现在被称做地区专家，他们的专门知识用来为政府和企业或者为两者服务。

萨伊德在 1995 年版的《东方主义》一书的后记中指出："冷战的结束并没有平息，更没有终止东西方之间持续不断的冲突。"[1] 当然，冲突的一方是阿拉伯和伊斯兰以及其他东方国家，另一方是信奉基督教的西方国家。从 1979 年《东方主义》的出版到今天已经过去整整 20 个年头，这本书引起的震荡，无论在东方还是西方，余波未尽。只要东西方之间在文化、宗教、政治甚至军事领域的冲突不停止，那么就会有像萨伊德这样的文化斗士站出来激扬文字。西方一日不放弃他们那种高高在上审视东方、评价东方的姿态，那么东西方的冲突也就永远不会停息。

(张建民)

---

① E. W. Said, Orientalism, England: Penguin, 1995, p335.

勒内·玛丽亚·里尔克［奥地利］

《杜伊诺哀歌》

作者简介

勒内·玛丽亚·里尔克(Rainer Maria Rilke,1875—1926),著名的德裔奥地利诗人。他和乔伊斯、普鲁斯特、T. S. 艾略特和卡夫卡等作家同为现代文学的奠基人和巨匠。里尔克以语言的革命性暴力、思想势不可挡的独特性极大地推动了现代诗歌的发展,是继海涅之后最有影响的德国诗人。早期主要作品有诗集《生活与诗歌》(1894)、《祭神》(1896)、《梦幻》(1897)、《耶稣降临节》(1898)。他的这些早期诗歌具有新浪漫主义抒情性兼音乐性的特色，富有波希米亚民歌风味。1903 年他完成了从 1899 年就开始创作的长篇组诗《祈祷书》。全书分为三部分:《修士的生活》、《朝圣》、《贫穷与死亡》,以强烈的主观色彩和浓郁的抒情笔调赞美上帝,赞美单纯,表现了作者的泛神论思想,同时也流露了世纪末的颓唐、矛盾心情和宗教神秘思想。这是里尔克的成名之作。

1922 年 2 月,里尔克在瑞士的一座古堡里诗兴勃发,用短时间续完了《杜伊诺哀歌》,并写出组诗《献给奥尔甫斯的十四行诗》。这些十四行诗明显受到了瓦雷里的影响,瓦雷里的诗歌帮助里尔克从十多年的沉寂中走了出来。这两部诗集达到了里尔克诗歌创作的最高峰,尤其是《杜伊诺哀歌》,被认为是世界文学中最重要的组诗之一。《献给奥尔甫斯的十四行诗》借希腊神话中的歌手奥尔甫斯入冥界寻妻失败的故事,讽喻诗人对人生意义的无望追求。这两部诗集为诗人赢得了世界性的声誉。

作品提要

《杜伊诺哀歌》和《献给奥尔甫斯的十四行诗》与瓦雷里的《幻美集》、T. S. 艾略特的《荒原》和乔伊斯的《尤利西斯》都是 1922 年——现代派文学的“神奇之年”粲然问世的杰作,是真正开辟了全新天地的杰作。

第一哀歌的第一句便提出了直接抵达生存的核心问题以及贯穿始终的“天使”形象。诗人的这一追问,表现出了对自身的怀疑,对人类的怀疑,甚至是对语言自身的怀疑。在下面的吟诵中，诗人把人类的家园拆除了，通过对夜和情人之间关系的描述，残酷地指出人无家可归的处境。一切都是虚空，无可依托——爱情、夜晚、语言……

虽然人的生命犹如昙花一现，但是死亡并不可怕，甚而它让人们终于稍许觉察到永恒，并且失去了自由的灵魂会缓缓成长。黎诺斯①的传说，再次表明诗人的用意：对悲难的忍受和超越，将会使人品尝到幸福的滋味。

华东师范大学出版社 2005 年版封面

诗人曾呼唤过天使，可是，每一位天使都是可怕的。第二哀歌所要表述的便是天使已成为现代人的异己力量。托拜阿斯②的日子已经过去，天使不再降临的世界支离破碎，我们也在感觉中蒸发四散。人类不但和天使的关系发生变化，人和自然万物也变得对立起来。至于爱情，它已不能成为人类的精神家园，如果人们不懂得自制的话。人类孤苦无依的状况再次被述及，诗人挣扎在希望与绝望之间。

辽宁教育出版社 2005 年版封面

在第三哀歌里，根据弗洛伊德的观点，记述了爱情的自然基础，再次证明爱情不能成为人类的精神家园。在纯情的少女面前震颤的男子是因为古老的惊惶在感动的冲击中袭进他的内心，召唤他……原始的性欲不是来自少女，也不是他的母亲，在他诞生之日，在他的精神家园还是一片荒芜时，本能的欲望已开始繁茂起来，这是母亲无法阻止的，更何况，这种性欲的冲动是人类繁殖生衍的前提。所有的爱恋都无法摆脱力比多的控制，而相爱并不指向未来，只是反映无数逝者的图像，是关于失败的父亲和干枯的母亲的故事的延续、重复。既如此，爱情又怎能成为人的归宿？人类始终面临着无处依傍的局面。尊重女性的诗人在揭开爱情的面纱后，向女性提出忠告，要抑制性欲的冲动，帮助男性

① 传说古希腊神话中的美少年黎诺斯死亡时，人们在极度的哀悼中发出了歌声，这是音乐的最初形式。在此表示，悲伤也可引发一个新的空间。

② 这是圣书外典《托拜阿斯书》里的故事。托拜阿斯一生行善，但是晚景凄凉。他派自己的小儿子小托拜阿斯去远方收钱，正在这时，天使站在他的家门口。小托拜阿斯向外张望，看见了与自己年纪相仿的天使。

摆脱力比多的控制。

人与自然的关系这一旋律再次响起。第四哀歌首先描述现代人类落在冷漠无情的水池里的图景。在这样的大背景下，对立最紧靠着人们。诗人追求的不是天使，也不是玩偶，而是它们之间的中间地带。他反复追问，问自己："我不对吗?"先贤们追求的是彼岸，是天使居住的地方。可是天使是可怕的，彼岸塌陷了，诗人放弃了这一追求。

诗人站在荒原之上，以童年视角作为一种反省的力量，诗人反复讴歌儿童，尤其是儿童接受死亡时的安然态度，这是人与自然合一的天然状态，是本真存在。

第五哀歌是诗人受毕加索的名作《卖艺者之家》的触动而抒发的对人生的沉思和感悟。卖艺人为生计所迫四处流浪，在一种永不满足的意志的催促下到处演出。诗人在总的描述了卖艺人的生活境况之后，重点刻画了曾是举重手的击鼓老人、微笑的青年、可爱的女郎等形象。卖艺生活的悲惨不仅仅在于颠沛流离，更在于以赢利为目的的演出压抑人性，在技艺性的动作中有的是过多的空虚，表演者的空虚，观看者的空虚。

人类的苦难正是通过卖艺人的苦难呈现的。诗人不甘于此，他希望人类能有真正的家园，人们可以在那里凭借激情进行纯真的表演。前几首哀歌悲观绝望的成分过多，而在这里，诗人显示了较多的乐观和希望，哀歌开始呈现亮色。

第六哀歌不妨称之为"无花果之歌"。诗人借对无花果的描述，讴歌默默奋斗的英雄。英雄们正如无花果一样，漠视个人的荣誉，执着地向目标奋进。英雄和人一样，也要惊惶地接近那年轻时夭亡的逝者。但是，生存并不是英雄的目的，上升才是存在。英雄上升了，英雄的母亲们却落入峡谷。在这部分里，英雄俨然成为纯粹存在的象征。

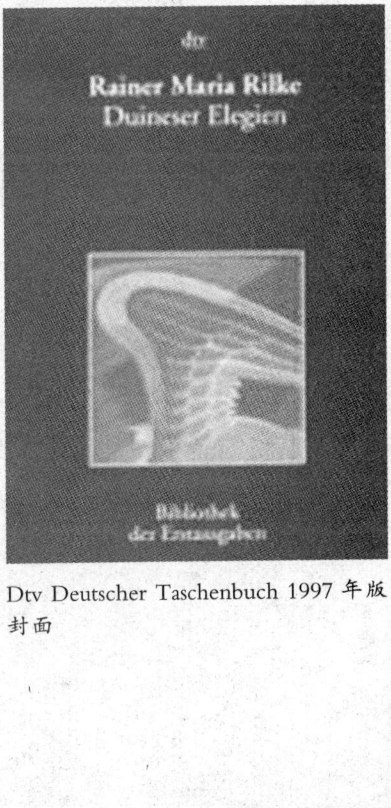

Dtv Deutscher Taschenbuch 1997 年版封面

第七哀歌从对男女之爱的赞美过渡到对存在的揭示。前面，诗人认为爱情之中有着性欲的成分，所以它不能成为人类的归宿。可是，在这里，他对爱作出了肯定，爱如同鸟鸣，是纯真自然的。诗人借春夏的美景继续讴歌爱情，寻找恋爱的少女，指出除了内心外，无论何处，世界是不存在的。诗人不再为关于彼岸世界的神话的衰落而迷惘。诗人从上帝的束缚中挣脱出来，不再渴望彼岸，用"空间存在"代替了"上帝存在"。既然人和天使的关系已经疏远，人就该在大地上构筑自己的家园，掌管自己的命运。这是诗人为历史转型期的人们指出的一条道路。

第八哀歌则充分展示了动物世界给人的启迪。动物的存在

Dover Publications (Bilingual Edition) 2007年版封面

是无意识的，它视死亡为一自然规律，无所忧惧的动物睁大眼睛凝望着一个开放的世界。而人类与自然的对立，阻隔了对自然的认识与感受，只能从动物的面容上获取自然的微光。人在把自己纳入社会秩序的同时，失去了本真的存在。诗人在哀叹人类困境的同时，流露出对空间存在的向往。

诗人从未停止过对存在的思考，在第九哀歌里，诗人追问人性的价值和意义。生命之短暂，使得这一问题显得更加紧迫、尖锐。它逼迫人们去履行自己的使命，对于诗人来说，就是用诗把短暂的时间存在转化为恒久的空间存在。

第十哀歌里出现了“悲愁”的形象。忧郁的城市被金钱、喧嚣等充斥，可是，仍有热爱自然、追求真理的人。悲愁实际上是寻找真理者的象征。尽管求索的过程是孤独艰辛的，但是，这一追求一直在人类的血脉中不息地流动着。人类一直在寻求什么？它在哪里?原来，幸福就在此处，驻足于大地，放弃虚幻的追求，承担起苦难，这就是最终的启示。

《杜伊诺哀歌》是对本真存在的探索，它是诗人哲学思想的反映。尽管意象奇特，比喻象征丰富，但是语言质朴。这正是诗人追求与自然合一的反映。《杜伊诺哀歌》以其高超的艺术成就、深刻的思想内涵，傲立于诗歌之林。

(戴晓燕)

J. 皮亚杰［瑞士］

《儿童心理学》

作者简介

J. 皮亚杰(Jean Piaget，1896—1980)，瑞士心理学家、哲学家、发生认识论的创立者。皮亚杰吸取了其他科学，如生理学、语言学、数学的成果，把心理学建成了一门独立的科学，并将其应用于其他领域，如医学和教育学。皮亚杰共出版了三十多本著作和数百篇论文，包括《儿童的语言与思维》(1924)、《儿童的道德判断》(1932)、《儿童的数的概念的发展))(1941)、《儿童时间概念的发展》(1946)、《儿童的空间概念》(1948)、《基本逻辑结构》(1959)等。

作品提要

《儿童心理学》一书由皮亚杰和他的同事英海尔德共同完成，1966 年用法文出版。该书是皮亚杰四十余年致力于儿童心理发展(主要是思维发展)研究的总结。皮亚杰把儿童心理的发展划分为四个阶段：感知—运动阶段(出生—2 岁)，在这一阶段，婴儿从获得动作的逻辑，渐渐发展出事物之间的次序、空间维数、事物的恒在性、因果性等知识；前运算阶段(2—6、7 岁)，这一阶段儿童将动作概念化，开始语言和符号思维；具体运算阶段(6、7 岁—11、12 岁)，儿童能够开始进行具体的运算；形式运算阶段(11、12—14、15 岁)，这一时期儿童开始形成假设—演绎能力。皮亚杰认为新知识的获得是儿童与环境之间的同化、顺应的结果，具体说就是人的认识是主体与客体相结合，进行组织再组织的过程。

华东师范大学出版社 2005 年版封面

本书共分为六章。

第一章论述了感知—运动阶段的主要行为特征。皮亚杰根据这一阶段的不同发展水平，又把它分为六个亚阶段。在反射阶段与最初习惯阶段之后出现的第三阶段(5—7 个月)，表明儿童已处在智慧的萌芽状态，婴儿在这时开始能够区分自己和物体，逐渐知道动作与效果之间的关系，而初生婴儿是不分主体和客体的，处于混沌未开状态。在第四、第五阶段(8—12 个月)，儿童出现比较完备的实际智慧动作，目的与方法之间的协调是新生的，出现工具性的动作。如一放在毯子上的玩具，婴儿企图直接拿取失败后，他会从抓住毯子的一角拖拉从而带动玩具移动这一现象，观察毯子运动和玩具运动之间的关系，逐渐开始拖动毯子拿到玩具。第六阶段标志着感知一运动阶段的终结和向下一时期的过渡。感知一运动图式的一系列的同化作用最后发展成为一种动作的逻辑，包括各种关系和对应的建立以及图式的分类，组成了日后思维运算的基础。儿童最初的世界是完全以他自己的身体和动作为中心的“自我中心主义”(egocentrism)，且完全是无意识的，而在感知一运动阶段的后期，儿童已形成了“永久客体”的概念，发生了一种普遍的“脱离自我中心”的过程，使儿童把自己看做是由许多永久客体组成的世界中的一个客体。只有到了这一时期，儿童才能对物体形态的改变和物体位置的改变之间作出根本性的区别，开始懂得如何寻找消失的物体。

第二章论述知觉的发展，这是对感知一运动阶段的补充，因为知觉是组成感知运动阶段的一个重要方面。本章探讨了知觉与动作的相对作用，知觉是从造型的角度来描述现象，而作为一个整体的动作主要是运算和改造现实。知觉和感知一运动图式之间存在着相互作用，仅仅知觉不足以解释感知一运动图式，仅仅感知一运动图式也不足以解释知觉，两者具有不可分性。知觉对感知一运动活动给以不可缺乏的帮助，同时知觉又被这种感知一运动活动所丰富。皮亚杰在这章中还阐明了知觉活动无论在数量或质量方面都是随年龄而发展的。

第三章论述了信号性(或称象征性)功能，具体指前运算阶段的心理发展水平。在感知一运动阶段的终末出现了某些行为方式，儿童具有应用一个“信号物”来代表某些事物的能力，从而使这些事物成为一个被信号化的事物。这些信号物包括语言、心理表象和象征性的姿态。在信息性思维中，语言是最主要的特征。语言是一种信号物，儿童出现了语言，就能用“茶杯”这样一个词来代表具体的一只茶杯的形象，而这只茶杯也就成为一个被信号化了的物体。与语言功能大约同时出现的还有延迟模仿、象征性游戏、初期绘画、心理表象和记忆等。信号性功能的表现虽有种种不同，但它们具有显著的统一性，即它们对当前并未知觉到的事物都能唤起表象。信号性功能使思维成为可能，因为它给思维提供了无限广阔的应用领域。

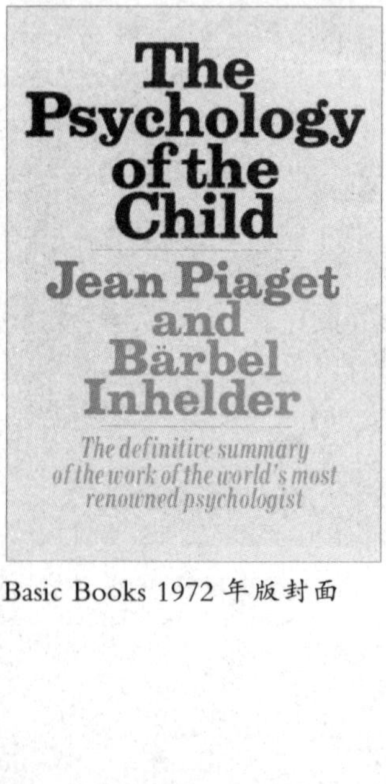

Basic Books 1972 年版封面

第四章论述具体运算阶段的心理水平。此时儿童逻辑思维的发展发生了一次飞跃，各种概念如守恒、分离、序列、数量、空间、时间和速度、因果性及偶然性等逐渐形成。在这一阶段，儿童获得了皮亚杰所说的“具体运算”能力，即内在化了的行为。儿童在完成一件事情之前，能够先在脑子里做一遍，设想一下然后付诸行动。在具体运动阶段的末期，儿童明显变得善于思考问题，善于对物体进行分类和组合。但此时儿童的思维仍是以现实为中心，还不能把逻辑运算结合为各种可能的变换形式，仅凭想象的演绎的事件去同化现实。在这一阶段，儿童的情感活动和社会性活动的发展也与认识活动的发展遵循着类似的过程。总而言之，在为具体运算作准备并形成具体运算的漫长阶段中，最显著的特点就是在它的每一个阶段中机能的统一性，这种统一性把认识的、游戏的、情感的、社会的以及道德的各种反应结合成为一个整体，促成"儿童人人以自我为中心"向"脱离自我为中心"过渡。

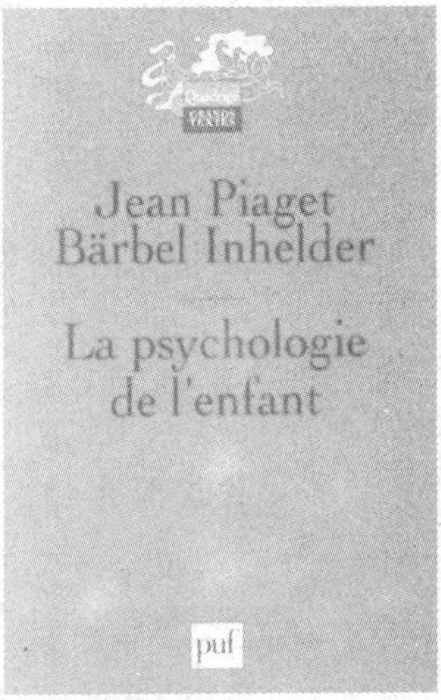

Presses Universitaires de France
2004 年版封面

第五章论述形式运算阶段的心理水平。这时儿童思维能力达到了成人的准备阶段，思维超出了事物的具体内容或感知的事实，朝着非直接感知或未来的事物的方向发展。这一年龄阶段除对当前现实作出适应外，还具有远大理想，同时也是掌握理论的开始。

第六章是结论，皮亚杰概括了他的儿童心理发展阶段的理论，指出每一阶段都是前一阶段的延伸，是在新的水平上把前阶段进行改组，并以不断增长的程度超越前阶段。各阶段出现的一般年龄虽然因多人智慧程度或社会环境不同会发生差异，但各阶段的先后次序不变。每一阶段都有一整体结构作为特征，可据此说明阶段的主要行为模式。每个阶段的整体结构是整合的，而且各阶段间不能彼此互换，每一整体结构渊源于前阶段的整体结构，并将其整合为一个附属结构，作为本阶段的整体结构的准备，而这阶段的整体结构本身又继续向前发展，或早或迟地整合成为下一阶段的结构。皮亚杰还阐述了影响心理发展的四个基本因素：1.成熟。指机能的成长，特别是神经系统和内分泌系统的成熟。2.练习和经验。皮亚杰说："知识来源于动作，而非来源于物体。"在这种思维过程中的运算，皮亚杰称之为逻辑数理运算。对儿童来说，由此获得的知识是一种新的知识，是新的构造的结果。3.社会性经验。指社会环境中人与人之间的相互作用和社会文化的传递。4.具有自我调节作用的平衡过程。平衡要调和成熟、习得经验和社会经验三方面的作用。在这一章中皮亚杰还就情感与认识的关系作了阐释。他认为没有一个行为模式不含有情感因素作为动机，反之，如果没有构成行为模式的认识结构的知觉或理解参与，也就没有情感状态可言。情感与认识两者既不能分割，又不能互换，正是行为的这种统一性，才能使心理发展诸因素成为认识和情感方面所共有。

《儿童心理学》具有广泛的理论和应用价值，其观点已广为理论界所采用，继而对广大教育工作者和父母们也具有不容忽视的启示意义。

（袁曦临）

戴维·赫伯特·劳伦斯 [英国]

《儿子与情人》

作者简介

戴维·赫伯特·劳伦斯(David Herbert Lawrence,1885—1930),英国小说家、诗人、戏剧家和画家,主要作品有小说《白孔雀》、《虹》、《查太莱夫人的情人》、《儿子与情人》、《恋爱中的女人》、《迷途的姑娘》、《亚伦之杖》、《袋鼠》和《羽蛇》。

劳伦斯是20世纪英国文学史上最独特、最有争议的作家,他认为小说是人类表达思想感情方式中的最高形式,认为“艺术的使命在于揭示人与周围世界的关系”。他敢于打破传统方式,以其独特的风格揭示人性中的本能力量,召唤人们从资产阶级文明的灰烬中重建现代社会。

作品提要

小说的情节是这样的:莫瑞尔与格楚德小姐在一次舞会上相识。莫瑞尔强烈的男性魅力吸引了格楚德,不久他俩成了婚。但是,生活的现状粉碎了她的梦。他俩一个出身于中产阶级,谈吐温文尔雅,一个来自矿工家庭,满口土话,在思想上无法沟通,在情趣上迥然不同。对丈夫的失望使她转向儿子寻求爱的寄托。长子威廉的死使她悲恸欲绝,她开始与保罗相依为命。保罗秉性敏感善思,从小就能感受到母亲的不幸。他痛恨父亲,对母亲怀有一种强烈的依恋。他最大的心愿是有朝一日能和母亲一起住在伦敦附近。保罗长大后,米丽安在他的生活中出现,两人的感情日益加深。但是,米丽安受宗教观念的影响,将爱情的任何热烈表示都视为不轨与低下,只追求精神上的恋爱。莫瑞尔夫人恨米丽安,担心她会把儿子从身边夺走,因此蓄意阻挠他们的关系。由于这两方面的原因,保罗与米丽安的关系最终破裂。保罗为了摆脱母亲在精神上对他的控制和米丽安对他在感情上的打击,便

人民文学出版社1983年版封面

一头投入了一个与丈夫分居的女工克拉拉的怀抱。他俩的关系虽然充满了火热的感情，但缺乏精神上的共同信仰与理解。保罗又陷入了分裂与矛盾的困境。纯粹的精神恋爱不能使他幸福，单纯的肉体满足也不能给他带来长远的欢乐，他无法找到使精神与肉体统一起来的爱情。不过，母亲的去世使他在精神上和感情上摆脱了控制，他走向了自我的成熟。

一个普遍得到承认的观点认为《儿子与情人》所反映的主题是少年人在成长过程中表现出憎父爱母的本能倾向。无独有偶，与劳伦斯同时代的奥地利心理学家弗洛伊德提出的“俄底浦斯情结”（即“恋母情结”），其症状与《儿子与情人》的情节非常吻合，这不但增强了小说的可信性，而且为《儿子与情人》的研究辟出一条独特的路子——精神分析。《儿子与情人》可说是第一部用英语撰写的精神分析小说。

与这一主题相应的是劳伦斯在小说中所表达的对保罗父母态度的鲜明反差。保罗深深依恋着母亲，母子之间的关系洋溢着纤细而富有诗意的魅力。而父亲呢，对于保罗，这个粗里粗气、令人惊怕的人物形象对他和母亲都是一个威胁，甚至是作为情敌而存在。不过，如果这是小说中的一种人所共闻的心声的话，读者也应该注意倾听另外一种完全相反的声音。引人注目的是作者除了描写莫瑞尔的浅薄、暴虐、猥琐之外，还不时地用亲昵的笔调描绘出他明亮、有人情味儿的一面。这种笔墨虽非很多，但却令人无法忽视。可以说，小说里存在着另一种声音，诉说着对母亲的不满和对父亲的同情。

劳伦斯的《儿子与情人》给后世留下的精神财产是丰富多样的。

揭露整个文明的而不是个人的病症，也成为劳伦斯日后创作的主要焦点。这个主题也为以后关心社会与人的关系的作家提供了广阔的想象空间。爱父还是爱母，实际上即是爱自然还是爱文明；再进一步说，就是这样一个尖锐问题：现代人还究竟会不会爱？是否终有一天被文质彬彬的人类社会夺去了爱的能力？当然，劳伦斯并非一味地诅咒、否定现代文明。他说：“常常有人说我想让人类回到野蛮状态中去，这种话我都听烦了……我所呼吁的，仅仅是他们应该停一下，好好考虑考虑。”[①]劳伦斯

中国戏剧出版社 2006 年版封面

上海译文出版社 2007 年版封面

内蒙古人民出版社 2008 年版封面

① 罗婷：《劳伦斯研究》，湖南文艺出版社 1996 年版，第 201 页。

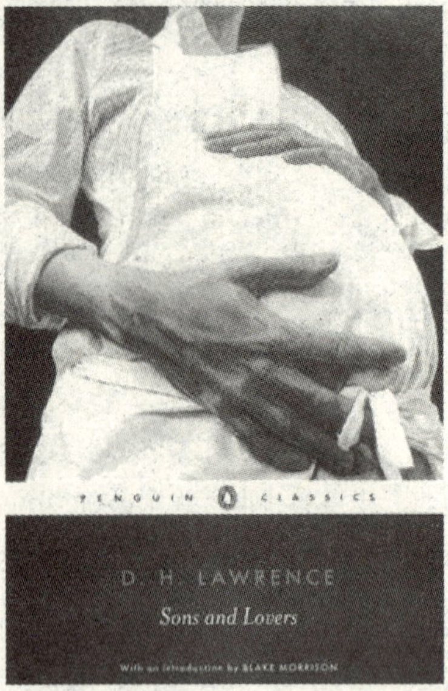

Penguin Classics 2006 年版封面

谴责的是高速发展的工业文明无视自然环境的存在，霸占了一切自然的东西，包括人的天然性生存的空间，使之与精神趋于分裂。工业文明不仅破坏了美丽的自然环境，更摧毁了人性，使人遭受精神与肉体分离的苦痛。

《儿子与情人》在形式上所具有的对话特征是与作者复杂矛盾的世界观分不开的。劳伦斯认为宇宙中的一切事物都是二元对立统一的，人也是由肉体与精神、血液与头脑等阴阳两性合为一体的。纵观劳伦斯的许多小说，我们都可以找到由于这种二元性而出现的对话特征。当然，劳伦斯小说的对话性也是与社会历史环境分不开的。当时的英国远非太平盛世，正如文明与自然，机器与人，英国与他国的矛盾愈演愈烈，世界大战一触即发，动荡的社会文化环境必然在包括劳伦斯在内的知识分子的思想中留下深刻的投影。巴赫金认为对话主义就是转型时期百家争鸣的文化特征。小说中的对话关系的历史条件，是深刻的社会危机、文化断裂和转型，是历史的转折点和命运的门槛。

另外，在劳伦斯后来小说中大量出现的象征性描写，如对花草寓意的渲染在这部小说中也有很好的体现。总之，《儿子与情人》对劳伦斯自己日后的文学创作，其思想和表现方式对同时代及后来的作家，其引发的对社会与自然之关系的思考，对心理分析在文学批评的运用，都产生了深远的影响。

（韦清琦　袁　霞）

约翰·罗伯特·福尔斯［英国］

《法国中尉的女人》

作者简介

约翰·罗伯特·福尔斯(John R. Fowles,1926—2005),英国现代著名小说家,生长于伦敦郊外的乡村,第二次世界大战期间,曾在皇家海军陆战队服役。1947—1949年就读于牛津大学,获文学学士学位。毕业后他在法国一所大学任教一年,又在希腊当过一段时间的中学教师。20世纪50年代初,福尔斯正式开始写作生涯,他说他自己之所以从事文学创作,是因为这样可以耽于幻想,随心所欲地虚构人物场景和对话,从而逃避他所不喜欢的各种外界生活。

福尔斯的主要作品有小说《收藏家》(1963)、《占星家》(1966)、《法国中尉的女人》(1969)、《丹尼尔·马丁》(1977)和《曼迪萨》(1982),以及小说集《乌木之塔》(1974)。他的第一部小说《收藏家》出版后颇受欢迎,他从而被誉为"讲故事的大师"。小说描写一个形容猥琐、心狠手辣的蝴蝶收藏家绑架并占有一个从事艺术的女学生的故事,小说以女学生死亡、收藏家计划绑架另一个学生而结束,表现了作者一贯所信奉的这个世界上少数生灵被野蛮的多数所主宰蹂躏的寓意。《占星家》描写了一位教师在一个希腊小岛上的种种神秘经历。《法国中尉的女人》出版于1969年,1970年获史密斯文学奖,后被改编成电影,影响比较深远。福尔斯很善于将心理描写和社会生活巧妙地结合在一起,刻画人物细致生动,情节曲折,引人入胜。

福尔斯在这间屋子里完成了《法国中尉的女人》

福尔斯的小说创作属于战后当代小说。第二次世界大战削弱了资本主义世界,也改变了资本主义国家的力量对比。战后,英国国内的阶级关系发生了根本的变化,各种社会矛盾更加突出和尖锐，社会经济愈见衰竭，传统的价值观念日渐动摇。在这种社会背景下，各种文学流派和倾向同时并存，相互渗透。战后小说有的转向历史和现实生活中比较紧迫和具有普遍意义的主题，而有的则狂热表现纯粹的自我体验或某种哲学观念。总体而言，战后小说在表现技巧和形式结构上，更多地保留和发展了现代主义的特征。在福尔斯进行小说创作的 20 世纪 60 年代，资本主义社会进入了相对繁荣的阶段，英国工业实现了全面的自动化，科学技术突飞猛进，而福尔斯受法国哲学家萨特存在主义哲学影响，着重从哲学的角度探讨当代社会，探讨人在社会中的地位与价值。存在主义哲学将“自我”视为宇宙的中心，并且从自我意识的角度理解人的存在，认为客观世界只是作为一种没有规律、无法被人理解的荒诞事物而存在的。在这个荒诞世界里，人是被遗弃的、孤独而没有目的的，人生就是一连串的磨难和不幸。这种以存在主义哲学思想为基础的小说创作在一定程度上反映了资本主义世界的荒诞和人生的无常，表现了资产阶级和小资产阶级知识分子对现实的不满。

作品提要

《法国中尉的女人》讲述的故事发生在 1867 年 3 月末一个寒风呼啸的早晨，一对男女向英国南端海湾上的古老小镇莱姆镇的码头走去。男的名叫查尔斯·史密逊，出身贵族，年约 32 岁，身材魁梧，仪表堂堂。女的叫欧内丝蒂娜，富商的女儿，21 岁，容貌秀美，穿着入时。他们刚刚订了婚，从伦敦来到莱姆镇休养。他们远远看到一个全身黑色打扮的女人站在堤上，眺望着大海。欧内丝蒂娜告诉查尔斯，这个女人原先爱上过一个法国中尉，后来被他抛弃，她总是站在柯布堤上等待他归来。女子名叫莎拉·伍德洛芙，算不上漂亮，却让人无法忘却，在莱姆镇当秘书。在刻薄、顽固的薄尔特尼太太面前，莎拉学会了自卫和容忍，并且在葛罗根医生的帮助下，她每天下午可以出去自由活动。每逢这时她便去看海。莎拉出身贫穷，受过教育，雅致而有才学，但是由于出身卑微，一直得不到她所期待的上流社会男子的青睐。几年以前，她到一家做家庭教师，后来发生了“法国中尉”事件，于是辞职不干了。

梅丽尔·斯特里普扮演的女主角莎拉

查尔斯对古生物学感兴趣已有多年的历史了，到了莱姆镇后也念念不忘考古。这天他来到了一处山势险峻、人迹罕至的山崖寻找化石，却意外地碰到了莎拉。原来是薄尔特尼太太的管家费利太太告状，薄尔特尼太太不准莎拉再去看海了，于是她偷偷来到这个悬崖峭壁处俯视大海。查尔斯看到她孤独一人躲在这里，深感她内心的寂寞和绝望，不由得对她的命运感到愤愤不平。几天后在相同的地方，查尔斯又碰到了她，在简单的寒暄过后，他正准备离开，可是莎拉的眼神里却流露出智慧与独立、自尊与自爱的神情，于是他忍不住对她深表同情，劝说她离开薄尔特尼太太，离开莱姆镇，并且愿意提供帮助，可是莎拉却拒绝了他的好意。查尔斯以为莎拉还在等待着法国中尉，可莎拉说法国中尉已经结了婚，永远也不会回来了，说罢她痛苦地离开了。在与莎拉的交往中，查尔斯渐渐地对她有了好感。与浅薄虚荣、缺乏个性的欧内丝蒂娜相比，莎拉显得深沉而富有魅力。但查尔斯想道，自己既然已经与欧内丝蒂娜订了婚，或许婚后情况会有所改变的，于是查尔斯决定避开莎拉。

百花文艺出版社 1996 年版封面

两天后查尔斯又上了山，特意绕开莎拉常去的地方，朝着相反的方向走去。他下定决心，倘若遇上她，再也不同她交谈。他正专心地找着贝壳，莎拉却悄然地出现在他的上方。原来她跟随着他，其目的是要告诉他 18 个月前所发生的故事。查尔斯拒绝了她的要求，想离开这个地方，没料到莎拉竟然跪了下来，恳求他听她讲述她的故事，并且说，如果得不到他的帮助，她真的会变疯了。查尔斯在犹豫之中答应了她的请求，也预感到自己将被卷进一种禁忌之中。

上海译文出版社 2002 年版封面

查尔斯同葛罗根医生谈起了莎拉，医生说莎拉常常无缘无故地哭泣，沉默不语，看来是患上抑郁症了。医生曾劝她离开薄尔特尼太太家，并为她找了个好人家，可她执意不肯离开，像患上鸦片烟瘾的人一样患上了忧郁瘾，她的痛苦已经变成了她的快乐。医生说，药品对她已经失去了作用，她只有将心头的隐秘吐露出来，才能得到医治。听了医生的这一番话，查尔斯决定采取冒险行动，于是几天后他上山找到了莎拉。

上海译文出版社 2003 年版封面

莎拉将查尔斯带到一个隐蔽处，把自己的故事对他全盘托出。原来法国中尉名叫瓦尔根尼，在船遇难后受了重伤。莎拉原先的主人出于同情接他到家里休养。由于主人不会说法语，只得由懂法语的莎拉负责照顾他。法国中尉年轻而英俊，对莎拉格外关注，后来他向莎拉求爱，并且答应将莎拉接到法国。他先到威茅斯后让莎拉等待他，可是过了五天后莎拉实在忍不下去了，满怀着悲痛和绝望去寻找他。到了威茅斯后，莎拉发现他变了，知道自己受了骗，可她还是留了下来，将自己奉献给了他。莎拉这样做的目的就是要把自己变成另外一种人，要让人指着说这就是法国中尉的女人。她活下来就是要生活在这种耻辱之中。要她离开她的耻辱，她一定会茫然若失的。莎拉的话更加坚定了查尔斯要她离开这里的决心。在查尔斯的恳请之下，莎拉答应考虑，这使得查尔斯备感宽慰。

查尔斯正犹豫着该怎样对欧内丝蒂娜解释所发生的一切，当他再次回到莱姆镇的时候，惊奇地发现莎拉已经被薄尔特尼太太辞退，并且人也失踪了。这时查尔斯收到了莎拉的一张便条，要求见他一面。查尔斯将自己与莎拉几次交往的实情告诉了医生，医生警告他不要再去冒险，并且分析了莎拉的动机：她对世人待她不公感到不平，但她贫穷，没有什么更好的手段来勾引男子，只能扮作一个弱者，一个命运牺牲者的角色，利用查尔斯对她的同情复仇。医生认为她只是一个精神病患者，并且要送她到当地一个条件较好的私立医院来治疗她的精神创伤。但是，查尔斯觉得莎拉同那些精神病人不同，她只是面临绝境，需要他的帮助而已。于是第二天他又去茅屋看她。莎拉一见查尔斯就克制不住自己，承认是故意让别人看见自己和查尔斯在一起。忽然查尔斯发现他的仆人山姆和女友正朝着茅屋的方向走来，他就像当场被捉的罪犯一样，陷入了另一种恐怖之中。他警告山姆不得说出此事，自己去了伦敦，并且要莎拉去艾塞特。在伦敦查尔斯收到莎拉的信，上面只有三个字，仅写着一个地址。查尔斯在伦敦办完事后并没有去艾塞特，而是直接回到了莱姆镇，并且立刻向欧内丝蒂娜坦白了他和莎拉之间的关系。故事到此结束，莎拉从此再没有回来找过他，查尔斯和欧内丝蒂娜一直生活到老，可他们的生活并不很幸福。他们总共生了七个孩子。

Cape Press 1970 年版封面

作者在这个结局之后又安排了另一种结局：当查尔斯收到莎拉那封信的时候，心中对自己与欧内丝蒂娜的婚姻产生了动摇。当回莱姆镇的列车停在艾塞特时，他径直下了车，来到了莎拉的住处。莎拉的脚扭伤了，坐在火炉旁，披着毛毯，在火光的照耀下显得格外生动。这时查尔斯突然明白自己为什么要到这里来：就是为了再见她一面，是一种需要，是一种饥渴。可是不久他就发现她还是个处女，她对他撒了谎，她并没有失身给瓦尔根尼。莎拉承认在这件事上欺骗了他，可是在对他的爱情上，她从没有欺骗过他。欺骗他的只是她的孤独、愤恨和嫉妒。查尔斯痛苦万分，感到自己受到了引诱和欺骗。他即使去教堂祈祷也无法获得心灵的平静。不过渐渐地，他理解了莎拉的用意，那就是她爱他。于是查尔斯决定先回莱姆镇解除同欧内丝蒂娜的婚约，然后向莎拉求婚。回到莱姆镇后，查尔斯经历了一场不小的风暴，受到了众人的指责。不过，一想到将来同莎拉的结合，查尔斯就觉得经历这一切也值得。他连夜赶回了艾塞特，可莎拉早去了伦敦，连半个字也没留下。查尔斯又追到伦敦，开始寻找莎拉。他雇了四个密探，他们搜遍了伦敦、艾塞特和莱姆镇，结果一无所获。后来，查尔斯停止了寻找。他先去了欧洲，又到美国，几乎走遍了所有城市，也无法排遣心中的忧郁、孤独和空虚。一天他的律师告诉他莎拉找到了，不过她已经更改了姓名，不再当家庭教师了，而是给一个画家当助手。当查尔斯找上门来时，莎拉就像换了一个人似的，对他的到来很不以为然。他向她求婚，愿意给她最大的自由，但是莎拉拒绝了。莎拉说她过去曾经痛恨孤独，现在却十分珍视它，因为她有有趣的工作，而且生活得也很幸福。这时查尔斯明白了一切，原来她把他招来的目的是为了给他最后一击，以发泄她对男人无休止的仇恨。查尔斯正要离开，莎拉唤人抱出一个小姑娘，正是他们的女儿。寂静中，莎拉的头依偎在他的身上，小女孩用布娃娃拍打着爸爸的脸颊。

Gardners Books 2005 年版封面

查尔斯历经了磨难，结局还算是圆满。不过，在此之外，还有可能存在另外一种结局，那就是莎拉准备再次牺牲查尔斯的感情。查尔斯终于清醒了，看出莎拉的虚假，离开了莎拉。

（徐静静）

埃德加·博登海默［美国］

《法理学:法哲学及其方法》

作者简介

埃德加·博登海默(Edgar Bodenheimer,1908—1991),美国当代著名法律哲学家。除了《法理学:法哲学及其方法》一书外,博登海默的主要著作还有《正义论》、《权力、法律与社会》、《责任哲学》等。博登海默1940年出版了《法理学》一书。1962年,博登海默在《法理学》一书的基础上撰写发表了《法理学:法哲学及其方法》,后又于1974年修订再版。经过30多年的艰苦努力,博登海默最终创立了自成体系的学术流派——“统一法理学”。

作品提要

《法理学:法哲学及其方法》是一部法理学专著,分为三编,18章,计42万字。

第一编《法哲学史的历史沿革》,对自古希腊直至20世纪70年代的各派西方法律哲学作了概述。作者在介绍各家学派的法学观点时,对这些观点作出了自己的评价。第二编《法律的性质与作用》由5章组成,占了全书篇幅的三分之一,是本书的核心部分。该编讨论的法理学问题主要有:秩序的需要、正义的探索、法律—秩序与正义的综合体,区别于其他社会控制力量的法律、法治的利弊。在这一编内,博登海默对“秩序”、“正义”等基本问题进行了深入探讨,并提出了自己的独到见解。本书的第三编《法律渊源与技术》重点研究的内容有法律的正式渊源、法律的非正式渊源、法律与科学方法、司法程序之技术等。

作为由国家强制力保障实施的社会行为规则,法律是如何产生的呢?博登海默认为,世界上所有的民族和国家在早期历史发展阶段都形成了某些关于正义和法律性质的观念与思想——在内容具体程度上和表达明确程度上可能是各异的。希腊人通过对自然、社会和社会制度进行彻底的、基本的分析,成了西方世界的哲学先师。那时,法律被认为是由上帝颁布的,而人类则是通过神意的启示才得知法律的。早在中世纪前几个世纪,基督教法律哲学的基础就已经奠定。在圣保罗致罗马人的使徒书信中,就论及了自然法。17—18世纪,古典自然法以各种各样的形式在欧洲盛行,尽管古典自然法具有某些明显的特征,使之区别于中世纪和经院主义的自然法。最后，通过逐渐的发展，古典自然法在其研究方式方面完成了从对人性的目的论到因果论和经验论的转变。荷兰伟大的法学家、思想家格老秀斯被称为“国际法之父”。格老秀斯把自然法定义为“一种正当理性的命令，它指导任何与合乎理性的本性相一致的行为就是道义上必要的行为；反之，就是道义上罪恶的行为”。格老秀斯认为自然法的主要原则有：不侵犯他人的财产；归还属于他人的东西并偿还由它得到的利益；遵守合同，履行诺言；赔偿因自己的过错给他人造成的损失；给应受惩罚的人以惩罚。他认为，许多更详细、更特殊的规则只是必然可以从这些基本规则中派生出来的规则。

第二编《法律的性质与作用》系本书的核心。博登海默写道，本著作是根据两个基本概念来分析法律制度的，这两个基本概念就是秩序和正义。本著作中所使用的秩序概念，意指在自然界与社会运转进程中存在着某种程度的一致性、连续性和确定性。历史表明，凡是在人类建立了政治或社会组织单位的地方，它们都曾力图防止不可控制的混乱现象，也曾试图防止某种适于生存的秩序形式。如同在自然界中一样，秩序在人类社会中起着重要作用。在整个社会中，规范调整的范围表现为更大的范围。它除了包括诸多其他问题以外，还包括家庭单位基本结构问题、缔结契约性协议的问题，以及财产的取得、处分和依法转移的问题。法律社会还禁止某些明显反社会的行为，诸如暴力行为、非法侵占财产行为以及较为重大的欺诈行为。毋庸置疑，人类主张生活安排要具有连续性的倾向与他们要求在相互关系中遵守规则的倾向之间，是存在着联系的。无论何时，只要人的行为受法律的控制，重复规则性这一要素就会被引入社会关系之中。源于过去的一个权威性渊源，会以重复的方式被用来指导私人或官方的行为。坚持行为方式的规则化，给予了社会以很大程度的有序性和稳定性。

博登海默把法律看做秩序与正义的综合体。在谈及秩序与正义的关系时，博登海默说，在一个健全的法律制度中，秩序与正义这两个价值并非时常冲突，相反，它们却是紧密相连、融洽一致的。一个法律制度若不能满足正义的要求，那么长期下去就无力为政治实体提供秩序与和平。而在另一方面，如果没有一个有序的司法行政制度来确保相同情况相同对待，那么也就不能实现正义。因此，秩序的维持在某种程度上是以存在着一个合理的、健全的法律制度为条件的，而正义需要秩序的帮助来发挥它的一些基本作用。为人们所要求的这两个价值的综合体，可以用这句话来加以概括，即法律旨在创设一种正义的社会秩序。

在第二编中，博登海默还用了很大的篇幅讨论“法治的利弊”。在博登海默看来，法律对社会的有益影响，在相当大的程度上基于这样一个事实，即它在某些基本的生活条件方面，为个人创设并维持一种安全范围。法律保护其国家成员、生命、肢体完整、财产交易、家

中国政法大学出版社 2004 年版封面

庭关系，甚至生计与健康。法律能够促进潜在于社会体中的富有创造力和生命力的力量流入建设性的渠道，因此可以证明法律是文明建设不可缺少的一个工具。尽管法律是一种必不可少的具有高度裨益的社会生活制度，它像人类创建的大多数制度一样也存在某些弊端。法律的这些缺陷部分源于其保守的倾向，部分源于其形式结构中所固有的僵化呆板因素，还有一部分是源于与其控制作用限制方面。通过在宪法律令或成文律令中提出某个特定时间和地点的社会政策，或者通过作出对当代法官有约束力或假定有约束力的规则，法律就显示出一种保守主义的倾向。这一倾向根植于法律的性质之中，即法律是一种不可朝令夕改的规则体系。

在第三编《法律渊源与技术》中，博登海默着重探讨了立法和司法过程中的技术问题。博登海默认为，法律渊源可以划分为两大类，正式渊源指那些可以从体现于官方法律文件中的明确的条文形式中得到的渊源，包括宪法与法规、行政命令、行政法规、条例、自治或半自治机构和组织的章程与规章、条约与某些其他协议，以及司法先例等。而非正式渊源则指那些具有法律意义的资料和考虑，这些资料和考虑尚未在正式法律文件中得到权威性的或至少是明文的阐述与体现。非正式渊源可以分为正义标准、推理和思考事物本质的原则、个别平衡法、公共政策、道德信念、社会倾向以及习惯法等。

经过上千年的发展，西方法理学在 20 世纪出现了百家争鸣、流派纷呈的局面。在这种情况下，博登海默认为，19 世纪甚至 20 世纪的西方法学或多或少忽视了法理学的一个重要方面，即对法律的基本性质以及法律制度所追求的基本目标和价值进行哲学的分析。博登海默对法律的性质和作用的哲学思考构成了本书的核心。其中，他对法律中秩序和正义这两个基本概念作了详尽而深刻的阐述，并以此为基础对法律与权力、行政、道德、习惯等其他社会控制力量之间的关系进行了哲学上的分析，最后还对法治的利弊予以了评价。[①]在对各家学说进行回顾和系统分析之后，博登海默感到各个流派的理论虽然自成一家，在用以分析法律这一复杂的社会现象时都存在明显的片面和不足，更觉得有必要创建一门新的、综合的法理学，以适应时代和社会现实的需要。由于博登海默有扎实的哲学功底和理论素养，他的著作说理透彻，论证充分，具备了很高的学术理论水平。全书结构严谨，用语准确，行文流畅，一反以往法学著作所固有的那种艰深晦涩的特点，具有较强的可读性。（盛红生）

---

① E. 博登海默：《法理学：法哲学及其方法》，邓正来等译，华夏出版社 1987 年版，第 1 页。

约翰·奥斯本［英国］

《愤怒的回顾》

作者简介

约翰·奥斯本(John Osborne,1929—1994),第二次世界大战后英国著名的现实主义剧作家,生于伦敦。1957 年,奥斯本发表了重要的舞台剧《卖艺人》,以象征的手法形象地反映了英国本身的衰败。以《卖艺人》为开端,奥斯本开始了戏剧表现形式的创新实验。随后,他的历史剧《路德》上演,该剧获得了纽约剧评界奖和托尼奖。在此之后,奥斯本的剧作又回复到通过失败者的形象揭露与谴责社会的主题,同时继续探索与实验新的表现形式,其中有影响的有《不能承认的证据》、《我是爱国者》、《当今之时》、《阿姆斯特丹旅馆》、《苏伊士以西》、《眼看它倒下》等。此外还有改编剧本,如根据易卜生戏剧改写的《赫达·盖伯勒》,根据王尔德小说改写的《道林格雷的画像》等。

作品提要

《愤怒的回顾》是一部三幕剧。故事发生在 20 世纪 50 年代英国中部杰米·波特的家中。主人公杰米是一个 25 岁的年轻人,出身于工人家庭,受过大学教育,生性敏感,能言善辩,但言辞粗暴。他大学毕业后找不到工作,为生计所迫,与朋友克里夫摆起了糖果摊。他的妻子艾丽生出身于中产阶级家庭。她天性热情,诚实,慷慨,坦率,抱着好奇心爱上了杰米。但由于家庭出身的不同,他们的婚姻生活矛盾百出。杰米不满社会现实,痛恨资产阶级,愤世嫉俗,再加上生活在单调、无聊的狭小空间之中,更使他精神上的压抑达到了极点。在阴雨的星期天,杰米尤其感到烦躁不安,这时他便对妻子和好友横加指责,以泄心中之愤。

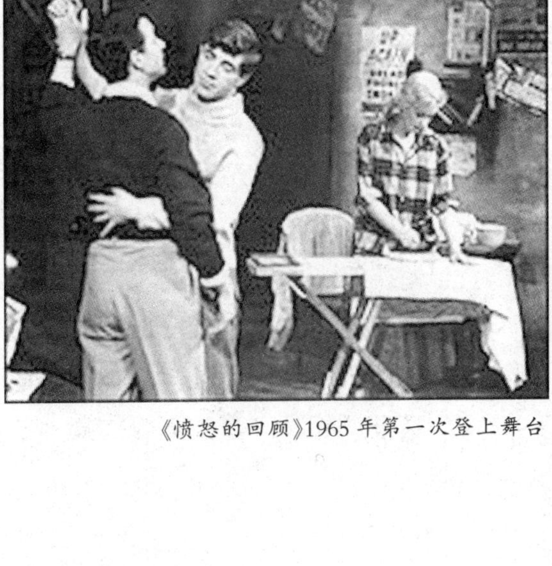

《愤怒的回顾》1965 年第一次登上舞台

该戏的第一幕发生在 4 月的一个星期天的傍

晚。杰米百无聊赖，又无处可去，无奈只好呆在家中与克里夫读报，看艾丽生熨衣服。他对报上所写的新闻无动于衷，可又为自己麻木不仁的态度感到震惊。他觉得自己生活在绝望中，年轻的生命将转瞬即逝。于是，他又开始向艾丽生挑衅、讥讽、挖苦乃至刻意谩骂，以便激怒艾丽生，挑起一场争吵，痛痛快快地发泄一番，来打破这平静、单调的生活。然而，受过良好教育的艾丽生却一味地克制忍让。善良宽厚、乐于助人的克里夫和杰米与艾丽生住在一起，在他们家庭矛盾中一直起着缓冲和调解的作用。他一面制止杰米，一面安慰艾丽生。可杰米却变本加厉。克里夫终于忍无可忍，和杰米扭打在一起，但又不慎撞倒了艾丽生，熨斗烫伤了她的胳膊。杰米终于冷静了下来，走出门外。克里夫留在家中安慰艾丽生。艾丽生向他倾吐心中的烦闷，说杰米彷徨消沉，表面上是满腔愤怒，内心却敏感脆弱。她最近怀了孕，可没敢告诉杰米，因为两人经济拮据，无法生活。艾丽生说着，与克里夫像情人一样拥抱在一起。杰米刚巧进屋，却视若无睹，自顾自地坐下来读报。此刻的他心情已有所好转，与克里夫说笑打闹了一番，又向艾丽生道歉。两人言归于好，玩起了"黑熊与松鼠亲热地拥抱在一起"的游戏。可惜好景不长。当艾丽生去接电话的时候，杰米翻到了艾丽生与母亲的往来信件，因信中从未提到过他而发起火来。更糟糕的是，艾丽生接完电话回来说她的好友海伦娜要来此借住。杰米视海伦娜为仇敌，这一消息无疑使他火上浇油，再次大发雷霆。第一幕也就在杰米的咆哮声中降下了帷幕。

两星期后的黄昏。艾丽生与海伦娜坐在炉前回忆往事。四年前，艾丽生爱上了家境贫寒的杰米，不顾家人，特别是母亲的反对，毅然脱离家庭和杰米结婚。婚后，杰米离开了他所厌恶的大学，但却找不到工作。他们身无分文，无家可归，只得寄宿在杰米的好友休家中。休也对社会愤懑、失望，和杰米一样是愤怒的青年。休和艾丽生由于不同的阶级出身，彼此讨厌对方，甚至憎恨对方。他和杰米经常带一帮人到艾丽生认识的人家去骗吃骗喝，诓诈钱财，自称这是对资产阶级的宣战和对社会的反抗。然而休自己却要靠母亲挣钱来养活。最后休悲观地认为英国完了，唯一的出路便是离开这个国家。和杰米经过一番争吵之后，休只身到国外去了，而杰米则在休的母亲的帮助下摆了个糖果摊，勉强度日。海伦娜听完艾丽生的经历后，劝艾丽生回家。这时杰米和克里夫走进屋来。对他们来说，海伦娜是一位极不受欢迎的人。他们挖空心思以恶言攻击，想把海伦娜赶走，可都无济于事。杰米又开始恶意诅咒艾丽生的母亲，直到有电话找他才离去。杰米接到电话得知休的母亲已奄奄一息，想见见杰米和艾丽生。休的母亲勤劳善良，一生都过着苦日子，杰米很尊敬她，而艾丽生却认为她很无知。杰米此时心情沉重，恳求艾丽生同他去。可心灰意冷的艾丽生已决意离开杰米，她不顾杰米的恳求，径自和海伦娜到教堂去了。

海伦娜自作主张，给艾丽生的父亲打了个电报，请他来接艾丽生回家住一段时间。而海伦娜一方面同情艾丽生，另一方面又被杰米所吸引，对他产生了好奇心，于是在艾丽生走后，她决定留下来与杰米一起生活。杰米回家后看到艾丽生留给他的信，十分气愤，并认为艾丽生对休的母亲太绝情，甚至连一束花都不送到葬礼上去。当海伦娜告诉杰米艾丽生怀孕的消息后，杰米非但没有悔悟，反而咒骂起艾丽生和未出世的孩子来。

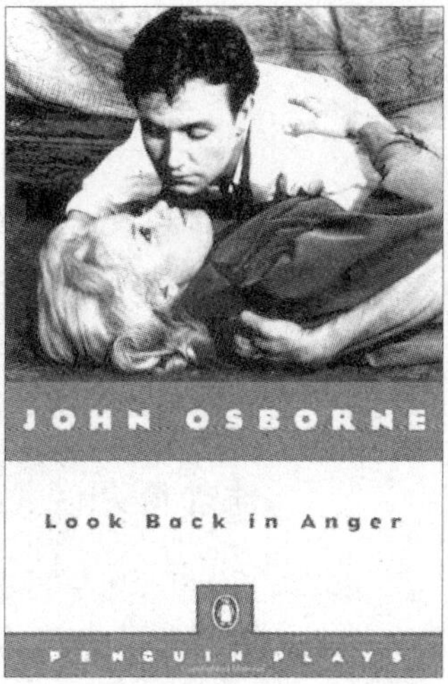

Penguin Books 1957 年版封面

第三幕是在几个月后，又是一个星期天的傍晚，情景几乎同第一幕一模一样。杰米和克里夫在读报，所不同的是海伦娜取代了艾丽生站在那儿熨衣服，也代替了艾丽生成为杰米泄愤的对象。杰米一边看报纸，一边指责海伦娜，又与克里夫扭打在一起。克里夫再也无法忍受这种近于疯狂的生活，终于离开了这个家。克里夫走后，当海伦娜与杰米互吐衷情之时，艾丽生拖着流产后疲惫、虚弱的身子出现在门口。杰米嘲弄了一句便漠然离开。海伦娜又与艾丽生谈论起杰米来。海伦娜认为像杰米这样愤怒的青年生错了年代："有时我听他讲话，觉得他认为自己还生活在法国大革命之中。当然，那儿才是他该去的地方。他不知自己在何方，也不知该往何处去。他从不做什么，也从不打算去做什么。"①海伦娜说她不愿再留下来分尝痛苦了。尽管她爱杰米，可是他们属于两个不同的世界。杰米回来了，看到海伦娜要走，他无动于衷，并冷漠地说："人们都想逃避生活的苦难，尤其是爱情的痛苦……试图以爱情来欺骗自己是无济于事的。你不能陷在舒舒服服之中，而不弄脏自己的双手。"②海伦娜走了，屋中只剩下杰米和艾丽生。杰米责备艾丽生为何对休母亲的去世如此冷酷，接着又回忆起他初恋时的情景。在现实生活中奋力挣扎仍处于绝望境地的杰米对艾丽生说："我也许是个失败者，但只要你爱我，失败又算得了什么。"③艾丽生被深深地打动了。失去了孩子的她此时也感到自己处于失败的境地，决心投身于这地狱般的现实生活中与杰米同甘共苦。她说："我不要做圣人。我要做个失败者。"④但前途又在哪里呢?他们只好又像往常那样，求助于逃避现实的办法：拥抱在一起，把杰米称做熊，把艾丽生称为松鼠，躲进那黑熊与松鼠亲亲热热生活在一起的幻想世界中去了。（秦　文）

---

① John Osborne, Look Back in Anger, Faber and Faber, p90.
② John Osborne, Look Back in Anger, Faber and Faber, p93.
③ John Osborne, Look Back in Anger, Faber and Faber, p94.
④ John Osborne, Look Back in Anger, Faber and Faber, p95.

约翰·斯坦贝克 [美国]

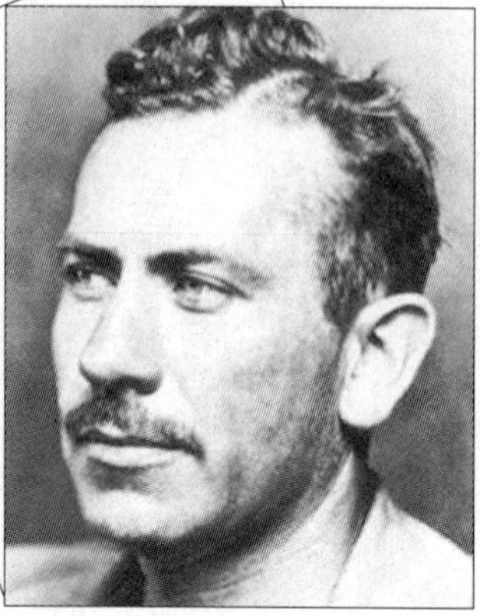

《愤怒的葡萄》

作者简介

约翰·斯坦贝克(John Steinbeck,1902—1968),美国现代著名小说家,生于加利福尼亚一个中产阶级家庭。1936年出版的《胜负未决》和1937年出版的《人与鼠》奠定了他在美国文坛的地位。1939年出版的《愤怒的葡萄》先后荣获美国全国图书奖以及普利策小说奖。在四五十年代,斯坦贝克又先后发表了一些作品。《月亮下去了》描写第二次世界大战中挪威人民反对德国法西斯的斗争。《珍珠》是一部优秀的中篇小说,取材于墨西哥一则民间传说。1962年,瑞典科学院将诺贝尔文学奖授予斯坦贝克,认为他"通过现实主义的、富于想象的创作,表现出蕴含同情的幽默和社会的敏锐的观察",这一评价在很大程度上源自于《愤怒的葡萄》。

加州纪念斯坦贝克的铜像

作品提要

小说《愤怒的葡萄》是斯坦贝克的代表作,主要叙述了俄克拉荷马州农民乔德一家的不幸经历。小说以20世纪30年代经济大萧条时期美国中部各州农民破产、逃荒和斗争这一史实为背景。受垄断资本的控制,俄克拉荷马和邻近的得克萨斯、堪萨斯、阿肯色等州的很多农场被大公司所兼并,当地农民负债累累,无立足之地,被迫举家西迁,希望在加利福尼亚州找到出路。"丧失了老家成了大家共同的损失,西部的黄金时代成了大家共同的美梦。"[1]乔德一家就是其中之一。大公司派来的拖拉机将他们从祖祖辈辈耕种过的土地上无情地赶了出去。为了生计,他们不得不背井离乡加入逃荒的行列。小说的第一章展现

① 约翰·斯坦贝克:《愤怒的葡萄》,胡仲持译,外国文学出版社1982年版,第248页。

了故事发生的背景，作者详细地描述了干旱荒芜的土地以及它给人们的生活所造成的影响。走进这种不祥气氛中的首先是刚刚获得假释的汤姆·乔德。四年前他因打抱不平失手杀人，此时他正打算搭便车返乡。下车后他巧遇以前曾任牧师的吉姆·凯绥，于是结伴同行。回到汤姆家中后，他们惊奇地发现家中一片狼藉，空无一人。经过打听方得知他家的土地已被没收，目前暂时寄居在约翰伯父家中。一家人见到汤姆回来十分惊喜。为了筹措盘缠，他们只得狠下心以极其低廉的价钱变卖了全部家当，全家 13 口人挤在一辆破旧的卡车上踏上了前途未卜的漫漫征程。

一路上他们风餐露宿，忍饥挨饿，历经千辛万苦，唯一的精神寄托就是一旦到了土地肥沃、农产丰富、“工资优厚”的“希望之乡”加利福尼亚，他们就能找到理想的工作和新的生活。在离乡的惆怅和旅途的劳顿双重打击下，汤姆的爷爷奶奶相继去世，而他的哥哥诺亚和妹夫康尼又因不堪艰辛先后离开了家人。此外，卡车在路途中频频抛锚，弄得全家人整日提心吊胆，唯恐被困在半路。而最令乔德一家忐忑不安的是他们从一些去过加州的人口中得知那里的实际情形与招工传单的吹嘘大相径庭。农场主们拼命压低工人的工资，有些甚至宁愿让水果烂在地里，或者干脆把水果浇上汽油烧掉，也不愿花钱雇工采摘。到达加州后，乔德一家找不到安身之处，只得住进政府开办的收容所。当地警察制造出种种借口到处抓人，要是任何人对工资或工作条件提出异议，就会遭到残酷的迫害。后来他们被果园主雇去摘桃子，到农场去摘棉花，但工资极低，受尽了盘剥，并且他们发现自己原来是被利用来破坏农场工人罢工的。很快，季节性的临时工作也找不到了，乔德一家再度陷入了困境。在一次农业工人罢工斗争中，汤姆看到自己的朋友、罢工的组织者凯绥被警察打死，不禁怒火中烧，杀死了那名警察，从而不得不出外逃亡。在小说结尾，一场持续不断的大雨淹没了失业农民的露宿营地，汤姆的父母带着临产的妹妹罗撒香转移到一间地势较高的仓库中。罗撒香的孩子不幸夭折。这时一个躺在仓库角落里的男人正饿得奄奄一息。在母亲的鼓励下，罗撒香做出了一个大胆的举动，她解开衣服，用自己的奶水去挽救那人垂危的

外国文学出版社 1982 年版封面

少年儿童出版社 1989 年版封面

上海译文出版社 2004 年版封面

Penguin Books 1976 年版封面

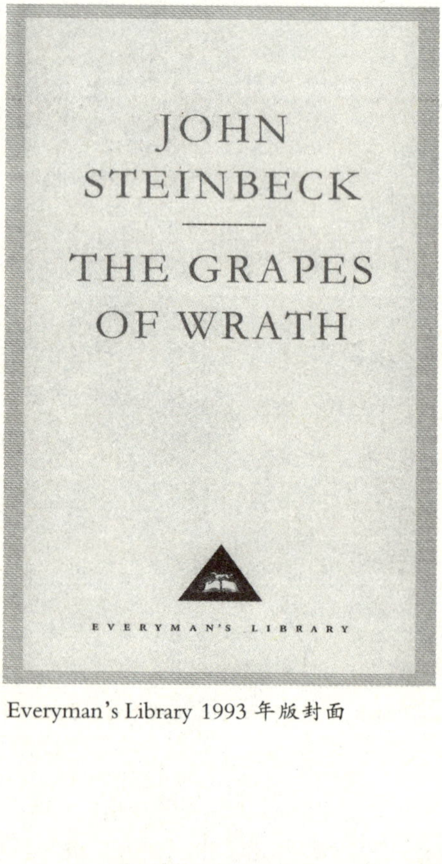

Everyman's Library 1993 年版封面

生命。整部小说于是在她"神秘的微笑"中结束。

这部小说通过对乔德家族家破人亡悲剧的描写，反映出个体农民怎样被资本主义大工业挤垮而加入到无产阶级队伍的过程，同时也赞美了那些破产农民的互助互爱精神。素不相识的农民只要走在同一条逃荒路上，便有了共同语言，就可以在同样困苦的人们中间得到支援和接济。作者借助小说中的角色指出：你如果遇到困难或者受了委屈，你就找穷人去。除了穷人，谁也帮不了你的忙。当然，小说中农民的优秀品质不仅停留在互相支援这个方面，他们通过自己的亲身经历，渐渐开始觉醒，体会到团结起来反抗才是唯一的出路。

《愤怒的葡萄》在结构上具有显著的特点，运用了被称为"插入章节"的手法。全书一方面以乔德一家的命运为主线，同时又穿插介绍其他农民家庭的共同遭遇。在全文 30 个章节中，共有 16 个插入章节，长达近百页的篇幅。表面看来，这些穿插章节不是主要故事线索的组成部分，但它们为乔德一家的经历提供了更全面、更广阔的历史背景，从而使他们的苦难更加真实可信，具有更为深刻的典型意义。大多数的插入章节为乔德一家的活动提供了衬托和铺垫，比如银行与农民之间的冲突、农民们购买汽车和低价变卖家当时的情形等；另一些插入章节则提供了历史的或其他方面的信息，如季节劳力的历史、加利福尼亚的土地所有权的变迁、第 66 号公路的重要地位与作用等。乔德一家既是当时整个美国社会的一个缩影，同时又带有鲜明的独特个性。在具体描述乔德一家的际遇之前，往往有一个社会背景概述或一个带有普遍性的问题作为先行。概念性的陈述和具体细节的描绘密切地交织在一起，形成了一个有机的整体，共同构成了一幅悲怆凝重而极富感染力的历史画卷。

在《愤怒的葡萄》一书中，斯坦贝克不止一次地运用了象征的手法。最明显的一例就是小说书名中所提到的葡萄。在这里,葡萄被赋予了多重的象征意味。一方面,作家用葡萄象征劳苦农民备受苦难而长年累月积聚在胸中的怒火。另一方面,葡萄又体现了处境艰难的农民们对富裕生活的期盼。汤姆的爷爷在临终前不停地幻想等到了加利福尼亚的时候，他就会大口吞咽着大串大串的葡萄，这是一个富裕的景象。此外,斯坦贝克还用乌龟的蹒跚爬行象征乔德一家的颠沛流离、长途跋涉。作者用第三章整个一章——尽管本章篇幅十分有限——对乌龟的活动进行了细致入微的描绘。乌龟在这里代表着生存,代表着那种神秘而源自本能的生命力,正是这一力量促使它不管遇到多少挫折,都不断地重新开始它那艰苦的努力。同样,这一本能的生命力量也激励着乔德一家朝加利福尼亚顽强前进。另外,"尘土"一词在小说第一章中重复出现了 27 次,这样的重复旨在暗示人们:经济衰退会积聚成灾难,消沉的士气会最终导致家庭的分裂。因为尘土是无所不在的,可以认为它象征了乔德一家以及其他所有人日趋下滑的运气,他们这些人正在受到它具有破坏性的侵袭。

(乔光耀)

尼古拉·阿列克塞奇·奥斯特洛夫斯基 [苏联]

《钢铁是怎样炼成的》

作者简介

尼古拉·阿列克塞奇·奥斯特洛夫斯基(1904—1936),苏联作家。生于一个工人家庭,12 岁起就开始为生计而奔波,童年在动荡中度过。1919 年加入共青团,随即参加国内战争。1924 年加入共产党。由于长期忘我地劳动,积劳成疾,1925 年,奥斯特洛夫斯基终于卧床不起,瘫痪、失明、各种病痛的打击接踵而来。可是肉体的痛苦并没有击垮他的意志,他仍然向往斗争和有意义的生活。在与病魔作斗争的同时,奥斯特洛夫斯基又以一种特殊的方式归队了——写作。1933 年他创作完成了长篇小说《钢铁是怎样炼成的》。小说出版后,在读者中引起极大反响,为作家赢得了极大声誉。1936 年 12 月 22 日,由于重病复发,奥斯特洛夫斯基在莫斯科逝世。

作品提要

《钢铁是怎样炼成的》是一部以严格史实为基础的史诗性长篇小说,主要刻画的是以保尔·柯察金为首的一代共青团员,讲述他们成长的过程。保尔幼年丧父,全靠母亲帮佣维持生计。在学校里他是个成绩优异的学生,有一次因为戏弄瓦西里神甫被开除。于是 12 岁的保尔不得不去食堂当伙计,在社会底层他遭遇了许多不公平的事。十月革命爆发后,保尔生活的小镇舍别托夫卡得到解放,可不久又落入德军和白匪军手中。为了营救布尔什维克朱赫莱,他被富家子弟维克多出卖,进了监狱;偶然幸运地错放出狱后,他到女友、林务官的女儿冬尼娅家里住了一天。在这短短的时间里,他们之间纯洁真挚的爱情得到进一步的发展。第二天保尔便离别冬尼娅和哥哥阿尔焦姆,离开家乡参加红军。他随军队在祖国大地上转战了一年。1920 年 8 月 19 日,在利沃夫地区的一次战斗中,保尔不幸身负重伤,被送进陆军医院抢救治疗期间,保尔以惊人的毅力克服病痛,战胜了死神。然而出院

上海译文出版社 2006 年版封面

后,保尔与冬尼娅的感情产生了裂痕,两人最终分手了。从此保尔全身心地投入到巩固新政权和恢复国家经济建设的洪流中去。他参加过镇压反革命暴动、剿除土匪、打击奸商的斗争,担任共青团基层干部,时刻站在劳动的第一线。最严峻的考验发生在博亚尔卡站,要求必须在三个月期限内从车站到伐木场修一条轻便铁路。保尔和许多共青团员积极响应号召参加筑路。可是在环境恶劣、土匪袭击、物资匮乏的条件下,有些人开小差了,甚至有人可耻地交出团证。身有疾患的保尔却毫无怨言,以饱满的热情一直工作到胜利的一刻——他倒在了工作岗位上,在治疗和休养期间,同志们误以为他牺牲了。而他又一次"跨过死亡的门槛,回到了人间",体内却留下了致命的隐患。病愈后保尔又回到铁路工厂工作。由于工作表现出色,1924 年保尔加入共产党,他已成长为一名思想坚定、成熟的共产主义者了。不幸的是,由于长年积劳成疾,保尔的健康状况每况愈下,终于面临失去工作能力、彻底瘫痪的威胁。在生死之间,保尔选择"活下去",而且要活得有意义。他仍然努力不懈地参加社会工作,直到无法动弹,紧接着双眼开始失明。这时保尔心中升起了写作的念头。他要写一部反映科托夫斯基的骑兵师的小说——《暴风雨的儿女》。在妻子达雅的帮助下,小说完成了三章。保尔将它们寄给敖德萨的老战友们看,但原稿却在寄回途中被邮局遗失了。一切不得不重新开始。保尔的辛苦终于得到了回报,他的小说备受赞赏,即将出版。保尔实现了打破铁环、重归队伍的夙愿。

长江文艺出版社 2007 年版封面

《钢铁是怎样炼成的》一书以十月革命、国内战争、经济恢复和社会建设(1915 年至 20 世纪 30 年代初)这几个历史事件为时代背景,描绘了社会制度改变、历史转型时期错综复杂的阶级斗争和人物心态。这部小说不但开创了描写社会主义新人的先河,而且在苏联文学史上第一次将国内战争与和平建设有机结合起来,第一次将与阶级敌人的斗争和与人民内部敌人的斗争同时展示出来,第一次如此坚决地揭露了日常生活中敌人的道德堕落。在描写保尔的童年和战斗生活时,时间进展迅速,情节紧凑,叙述简洁,重在表现感受和行动。在叙述和平建设时期的部分,情节发展变得缓慢,叙述风格转为细腻,重视表现人物内心细微的心理变化和个性化。

诚实、善良、正直、多情是我们在保尔·柯察金身上发现的人性中最美的东西,这些品质构成了保尔性格的基础。以此为核心,人物性格继续向外围以辐射状态延伸,使得保尔的形象更加丰满,性格更具典型化。坚强的意志力、忠贞不二的信仰、永不服输的气魄和积极进取的生活态度,都具有相当的感召力,不仅在二三十年代的苏联起推动社会的作用，在今天和未来，都具有一定的现实意义。在保尔·柯察金身上体现的这种奋发向上的时代精神，已经超越了时代和国界，具有永恒的生命力，同时也给作品本身注入了永恒的活力。

在塑造保尔·柯察金这个人物形象时，作家以艺术的概括方法塑造出他作为英雄人物、无产阶级革命战士的一面，同时也以个性化方法处理他作为普通人的一面。保尔·柯察金并不单纯是“时代精神的传声筒”，而是一个散发个性魅力的感人的文学人物形象。

译林出版社 2008 年版封面

保尔·柯察金的性格里包含着渴望自由、追求人性解放的因素，这同时也是一种民族精神和人民性的积淀。对于一切压抑人性、禁锢思想的势力的压迫，如宗教、专制制度，他均予以反抗。然而随着参加革命的深入和对正义事业的理解，在保尔·柯察金的性格里渗入了原则性的因素，正是在这一点上体现出保尔的特点，同样优秀的共青团员谢廖沙·勃鲁扎克未必能够做到这一点。

“自我教育”是保尔·柯察金的一大特点，他能将每次打击和阻碍转化为继续前进的动力。这种转化的力量来源于保尔·柯察金崇高的思想境界，在这种思想境界的指引下，保尔的个性不断得到完善。

保尔·柯察金的人生观和价值观也反映到他的爱情观上。保尔爱情观的嬗变体现在他与三位女友冬尼娅、丽达、达雅的关系上。保尔曾经无限忠于爱情。从冬尼娅给女友的信中，我们了解到，只为冬尼娅一句“爱情考验”的戏言，保尔毫不犹豫地纵身跳下“足足有五俄丈高”的悬崖；又是因为对冬尼娅的爱，他找到“自制”的力量，拒绝了狱中难友赫里斯季娜的要求。然而这份纯洁的爱情和友谊并没有维持多久，贫富差异、阶级对立使这份感情出现了裂痕。保尔主动提出了分手。若干年后，当他们在博亚尔卡筑路工地上偶然相遇时，已毫无共同语言了。在保尔心目中，爱情已经让位于事业，甚至为了事业可以舍弃爱情。就这样，保尔又错失了与共青团女干部丽达·乌斯季诺维奇的恋情。在一次会议上，保尔与已成家的丽达相遇，这时的他否定了牛虻思想中“毫无必要地以苦行考验意志的悲剧成分”，表明保尔的思想发生了转变。丽达在给他的信中写道：“保尔，你对自己不要那样苛刻。我们的生活里不仅有斗争，而且有美好的感情带来的欢乐。”当爱情再次降临时，保尔不再拒绝，与达雅的结合为保尔的爱情生涯画上圆满的句号。爱情事业难两全，一直是英雄人物的苦恼。可是奥斯特洛夫斯基没有流于“概念化”，而是为主人公安排了美满的结局，这一点增强了小说的真实性。

（庄品洁）

亚历山大·伊赛耶维奇·索尔仁尼琴［俄罗斯］

《古拉格群岛》

作者简介

亚历山大·伊赛耶维奇·索尔仁尼琴(1918—2008),俄罗斯作家、政治家,著名持不同政见者。1918 年 12 月生于北高加索的基斯洛沃茨克。1936 年就学于罗斯托夫大学数学系,1939 年在莫斯科大学函授部学习文学。卫国战争爆发后他任炮兵连长,大尉军衔,曾两度被授勋。1945 年初他因与战友私下评论斯大林政权一事而遭逮捕,被判处 8 年劳役。1956 年获释,并于次年恢复名誉,后任梁赞中学数学教员,业余开始文学创作。1962 年他的中篇小说《伊凡·杰尼索维奇的一天》在《新世界》发表,这是苏联文学中第一部描写劳改营生活的小说,作家因此一举成名,次年加入苏联作协。自 1965 年起他的作品因官方压制屡屡未能在国内发表。1967 年,索尔仁尼琴向苏联第四次作家代表大会散发公开信,要求取消对文艺创作的检查制度和保障苏联作家的合法权益。作家因此"在俄国知识分子心目中成了道德高尚和刚正不阿的象征"。1968 年《癌病房》、《第一圈》在国外以多种文字出版,并被誉为"以俄罗斯伟大古典作家的优良传统写成的杰出作品"。1970 年索尔仁尼琴由于"继承了俄罗斯文学传统中不可缺少的道德力量"而获得诺贝尔文学奖。鉴于当时政治大气候,作家未敢前去斯德哥尔摩领奖。1973 年《古拉格群岛》在巴黎首次出版。由于该书极其鲜明的政治倾向和高度敏感的政治内容惹恼了苏联政府,作家被剥夺公民权并驱逐出境。1976 年后他侨居美国,不时发表反共反苏言论。近年来随着俄罗斯形势变化,索尔仁尼琴在国内声望日隆。2007 年俄罗斯国庆节那天，索尔仁尼琴获得 2006 年度俄罗斯人文领域最高成就奖——俄罗斯国家奖。在

俄罗斯前总统普京会见索尔仁尼琴

获得诺贝尔文学奖 37 年之后，索尔仁尼琴终于在自己的祖国获得了肯定。

索尔仁尼琴的小说深深扎根于现实之中，情节紧凑，融纪实、抒情、议论于一体，尽管题材阴郁，但具有较大的真实性和感染力，在某种程度上体现了苏联人民对斯大林时期社会主义民主建设问题的反思和探索。这对于我们全面了解苏联政治、历史也是不无裨益的。然而不可否认，作为一名致力于揭露“共产党的罪恶”的作家，索尔仁尼琴作品中的政治倾向是相当强的。他着重抓住社会主义民主法制建设中的失误，对此不厌其烦地加以反复描写乃至肆意夸大歪曲，表现出对社会主义的极端仇视，对共产主义的彻底否定。这一点是我们在阅读其作品时需要注意的。

作品提要

《古拉格群岛》是描写苏联劳改营文学的代表作，时间跨度是 1918—1956 年，157 万字，分三卷七大部分。第一、二部以“监狱工业”及“永恒的运动”为题，描述了劳改犯的构成、监狱情况、法制的残暴虚伪以及进入“群岛”的过程。十月革命后一股股的“水流”形成了大逮捕的浪潮，富农、反对派、教徒以及少数民族、战俘等被一批批地逮捕、关押乃至枪决。参与这些事的是戴蓝滚边制服帽的侦查员——一群腐败、居心不良的人。他们热衷于自己追求被处理者和被判刑者的数字，以此换取自己的安宁生活。争权夺利是其本能，而小题大作、无中生有也是其拿手好戏。在这类人的背后隐藏着一个巨大的思想体系，是它把一批又一批年轻善良的人变成无恶不作的“蓝滚边”。法庭是这个巨大“囚犯生产线”上的一部分，无需开庭即可判刑，被捕就意味着有罪，于是审讯中的威胁、暴力、刑讯就不可避免。而且对刑讯的手段也不作规定，甚至肆意侮辱受侦查者，如向人嘴里吐痰、把脸按进痰盂、往跪着的人脸上撒尿等等。这一切都是在十月革命后形成的，到处都是自行组成的革命法庭，一切以对无产阶级的态度为准来决定是枪决还是释放。在一系列审判实践后，整个专政体系日益成熟。1926 年(直到赫鲁晓夫时期)批准的的刑法典，把所有以前分散的政治条文拧在一起，织成一张“58 条的结实的拉网”——专门用来对付那些有意无意与无产阶级、斯大林同志过不去的人。自从 1918 年 6 月死刑完全恢复后，数百万人因此走上了这条不归路。

第三、四部以“劳动消灭营”和“灵魂与铁丝网”为题，讲述了“群岛”的诞生、发展，岛内各种类型的犯人生活、工作情况。从 1930 年起，劳改营遍地开花，成百万公里的铁丝网不断延伸，并日益获得了经济意义。大批犯人作为无偿劳动力去开掘运河，在永冻土里打金矿探井等。劳动定额提得很高，工作日长短根据劳动定额决定，完不成定额，轻则回不了营房，重则在森林里活活冻死或被赶进火里烧死。伙食却是半磅面包，白开水。为了这些入不敷出的清汤淡水，人们拼死拼活，耗尽体力，许多人因此丢失了宝贵的生命，厨房门口泔水坑里一倒进垃圾，守卫在那里的人就蜂拥而上，互相厮打，在坑里寻找鱼头、骨头、菜叶、菜帮子，然后把它们洗净、煮熟、吃光。饥饿使死亡也简单化了，正说着话就没有声音了，正走着路就倒下了，哆嗦一下就完事了。劳改犯们衣衫褴楼，肮脏无比，卫生状况坏得不能再坏，臭虫、虱子、跳蚤横行，可以咬死垂死的病人和老人。伤寒、瘟疫等大肆流行，夺去了大批人的生命。劳改营的任务就是“在榨干这些人最后一把力气后加以消灭”，故称“劳动消灭营”，而政府却认为每天强迫犯人劳动(有时每天 14 小时)是合乎人道的，并且会导致他们的彻底改造。这样犯人只得以弄虚作假、偷工减料来苟延残喘。犯人有刑事犯和政治犯之分。前者在当局纵容下任意欺压后者，骂他们是“法西斯”，并常因后者的到来而被提前释放(劳改营空间有限)。政治犯们的生活就是劳动、饥饿、严寒、尔虞我诈，当局从他们身上唯一无法制止的提前释放机会便是死亡。劳改营里妇女的日子更不好过，为了活命，连最纯洁的小姑娘也会变成最不知羞耻的荡妇。政治犯中能长期活下来的，多半是当杂役，如厨房大师傅、仓库管理员、医生、工程师、劳动班长等，要谋取这些职位，需要会钻营拍马，要保住这些职位，更需要冷酷无情和忘恩负义。“群岛”的与世隔绝及犯人们所受遭遇使他们形成了一个特殊的单独的民族，其民族共同性格就在于：不要相信，不要害怕，不要乞求。狱吏们的性格则是：愚钝，独断专行，贪婪，凶残。在这样的人统治下，群岛如同一块臭肉，不仅自身发臭，还在各个岛屿周围造成并保持一个发臭的地区。群岛是个毒瘤，它的存在直接感染了整个苏联社会，因此苏联自由生活的某些特征就是永恒的恐惧、互不信任、出卖告密、奴隶心理等。

第五、六、七部以“劳役刑”、“流放”及“斯大林死后”为题。卫国战争一开始就遭到了俄国历史上空前的大溃败，于是繁华团结掩盖下的矛盾得以显现：各共和国希望独立，农民渴望脱离集体农庄。几十万人背叛祖国穿上德军军服，为的只是推翻斯大林，重建俄罗斯。战争结束后，数百万人遭到报复，或服苦役或遭枪决。朝鲜战争的爆发给囚犯们带来世界大战的希望，他们盼望苏联会因此垮台，变革的微风似乎已经吹了起来。抗议、绝食、逃跑的事件也越来越多，为此当局加强防范，手铐从一种限制性工具变成折磨人的刑具，与外界更加隔绝，犯人死亡率也增高了。当局还给窗户安上又粗又密的铁格子，用几十道铁丝网把营区围起来，修建了碉堡、围墙、板墙，布置了潜伏哨、伏击兵，用带血的生肉养着军犬。

群众出版社 1996 年版封面

群众出版社 2008 年版封面

逃跑者一旦被抓回来，便被打得半死不活、奄奄一息，或者干脆就地枪决，带回尸体某一部分"以儆效尤"。(相比之下，沙皇俄国的制度则宽松多了，不诛灭九族，也不轻易处死，所以当时革命者都能从流放地逃跑好几次。)尽管如此，那些"坚定的逃跑者"仍要以身试法。斯大林的劳改营体制到了 50 年代初期已经摇摇欲坠，斯大林去世和贝利亚之死更使统治者内部人心惶惶。局势正在悄悄地变化。1954 年 5 月肯吉尔特种劳改营的刑事犯和政治犯联手掀起了大暴动，囚犯们占领了大片营区，并成立了委员会与当局对峙，暴动持续了 40 天后悲壮地失败了。流放作为一种惩罚手段始于帝俄时代。在苏维埃时期流放地如同一个羊圈，人们被赶进去后便避免不了被宰的命运。1929—1930 年因农业集体化而引起的对富农及其子女的大规模流放，像瘟疫一样导致了 1 500 万农民的死亡。随着流放人员的增多，在苏联社会和古拉格群岛之间形成了一个巨大王国。但是在这里人们尽管辛勤工作也养活不了自己，流放者情愿回到群岛。许多少数民族也因斯大林的好恶而被迫背井离乡来到荒凉地区设法谋生。作者刑满之后又改判流放，并找到一份工作。但释放并不意味着永远的自由。释放后的人"总是走在钢丝上，稍有差错，就会重新成为囚犯，为此甚至无需再经过审判"!许多人回到故乡后面对家人的冷漠、旧友的回避感觉无法生存。也有的人却精神振奋，努力工作以弥补逝去的时间。

《古拉格群岛》揭露了苏联一个历史时期内劳改内幕。"古拉格"是"苏联劳改营管理总局"的俄文缩写译音，用它作书名，也有其新颖别致之处，具有高度浓缩的政治含义。它表明劳改营宛如一个个岛屿遍布全苏联，作者的政治倾向不言自明。本书副标题是《文艺性调查初探》，这就预示了本书体裁上的独特之处。总之《古拉格群岛》为我们更好地了解苏联提供了一个新的视角，也因其政治性为西方资产阶级攻击苏联提供了绝妙的材料。从这个意义上说，《古拉格群岛》的巨大成功与其说出于其文学价值，毋宁说是其政治倾向性所致。

(朱建刚)

亚历山大·费多罗维奇·洛谢夫［俄罗斯］

《古希腊罗马美学史》

作者简介

亚历山大·费多罗维奇·洛谢夫(1893—1988)，俄罗斯美学家、文论家。洛谢夫除了撰写了《古希腊罗马美学史》以外，还发表了一系列关于神话、哲学、历史、音乐、文学和语言学研究的论著:《奥林匹斯神话学》、《早期希腊文学中的美学术语(叙事文学与抒情诗)》、《历史发展中的古希腊罗马神话学》、《荷马》、《古希腊罗马音乐美学》、《语言模式一般理论导论》、《象征问题和现实主义艺术》、《古希腊罗马历史哲学》、《柏拉图》、《狄奥根涅斯·拉埃梯乌斯——古希腊罗马哲学史家》、《亚里士多德》、《符号·象征·神话》、《索洛维约夫》、《语言结构》、《古希腊罗马人的思维形式》、《索洛维约夫及其时代》、《古希腊罗马哲学简述》等。为了纪念洛谢夫诞辰一百周年，莫斯科思想出版社在1993—1995年间出版了4卷集的《洛谢夫文集》:第1卷《存在·名称·宇宙》，第2卷《古希腊罗马象征主义和神话学概述》，第3卷《神话·数·本质》，第4卷《形式·风格·表现》。

作品提要

《古希腊罗马美学史》是洛谢夫耗尽毕生精力所取得的研究成果。从研究基础来看，洛谢夫对古希腊罗马美学史的研究是建立在对古希腊罗马文化研究的基础之上的。他从社会历史基础到纯精神领域的各个方面，对古希腊罗马文化进行了深入细致的研究。在研究过程中，洛谢夫把严格的科学分析与独特的文化阐释结合起来，运用逻辑学和辩证法的研究方法去分析古老的资料，而且在阐释古希腊语言词汇和文化术语时体现出很丰富的知识含量。

洛谢夫把古希腊罗马美学史视为古希腊文化的重要组成部分之一。他在《古希腊罗马美学史》中，广泛地探讨了古希腊哲学、艺术、文学、语言、道德等领域，是一部研究古希腊文化百科全书。他在《古希腊罗马美学史》的第1卷中，仔细分析了古希腊数的概念，提出在古希腊整个世界(包括人和自然)其实是数或者数的组合，美形成于数的和谐，艺术本身就是数及其构造的产物。洛谢夫指出，古希腊关于数的学说源于毕达哥拉斯学派心灵学说的数学哲学论证，而毕达哥拉斯学派的心灵学说又来自充满生命活力的狄奥尼斯（古希腊神话中的酒和葡萄之神）的宗教。因此，古希腊数的学说不是抽象的，数是对存在和生命的创造性概括。这种概括使混沌、无序的世界变成一个清晰、和谐、有序、完善的机体。数的结构就是古希腊美学的基本审美现实。

在《美学史》的第 1—6 卷中，洛谢夫用了不少篇幅来考察命运作为一种审美范畴的发展历史。古希腊人称宇宙为最理想的现实，这一现实的基础是直观的感性形体。神则是宇宙生命的概括，而神本身却是由某种隐藏在物质世界后面的东西所决定的，这种东西就是命运。当古希腊人还无法解释自然规律时，命运就被当做一种绝对的力量，赋予宇宙以生命形式、节奏、美感，发挥着审美的作用，成为各种类型现实的审美组织者。洛谢夫考察了命运概念从苏格拉底到普洛丁的发展史。他认为，在古希腊，命运不止是人们盲目信仰的对象和对生命无法把握的确认，也不止是艺术家创造的虚构和哲学家研究的结果，而且还是一个美的存在、一幅美的图画和一股美的表现力。

在论述文艺复兴美学时，洛谢夫反对把中世纪与复兴简单对立起来的做法，主张探讨它们之间的复杂联系，研究欧洲文艺复兴与非洲地区文艺复兴之间的关系。他认为，应该对文艺复兴做广义的理解，把它的内容看成是争取人的独立、自由和解放。他甚至赞同东方曾出现文艺复兴的观点，比如，他同意孔拉德关于中国在公元 7—8 世纪经历了文艺复兴时代的观点。洛谢夫还力图重新理解文艺复兴时代的思维与中世纪烦琐哲学之间的关系，重新认识亚里士多德的哲学对文艺复兴时代的意义，等等。

洛谢夫在研究古希腊罗马美学基础上所取得的最突出的美学成就主要表现在神话研究方面。洛谢夫对神话的阐释是很具有独特性的。他指出：1.神话不是以幻想为基础的杜撰和虚构，而是逻辑的，首先是辩证的，是一般意识和存在所必需的范畴。2.神话不是理想化的存在，而是生活中感觉得到的、被创造出来的物质现实。3.神话不是科学的，特别不是简单的科学构造，而是活生生的主客观间的相互联系，这种联系自身包含着特别的、科学之外的、纯神话的真实性、可信性、基本规律性和结构。4.神话不是形而上学的构造，而是现实的、物质的和由情感创造的事实，这一事实同时是与现象的一般进程相脱离的，而且自身包含着脱离程度的不同。5.神话没有任何体系与任何寓意，而只有象征；作为象征，它自身已经可以包含体系、寓意和生活象征的层次。6.神话不是幻想的作品，但它的超凡脱俗，是把个别的和抽象化的东西放到直觉本能和与人的主体之间的直接生物联系的范围中来。在这里它们联系成一个不可分割的有机整体。

神话是用词语编织的个性的故事。神话是神奇的事，而整个世界就是奇事和神话。显然，人类社会源于氏族村社，人类思维源于神话。洛谢夫把这两个看起来似乎没有联系的方面放在一起来考察。他以为，神话之所以是生活，是因为它以概括的形式把氏族村社关系移植到整个自然和整个世界上来。神话并非只是原始人对自然现象作出解释的产物。应该说，用形形色色的杜撰或幻想的怪物来代替人间简单明了的现象，其实算不上什么特别的解释。原始人只能用自己生存于其中的氏族不说明整个存在，神话思维也就由此产生了。所以说，神话是对现实生活的真正概括。

与神话相关联的是文学理论中的象征问题，洛谢夫对象征的认识和他的神话观是一致的。他认为，象征是现实的反映，是人的意识对现实的反映，是人对现实的阐释。当然这种反映和阐释不是机械的、简单的，而是加以改造后的反映和阐释。象征是现实的反映和它的能指。由于现实是永远处于运动之中的，所以象征也就处在永恒的动态变化中。象征理论实际上是一种由生动直观到抽象思维，再从抽象思维到实践的认识论的循环。

除了文艺美学之外，应该特别提到的是洛谢夫对音乐美学的研究。他坚持音乐作为一种独特现象的独立性原则，它既不同于物理和心理现象，也不同于任何自然主义的机械唯物主义概念。音乐意义和逻辑直接制约着音乐家。洛谢夫得出这样的结论："意义——是对象的实质，逻辑——是意义的实质。"他试图以此表明音乐作为一种崇高的哲学启示的深度。洛谢夫认为，音乐没有必要被归入另外一种存在，它的特点是"以自我论证、行为独立存在和独立性的规律来取代基本规律"，也就是以纯音乐的存在来取而代之。他强调，音乐是以数和时间为基础的，没有它们就没有音乐，因为音乐是纯时间的表现，而时间必须以数及其体现为前提。"没有数就没有差异和分割，所以也就没有理智。"这样，音乐与数、数字关系、整个数学及其个别理论有着密切的联系。数字的理想化构成才能形成音乐。也正是在这个意义上，洛谢夫认为，"音乐和数学——是一回事"。当然，洛谢夫也指出了音乐与数学的不同，音乐是以各种富有表现力的形式而存在着的。音乐是意识中富有表现力的、象征的数的构造。数学是在逻辑地说明着数，而音乐则是在形象地说明着数。

洛谢夫关于古希腊罗马美学史的研究对世界美学界的贡献是巨大的，这一方面表现在他对美学理论本身的丰富上，因为到目前为止该作是世界上第一部如此详尽而深刻地研究古希腊罗马美学的巨著，就许多理论问题提出了自己独特的见解；另一方面反映在他的研究方法的运用上，洛谢夫的研究方法可以说是辩证法与历史研究的有机结合，为我们的文学理论研究提供了极有价值的参考。

（刘　炜）

汉斯·J．摩根索［美国］

《国家间政治：寻求权力与和平的斗争》

作者简介

汉斯·J．摩根索(Hans J. Morgenthau，1904—1980)，美国当代国际政治理论大师。摩根索是出生于德国的犹太人。他青年时代在德国法兰克福大学和慕尼黑大学攻读哲学、文学和法律，在瑞士日内瓦国际问题研究所学习和研究国际政治。第二次世界大战爆发前，由于法西斯对犹太人的迫害，他无法回德国，于1937年辗转到了美国，在布鲁克林学院和萨斯大学教授政治学。1943年，摩根索归化美国国籍，以后在美国多所大学任教和从事研究工作，其中时间最长的是任芝加哥大学政治学教授。在流派纷呈的西方国际政治理论界，直到今天尚无一部著作的影响能够超过摩根索的这部《国家间政治：寻求权力与和平的斗争》。本书于1948年初版，1985年由肯尼思·汤普森修订出版了第六版。在半个多世纪中，摩根索的理论在西方长盛不衰，对西方各国的对外政策产生了决定性的影响。

除了《国家间政治：寻求权力与和平的斗争》之外，摩根索的主要著述还有《科学人对抗权力政治》(1946)、《捍卫国家利益》(1951)、《政治学的困境》(1958)等。

作品提要

《国家间政治：寻求权力与和平的斗争》是一部国际政治理论专著。全书分为10编，32章，计55万字。

第一编《国际政治的理论和实践》，主要阐述了国际政治的现实主义理论和国际政治科学，并提出了政治现实主义的六项原则。第一章《国际政治的现实主义》开宗明义：本书旨在提供一种国际政治理论。对于这种理论的检验不能是先验的和抽象的，而必须是经验的和切乎实际的。这个世界本质上是一个利益对抗和利益冲突的世界，道德原则永远也不可能实现，但是必须通过不断暂时平衡各种利益和不断勉强地解决冲突而尽量接近它。摩根索所提出的政治现实主义的6项原则是：1.政治现实主义认为，像社会的一般现象一样，政治受到根植于人性的客观法则的支配；2. 用权力界定的利益概念是帮助现实主义找到穿越国际政治领域的道路的主要路标；3.被界定为权力的利益这一关键概念是普遍适用的客观范畴，但是它并不赋予这个概念以一个永久固定的含义；4.政治现实主义明白政治行动的道德意义；5. 政治现实主义拒绝把特定国家的道义愿望与普天下适用的道义法则等同起来；6.政治现实主义和其他党派的思想之间的差异是真实的、深刻的。第二章《国际政治科学》讨论了如何“理解国际政治”。仅就研究方法而言，本书有两个目的：第一是要发现和理解决定各国之间的政治关系的力量，并理解这些力量是如何相互作用并作用于国际关系和制度的。人们可以从历史、法律和理想主义观点出发来研究国际政治。但是摩根索认为这几种方法均存在局限性，因为国际政治力量需要理解的事件带有模糊性。国际政治学者必须懂得和永志不忘的第一个教训是，国际政治的复杂性使得简单的解决方案和可靠的预言成为不可能。理解了决定各国间政治的各种力量之后，理解了它们的政治关系发展的种种方式之后，人们就可以认识到国际政治的事实的模糊性。在某种政治局势下，相互矛盾的趋势都在发挥作用。

第二编《作为权力斗争的国际政治》，内容有政治权力、寻求权力的斗争，现状政策、寻求权力的斗争，帝国主义、寻求权力的斗争，威望政策和国际政治中的意识形态因素。第三章《政治权力》对“什么是政治权力”这一问题作了解答。摩根索说，国际政治像一切政治一样，是追逐权力的斗争。无论国际政治的终极目标是什么，权力总是它的直接目标。如果一国的外交政策趋向于保持权力而不是朝着利己的方向改变权力分配，则该国奉行的就是维持现状政策；如果一国的外交政策目的在于通过反转现存的权力关系获得比它实际拥有的权力更多的权力——换言之，其外交政策寻求的是在权力地位上的有利变化，那么该国奉行的就是帝国主义政策；如果一国的外交政策寻求的是为维护或增加权力而显示它所拥有的权力，则该国奉行的就是威望政策。在第五章《寻求权力的斗争：帝国主义》中，摩根索对各种关于帝国主义的理论作了批判，并提出了他所理解的帝国主义概念。摩根索采用反向思维方法，不是给帝国主义下定义，而是说明“帝国主义不是什么”。1.并不是所有旨在增加一国权力的外交政策都必然是帝国主义的表现；2. 并不是所有旨在维护既存帝国的外交政策都是帝国主义；3. 对殖民地的获得和剥削并不应成为帝国主义的同义语，帝国主义不应被赋予经济内涵。摩根索认为，所谓帝国主义其实是一种旨在推翻现状的政策。帝国主义有三个目标：建立

北京大学出版社 2006 年版封面

世界帝国主义、大陆帝国主义和文化帝国主义。

第三编《国家权力》从微观层面探讨了国家权力的实质、要素及对国家权力的估价。从经验的方面谈到某一特定国家的权力或外交政策的时候，我们所指的只能是属于某一国家的那些特定的个人的权力或外交政策。国家若作为合法组织推行外交政策，那么它的代理人在国际事务中就作为国家的代表而行事。而“国家权力”的要素则包括地理、自然资源、工业能力、军事准备、人口、民族性格、国民士气、外交的质量和政府的质量等。至于如何估价国家权力，摩根索认为，那些对估价的外交政策负责的人，那些造就有关国际事务公众舆论的人，都有一项任务，就是要正确地估价这些因素对于他们本国力量和其他国家的力量的影响。国家权力的金字塔从相对稳定的地理条件的基础上上升，通过不稳定因素的各个不同层次，在易变的国民士气那里上升到顶层。即使国家外交政策的负责人具有超人的智慧和可靠的判断力，并能够依赖最完整和可信的情报来源，仍然存在着打乱他们计划的多种未知因素。一国外交政策的成功可能主要不是因为自己的筹划更准确，而是因为对方犯了更大的错误。

第四编题为《国家权力的限制：权力均衡》，介绍了权力均衡的基本概念和权力均衡的方式、结构和评价。国家权力均衡仅仅是一项一般的社会原则，由若干独立单位构成的任何社会中，各组成单位之所以能够保持独立，都归因于这一原则；权力均衡和旨在维护权力均衡的政策，不仅是无法避免的，而且也是使由主权国家构成的社会得以稳定的基本因素；国家权力均衡的稳定，不是由于该原则的错误，而是因为该原则在一个主权国家构成的社会中运行时无法摆脱特定的环境。每当由于外力的侵扰或由于构成该体系的一个或多个要素的改变，平衡被打破时，该体系都显露出重建平衡的趋向，无论是恢复原有的平衡还是形成新的平衡。平衡这一概念同样也应用于社会科学和社会整体。各个领域里的平衡，都以这样两个假设为基础：其一，相互平衡的各因素对于社会来说是必要的，或者是有生存权力的；其二，各个因素之间若不存在平衡状态，其中一个因素就会居于主宰地位，分割其他因素的利益和权利，并且最终可能会毁灭后者。因而所有这些平衡，目的都在于维持体系的稳定，不许破坏构成体系的诸因素的共存，平衡就必须防止任何一个因素取得压倒其他因素的主宰地位。用以维系平衡的方法，在于允许诸因素保持它们在一定程度内相反的趋向，这个程度是，一种趋势不应强大到压倒其他趋势，却又必须强大到足以防止别的趋势压倒自己。国际社会的基础是两种因素：一是多样性，二是其要素

海南出版社 2008 年版封面

即国家对抗性。各个国家的权力欲望可能以两种不同的方式导致相互冲突。换言之，在国际舞台上争夺权力的斗争可能以两种典型的模式进行。权力均衡的两种主要模式是：直接对抗的模式和竞争的模式。均衡过程可以通过两种方式完成，一是设法减轻天平较重一侧的分量，二是增加较轻一侧的分量。具体办法有分而治之、补偿政策、军备、联盟等。

McGraw-Hill 2005 年版封面

第五编讨论"国家权力的限制：国际道德和世界舆论"，主要研究了国际道德、习惯、法律和舆论对国家权力的限制。摩根索认为，那些追求权力的人常常会利用意识形态来掩盖他们的目的。于是，实际上的权力欲便显得像是某种不同的东西，某种与理性、道德和正义的要求相和谐的东西了。而意识形态不过是国际政治实质的反映，国际政治的实质是可以在道德、习惯和法律的规范秩序中发现的。在所有较高级社会中发挥作用的行为规范和法则有三种类型：道德、习惯和法律。关于国际道德的讨论必须防止两个极端：一是过高估计道德对于国际政治的影响，一是过低估计道德对于国际政治的影响，否认政治家和外交官会受物质权力考虑之外任何其他考虑的驱使。一方面，将人们实际遵守的道德规则与他们假装遵守的道德规则，以及与著作家们声称他们应当遵守的道德规则混为一谈，是一个双重错误。另一方面，有一种误解，这种误解通常与我们前面讨论过的对权力政治的普遍贬抑和道德谴责相联系，认为国际政治罪恶至极，因而为国际舞台上的权力欲望寻找道德是毫无用处的。国际道德要求保护人类生命，包括在和平时期保护人类生命、在战争时期保护人类生命、对战争的道义谴责等。第十七章《世界舆论》讨论了世界舆论对国家权力的限制。世界舆论显然是一种超越国界的公众舆论。它把不同国籍的成员团结起来，至少在某些根本性的国际问题上形成共同意见。那么世界舆论是否对各国政府的外交政策起到了限制性的影响作用呢?答案一定是否定的。现代历史还没有这种事例的记载：一个政府的某项外交政策由于超国家的公众舆论的自发反对而被制止了。因为，一种能够对政治行动施加限制性影响的舆论，是以一个社会的存在和一种为社会提供行动标准的共同道德的存在为前提的，因而具有同一特定的世界舆论也就需要一个世界社会的存在和一种全人类赖以对国际舞台上的政治行动作出判断的道德的存在。

第六编着重探讨了国际法对国家权力的限制作用。第七编的内容是"当代世界的国际政治"，第八、九、十编重点讨论了通过限制谋求和平、以转变求和平和通过调解谋求和平等问题。

（盛红生）

艾伦·金斯伯格［美国］

《嚎叫及其他诗歌》

作者简介

艾伦·金斯伯格(Allen Ginsberg,1926—1997),美国20世纪50年代和60年代诗歌复兴的关键性人物,“垮掉的一代”的开创者和代表诗人,被《纽约时报》称为“当代惠特曼”的诗歌革新家。

金斯伯格一生出版诗集41种、戏剧3种、其他文集14种。其中,《嚎叫及其他诗歌》(1956)、《祈祷文及1958—1960年其他诗歌》(1961),以及1984年出版的《诗合集:1947—1980》、1986年出版的《白色裹尸布:1980—1985年诗集》最负盛名。他曾获全国图书奖、全国人文科学协会金质奖章、古根海姆奖、国家人文科学捐助会奖及法国文化部部长授予的艺术与文学骑士勋章等。

作品提要

《嚎叫及其他诗歌》里最杰出、最有影响的诗,无疑是其标题诗《嚎叫》。该诗是金斯伯格代表全体反文化的叛逆青年向美国社会递交的一份“抗议书”。全诗共分三部分,外加一个附注。第一部分最长,在打印稿里是一份长达七页的“清单”,被论者称为“垮掉的一代”的大事记。金斯伯格在其中列举了他和他的“垮掉的一代”同伴们——他那由被误解的诗人艺术家、发表不了作品的小说家、精神错乱者、激进分子、恶作剧者、性变态者、吸毒成瘾者组成的群体里那些

金斯伯格(右)和摇滚歌手鲍勃·迪伦(1975年)

疯狂而孤独的成员——的所作所为：

金斯伯格与诗人好友 Peter Orlovsky 1978 年的合影

我看见我们这一代最杰出的头脑被疯狂毁坏，饿着肚子歇斯底里赤身裸体，/ 拂晓时拖着脚步穿过黑人街道找一针够劲儿的毒品，/ 长着天使般脑袋的消息灵通的时髦人士渴求与这夜的机器里星亮的发动机发生古老的天堂式联系，/ 他们贫穷衣衫褴褛眼睛凹陷高坐在只有冷水的公寓那超自然的黑暗中吸毒飘飘然一座座城市上空回味爵士乐，/ 他们在高架铁路下对上苍暴露思想看见穆罕默德的天使们在被照亮的公寓屋顶上蹒跚而行，/ 他们带着冷冷的眼光穿过一座座大学校园在竞争的学者之中梦见到阿肯色州和布莱克灵光悲剧，他们被开除出高等学府因为他们疯疯癫癫在骷髅般的窗户上涂写淫秽的颂诗，/ 他们穿着内衣哆嗦在未修面的房间里，在废纸篓里烧钞票贴墙倾听恐怖之神的声音，/ 他们满脸阴毛似的胡须，猛吸一阵大麻，经过拉雷多市返回纽约的途中被殴打，/ 他们在涂漆的旅馆里吃苦或在天堂胡同喝松节油，死去，或夜复一夜地 / 用梦，用毒品，用不眠的噩梦、酒精和鸡巴以及没完没了的舞会把身躯投入炼狱……[①]

第二部分接着交代"毁灭"了第一部分里提到的"最杰出的头脑"的天才以及各类与时代生活格格不入、被弄得疯疯癫癫的人物的元凶——那个无所不在的"摩洛神"。金斯伯格借唾弃摩洛神来诅咒人类至今仍为之献身的种种虚假的偶像。

第三部分"从自我消耗的狂怒转到调整身心的爱"[②]，以金斯伯格、卡尔·所罗门为中心。《嚎叫》写作时，所罗门被送进州立医院的消息使金斯伯格苦恼了几个星期。在这一部分，诗人再次以在前面运用自如的惠特曼式的编目风格(每一行的开头都以一种固定的格式引起)，向所罗门娓娓倾诉。

---

① 译诗转自张子清《二十世纪美国诗歌史》，吉林教育出版社 1997 年版，第 555—556 页。引用时略有改动。

② 张子清：《二十世纪美国诗歌史》，吉林教育出版社 1997 年版，第 557 页。

City Lights Books 1956年版封面

第三部分之后，是《嚎叫的附注》。这是金斯伯格为回答评论界关于《嚎叫》的基调"消极、灰暗、淫秽"的指责而作的，体现了对宗教中极乐世界的憧憬，对个性以及个体所拥有的一切的惠特曼式的张扬。

《嚎叫》以惊世骇俗的方式痛陈表面繁荣而实际上枯燥、乏味的艾森豪威尔时代的种种弊端及其隐含的危机，对此作预示世界末日式的启示性批判，用金斯伯格自己的话说就是，他在《嚎叫》里的策略是"将私人的和公众的危机引入诗歌的批评空间"[①]，同时欢呼和赞美一种正在美国出现的反文化思潮。其表面上的自发性虽然隐藏了，但这种隐藏却是源自于金斯伯格对节奏和韵律的关注和自觉意识。[②]受W.C.威廉斯的影响，金斯伯格总要随身携带笔记本，记录周围的人的声音节奏，研究口语节奏和韵律，同时接受凯鲁亚克"直率谈话(frank talk)"风格影响，开始实验，后来成了金斯伯格招牌式的长长的翻滚诗行。他认为长的呼吸单位对他来说似乎很自然，并解释说《嚎叫及其他诗歌》整体上都是对长诗行运用中的全部可能性的尝试。"我的想法是主张一种大而长的铿锵有力的陈述，(这种陈述)并非要与你说它——一种思想——的方式相一致，而是要与你思考它的方式相一致——也就是说，我们快速思考，不仅用文字也用视觉意象。"[③]这就是金斯伯格《嚎叫》风格的前提。的确，《嚎叫》是一座风格的熔炉，惠特曼、威廉斯、凯鲁亚克、爵士乐等各自的风格在其中被熔出一种金斯伯格式的汪洋恣肆的诗风。

(王晓燕)

---

① Don Byrd, "Allen Ginsberg" in Contemporary Poets, ed., Racy Chevalier, Chicago and London: St James Press, 1991, p343.

② Nina Baym, ed., The Norton Anthology of American Literature, New York and London: W. W. Norton & Company, Inc., 1989, Vol. 2: Part 3, p2616.

③ Nina Baym, ed., The Norton Anthology of American Literature, New York and London: W. W. Norton & Company, Inc., 1989, Vol. 2: Part 3, p2616.

托马斯·斯特恩斯·艾略特［英国］

《荒　原》

作者简介

托马斯·斯特恩斯·艾略特（Thomas Stearns Eliot，1888—1965），20世纪极具影响的现代派诗人、批评家、剧作家。原籍美国，后定居英国。艾略特主要作品有《普鲁弗洛克及其他观感》、《荒原》、《空心人》、《灰星期三》、《四个四重奏》等。他的诗歌创作以《荒原》为中界可以分为三个时期：早期创作(1915—1922)，表现了沉沦于现代都市生活深渊的人物内心世界，笔调讥诮而冷峻。创作中期(1922—1927)，以《荒原》为代表的诗作深刻反映了西方现代文明衰微的整个时代的精神，表现出诗人对西方文明堕落的忧患。创作后期(1927年后)，艾略特走出荒原，由锐意革新的诗人变成保守的神父诗人，早期所持的嘲讽而诙谐的语调趋向于深沉、柔和。艾略特同样是一位出色的文学评论家。他在《传统与个人才能》、《批评的功能》等文章中提出了诗歌"非个性化"的理论以及寻找"客观关联物"的原则，为后来的英美新批评派奠定了理论基础，是新批评派当之无愧的先驱人物。作为剧作家，其诗剧《大教堂谋杀案》等在形式上打破了一百多年来英国剧坛以散文剧为主的局面，复兴了英国的诗剧，但作品多与现实生活脱离，鼓吹宗教的作用，与诗歌相比，成就较为逊色。

北京燕山出版社2006年版封面

作品提要

自由体长诗《荒原》[1]出版于1922年，共5章，434行。艾略特至少在诗中运用了6种语言，引用了35种不同作家的作品和流行歌

---

① T. S. Eliot，The Waste Land，1922.其英文版本可参见 Richard Ellmann & Robert O'Claire，eds.，The Norton Anthology of Modern Poetry，Toronto：George J. Meleod Limited，1973，pp459-471。本文中《荒原》的译文均引自获诺贝尔文学奖作家丛书之《四个四重奏》，裘小龙译，漓江出版社1986年版，引文后括号内的数字表示译文的行数。

曲，并附加了52条注释。他在该诗中旁征博引，论古道今，采用典故的重叠、意象的重复出现等手法，向世人展现了现代的荒原，影射了西方现代文明的堕落与精神生活的空虚，涉及死亡与复活、时间等多项主题，并以圣杯传说和繁殖神礼仪贯穿全诗。诗中的"我"是荒原人，是骑士，是渔王，也是担负传播繁殖神崇拜的腓尼基水手，角色的错综交合为全诗提供了总的线索。

《荒原》以希腊神话中西比尔"我要死"的悲叹应答开篇，暗示出诗中荒原上求死不得、虽生犹死的状态。

第一章:《死者葬仪》。四月份本应是春天的开始、万物复苏的时候，但对荒原人来说，四月却是最残忍的月份。春雨潇潇，土地已经死去，四月带给荒原人的只是不快的回忆与欲望。然而，本是寒冷的冬天，却让他们感到温暖，冬天在干枯的球茎里喂养着小小的生命，这样的生命能长久吗?荒原人却甘愿沉溺于这种不死不活的状态。春天与冬天的反差，充分表露出时代的绝望情绪。令人吃惊的夏天引出了玛丽拉里希伯爵夫人的回忆，时间从当前的四月流向过去，口语性的诗句反映出四处流浪，过着没有目的、没有意义的生活的人们的精神状态。紧接下来引入瓦格纳的歌剧《特利斯坦和绮索尔德》中的一段歌词，歌唱幸福和纯洁的爱情，艾略特以这段歌词引出了象征着爱情、复苏和春天的风信子女郎，诗行也转入了过去时态……最后，波德莱尔的《恶之花》登场来为这一章作结:"你，伪善的读者，我的同类，我的弟兄!"(76)于是，同样百无聊赖、精神空虚的读者也被纳入诗中，他们和诗中的荒原人一样需要得到拯救。

Signet Classics 1998年版封面

第二章:《弈棋》。诗人以记录片的方式，首先回顾古典时代，用华丽的辞藻影射莎翁剧中的克莉奥佩特拉、维吉尔《伊尼德》中的女王狄多等传说中的女性，描写她们豪华奢侈的生活:大理石上光亮的坐椅，金色的小爱神，明亮的七叉烛台，辉煌的珠宝——一切都是那么富丽堂皇，空气里也散发着阵阵奇香，香气在空气的波动下，"又将烛烟抛上镶板的房顶"(92)，源于《伊尼德》的这个场景暗示了诗中的爱情不能始终如一。镜头转向了房中的壁炉，那上面展示出《失乐园》的"林中景象"，接下来，镜头以"蒙太奇"的手法展现了现代高级宾馆和普通酒吧里的两个场景。首先是一对无所事事的男女的对话，他们各谈各的，言语间缺乏交流与沟通。女的抱怨自己的神经很糟，埋怨男的不跟她说话，认为他的头脑里空无一物。此时侍者的声音插了进来，"十点钟供应热水"

(135),男的则提出"我们来玩一盘棋",暗示两人进行性游戏。酒吧里女仆之间的对话也在同时进行着。她们你一言我一语地谈论着一个名叫丽儿的女人偷汉子连续五次打胎的事……

Modern Library 2008 年版封面

艾略特在第三章里以"火的布道"为题,表现了伦敦这座现代城市里受欲火煎熬的人们和他们猥亵的生活。第四章《水里的死亡》用短短十行描述了弗莱巴斯的水中之死,象征了追名逐利、情欲横流的必然结局。第五章《雷霆所说的》一开始就与第一章呼应,悲叹耶稣殉难,荒原死期将近。全诗以某一优波尼沙士经文"出人意料的平安"作结语,出人意料的平安只有在复活之后才会获得,而复活必须首先经历死亡。如此荒原在经历了火的布道、水中之死后,终于可以踏上复活之途了。但荒原是否会最终得到拯救,模棱两可的诗句让人费解,也许这也正是诗人在苦苦思索的问题。

《荒原》是艾略特的代表作,也是现代主义诗歌的里程碑。它诞生在西方资本主义文明每况愈下的阶段,全面地反映了现代西方人的悲观情绪和危机意识。艾略特敏锐地抓住时代的精神,创作出这部超越时空的作品。依传统的结构模式来看,《荒原》没有特定的时间、地点、人物,没有规范的开头和结尾,缺乏完整的结构,但诗人依靠典故的重叠、意象的反复出现、添加注释等手段将表面上互无联系的片段融会贯通。诗中比比皆是的典故、丰富的隐喻与象征虽然使这部作品晦涩难读,但却丰富了作品的内涵与深度。

(吕洪灵)

马克斯·韦伯［德国］

《基督教新教伦理与资本主义精神》

作者简介

马克斯·韦伯(Marx Weber,1864—1920),德国著名的社会学家、政治经济学家、法学家和哲学家,当代西方有影响的社会科学家之一,也是现代文化比较研究的先驱人物。

韦伯一生著作丰厚,大致可分为四类:第一,方法论、评论和哲学方面的著作,主要文章收在《科学理论论文集》中。这些论著主要涉及人文科学的精神、对象和方法,既研究方法论又研究哲学观。第二,纯历史著作,如《古代社会的农业生产关系》(1909)、《古代文明衰退的历史原因》(1896)。第三,宗教社会学专著,其中首推《基督教新教伦理与资本主义精神》(1904)。第四,普通社会学著作,主要是《经济与社会》。

作品提要

韦伯一生致力于考察世界诸宗教的经济伦理观,亦即试图从比较的角度,去探讨世界主要民族的精神文化气质同该民族的社会经济发展之间的内在联系,从而构成了他的著名文化比较系列专著《宗教社会学论集》。这里评述的《基督教新教伦理与资本主义精神》就是这部系列专著的一部分,属宗教社会学范畴。韦伯在这里力图论证:西方民族在宗教改革后形成的新教,对于西方近代资本主义的发展起了重大的作用。他从大量的观察中发现,禁欲的宗教和经济企业之间存在着一种自相矛盾的积极关系。他认为路德所发挥的以神召思想为基础的加尔文教,已经把现世禁欲主义美化为一种行为理想,这种现世禁欲主义趋向认为精神得救与商业成功是一回事,因此创造了资本主义精神;而由于组织的惰性作用,这种精神甚至在它的宗教根源已经丧失之后,仍然保持着它的生命力。

韦伯与妻子1984年拍摄的合影

合理性是贯穿全书的一个重要概念。韦伯有时干脆把它称为理性或理性精神。在韦伯看来，存在着一种仅在西方发生作用的合理性，它形成了(或者至少帮助形成了)资本主义，并且决定了我们能够预见的未来。在该书《导论》中，韦伯从物理学、史学、艺术、音乐、建筑与法律等方面详细说明了理性概念在各个领域的渗透。其理性概念的特征要素可列举为：1.经验和知识存在着一种逐渐数学化的倾向，这是一种从自然科学开始扩展到其他科学乃至“生活行为”本身的数学化(普遍的量化)；2.在科学及生活行为的组织中，对理性经验和理性证据必要性的执着；3.在这种组织中存在着对韦伯来说具有决定意义的结果，即一种普遍的、经过技术训练的官员组织的创始与巩固，这种官员成为绝大多数不同的社会久已有之的一个组成成分。最终这种合理性以资本主义形式表现出来：表现为对非理性的“贪得无厌的冲动”的抑制。这种抑制在“内在世界的禁欲主义”中找到了自己的典型表现。

因了这种抑制，西方的理性成了资本主义的经济理性，即在连续的、理性的资本主义企业中，为了获得更多的利益而斗争。这样合理性成了资本主义获取利益、获得利润的条件，而获利性反过来又被导向系统的、有计划的计谋，被导向“资本核算”。

韦伯所设想的理性，表现为技术的理性，表现为生产和通过有计划的及科学的机构所实现的物质(物和人的)转化。正因为理性概念成为韦伯概念分析的基础与出发点，于是他在分析了世界范围的经济状况后指出：为什么资本主义利益没有在印度、中国也做出同样的事情呢?为什么科学的、艺术的、政治的或经济的发展没有在印度、中国也走上西方现今特有的这条理性化道路呢?判断的标准是理性，理性的凭依是“内在世界的禁欲主义”，即新教背后支持人们社会心理的伦理道德观。

获利的欲望，对营利金钱的追求，这本身与资本主义并不相干。这样的欲望存在于并且一直存在于所有的人身上。那么什么是资本主义呢?按他的理解，资本主义及其企业(即使是具有相当理性化的资本主义核算的)在所有文明国家中都是早已存在的。换句话说，每个资本主义社会均有自己的独特性，这种独特性是在同类型的其他社会里所不存在的，但是给资本主义尤其是西方式资本主义确定一种理想，即根据某些

广西师范大学出版社 2005 年版封面

广西师范大学出版社 2007 年版封面

群言出版社 2007 年版封面

Routledge 2001 年版封面

Penguin Classics 2002 年版封面

AIPI 2006 年版封面

已掌握的特点给资本主义下一定义是完全应该的。

韦伯认为资本主义特征是存在着以最大限度的利润为目的，其手段是合理组织劳动和生产的企业。对利润的追求与合理的纪律这两者结合，在历史学上构成了西方资本主义的特点。贪财的人在已知的各种社会里均有，但不多见的，也绝无仅有的是：这种欲望不是用巧取豪夺、投机冒险的手段加以满足的，而是靠科学与纪律满足的。资本主义通过官僚机构，着眼于最大限度的利润。但韦伯认为这并不确切：组成资本主义的并不是最大限度的利润，而是无限的积累。任何一个商人均想在生意中获得尽可能多的利润，但资本主义的特征是不限制营利欲，而是积累越多越好，使得生产的愿望也变得没有限制了。

但是资本主义背后的精神实质是什么？它又是如何发展起来的？那就是资本主义精神与基督教新教伦理的契合。在今天，资本主义一旦存在，一个人要想适应资本主义的法则已经不需要什么形而上学的或伦理上的动机了。从历史社会学的观点上看，应当分别解释清楚资本主义制度的形成过程及资本主义制度的运营情况。因此，我们会问：在早期资本主义时期，一个大型工业公司的头头是天主教徒、耶稣教徒，还是犹太教徒，是加尔文派还是路德派，他在多大程度上(或说在经济操作中）看到经济成就与宗教的拯救灵魂许诺之间的关系？韦伯认为，心理与宗教上的动机曾经在资本主义制度的建立中起过重要作用。他的假设是：基督教新教的某种解释曾经造成过某些有利于资本主义制度形成的动机。

韦伯所醉心的基督教伦理，基本上是加尔文主义的观点。他参照1647年《威斯敏斯特忏悔录》，把加尔文主义观念归为五个方面：1.存在着一个完美无缺的、卓越万能的上帝；2.神秘而无所不能的上帝决定着我们的命运；3.上帝创造世界是为了自己的荣誉；4.不论将来是得救还是下地狱，人都应当把为上帝效劳、在这个世界上创建一个上帝的王国作为自己的职责；5.地球上的一切东西，人性、肌肤均是罪孽与死亡的渊源，灵魂得救是上帝对人类的恩赐。

尽管如此，人的命运在前世就由上帝预先决定了，但人们并不知道自己是否是上帝的选民，而唯有社会活动和创造财富并取得成功，才能很好地证明自己是上帝的选民。人们在这样的观念支撑下，“在现世之中，将行为理性化，正是禁欲主义新教的职业观所引起的结果”。“现在，它走出修道院，将修道院的大门‘砰’地关上，大步跨入生活的集市，开始把自己的规矩条理渗透到生活的常规之中，把它塑造成一种尘世中的生活。但这种生活既不是属于尘世的，也不是尘世的，这会产生什么结果呢?”

韦伯认为，这种世俗的新教禁欲主义与自发的财产享受强烈地对抗着。它一方面束缚着消费，尤其是奢侈品的消费，而另一方面又使得获利冲动合法化；在私有财产的生产方面，禁欲主义谴责欺诈和冲动性贪婪，在各个地方均朝着勤奋节俭的方向发展，财富也随之增长。

(姚国宏)

---

① 马克斯·韦伯：《基督教新教伦理与资本主义精神》，于晓、陈维钢等译，三联书店 1987 年版，第 119—120 页。

② 马克斯·韦伯：《基督教新教伦理与资本主义精神》，于晓、陈维钢等译，三联书店 1987 年版，第 137 页。

蕾切尔·卡森 [美国]

《寂静的春天》

作者简介

蕾切尔·卡森(Rachel Carson,1907—1964),美国海洋生物学家。童年生活在宾夕法尼亚州阿勒格尼河畔的斯普林代尔,那是个偏僻而宁静的小镇,四周生长着一片可爱的树林,儿时的卡森经常和母亲在林中漫步。卡森的母亲是位温文尔雅的淑女,对野生动植物有着极大的好奇和兴趣。母亲对大自然的热爱与关注深深影响了年幼的卡森。

卡森写作态度十分严谨,总是追究材料的原始出处,常常为了深入研究资料而不得不放慢写作的进度。对她来说写作并不轻松,但她坚持文章应该准确易读,一丝不苟,言之有物,这是她一生遵循的研究方法和写作态度。1941 年她发表了处女作《在海风吹拂下》,这是一本有关海洋生态的著作。不幸的是此书刚刚出版一周,便发生了震动全美国的日本偷袭珍珠港事件,这多少影响了评论界对这本书的重视。二战以后,蕾切尔·卡森成为美国鱼类与野生动物管理局刊行的出版物的总编。她在编辑、出版刊物的同时,着手收集二战时勘察世界各大洋的大量资料,构思并创作了《环绕着我们的海洋》、《海洋边缘》等著作,其中《环绕着我们的海洋》获得了 1951 年美国"全国非小说类书籍奖",高居畅销书榜长达 86 个星期之久。

卡森在用望远镜观察鸟类的活动

作品提要

《寂静的春天》是一本生态学著作,它第一次把滥用滴滴涕(DDT)等长效有机氯杀虫剂造成环境污染、生态破坏的大量触目惊心的事实系统地揭示于美国公众面前。凭着自己在生物科学领域的多年观察与研究,怀着对一切生物真挚的同情,卡森对《寂静的春天》一书的文体和内容都作了精心的安排。在这本书的开头有一个短短的开篇——《明天的寓言》，蕾切尔在其中虚构了一座小镇，她用诗一般的语言描绘了这座小镇美丽的四季。春天开放绿色原野上的繁花，秋天放射出火焰般色彩的枫树林，以及冬天覆盖在皑皑白雪之下的浆果和干草。天空中飞翔着迁徙的候鸟，绿阴掩映的池塘里游着鳟鱼，小鹿正悄悄穿过清晨的田野。这是多么美好而和睦的世界，然而在铺天盖地的杀虫剂袭击之下，它沉寂了。鸟儿不再歌唱，花儿不再开放，就连鱼儿也不再在水中游来游去，因为它们都已经失去了生命，它们再不会醒来，留给我们一个寂静的春天。卡森用一个预言作为全书的开场白是极富寓意的，因为人们的忽视，这个虚设的悲剧可能会很容易地变成一个活生生的现实，她写道："是什么使美国无以计数的城镇的春天之音沉寂下来了呢？"

吉林人民出版社 1999 年版封面

卡森凭借她在生物科学领域极深的造诣，用清晰明白的语言说明了以 DDT 为代表的新型化学合成杀虫剂的巨大生物学效能，它不仅能够毒害生物，而且会进入人体内部，产生致命恶变。DDT 因其价廉易制、毒性温和在当时被誉为根绝害虫、战胜田禾虫害的"救星"，被广泛地用来杀虫灭虱子。由于使用频繁，在多数人心目中 DDT 是一种对人体无害的家常用物，很少有人想到有毒的 DDT 会被人体吸收，虽然只是极微量的，但它一旦进入体内，便会贮存在富于脂肪质的器官里，在不知不觉中损害着肝脏和其他器官。不仅如此，DDT 及其同类药剂对于生物的损害最险恶的特性是它会通过食物这一链条上的所有环节由一机体传至另一机体。1958 年为了控制荷兰榆树病，密歇根州大量喷洒了农药，沾染了 DDT 的树叶落在地面上，被蚯蚓吃进肚里，知更鸟又吃了蚯蚓，结果纷纷中毒，死于非命。DDT 通过这样一个转移过程，本来含量极少，经过浓缩后逐渐增高，直至引起病变损害。1957 年加利福尼亚州清水湖的水里只含有百万分之 0.2 的 DDT，但水中的微生物却含百万分之 5 的 DDT，湖里的鱼大量捕食微生物，结果体内 DDT 的含量竟高达百万分之二千，成批中毒而死。明白了这一原理，对于在我们周围环境中广为播撒的化学药物，人们怎么能够掉以轻心、置若罔闻呢？

科学出版社 2007 年版封面

上海译文出版社 2008 年版封面

接着，卡森从环境污染的角度进一步描述了污染物的迁移和变化，分析了天空、海洋、河流、土壤、动植物与人类之间的密切联系，揭示出污染

Fawcett Crest 1985 年版封面

Penguin Classics 2000 年版封面

Mariner Books 2002 年版封面

对生态影响的深度和广度。卡森指出，在自然界没有孤立存在的东西，污染物会随着地下水漫游，水流经处，小溪、湖泊、江河、水库和生活在这些水中的鱼类、浮游生物，以及以这些鱼虾水藻为食的禽物，如苍鹭、鹈鹕等无一不被污染。就这样，即使远在南极的企鹅也难以幸免，更不用说以江河水为饮用水的人类了。同样地，除草剂大量喷洒在土壤中，也就污染了土壤、土壤中生长的绿色植物，以及以植物为食粮的昆虫和动物。卡森以痛心的笔调描写了缅因州原野里那些杜鹃、月桂、山茱萸、杨梅、冬青、苔樱桃、野李子因为大面积喷洒除草剂而在化学药剂的火力网中奄奄一息的景象，其文字之沉痛如同为大自然所唱的挽歌。她写道："当人类向着他所宣告的征服大自然的目标前进的同时，也就写下了一部令人痛心的破坏大自然的记录。"除草剂、杀虫剂固然杀死了带给人类烦扰和灾害的杂草与害虫，但同时，在杀虫或除草毒剂无选择的大棒下也牺牲了无数飞翔在天空的鸟儿，栖息在河流湖泊中的鱼类，奔跑在山野、草场中的野生动物和牧场牲畜，以及曾给大地带来迷人景象的雏菊、秋紫菀、三叶草和蒲公英。而人类作为大自然的一部分，尽管很不情愿承认这一点，但当污染已遍布整个环境时，难道人类能够侥幸逃脱吗？

卡森以翔实的资料和充分的事实依据证明了污染会导致癌症。她写道："我们容忍致癌因素在环境中存在，我们就要对它可能产生的危害负责。"要想让所有化学致癌物全部从现代世界中消失掉是不现实的，但相当大比例的化学致癌物并非生活必需品，随着这些致癌物的被消除，它们加给生命的负荷也将会减轻，那么，恶性病变是可以被有效控制的。

在全书的最后，卡森呼吁为了防止化学药品大量扩散到环境中，需要研究和采用其他方法控制害虫，譬如采用更合理的耕作防治法以控制害虫和其他农作物病虫害。她对生物防治方法特别感兴趣，如采用人工传播的疾病、灭敌以及不育剂等来有目的地消灭害虫。卡森并不反对使用一切化学杀虫剂，而只是要求在使用这些药剂之前，应该更为谨慎、小心，她所反对的是那些会给人类及生物带来长远性严重危害的杀虫剂、除草剂，以及那些轻率和不负责任的对于一切生物赖以生存的自然界漫不经心的行为，因为大自然是人类居住和生活的永久家园。

（袁曦临）

约瑟夫·康拉德［英国］

《吉姆爷》

作者简介

约瑟夫·康拉德(Joseph Conrad,1857—1924),原籍波兰的英国现代著名小说家。康拉德出生于当时在俄国统治下的波兰南部的别尔季切夫,父母均属乡绅阶层。他的父亲是个爱国者和诗人,曾翻译过莎士比亚和雨果的作品,后因参加波兰独立运动被沙皇政府流放到俄国北部的沃洛格达，年幼的康拉德跟随父母一起来到流放地。由于生活的颠沛流离,父母相继在流放中死亡。此后康拉德由舅父抚养成人。康拉德从小向往海洋,17 岁那年他到法国马赛,在一条法国船上当上水手,从而开始了他长达二十余年的航海生涯。他先后担任过二副、大副和船长,到过东南亚、非洲、南美等地。1878 年康拉德第一次航行到英国,他决心成为一名英国船员。1886 年他加入了英国国籍,将其波兰文姓名简化为约瑟夫·康德拉，同时他以惊人的速度学习并掌握了英语。康拉德于 1889 年开始小说创作。父母的早亡,生活的艰辛,使康拉德形成了忧郁、孤独与飘零的性格,常年的航海生活也为他的创作提供了无尽的源泉。1895 年，康拉德出版了他的第一部长篇小说《奥尔迈耶的愚蠢》。小说描写了一个荷兰殖民者在印度尼西亚的经历，虽然还不很成熟，但已经表现出作者在风格上的特点。1898 年,康拉德因健康原因放弃航海事业,结束了海上生活,定居英国,全力投入了小说创作。在长达 29 年的创作生涯中,康拉德一共写了 13 部长篇小说、38 篇中短篇小说和两卷回忆录。其中比较著名

1965 年美国拍摄的电影中“吉姆爷”的形象

的长篇小说有《“白水仙”号上的黑鬼》、《吉姆爷》、《诺斯特罗莫》、《间谍》、《机缘》、《胜利》等，中篇小说有《青春》、《黑暗的中心》等。1924 年 8 月 3 日，康拉德病逝于英国。

作者早年曾乘这艘船去非洲的刚果

在他小说中，康拉德大量地使用了一些视觉意象来作用于读者的感官，从而激发读者的联想，表达各种象征意义，因为康拉德认为：一切艺术都仰赖感觉，文学的艺术也是如此。小说如果要真正成为艺术，就必须打动人的个性与情绪，创造出一种当时当地感情上与精神上的气氛，而要做到这一点，作家就必须通过声、光、色、影、形的运用来唤起读者的各种感官反应。因此在他的小说中，一些黑白明暗的对照就被赋予了很强的象征意义。在小说《吉姆爷》中，康拉德用白色象征着纯洁善良。吉姆第一次出现就“从头到脚浑身穿戴一片雪白”，他的妻子朱厄尔也是一身雪白，她最后一次露面时“像一座冰雪凝成的塑像”。与此相对应，康拉德用黑色象征邪恶、死亡与阴谋活动。在小说结尾吉姆死去的几个章节中，黑色更是一再地出现。有时白色与黑色同时出现，通过对比具有更强的象征意义。

在叙述和刻画人物性格方面，康拉德也对传统的英国小说中平铺直叙的方法提出了异议。因为在现实生活中，对于一个人物性格的了解是不大可能按照直线前进的，它可能以偶然的方式开始，中间也可能有模棱两可的理解，整个过程可能并不十分符合逻辑，但这种叙述方式却是最自然的。康拉德认为这种印象主义的表现方法是更高程度的现实主义。

作品提要

《吉姆爷》发表于 1900 年，可以称得上是 20 世纪英国文学中第一部比较突出的现代主义小说。它采用了印象主义的方法，不同的读者可以对这部小说作出不同的诠释。小说主要讲述一个名叫吉姆的英国青年水手在一次事故中由于偶然的因素偷得生还，受到舆论和良心的谴责，最终以死亡而挽回了失去的荣誉。

吉姆经过数年的航海训练和实习，担任了帕特纳号轮的大副，负责运送八百多名东南亚香客去麦加朝圣。在航行途中，轮船由于误触无主漂船而失事。吉姆将此事报告了船长，

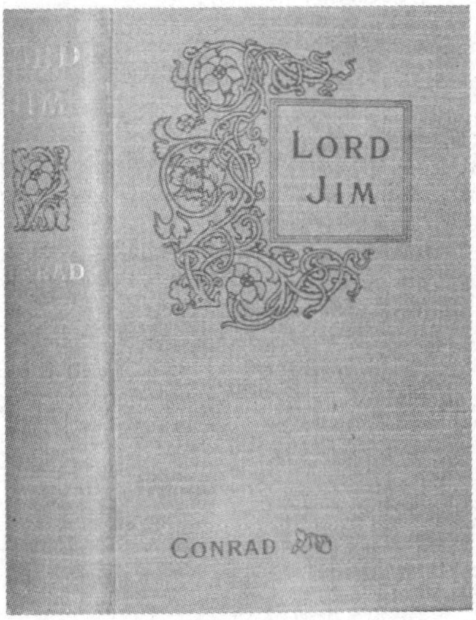

Blackwood 1990 年版封面

船长和其余三名轮机手认定船体即将沉没而且也不可能救出熟睡中的旅客。一名轮机手由于惊吓过度突发心脏病而死，其余三个白人跳上救生艇准备弃船逃生。吉姆对此十分鄙视。情况越来越严重，沉船在所难免，吉姆这位年轻又缺乏经验的大副出于本能而跳海逃生，与船长一样，也置满船的乘客于不顾。这一跳使得吉姆坠入了无底的深渊，使他备受良心的谴责。他们上岸后方知帕特纳号轮遇救脱险，乘客安然无恙。

在随后进行的法庭调查过程中，只有吉姆一个人敢于说出事实真相。结果吉姆被判失职，海员执照被吊销，这对他而言，无异于失去了饭碗，因为他一文不名，而且除了当海员外并无其他技能。在这种情况下，参加法庭审讯的马罗为吉姆提供了援助。在帕特纳号轮事件后，吉姆变得极为敏感，因为作为帕特纳号轮的一名船员，无论他走到哪里，关于这一丑事的议论就跟到哪里，使他无法安身立足，而且耻辱和犯罪的感觉时刻折磨着他的良心。为了隐瞒自己不光彩的历史，为了寻求赎罪，在马罗的介绍下，吉姆远远地躲到了东方的一个港口工作，最后作为一名贸易商的代表来到丛林深处马来人的居住地帕妥赛岛。在那里，帕特纳号轮的故事是不会有人知道的；在那里，吉姆改变了以前那种被动、失败的生活，变得浪漫、积极而又成功；在那里，他找到了他的世外桃源，恢复了心头的平静与安宁。他帮助岛上土著居民击败敌人而深得头领多提明的爱戴，被认为是一个英明而又正直的人，并与头领的儿子戴恩・沃里斯成了好友，获得了“吉姆爷”的尊称，并且与一个半马来血统的女子结了婚。不久之后，一伙以布朗为首的海盗突然入侵岛屿。布朗的所作所为又使吉姆想起了自己昔日的罪孽。吉姆与布朗达成协议，要布朗一伙和平地退出马来人住地。他向马来头领保证安全，不料海盗违约，杀死了戴恩・沃里斯。吉姆感到有失众望而悔恨不已，主动要求惩罚。最后吉姆在多提明的枪声中倒下，以死来赎还自己所有的罪孽。

Modern Library 2000 年版封面

从整体结构而言，《吉姆爷》是康拉德最大胆、最复杂，同时也是最自信、最成熟的小说。小说的结构完全打乱了原来的时间顺序，从吉姆经历的中段(即在东方港口担任职员时)开始，叙

人民文学出版社 2005 年版封面

述他如何成功地向各靠岸船只招徕生意，但奇怪的是他从不愿意透露自己的姓氏，仿佛在隐瞒一个重要的事实。这样的开头给读者留下一个悬念，使读者非常好奇，小说就以探索事实的方式展开，将片断的材料串联起来，使一些零碎的而又孤立的印象构成一幅图画。

如同其他许多现代主义小说一样，不同的评论家对《吉姆爷》作过不同的解释。有的认为，小说是写一个本质上诚实的年轻人一时失足后寻求精神解脱和寻求生存的问题；有的认为，小说通过描写人性在危急关头的懦弱与勇敢，寻求精神复活的问题。而康拉德本人则认为，《吉姆爷》想要表达的是一种“对失去尊严的痛切感”。的确，对于这样一本印象主义色彩浓厚的小说，完全可以从不同的层次进行诠释。

（徐静静）

贝托尔特·欧根·弗里德利希·布莱希特 [德国]

《伽利略传》

作者简介

贝托尔特·欧根·弗里德利希·布莱希特(Bertholt Eugen Friedrich Brecht，1898—1956)，20世纪最重要的一位剧作家、戏剧活动家和戏剧理论家。布莱希特一生创作(包括改编)四十多部戏剧，其艺术生涯大致可以分为四个时期。第一，试验期(1913—1925)。主要作品有《巴尔》、《夜半鼓声》和《人就是人》。第二，成长期(1926—1932)。在这一时期里，布莱希特较为系统地研究了马克思的著作，在欧文·皮斯卡托“文献剧”的基础上，逐步建立起他独创性的“史诗剧”理论。这一时期的作品有《三角钱歌剧》、《马哈马尼城的兴衰》和《屠宰场的圣约翰娜》，以及若干“教育剧”。第三，成熟期(1933—1947)。在这一时期里，布莱希特受到以梅兰芳为代表的中国戏曲艺术的直接影响，自觉地将中国戏曲美学思想运用于他的理论体系，最终完善了他的史诗剧。他的代表剧作大都写于这一时期，如《第三帝国的恐怖与灾难》、《大胆妈妈和她的孩子们》、《伽利略传》、《四川好人》和《高加索灰阑记》。第四，实践期(1948—1956)。在这段时间里，布莱希特较少创作新的剧本，主要从事导演活动，对自己的戏剧体系进行舞台实践和理论总结。

作品提要

《伽利略传》是一出15场历史剧。

公元1605年，意大利科学家伽利略在帕多瓦一座小屋里，计算证明了哥白尼的宇宙日心学说。清晨，女管家萨尔蒂大娘的儿子安德雷亚进来给伽利略送早餐，伽利略一边让安德雷亚给他擦背，一边告诉他说，一夜之间，宇宙失去了它的中心。

《伽利略传》演出剧照

帕多瓦大学学监前来通知伽利略，威尼斯

2007 年《伽利略传》的演出海报

共和国不能给他加薪。伽利略刚从一位学生那里得知荷兰望远镜的原理，他把这个仪器作为自己 17 年苦心研究的成果呈现给威尼斯，威尼斯可以利用这项发明赚钱，也可能用于在战争中掌握主动权；而伽利略则得到了他要求的薪金，并用望远镜进行天文观测。

1610 年 1 月 10 日，伽利略借助于望远镜，发现天空的若干现象可以证明哥白尼的宇宙学说，月亮和地球一样。他宣布：天地之间没有差别。他的朋友萨格雷多问他，那么上帝在哪儿？伽利略回答说，在我们心中，或者哪儿都没有。萨格雷多惊叫，跟那个被烧死的人说的一样。伽利略指出，布鲁诺没有证明这一点，只是坚持这种说法，而他自己可以证明这一点，他认为人的理性会使人们相信这一真理。萨格雷多警告他说，火刑正等待着他。

伽利略来到佛罗伦萨。人们对伽利略十分敬仰。他向佛罗伦萨大公爵美迪奇及其臣属讲解天文，请他们用望远镜观察，可是御用文人坚持首先和他进行学术辩论，拒绝看望远镜。伽利略回答说，信仰亚里士多德的权威是一回事，看得见、摸得着的事实又是一回事。可是美迪奇要去参加宫廷舞会，他带着人匆匆离去。

佛罗伦萨流行鼠疫，伽利略让萨尔蒂大娘带安德雷亚和他的女儿维吉妮亚离开本城，去波洛尼亚，他自己留下来继续科学研究。

1616 年，梵蒂冈研究院克拉维乌斯长老承认伽利略的学说符合事实。但是不久，红衣主教贝拉明向伽利略宣布：圣职部决定，认为太阳静止不动、是宇宙的中心，而主张地球在转动、不是宇宙中心的哥白尼学说是愚蠢的、荒谬的，是信仰上的异端邪说。他受命前来奉劝伽利略放弃这种见解。仍然有人悄悄来向伽利略求教，面对教会刑具的威胁，伽利略一方面承认自己保持沉默是出于个人的卑鄙动机，另一方面向人传授知识。

在沉默了八年之后，伽利略受到新教皇——也是一位科学家——即位的鼓舞，又继续进行他对禁区的研究工作，对象是太阳黑子，现在安德雷亚是他的助手。他的准女婿卢多维科提醒伽利略说，他的学说可能会在民众中引起骚乱，伽利略却表示要用俗语为多数人写作，而不用拉丁文为少数人写作。卢多维科愤而离去，女儿的婚事告吹。

随后十年，伽利略的学说在人民中间得到传播。1632 年，新的天文学说成为狂欢节的主题，旧的传统被动摇了，新的学说甚至从科学向社会渗透。人们欢呼旧秩序被打破，欢呼伽利略是《圣经》的破坏者。

1633 年，宗教法庭下令召伽利略前往罗马。当伽利略遇到美迪奇时，他把自己所写的

《关于两种主要的宇宙说的对话》一书献给这位大公爵,大公爵没有接受。这时,一个高级官员出现,他通知伽利略:佛罗伦萨宫廷不能继续无视神圣的宗教法庭要在罗马审讯伽利略的愿望。宗教法庭的车辆正在等候伽利略,将他带往罗马。

罗马教廷认识到伽利略学说的巨大威胁,决定采取措施。宗教法庭审判官主张给伽利略点厉害的,教皇不同意,他顾忌到伽利略的巨大声望,同时他了解伽利略,建议最多让伽利略看看刑具。审判官认为这就够了,伽利略先生是精通各种器械的。

伽利略已经入狱 23 天了,宗教法庭已于前一天开庭大审,人们正在焦急地等待结果。如果今天到 5 点钟伽利略还不悔罪,那么他将被判死刑。伽利略的弟子安德雷亚坚信导师不会放弃自己的学说,同时他为伽利略不能完成《对话录》感到痛惜。5 点钟,还没有伽利略忏悔的消息。安德雷亚激动地说:"他顶住了,愚蠢被战胜了,人不怕死。"伽利略的助手费德尔左尼宣布,知识的时代现在真正来到了。就在此时,教堂大钟轰然鸣响,众人瞠目结舌,呆若木鸡。伽利略的女儿维吉妮亚站起来喊,钟声响了,他没有被判罪。罗马教廷方面在大街上宣读伽利略的悔罪书,伽利略屈服了,他宣誓否定自己的学说,承认神圣教会是正确的。安德雷亚叹道,没有英雄的国家真不幸。伽利略回来了,安德雷亚对他骂道:酒囊饭袋,保住一条狗命了。伽利略则叹道,需要英雄的国家真不幸。

1633 年至 1642 年, 伽利略作为宗教法庭的囚犯被软禁在佛罗伦萨城郊的一所农舍直至逝世。晚年的伽利略双目近乎失明,教会派人监视着他。女儿维吉妮亚陪伴他度过了余生。宗教法庭规定伽利略必须每周给大主教写信。这天,有人给伽利略送来一只鹅。与伽利略断交已久的安德雷亚路过他的住所, 他受人之托来探望伽利略。伽利略把维吉妮亚支出去,他告诉安德雷亚,他写完了《对话录》,安德雷亚十分惊讶。伽利略解释说,他的长官给他纸和笔,他写一页,他们就收一页。伽利略则偷偷地在天气晴朗的夜晚,凭借朦胧的微光,费了六个月时间抄下一份副本,并把副本藏在地球仪里。安德雷亚感到自己错怪了伽利略,他说他原以为伽利略投降了,而且在反对伽利略的人里,他是最激烈的一个。伽利略回答说,理应如此,他教人科学,自己却否定真理。安德雷亚说这抄本使这一切的一切全部改观,因为伽利略在敌人的面前把真理隐藏起来。安德雷亚解释说,伽利略在伦理学方面超出他们几百年,他们说,伽利略的双手有污点。而伽利略说,双手有污点总比两手空空要好。安德雷亚进而认为,科学只有一个信条,那就是科学贡献,他为伽利略辩护说,贪生怕死是人之常情,人

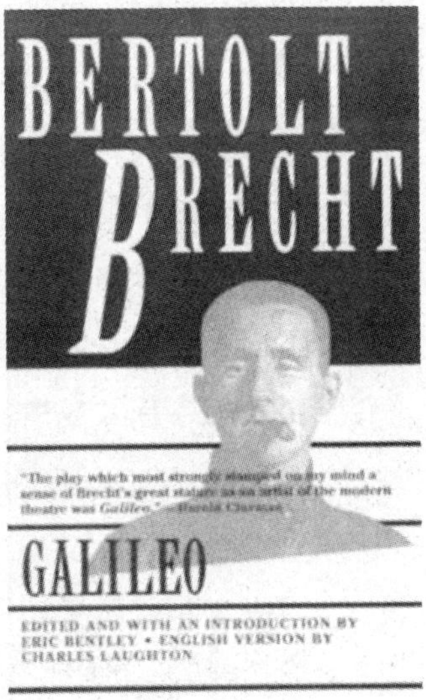

Grove Press 1986 年版封面

的弱点和科学毫无关系。

伽利略不同意安德雷亚的说法，他把双手交叉放在腹部，带着学者的风度平静地说，从事科学工作需要特殊的勇气。科学和知识打交道，通过怀疑来取得进展。它为所有人带来一切领域的知识，力求把所有人都变成怀疑者。人类在传统迷信和统治阶级陈词滥调的包围中愚昧无知已久，需要真理。科学的唯一目的，在于减轻人类生存的艰难。如果科学家慑于当权派的淫威，满足于为知识而积累知识，科学有可能被弄成畸形儿，他们发明的新机器很可能意味着新的苦难。伽利略说，按照他的条件，他的坚强不屈本来可能引起巨大的震动。他自责道，假如我坚决顶住，假如自然科学家也能发出像医生所遵守的希波克拉底誓言，坚持把他们的知识只用于为人类谋幸福的公约，那该多好！伽利略承认他背叛了自己的职业，不能见容于科学家的行列。在和安德雷亚告别的时候，伽利略没有去握他向自己伸出的手。

1637 年，安德雷亚把伽利略的《对话录》带出了意大利的边境。

《伽利略传》是布莱希特最重要的作品。《伽利略传》的意义首先在于隐喻德国的现实，即纳粹的统治。作品表达了对真理必然战胜强权的信心，说明偏见比无知离真理更远。作品也告诉人们，应该做好付出沉重代价的思想准备。

然而，作品的重心更多地集中于个人的层面，即面对着专制的高压，追求真理的个人应该如何选择以及必须承担什么责任。伽利略是一位科学家，对科学的热忱已经成为他的一种本能，但是，科学以外的东西不是他关心的重点，他为科学而研究科学，认为能够从科学中引申出什么与他并不相关。因此伽利略全心全意致力于科学研究，为了科学，他付出了毕生精力，甚至甘冒被烧死的危险，同样为科学，他也付出了人格尊严。布莱希特当然肯定了伽利略为人类作出的巨大贡献，但是对伽利略提出了更高的要求。作为科学家，伽利略被赋予了职业的责任，他不仅应该发现真理，而且应该坚持真理，他比任何人都清楚自己的学说是真理，因此他无权放弃自己的学说，否则，就是对他所热爱的科学的亵渎；更重要的是，科学家还具有伦理的责任。

作为一个艺术形象，伽利略表现出极大的丰富性。伽利略一面沉浸在发现新学说的兴奋中，一面享受着让人擦背的快感。他把望远镜作为自己的发明献给威尼斯，得到了一大笔薪金，同时他用望远镜看月亮，发现月亮不发光。他发现一颗新星，然后他谦卑地用美迪奇的名字来命名它。几乎在每一场，伽利略的性格都得到了新的发展，而在他的每一性格阶段，又都展示了若干不同侧面。几乎每一场伽利略都表现出矛盾的性格，这种处理不仅是为了使人物具有丰富的个性，更是为了把舞台事件变成历史，在观众与剧情之间产生“间离效果”，保证观众无法对人物产生移情的反应，从而不断地进行批判的思考。 （华　明）

西奥多·德莱塞 [美国]

《嘉莉妹妹》

作者简介

西奥多·德莱塞(Theodore Dreiser,1871—1945),美国现代著名小说家。1899年,他开始创作他的第一部小说《嘉莉妹妹》,并于次年完成。《珍妮姑娘》于1911年出版。接着,他创作了著名的"欲望三部曲":第一部是《金融家》(1912),第二部为《巨人》(1914),第三部《斯多葛》(1947)。1915年德莱塞的《天才》出版。这部小说描写了艺术家威特拉如何被金钱观念所左右,最终失去艺术天才的经历。德莱塞在连续几年内相继发表了《自然和超自然戏剧》(1916),短篇小说集《自由及其他》(1918)、《十二个人》(1919),剧本《陶工之手》(1918),散文集《敲吧,鼓儿!》(1920)和《关于我自己的书》(1922)。1925年出版的《美国悲剧》为德莱塞获得了国际声誉。德莱塞还在1927年出版了短篇小说集《锁链》,次年出版了《德莱塞访苏印象记》。另外,他还出版了短篇小说集《妇女群像》(1929),政论集《悲惨的美国》(1931)和《美国是值得拯救的》(1941)。1944年,德莱塞获得了美国文学艺术学会颁发的荣誉奖。1945年加入美国共产党,但不久退出。1945年12月28日于加利福尼亚心脏病发作逝世。《堡垒》(1946)和《斯多葛》(1947)分别于他死后出版。

作品提要

1898年8月,卡罗琳·米珀——家里人称之为嘉莉妹妹——在家乡哥伦比亚城坐上驶向芝加哥的火车。虽然心中充满了恐惧和后悔,眼中噙满了眼泪,但是她还是毅然决然地要到这个大城市去。在漫长的火车路途中,她遇见了英俊潇洒的旅行推销员查尔斯·德鲁埃。她开始还显出腼腆,但德鲁埃的随和风度和奇装异服使她很快觉得温暖自信,在她看来,德鲁埃就是财富和权势的集中体现。火车到达芝加哥后,他们约好下周再见,他将带她去看市区景点。

嘉莉的姐姐明妮·汉生在火车站接到了她。她们一起到了汉生一家三口住的公寓。汉生夫妇打算让嘉莉在芝加哥找个工作,就和他们住在一起。这样嘉莉可以付给他们房租和饭钱，也好减轻他们的开支。

想到自己能够在芝加哥找到工作，嘉莉感到激动万分。她想象自己将成为人声鼎沸的城市的一部分。然而，当她最终在一家鞋店找到一份周金为 4.5 美元的工作时，顿感希望有点破灭。嘉莉意识到自己必须放弃一些原来雄心勃勃异想天开的计划。汉生夫妇反对她到剧院看戏的愿望。明妮告诉嘉莉她付完 4 美元房租和饭钱就没有钱付电车费了。由于房子很小，所以嘉莉不能邀请德鲁埃来访。冬季来临，嘉莉发现难以再在工厂工作下去。最后，长时间的工作，加上艰苦的环境和不御寒的衣服，终于使她病倒后失去工作。汉生夫妇谈论着将她送回哥伦比亚城，但是嘉莉决心呆在芝加哥。

一天，当她在市区街上漫游寻找工作时遇见了德鲁埃。他为她买了美味的饭菜，还“借”给她 20 美元留着买体面衣服。最后，他说服她离开汉生夫妇，另租一间房住。他答应将资助她定居下来。很快，德鲁埃和嘉莉就在一个舒适的套房里同居了。随着时间的推移，嘉莉发现德鲁埃并非像她当初所想象的那样理想，他以自我为中心，感觉迟钝，但他心地善良，出手大方，因此她宽厚地接受了命运的安排。德鲁埃将教育这个未受正规训练的女孩的责任作为己任。他教她如何根据社交场合穿衣，如何举止。

一天晚上，德鲁埃的朋友乔治·赫斯特伍德来拜访他们。赫斯特伍德是一家酒店的经理，他身上所表现出的成熟魅力和完美是年轻的德鲁埃望尘莫及的。他不仅能取悦为他工作的男人，更有办法让年轻的女人为他倾倒。例如，在有一次和他们俩玩纸牌时，他态度十分恭敬和热情，以至于德鲁埃都觉得和他比往常靠得更近了。在嘉莉面前，他眼中总是表现出和蔼、善良和天真无邪。另外，他有意将游戏设计得让嘉莉总是赢家。在德鲁埃到外地期间，他还说要来拜访嘉莉以表示他的“宽宏大量”。因此，嘉莉很快就和他相互吸引而不能自拔。只要推销员不在家，他们俩就幽会。

德鲁埃没有告诉嘉莉就为她报名参加一个业余演出。出乎两位崇拜者意料的是，嘉莉大获全胜。次日，赫斯特伍德向嘉莉表示爱情，她热情接受。德鲁埃最终发现赫斯特伍德和嘉莉频繁见面，为了吓唬她，德

人民文学出版社 2003 年版封面

上海译文出版社 2006 年版封面

长江文艺出版社 2007 年版封面

鲁埃搬出他们同租的房子。与此同时,赫斯特伍德凶悍自私的妻子指控他有外遇,并开始与他闹离婚。

有一天晚上,赫斯特伍德很晚还在办公室处理一些日常工作,突然发现保险柜的门没有关,里面有一万多元。他手里拿着这笔钱,心里正在斗争是否要拿走时,保险柜的门意外地“砰”地关上了。惊恐之下,他决定携款逃跑。他冲到嘉莉住的房子里,告诉她德鲁埃受伤了,想见她,却将她带到了去加拿大的火车上。嘉莉开始讨厌赫斯特伍德,因为她从德鲁埃那里获悉他是结了婚的人。但赫斯特伍德争辩说为了和她在一起,他离开了妻子。这样嘉莉才相信了他,但条件是只有他同意和她结婚,她才能和他呆在一起。

University of Pennsylvania Press 1998 年版封面

一个私人侦探在加拿大追踪上了赫斯特伍德。在得知酒店老板不追究他的情况下,赫斯特伍德将大部分偷来的钱归还。之后,他和嘉莉匆匆举行了结婚仪式。当然,他们的婚姻是无效的。他们后来移居到纽约,在那儿租了一处舒适的公寓。赫斯特伍德将仅有的一点钱投资在一家二流的酒店里。这样,他和嘉莉在纽约过起了平常的日子,从来不出去见任何人。

Dover Publications 2004 年版封面

他们的邻居万斯是位举止出众、品位高雅的年轻女士,她和嘉莉成了朋友。在万斯和她的表弟艾米斯的影响下,嘉莉开始对自己的家庭妇女地位不满意了。这时赫斯特伍德的生意结束了,并且找不到工作。过一段时间后,他索性不找了,呆在家里看着那一点积蓄消耗掉。他失去了骄傲和自尊,整日不出门。情况变得非常糟糕,嘉莉决定自己出去找工作。她最终在百老汇的一个歌剧团里担任了合唱演员的角色。之后,她的财产稳步增长。于是她决定不管赫斯特伍德,因为这时赫斯特伍德已是她的重负。

几年后,嘉莉声名鹊起,成为一名喜剧演员。赫斯特伍德继续沉沦,最后沦落为博沃里街(纽约当时一条多廉价饭店和流浪者的街道)上的流浪乞丐,自杀身亡。而这时的嘉莉已获得了当初自己希望得到的一切:财富、华丽的服饰和声望。然而,她还是不满足,总是在异想天开地想得到新的不可名状的东西。很显然,她永远不会得到她所梦想的东西。

(蒋道超)

保罗·安东尼·萨缪尔森［美国］

《经济学》

作者简介

保罗·安东尼·萨缪尔森(Paul A. Samuelson,1915—2009),美国著名经济学家,新古典综合派的代表人。萨缪尔森研究范围广泛,涉及西方经济学的各个领域。因为他在纯数量经济学领域内对一般均衡理论的发展作出许多贡献,1970年获得诺贝尔经济学奖。萨缪尔森是美国的凯恩斯主义者,他把自己的经济理论称为"新古典综合派"或"后凯恩斯主流经济学"。他的理论特点是把新古典学派的理论同凯恩斯主义理论综合起来,把宏观经济学和微观经济学结合起来,建立一个统一的理论体系。

萨缪尔森的主要著述有《经济分析的基础》、《经济学》、《线性规划与经济分析》、《萨缪尔森的样品》、《乘数分析的加速原理的联合应用》、《国际贸易和生产价格的均等》、《资本理论的寓言和现实性——代用的生产函数》。

作品提要

《经济学》是萨缪尔森的代表作。这是一部通俗的经济学教科书,其基本内容有以下三个方面。

一、经济学和稀缺规律

什么是经济学?这是经济学最基本的问题,任何经济学教科书都必须回答。不同的经济学家有不同的解释。《经济学》指出:经济学是研究人和社会如何作出最终选择,在使用或不使用货币的情况下,来使用可以有其他用途的稀缺的生产性资源在现在或将来生产各种商品,并把商品分配给社会的各个成员或集团,以供消费之用。它分析改善资源配置形式所需的代价和可能得到的利益。任何社会,不论它是完全集体化的共产主义国家,还是南洋群岛的一个部落,或是资本主义的工业国家,都必然遇到三个基本的和相互关联的经济问题:1.生产什么商品和生产多少。2.如何生产。3.为谁生产。萨缪尔森的经济学理论基础是资源"稀缺"。如果资源是无限的,生产什么和为谁生产就不会成为问题。如果能够无限量地生产每一种物品，或者如果人类的需要已经完全满足，那么，某一种物品是否生产得过多是无关重要的事情。由于每人都能随心所欲地得到他所需的东西，物品和收入如何在各个人和家庭之间进行分配同样是无关紧要的事情。在上述情况下，就不存在经济物品，这就是说没有任何相对稀缺的物品，研究经济学或“节约”就会没有需要。但在事实上，任何历史条件下所存在的生产要素和资源的量都是有限的，技术和知识也会有一定的限度。因此，只能生产出有限量的生产物。就是说由于能够生产各种商品的资源的有限性，使得人们必须在各种相对稀缺的商品中间进行，这种稀缺性也被表述为“社会的生产可能性边界”。

人民邮电出版社 2004 年版封面

充分就业的经济在生产某一种物品时，总是必须放弃某些其他物品的生产。在充分就业的经济中，代替乃是必然规律，生产可能性边界是可供社会选择的各种做法的清单。

生产可能性边界给稀缺性提供了一个严谨的定义：经济稀缺性是指经济生产中这一基本事实，人力资源和非人力资源的数量都是有限的，使用这些资源，最好的技术知识所能生产出来的每一种物品也都有个有限的最大数量，如生产可能性边界所示。截至目前为止，在地球上的任何地方，物品的供给都不是如此充裕，人们的欲望却都不是如此具有限度，以致一般家庭所能得到的每种东西都比其主人所想要有的为多。用稀缺性来解释商品和商品交换的来源是萨缪尔森的创造，它已被经济学界普遍接受，不仅被应用于一国经济学，也成为国际经济学的基本原理。

二、混合经济理论

在如何生产问题上，自从古典经济学产生以来到今天，经济学有两种认定：一种是自由私有经济，一种是竞争的私有资本主义。

传统经济学在亚当·斯密的《国富论》中宣布了“看不见的手”的原理，指出当每个人在追求他自私自利的目标时，他好像被一只看不见的手引导着去实现公共的最好的福利。这成为自由竞争的最高证据。在这种情况下，国家对于自由竞争的任何干预几乎肯定是有害的。萨缪尔森承认这是一个有价值的规律。但是它有局限性，因为只有当“完全竞争”的平衡和抑制的作用存在时，它才是可能的。他从历史的发展回顾说，我们大部分注意力将放在 20 世纪工业国家经济生活的特征上，在大多数国家中，过去几世纪的趋势是政府对经济活动的直接控制越来越少，封建的手工业化以前的情况逐渐被取代了，人们越来越强调所谓的"自由私有企业"或"竞争的私有资本主义"。但是在这种倾向达到完全放任(即政府完全不干预私有企业)的状态以前，潮流开始向相反方向转变。从19世纪后期开始，几乎在我们所研究的所有国家中，政府在经济上的作用都在稳步增加。他论述：经济学者把完全竞争当做一个专用名词，"完全竞争"只存在于一种情况，在这种情况下，没有任何农民、工商业者或劳动者，在市场上所占的份额大到使他个人能对市场的价格施加影响的地步。另一方面，当他的谷物、货物或劳动的数量大到足以对市场价格产生压低或抬高的影响时，使竞争不完全而某种程度的垄断已经出现，从而，看不见的手的效能必然要相应地降低。

在现实中究竟存在着什么经济制度呢？萨缪尔森接受了汉森的提法：我们具有一个政府和私有企业的混合制度，又是一个垄断和竞争的混合制度。

这种混合经济体制的理论，一方面为凯恩斯经济干预政策提供了论证。它强调政府和私有企业混合的经济体制，政府在经济中的作用就不仅在宏观的决策上发挥作用，而且在微观上产生直接作用。萨缪尔森指出：政府在现代混合经济中具有日益扩大的作用。表现在三个方面：1.政府支出的数量增长；2.国家对收入的再分配；3.直接调节经济生活。混合经济中强调政府作用要求资产阶级利用政府对经济的有效干预，以扩大利润，增加赋税。同时他还指出，完全不受限制的市场制度可能使某些人缺乏收入以致饿死，而其他的人得不到合适的或过多的收入，而政府调节可以改善这种状况。

混合经济体制理论强调"垄断和竞争的混合制度"，不仅给20世纪以来的垄断资本主义以直接承认，还承认在当前市场竞争中自由竞争仍有作用。一切经济生活都是竞争成分与垄断成分的混合物。通行的方式是不完全竞争(垄断竞争)而不是完全竞争。社会所能争取的仅仅是最接近于完全竞争的状态。在这种情况下，价格制度并不是完善无缺的。

混合经济体制的提出既给凯恩斯政府干预经济生活的理论政策提供了证据，也为萨缪尔森将后凯恩斯主义通往古典综合派架设了桥梁，尤其是承认在微观领域、自由竞争理论仍起决定作用，对凯恩斯主义作了修正。

三、凯恩斯主义的继承发展

萨缪尔森是美国凯恩斯主义的代表。《经济学》是把《就业、利息和货币通论》的通俗化和诠释。《通论》所议论的是以整个国民生产由哪些因素影响和决定，提出了几项代表性指标，研究了什么决定就业量的问题。《经济学》具体考察如何由消费、储蓄和投资去共同决定国民收入水平及其波动问题，以及由此产生的就业问题。

在凯恩斯看来，自由放任的经济政策在经验和感觉上给资本主义带来了麻烦，而自由竞争的市场调节不可能导致充分就业，必须由政府的干预和调节才能克服这个缺点。萨缪尔森通过对资本主义混合经济体制的认定，确立了公私合作的经济体制，认为政府干预可以改变私人积极性，而垄断被理解成制约自由竞争的手段。

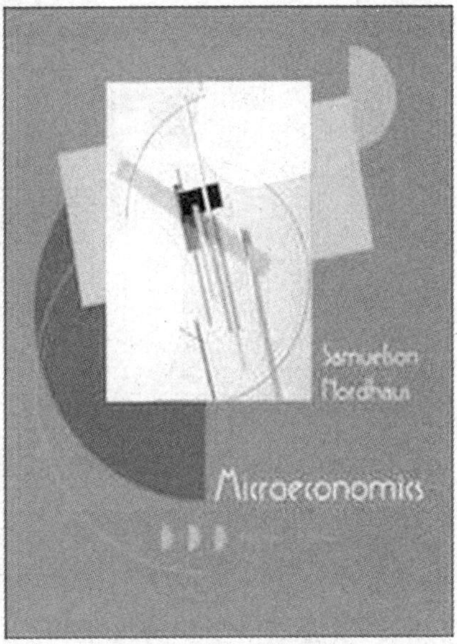

McGraw-Hill 2007 年版封面

萨缪尔森把自己的理论称为“收入决定的现代理论”。从总量分析的角度把重点放在总收入中的储蓄和投资两种货币力量的分析上，由它们决定全部开支水平和总需求。这与凯恩斯在《通论》中的提法也基本一致。在他那里，总供给和总需求是社会纯产品的概念，它们之间的关系是：总供给 = 国民收入 = 消费 + 储蓄；总需求：消费 + 投资；储蓄 = 投资；总供给 = 总需求。

当然，萨缪尔森的《经济学》决不是单纯的凯恩斯主义的照抄和模仿，这里包含着许多对凯恩斯主义的发展。

萨缪尔森认为在凯恩斯以后的时代里，每一个混合经济，已经具备了利用财政政策方面的有效知识和能力，用和平时期的政府开支去创造足够的购买力。创造 M(剩余价值)和赤字预算已经成功地把慢性萧条这种恐惧消除掉。这也就会消除“富裕中的贫困”。而凯恩斯就业理论中的三种失业，在一定条件下变成摩擦失业、自愿失业和结构性失业。而结构性失业可以经过政策调整加以解决。

萨缪尔森对凯恩斯理论的发展还体现在汉森 - 萨缪尔森 45 度模型上，汉森和萨缪尔森认为凯恩斯宏观理论的核心是收入一支出分析。按照它分析，总支出(C+I)中决定了总收入(Y)和就业量(N)。这样随着总支出的变化，社会有总收入和就业量的不同均衡水平。只有当 C+I=Yf(指充分就业的收入水平)时，国民经济才处于最优的均衡状态，既无“非自愿失业”又无通货膨胀，如果 C+I=Yh<Yf，则出现“紧缩缺口”，反之如 C+I=Yh>Yf，则出现“通货膨胀缺口”。因此必须引入政府的收入(税收)和支出(财政政策)加以调节。又因为 C 和 I 均受 i(利息率)的影响，两者之间呈反方向变动，而 i 则取决于货币供应和灵活偏好之间的关系，所以政府可以通过货币政策和利息率来控制和调节 C+I。据此，汉森提出一个以 C+I 与 45 度线的交点为核心的宏观模型，从而使凯恩斯的理论有更直观的显示。经萨缪尔森改进后进一步阐发的 I 这个模型被公认为是对凯恩斯收入一支出分析的重大发现。

如果说凯恩斯经济学是一部宏观经济学的话，萨缪尔森的《经济学》则是在坚持凯恩斯主义的前提下，对古典经济学的微观原理加以改进和吸取。萨缪尔森发展了凯恩斯关于国际贸易和国际金融理论，使之形成了一个完整的体系。

(张传仁)

米哈伊尔·亚历山大罗维奇·肖洛霍夫［苏联］

《静静的顿河》

作者简介

米哈伊尔·亚历山大罗维奇·肖洛霍夫(1905—1984),苏联现代作家。青年时期热情投身各种社会活动,为日后创作积累了丰富素材。1926 年出版了他的两个短篇小说集《顿河故事》和《浅蓝色的原野》。在肖洛霍夫的文学道路上,具有决定性意义的是包括四部八卷的大型史诗性长篇小说《静静的顿河》的创作。小说始作于 1925 年秋,起初命名为《顿河乡土》,但当小说写了相当一部分之后,他感到作品有不妥之处,于是对小说重新作了布局,并改名为《静静的顿河》。这样,他首先写出了《静静的顿河》第一部的第三卷,然后再回到原来的稿子上去,利用它写成第二部。第一、二部于 1928 年陆续发表在《十月》杂志上。1932 年 1 月至 10 月,第三部陆续发表完毕。第四部至 1939 年 12 月才完成。在此期间,1932 年,他又完成了长篇小说《被开垦的处女地》。卫国战争开始后,他以军事记者的身份走上前线,在《真理报》、《红星报》和其他报刊上发表了一系列优秀的特写和论文,如《在顿河》、《战俘》、《在南方》、《在哥萨克农庄里》等。1942 年 6 月,为纪念卫国战争一周年,他在《真理报》上发表了短篇小说《学会仇恨》。1943 年 5—11 月和 1944 年 2 月,开始在《真理报》上发表反映卫国战争的长篇小说《他们为祖国而战》的若干章节。战后的 1949 年、1954 年和 1969 年,继续发表这部作品的片断,这部作品直到作家去世也未完成。1956 年与 1957 年之交,发表了短篇小说《一个人的遭遇》。1955—1960 年,陆续发表了《被开垦的处女地》第二部。肖洛霍夫除了创作,还参加一些社会活动。1930 年,他加入联共(布)党。1934 年,他被选为苏联作家协会理事,多年来还一直是该协会理事会书记处书记。1939 年,他被选为苏联科学院院士,1961 年当选为苏共中央委员,并且为历届苏联最高苏维埃代表。他曾荣获斯大林奖、列宁奖金、社会主义劳动英雄称号,以及五枚列宁勋章和其他许多

人民文学出版社 1990 年版封面

国内国外的奖章、勋章。1965年，由于“他在对顿河流域史诗般的描写中，以艺术力量和正直的创造性，反映了俄罗斯人民的一个历史阶段”而获诺贝尔文学奖。1984年12月21日，肖洛霍夫在他的家乡去世，终年79岁。

人民文学出版社2000年版封面

作品提要

《静静的顿河》是一部描写一个具有重大历史意义时代的人民生活的长篇小说。在俄罗斯南部静静的顿河上，离月申斯克镇不远，有一个鞑靼村。村上三百来户人家，绝大多数都是哥萨克人。鞑靼村尽头靠顿河北岸住着麦列霍夫家，当家的潘苔莱，娶邻村伊莉妮奇娜为妻。他们有两儿一女：大儿子彼得，小儿子葛利高里，小女儿杜妮亚。麦列霍夫家恪守哥萨克传统，老少勤劳，家底殷实。不远住着另一个哥萨克司契潘·阿司塔霍夫，此人不务正业，常常酗酒，打骂妻子。鞑靼村首富是米伦·柯尔叔诺夫，他有一个儿子叫米琪喀，是花花公子，女儿叫娜塔丽雅，性格恬静。村上有一户外地迁来的富豪莫霍夫，是个商人兼资本家。1910年有个叫施拖克曼的外乡人来此地铁匠铺安家，他是名布尔什维克党员，很快以铁匠铺为据点，组织秘密小组。这一年彼得和司契潘离家去麻训，葛利高里和司契潘的妻子娜克西妮亚乘机互通私情。消息传来，潘苔莱就为小儿子去米伦家求亲。米伦认为门不当户不对，表示不允，后因女儿娜塔丽雅执着要嫁，潘苔莱和米伦终成亲家。葛利高里无奈同娜塔丽雅成婚。不久家中吵架，葛利高里暂到朋友家居住，几天后带娜克西妮亚私奔，后来两人有了一个女儿。第一次世界大战爆发，葛利高里应征人伍，因年轻英勇，他得了十字勋章。葛利高里回家后发现娜克西妮亚受到地主少爷勾引，女儿也病死，便回到故乡与发妻重归于好。1916年，娜塔丽雅生下一对双胞胎。葛利高里重返前线。不久，沙皇被推翻，彼得堡成为克伦斯基临时政府。三年的战争使国家经济处于崩溃，顿河地区很多哥萨克农户破落了。革命势力很快增长，政府调军队到顿河地区反对革命。1917年，十月革命胜利。同年12月，国内战争开始。彭楚克组织工人、士兵、妇女反革命白军作战，工作中与做革命妇女工作的犹太姑娘安娜产生了深挚的爱情。彭楚克后来奉调从事军事法庭工作，后被捕牺牲。安娜在一次战斗中阵亡。葛利高里因战功被沙皇军队提升为少尉排长，后来受波特捷尔柯夫影响参加了红军，任连长，英勇地同白军作战。1918年春，反革命叛军来到鞑靼村，米伦出任村长，彼得任村哥萨克军头目，指挥同红军的作战。结果波特捷尔柯夫及其部下被捕，判处死刑。

1918年4月,克拉斯诺夫在南方搞“拯救顿河大会”,5月又和邓尼金联合,勾结德国,搞“顿河一高加索自治共和国”,12月,又迎来协约国军队对付布尔什维克军队。这一年底,革命和反革命势均力敌,双方都在争取哥萨克。在鞑靼村,革命者暂时占优势,成立了苏维埃。1919年3月,哥萨克暴动从四面八方开始了。葛利高里任叛军团长,但匪军头目对他并不完全放心,后又任师长。暴乱牵制了红军,白匪暂时得势。10月,斯大林到南方,他的计划得到列宁批准,很快打垮白军。葛利高里带娜克西妮亚返回鞑靼村。这时,麦列霍夫家完全变了样。杜妮亚同全家越来越疏远,娜塔丽雅同公婆也疏远了。不久,娜塔丽雅死于难产。彼得的妻子妲丽亚在河中游泳时淹死。不久潘苔莱及妻子也先后病亡。杜妮亚与珂晒沃依结婚,珂晒沃依成了村苏维埃主席。葛利高里因为参加过白军,于是到镇上去登记。他听信残余叛匪头目佛明的谣言,怕遭逮捕,就又带娜克西妮亚跟着佛明跑了。1922年春天,佛明的叛乱被完全镇压。潜逃时,娜克西妮亚不幸中弹身亡。葛利高里心碎肝裂,伤心到了极点。同伙们听说五一节要大赦,但葛利高里不愿等了,独自回到了鞑靼村。他终于在自己家门口的石阶上看见了儿子米沙特。葛利高里双手抱起儿子,站立门口,“这就是在他的生活中所残留的全部东西”。

《静静的顿河》主要描写顿河哥萨克在两次战争(第一次世界大战和国内战争)与两次革命(二月革命和十月革命)中的历史。哥萨克,在俄国作为一种特殊身份的人们,是俄国社会的历史产物。他们地处偏僻山区,加上长期以来沙皇政府的愚民政策和军事教育,所以多数人没文化,比较愚昧落后,野蛮好斗,而且培养起一种以效忠沙皇为天职的观念和盲目的优越感。但他们却有着正直纯朴、渴求自由、勇敢剽悍的性格。列宁曾指出,在哥萨克人聚居的边区,“保留着特别多中世纪生活、经济和风俗习惯的特点”。但到了20世纪初,革命的思想也逐渐渗进了他们的生活。特别是第一次世界大战,打破了他们的和平宁静,把他们卷进了二月革命、十月革命、国内战争等一个接一个的历史事件中。他们的命运被各种尖锐复杂的斗争支配着。作品就是在这样一个广阔的历史背景下,表现顿河地区人们特别是哥萨克人丰富多彩的生活的。它充分展示了这段时期在俄罗斯国土上急剧发生着的各种风云变幻、激烈而残酷的阶级斗争现实,特别是展示了顿河地区哥萨克人传统的生活和思想在一系列的历史事变中所受到的巨大冲击及引起的剧烈变化。作品揭示出顿河哥萨克在战争和革命中的命运以及他们走向社会主义的曲折道路,反映了一切陈腐、反动的事物必然要崩溃、灭亡,

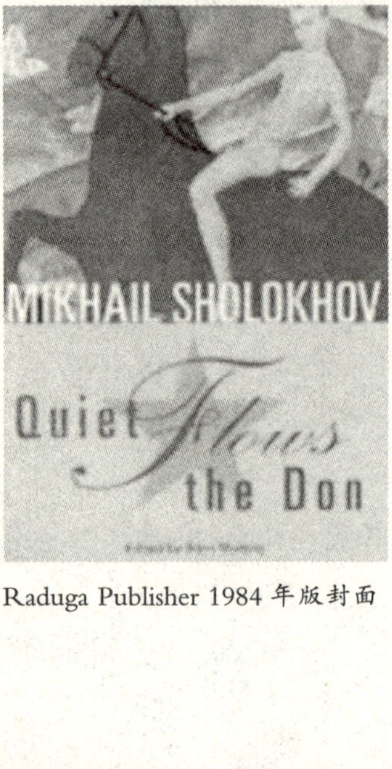

Raduga Publisher 1984年版封面

革命的事业、苏维埃的制度必然要胜利这一不可抗拒的历史规律。《静静的顿河》可以当之无愧地被称为是哥萨克社会历史的一面镜子。

Vintage Books 1989 年版封面

《静静的顿河》花了 14 年的时间写成，因此可以说它是和作家一起逐渐成熟起来的。这也反映在这部史诗的艺术特点上。从情节、结构、体裁到对风景的描写、人物的刻画，每一部都比前一部不同程度地有所前进和深化。在作品的整个创作过程中，作家越来越成熟，也越来越严格、精心而谨慎了；而且，作家从不满意已写成的东西，总是不知疲倦地对已经出版的部分进行修改、订正，使之不断臻于完美。

长篇小说最鲜明的艺术特征，首先在于它所展示的广阔的史诗画面。作家善于描绘各种错综复杂的政治与军事事件，并展示它们之间的因果关系和发展变化。小说中对顿河村庄日常生活和主人公命运的描绘同重大的政治事件、军事行动的描绘交替进行，从而造成一种内容浩繁、人物众多、画面壮观、结构宏伟的史诗效果。在这部作品中，站在我们面前的肖洛霍夫，不仅是一位艺术家，而且是一位历史学家、军事学家。小说中广泛地引入了历史文献、编年史、命令、日记等各种资料，并依据这些历史和军事资料，对各种政治事件和军事形势作了精辟而概括的评价。尽管这一特点对作品的艺术性带来了某些消极的影响，但它赋予小说以深刻的真实性和巨大的历史感。

与此相关的，是作品的结构特色。小说情节的中心是麦列霍夫家族的命运，主要线索是葛利高里和娜克西妮亚的纠葛，补充线索是葛利高里和娜塔丽雅的关系。但作家绝不把自己的笔触拘囿于这一范围。在《静静的顿河》中，存在着大量的表面看来似乎与主题没有密切联系的偶然性插曲，但作家对这些偶然性场面进行精心细致的处理，使得它们同作品的基本矛盾冲突内在地、巧妙地联系在一起。例如，第六卷中描写指挥员李哈乔夫牺牲的场面似乎与作品基本线索没有什么联系，但若将它与紧接着的对彼得·麦列霍夫之死的描写联系起来，这一场面便产生了深刻的含意：作家用对照的手法肯定了两种类型的英雄主义行为。又如，米琪喀·柯尔叔诺夫和伊丽莎白·莫霍娃的爱情纠葛也是远离小说的情节主线的，但它却是革命前哥萨克农村广阔的生活画面上的一个别具特色的细节。肖洛霍夫的精心构思和巧妙安排，使得长篇史诗的结构尽管十分自由，呈开放型，但又给人一种浑然、有机的整体之感。

（李　祯）

约翰·梅纳德·凯恩斯 [英国]

《就业、利息和货币通论》

作者简介

约翰·梅纳德·凯恩斯(John M. Keynes,1883—1946),英国著名经济学家和社会活动家。他的经济理论被称为凯恩斯主义。凯恩斯主义是20世纪资产阶级经济学说中影响最大的一派。1936年,《就业、利息和货币通论》发表,标志着凯恩斯主义形成。凯恩斯主义特点在于提倡政府对经济的参与和宏观调控。

二战期间,凯恩斯是英国经济政策的制定者。1940年,他担任英国代表团团长并出席了在布林顿森林召开的国际货币金融会议,为会议的成功作出贡献。他力主建立国际货币基金组织和世界银行。布林顿森林会议以后,凯恩斯全力以赴为筹建工作奔波,终因操劳过度于1946年心脏病发作逝世。

凯恩斯的主要著述有《印度通货与财政》、《凡尔赛和约的经济后果》、《货币改革论》、《就业、利息和货币通论》。

作品提要

《就业、利息和货币通论》(以下简称《通论》)是凯恩斯的代表作品。《通论》总共6编24章,主要内容包括以下几点。

一、就业理论

就业理论是《通论》的核心内容。自由资本主义经过一百多年的发展,到19世纪末20世纪初进入它的高级阶段。20世纪30年代世界性的经济危机爆发了,生产过剩、失业大军是两大社会问题,已经到了令人不能容忍的地步。就业的另一面是失业。面对危机,传统经济学束手无策,它既不能解释危机对大量资源被闲置的原因,也缺乏有效的政策动员这部分资源重新投入到生产中去。传统理论出现了危机,《通论》是凯恩斯提出的新理论。

凯恩斯首先尖锐地批评了以马歇尔和庇古为代表的经典学派的就业论。指出他们的依据是萨伊定律。在社会产品供给与需求的关系上,认为供给会自行创造自己的需求,也就是全部生产成本必然直接地用在该产品上，不论产量与就业量在何水准，总需求价格等于总供给价格。在自由竞争的条件下，雇主间的竞争必使就业量扩张到一点，在该点时，总产量之供给不再有弹性，即在有效需求之值增加时，产量不再增加。这也就是说供给也必然形成充分就业。如果还有失业，那也仅限于摩擦失业和自愿失业，不存在非自愿失业。凯恩斯指出这些假设是有问题的。他分析：现实真实工资率不一定是劳力负效用的准确衡量。在某种范围内，劳工所要求的是一个最低限度的货币工资，而不是一个最低限度的真实工资。这一点很重要。因为如果劳力之供给函数并不以真实工资为其唯一自变数，则他们的论证全部崩溃，实际就业量将非常不确定。凯恩斯又指出，现实生活存在的严重失业原因并不在于劳工嫌工资低不愿干，事实上，总有一部分人愿意接受现行工资而工作，但无工可做。

从函数关系上看，随着就业量和总产量的增加，总成本也随之增加。就业量与总供给价格之间存在正相关的函数关系，总需求价格与就业量间亦有正相关的函数关系。通过函数分析可以发现，总供给曲线的位置和形状是既定的，总需求曲线随需求状况的变化移位。两条曲线的交点(即有效需求)可能有无数个。它可能在适巧充分就业上相交，这时宏观经济达到充分就业均衡；也可能在该点以下相交，这时经济处在小于充分就业均衡的水平上；有时甚至可能在充分就业点的上方相交，这时供给毫无弹性。总需求大于总供给，引起物价普遍上涨，而就业量不增加，宏观经济处于失衡状态。所以有效需求决定就业量与总产量，而不是供给自行创造就业均衡。充分就业均衡只是宏观经济各种均衡水平中的一个特列，是各种可能均衡位置的极限点。小于充分就业是商品市场的常态。失业也就是常有的现象。

凯恩斯说，他写《通论》的最终目的，乃在于发现何者决定就业量。凯恩斯在解决了有效需求决定就业量的同时，为商品经济下的失业作了解释。

二、三大心理规律

在总供给与总需求的关系中，凯恩斯用总价格来分析了总需求决定就业量。但是，总价格包括生产该产品时的各种损耗，并不是一国在

商务印书馆 1999 年版封面

商务印书馆 2002 年版封面

陕西人民出版社 2004 年版封面

上海教育出版社 2004 年版封面

一年内的真实总收入(总供给)或真实总支出。凯恩斯认为有效需求是随收入的变化而变化的。有效需求实际上由社会消费总需求和投资总需求构成。消费物的需求取决于“边际消费倾向”,投资物的需求取决于“资本的边际效率”和“货币利息率”。由此,提出所谓三大基本心理规律,即“边际消费倾向规律”、“资本边际效率规律”和“灵活偏好规律”。

凯恩斯认为,一个社会的消费量取决于所得数量、客观环境以及人们的主观需要、心理倾向、习惯等。一般而论,总消费量主要决定于总所得量,即决定于总收入。生活中,人们的收入总是分成两部分,消费和储蓄。收入和消费的关系是它们按相同的方向但不同的比例变动。通常,消费增加的速度要小于收入增加的幅度。他把这种关系叫做消费倾向。

华夏出版社 2005 年版封面

与消费倾向相对应的是储蓄倾向。储蓄是现期收入中的非消费部分,是消费之外的现期收入的另一种使用方法。尽管消费和储蓄都是收入的函数，但消费倾向和储蓄倾向的变化会因条件的不同而有差异。在短期内,消费变化与储蓄变化之间存在着时延。储蓄是人的天性,随着收入增加,储蓄在收入中所占比例会自然增大,平均消费倾向降低。当收入减少时,平均消费倾向反而提高。长期来看,随着收入绝对增长,收入与消费差额也逐渐增大。由此,得出边际消费递减的趋势。它影响到有效需求的总需求量,使之小于总供给量,也就造成有效需求不足。

凯恩斯认为投资量取决于投资的诱力和货币流动偏好。他举例说,厂商购买机器设备是为了取得收益。当厂商购买一投资品或资产时,他实际购买的是一组“未来收益”之权利。它不是购买该资产时实际支付的市场价格,而是“引诱厂家增加该资产一新单位所需之价格,即该资产之量置成本”,也叫做资本边际效率。资本边际效率与供给价格的关系:若未来收益不变,供给价值增加,资本边际效率下降。若供给价格不变,预期收益下降,资本边际效率亦随之下降。它对私人投资的诱力越来越弱。这种投资需求取决于投资人投资预期，而这种预期值递减规律就是资本边际效益规律。

南海出版公司 2007 年版封面

值得注意的是，只要每笔投资的预期利润率大于借款所必须支付的利息,投资必将增加,直到资本边际效率降至等于利率时为止。由此可见,利息律是投资量的一个极限。

利息给投资较大影响，利息率的高低取决于流动偏好和货币数量。

凯恩斯指出，流动偏好是指人们出于现期交易，避免未来利息波动蒙受损失，以及想从中取利等理由而愿意持有现金的心理倾向。他认为这也是人们不易变更的心理因素。这种偏好的强度，决定了货币需求量的大小，强度越大，人们想保留货币的愿望越强烈，而厂商为获得货币资本必须支付更高的利息，投资成本提高。当然，货币供应量扩大，利息率也会随之降低，但由于流动偏好的阻碍，利息率不能无限下降，具有刚性。

从长期来看，资本边际效率下降时，由于利息率下降呈刚性，实际量会降到资本边际效率等于市场利息率的水平。当两者相等或低于后者时，厂商将不增加投资甚至减少投资。

Palgrave M Publication 1936 年版封面

三、利息和货币理论

很明显，三大心理规律都与利息和货币相关。凯恩斯的货币理论是奇特的。传统的货币理论认为货币是中性的，其变动只影响一般物价水平，而不影响就业量。货币数量等于总供给价格与货币流通速度比。凯恩斯指出它有“大病”：“未能把物价改变之起于工资单位之改变者分辨清楚。”他不同意把产量理论和货币理论各成一套的二分法。“我以为正确的两分法应当是：一面是关于一厂或一业之理论，研究如何把一特定资源分配于各种用途，其报酬如何等；另一面是适用于社会全体的产量论和就业论。”就是把经济理论分为微观分析和宏观分析两部分。微观分析，可以不顾及货币特征，但如果进行宏观分析，“我们就需要一个关于货币经济之全盘理论”。

凯恩斯认为货币的重要功能在于把现在和未来巧妙地联系起来。他将货币理论与价值理论相结合，把货币物价理论与生产就业理论相融合。其逻辑关系是：就个别企业来说，其产品价格一部分决定于边际成本，一部分决定于生产规模。由于在个别产品的价格决定中，货币只起计价作用而不是流通手段，故与数量无关。他认为这一价格决定原理对于全部工业也是适应的。但是，由于假定生产设备与技术不变，在宏观上说，生产规模表现为就业量。物价水平就一部分决定于工资单位，一部分决定于就业量。

Mariner Books 1965 年版封面

山西人民出版社 2005 年版封面

四、经济政策主张

《通论》在就业方面提出的小于充分就业理论一方面给政治家以安慰，一方面对资本主义的有效需求不足提出政策建议。就是如何利用国家干预、宏观调控的办法，增加刺激有效需求实现充分就业均衡。首先，在扩大投资方面刺激资本家投资。凯恩斯称之为投资引诱。具体内容是让资本家有利可图，扩大投资，扩大生产。为了进一步说明问题，他还建立了乘数原理，提出投资变动给国民收入总量带来的影响，要使投资变动本身更大，这种变动往往是投资的倍数。其次，在宏观经济领域，充分利用利率的杠杆作用。在经济危机来临时，资本边际效率可能崩溃到一定程度，以致在实际可行范围内，利率无论如何减低，都不足以使经济复苏。那么，就要利用两种方式，一方面使利率保持在某个水平上，既不让厂商感到无利可图，不愿贷款，放弃投资，也不要让消费者把货币完全沉淀在手中。由于利率刚性，他建议适当由中央银行松动银根，增加货币投放，降低商业银行贴现率或准备金，或在公开市场买进债券，采取有限通货膨胀的政策。其三，在不自愿失业大量存在的条件下，国家举债支出或兴建公共工程，增加经常性开支，特别是军事开支。这样一些赤字财政政策可以扩大就业，有着特殊地位。其四，反对降低工人货币工资的办法，因为它会带来经济和政治的双重恶果。

《通论》发表后，引起强烈反响，受到当时众多经济学家的推崇和赞誉。凯恩斯的主要观点一时成为经济学教科书的核心内容，学习凯恩斯主义，研究凯恩斯主义，形成凯恩斯主义学派，不同的凯恩斯主义者在如何理解凯恩斯理论方面甚至发生冲突，展开理论争论，产生了所谓的罗宾逊等人和以萨缪尔森为代表的两个剑桥之争。凯恩斯经济学成为官方经济学。

（张传仁）

诺姆·乔姆斯基［美国］

《句法结构》

作者简介

诺姆·乔姆斯基(Noam Chomsky,1928—　),美国著名语言学家。乔姆斯基著述甚丰,主要著作及论文有《现代希伯莱语语素音位学》①(1951)、《句法分析系统》(1953)、《转换分析》②(1995)、《句法结构》(1957)、《有限状态语言》③(1958)、《论语法规则概念》(1961)、《语言学解释模型》(1962)、《自然语言形式分析导论》(1963)、《语言学理论存在问题》(1964)、《笛卡尔语言学》(1966)、《语言学与哲学》(1969)、《转换条件》(1973)、《对语言的思考》(1976)、《语言知识:本质、起源及其运用》(1986)、《语言及知识问题》(1987)、《生成语法:基础、发展与前景》(1988)、《论语言的本质、使用和习得》(1990)、《语言学和认知科学:问题与奥秘》(1991)、《语言与思想》(1993)、《语言与思维研究中的自然主义和二元论》(1994)。

作品提要

《句法结构》是一本语言学专著,1957 年由荷兰海牙摩顿出版社出版。它的问世标志着转换生成语法的诞生,同时也象征着“乔姆斯基革命”的开始。在当时的美国语言学界,结构主义描写语言学一统天下,而《句法结构》一书的出版,则对这一语言学派形成冲击,在语言学界开创了一个全新学说。

乔姆斯基在 2003 年世界科学论坛上发言

《句法结构》一书很薄,但分量很重,有些章节很难读懂。全书分成十个部分,主要论述三个方面的内容:1.强调语言的生成能力;2.引入“转换”规则;3.句法研究不受语义影响。

---

① 宾夕法尼亚大学硕士论文,1979 年由纽约葛兰特正式出版。

② 宾夕法尼亚大学博士论文,没有正式发表。

③ 与米勒合著。

湖南教育出版社 2006 年版封面

开宗明义，乔姆斯基在这本书的前言中清楚地表明了《句法结构》的写作目的。他说："打算建立一种公式化的一般语言结构理论，并且打算探讨这种理论的基础。"[①]乔姆斯基之所以要建立这样一种公式化的语言结构理论，是因为他发现原有的两种语言结构研究模式在语法描写方面存在着局限性。一种是简单的通讯理论模式，另一种是"直接成分分析法"模式。这两种模式在语言理论上的漏洞是无法解释像主动与被动这样的句与句之间的关系。于是，乔姆斯基便研究设计出第三种语言结构模式，即转换模式。在进行了仔细的阐述和不加限制的应用于英语之后，他认为，这一转换模式不仅可以解释句与句之间主动和被动的关系，而且还能使我们观察到要观察的以及其他许多现象。总之，乔姆斯基声称，这一转换模式，或者说，公式化了的理论，有其巨大的优越性。乔姆斯基认为，"语言"是(数量有限或无限的)一套句子，而多个句子的长度及其基本成分则是有限的。我们对某一语言进行分析的根本目的是要将构成这一语言的句子的、符合语法的序列(grammatical sequences)和不能构成这一语言的句子的、不符合语法的序列(ungrammatical sequences)区别开来，并对符合语法的序列的结构加以研究。

严格地说，《句法结构》的出版标志着 TG(Transformational Generative)理论初级阶段的开始。后来因为 TG 理论的发展，所以这一阶段的理论被称为 TG 古典理论。TG 古典理论将语法看成是一种装置(device)或一部机器(machine)，它应该能产生所有合乎语法的句子，而不会产生不合乎语法的句子，这一装置可以用下列状态图表示。

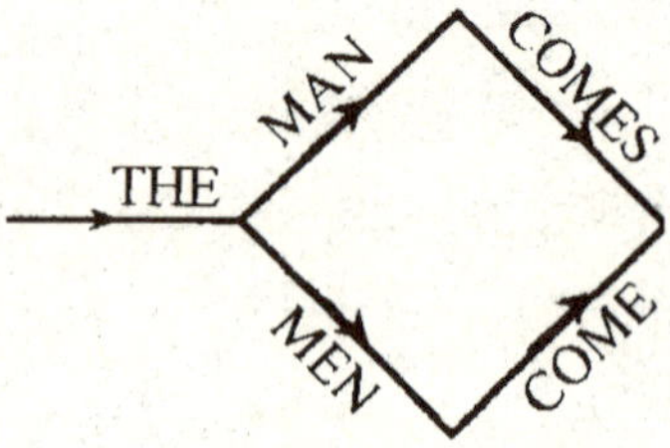

在这一状态图的基础上增加若干封闭圈(closed loops)，加以扩展，就可以生成无限数的句子。用这种方法生成语言的机器在数学上就叫做"有限状态马尔科夫过程"。

乔姆斯基称这种语法为有限状态语法(finite state grammar)。根据这种语法，句子的生成是通过一系列的"从左到右"的选择实现的。也就是说，在选择了第一个成分(element)，即最左边的那个成分之后，下面每一个成分的选择均由其前面紧挨着的那个成分来决定。例如有这样一个英语句子：This man has brought some bread. 在选择了 this 这一词后，后面的 man 这一词由 this 决定，而 has 则由 this man 这一词组决定，以此类推。如果第一项我们选择了 that，那么其余成分不受影响，但如果我们选择 those 或 these 作为第一项，那么后面

① 见《句法结构》，邢公畹等译，中国社会科学出版社 1979 年版，《中译本前言》，第 1 页。

的成分则要作相应变化。

生成语法(generative grammar)是乔姆斯基在《句法结构》一书中讨论的语言描写中三个模式之一,而乔姆斯基要讨论的语言描写的第二个模式是词组结构语法(phrase structure gram-mar)。这个词在结构语法中可以用以下的规则来举例说明:

(1) S→NP+VP

(2) NP→T+N

(3) VP→V+NP

(4) T→the

(5) N→{man,ball…}

(6) Verb→{hit,took…}

这里S代表句子,NP代表名词词组,VP代表动词词组,T代表指示词,N代表名词,V代表动词。按照这一规则,我们可将The man hit the ball这一英语句子作如下推导:

Sentence→NP→VP

T+N+VP

T+N+Verb+NP

the+N+Verb+NP

the+man+hit+NP

the+man+hit+T+N

the+man+hit+the+N

the+man+hit+the+ball

这是一个简单句,时态是一般过去时。如果在名词短语中有名词单复数的变化,动词短语中有时态的变化,那么我们需添加一些条件或限制。

在第九部分,乔姆斯基探讨了句法和语义学关系问题。他说,对句法的研究,可以不考虑语义学。词组结构和转换结构,是语言赖以组织意思和表达意思的主要句法手段。我们认为句法问题是建立一种能生成一系列语法句的方法问题,是研究能有效地这样工作的语法的属性问题,诸如所指、意义、同义等语义学上的概念,在讨论中不起作用。

我们的目的是要建立完全形式化的语法,这样可以得到一个有力、有效和说服力强的语言结构理论。语法最好能独立于语义学而成为自成系统的研究,成为一个公式系统。而我们所说的语法由三部分结构构成,词组结构规则、语素音位规则和转换规则。

《句法结构》一书面世后,即在语言学界引起了强烈的反响,语言学界表示出震惊、兴

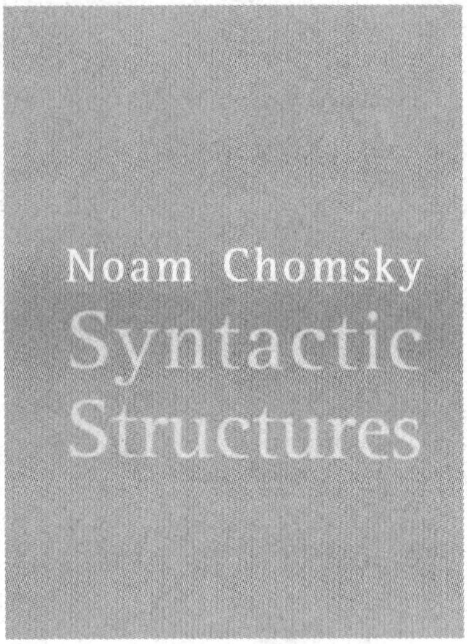

Walter de Gruyter 2002 年版封面

奋、沮丧、敌意、误解等情感。在他的同代人看来，乔姆斯基直接向北美语言学派发起了挑战，而人们很快意识到，乔姆斯基在北美发动了一场语言学革命。可悲的是，这样的老生常谈极具生命力。即使到了 1979 年，即乔姆斯基的《句法结构》面世二十多年之后，有一本教科书的副标题仍为：乔姆斯基革命的结果。

乔姆斯基的《句法结构》及其他著作应当放到一个历史的背景下来理解。这个历史背景是由像哈里斯(Harris)、乔士(Joes)、霍凯特(Hockett)、布洛克(Block)、特雷格(Trager)和史密斯(Smith)构成。他们与乔姆斯基同代。他们对北美印第安语言的语音和形态学作了详细的描述，所采用的方法是“自然历史方法”。而乔姆斯基则对建立形式语言理论感兴趣，因而方法上与北美描写语言学家大不相同。尽管乔姆斯基的工作在某种程度上具有创新和进化的成分，但却不是革命性的。

在《句法结构》中，乔姆斯基强调句法研究及意义分离。实际上，这一观点并非始自《句法结构》这一书。在《语法学的语义思考》一书中，他就明确表示“意义是极难说清的概念，如果可以说明意义和相关的概念在语言学分析中起着重要作用，那么其结果与结论就完全变得令人怀疑和含混不清”。这就是说他将意义排斥于语言分析之外的原因，这一点与北美描写语言学家相似，他们在描写语言时也尽可能不去涉及意义。

说到乔姆斯基与这批北美描写语言学家的关系，有两个人必须提及。一是哈里斯，乔姆斯基在宾夕法尼亚读书时的老师，他从哈里斯那儿吸收了许多方法论方面的东西。另一位便是霍凯特，从他的作品中我们可以看到乔姆斯基后来想要表明的语言学模式的心理相关性。然而乔姆斯基与他们的根本分歧是：北美描写语言学派主张对语言进行精确的描写(describe accurately)，而乔姆斯基强调对语言进行解释(explain)。不过，他与北美描写语言学派在一点上意见一致，即他们均在语言分析中不考虑意义。　　（张健民）

---

① 参见《句法结构》第 2 章《语法的独立性》。

② Neil Smith and Deirdre Silson, Modern Linguistics, Penguin Books, 1979.

③ 这个小组的主要成员有 Anthony Appiah, Lain Boal, Gemma, Geogthegan-Dubois, Robvan Oirsonw, Martin Spaul。

④ Terence Moore and Christine Carling, Understanding Language Towards a Post-Chomskyan Linguistics, London: Macmillan Press, 1982, Prologue.

⑤ N. Chomsky, Semantic Considerations in Grammar, Monograph No. 8, Georgetown Monograph Series, 1995.

拉尔夫·埃利森 [美国]

《看不见的人》

作者简介

拉尔夫·埃利森(Ralph Ellison,1914—1994),美国当代杰出的黑人小说家。从 20 世纪 30 年代末到 50 年代,埃利森发表了一系列小说,较为著名的有《飞回家》和《赌王》,描述黑人在白人社会中的地位以及现代黑人与他们古老民族之间的关系。1952 年,长篇小说《看不见的人》出版,立即轰动美国文坛,并荣获当年全国图书奖。拉尔夫·埃利森不仅是杰出的小说家,也是学识渊博的文学理论家。论文集《走向领域》对种族问题和黑人文学等问题作了精辟的论述。埃利森在音乐方面的造诣很深,对他的文学创作影响很大,曾有评论家把《看不见的人》的结构说成是爵士音乐家的即兴创作。音乐对埃利森文学创作的影响在《影子和行动》中表现得尤其明显。

埃利森是一位具有独立思想和独特风格的作家。他一再声明自己是一名艺术家,一名作家,而不是某一事业的代言人,明确提出:"想写社会的人不要去写小说。"① 从而在更广泛的意义上以更复杂的方式剖析不合理的社会现象,抨击种族歧视和压迫,继承并发扬了现实主义创作的优良传统。

外语教学与研究出版社 2002 年版封面

作品提要

长篇小说《看不见的人》是拉尔夫·埃利森的代表作,出版以来一直被视为美国当代文学的一部杰作。小说描写的是一个无名无姓的黑人青年,躲在纽约一家白人住宅的地窖里,叙述自己从种族歧视根深蒂固的南方来到工业发达的北方大城市,为了寻求自我最终反而失去自我的经过。序言部分从叙述者避难的地窖讲起。故事开始主人公引用了祖父临终留给父亲的一段遗言:"儿啊,我死后,希望你能继续战斗。我没有对你说过,我们的生活就是一场战争。我一辈子都是一个叛

① 拉·埃利森:《看不见的人》,任绍曾等译,外国文学出版社 1984 年版,第 1 页。

徒。自我重建时期开始，我缴了枪以来，我就成了潜伏在敌国的密探。你要在险境中周旋。希望你对他们唯唯诺诺，叫他们忘乎所以；对他们笑脸相迎，叫他们丧失警惕；对他们百依百顺，叫他们彻底完蛋。让他们吞食你吧，要撑得他们呕吐，要胀得他们爆裂。"[①]虽然主人公对这遗言的含义并不十分理解，然而这番话对他的影响很大，成了他寻求自我所遵循的原则。

其后小说采用倒叙的手法，描述主人公在南方的生活经历。在中学毕业典礼上，主人公发表了《进步的秘密在于谦卑》的演说，受到教育董事会的赏识，并获得了进入州立黑人学院的奖学金。后来因为带领白人校董诺顿先生参观了"金色时光"等一些不体面的黑人学院，于是他来到纽约，先在自由油漆工厂当工人，后来又给该厂的锅炉工当助手。锅炉工居心不良，引爆锅炉，使主人公差点丧命。经过一段时间治疗以后，他来到纽约黑人集中的哈莱姆区。在那里他抗议白人警察歧视黑人的无理行为，发表措词激烈的演说，被黑人进步组织"兄弟会"吸收为会员，成为"兄弟会"在哈莱姆的代言人。后来由于跟"兄弟会"的白人领袖杰克兄弟发生矛盾，遭到黑人民族主义者拉斯的追捕，只好乔装打扮成具有多重身份的人。最后在拉斯一伙的追逐下，主人公跳进一个地窖里躲藏起来。在地窖里，他反复思索，终于悟出一个道理："我是一个看不见的人。"他静静地躺在地窖里沉思，怀着对人生和现实世界的新认识，决心以崭新的面貌重返地面。

《看不见的人》超越了种族和地域的界限，探索了现代社会里不同种族的人所面临的共同问题：个性危机，即西方现代人在一个复杂多变的社会中对自我的寻找。作者不但承认和接受黑人的个性，他也同样论及白人对自己个性的追求，这是 20 世纪的美国人所面临的主要问题。

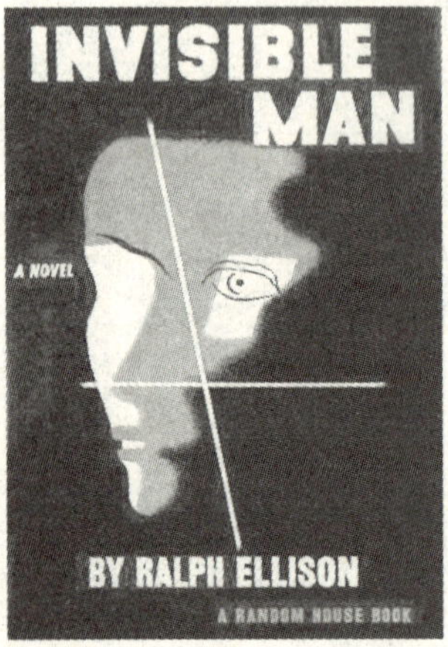

Random House 1952 年版封面

实际上，小说探讨了一种独特的种族个性，年轻的主人公接受了黑人传统，因此也就接受了同所有黑人的亲情。在小说的后部，主人公接受他独特的种族个性同接受人类状态本身融合在一起。埃里森告诉读者，在人能够改变环境之前，必须屈服于自己的身份，而这些环境又使这种屈服痛苦不堪。作品围绕个性这一中心主题论述了其他方面：对不公正邪恶的抗议，即反抗；黑人特有的品质中的骄傲，这种骄傲不是盛气凌人和任性，而是恰当的自尊；全人类争取自由的必要性，没有自由就不能维持骄傲；个人作为社会成员之一，对其他成员的爱和应持续履行的社会责任。这些主题相互衔接，相互依存，使这部小说具有更高的欣赏价值。

这部小说的结构很有独特之处。首先是序言，在情节发展上序言又

① 拉·埃利森：《看不见的人》，任绍曾等译，外国文学出版社 1984 年版，第 16 页。

是结束语的继续，“序”和“跋”相互衔接，一开始就将结局展现在读者面前，第 1—6 章描述主人公在南方的童年时代和在一所黑人学院的经历，第 7—22 章描述主人公在纽约的最初遭遇，第 23—24 章写主人公接受隐身，最后是简洁的尾声，主人公决定走出地窖，认识到他必须履行社会责任。为了表现主题，小说的写作手法也随着情节的发展而变化：在描写南方生活经历时，作者采用自然主义手法；在纽约的那段经历，作者采用表现主义手法；当主人公掉进地窖，作者采用超越现实主义手法。

《看不见的人》最明显的艺术特征是西方现代派文学技巧的运用：荒诞、讽喻和象征手法等。作品中许多细节和情节奇特古怪，荒诞不经。读者首先发现荒诞的是叙述者宣告他是看不见的人。其次他所住的地窖十分荒诞，既不黑暗也不寒冷，反而温暖明亮，装有 1 369 只灯泡。前言中的梦境情节和第 25 章最后几页都具有荒诞的成分。在这部小说中，埃利森采用的讽刺和讽喻比其他任何黑人作家都多，甚至可与 18 世纪英国讽刺作家乔纳森·斯威夫特的讽刺相媲美。这些讽喻片断如下：年轻的主人公被迫蒙住眼睛参加的那场拳击赛；在“金色时光”的混战；主人公在长岛自由油漆厂的经历；克利夫顿的背叛“兄弟会”以及出售活动玩偶事件；还有主人公的转入地下等。那场拳击赛讽喻了一个黑人男孩初次步入成人世界，被迫从青春期过渡到成人的许多特征：对性的接触和对痛苦的忍耐等。作者给曾经做过教堂、银行、餐馆、赌场和妓院的建筑物取名“金色时光”，其讽刺意味不言而喻，讽喻了精神失常的人比正常人愉快这个令人迷惑不解的现象，“金色时光”另一层含义则是象征世界末日。主人公从自由油漆厂到医院的经历暗示人们：尽管人无法回避一个机器化的社会、一个由操纵者们操纵的自动化社会的折磨，但他能够通过自己的意志逃脱那种折磨。此外，莱姆哈特的故事和哈莱姆暴乱都有很强的讽刺色彩。

与讽喻紧密相关的是象征手法的应用，象征手法贯穿整个作品的始终。“看不见”是这部小说最重要的象征。从头到尾我们不知道主人公的姓名，无论黑人白人都无视他的个性。“看不见”标志着主人公的社会价值等于零，在现实社会中毫无地位。小说中的“黑”与“白”象征敏感的美国黑人与白人之间的社会关系。埃利森如此巧妙而成功地运用象征主义手法进行创作，使《看不见的人》成为美国文学中的经典。

埃利森跻身于 20 世纪伟大作家的行列不仅仅是因为他对黑人文学的主题进行了更广泛的探索，还因为其作品的现代派写作技巧所显示的永恒的光辉，从而使黑人文学在赖特之后大放异彩，受到批评界的高度重视。

（游庆珠）

卡尔·R. 波普尔 [奥地利]

《科学发现的逻辑》

作者简介

卡尔·R. 波普尔(Karl R. Popper,1902—1994),当代西方最负盛名的科学和社会哲学家。波普尔是英国皇家学会会员、大不列颠学会会员、伦敦经济学院哲学教授、美国 QBK 联谊会哈佛分会荣誉会员、剑桥达尔文学院荣誉教授,波普尔曾获得澳大利亚最高荣誉金质勋章、美国政治学会 Lippincott 奖、促进欧洲文明 Sonning 奖。1965 年英女王伊丽莎白二世授予他爵士称号,并于 1982 年授予他荣誉勋章。

波普尔一生不停地著书立说,名声远扬,其主要著作有《科学发现的逻辑》(1934)、《历史决定论的贫穷》(1944—1945)、《开放社会及其敌人》(1945)、《猜测与反驳》(1963)、《客观知识》(1972)、《无限的探究》(1962)、《自我及其脑》(与神经生理学家 John Eccles 合著,1977)、《科学发现的逻辑续集, 第一卷——实证主义和科学的目的》(1983)、《科学发现的逻辑续集,第二卷——开放的宇宙》(1982)、《科学发现的逻辑续集,第三卷——量子论和物理学流派》(1982)。

作品提要

《科学发现的逻辑》是一本颇享盛名的科学哲学著作。本书分科学逻辑导论和经验理论的若干结构要素两部分,共十章。

第一章是本书的精华,主要论述了科学逻辑的若干基本问题。流行的观点认为,科学发现的特征在于它运用归纳方法。按照这种观点,科学发现的逻辑等同于归纳逻辑,即这些归纳方法的逻辑分析。作者对此观点持坚决的反对态度。对于这种归纳推理,就是要从单称陈述过渡到全称陈述,比如从实验观察过渡到假说或理论。然而,从逻辑的观点上看,显然是行不通的,不管我们已经观察到多少只白天鹅,也不能得出这样的结论:所有的天鹅都是白的。为了证明归纳推理的非正确性,作者深入剖析了作为归纳推理的基础——归纳原理在逻辑上的谬误。假如试图认为归纳原理的真理性来自经验, 就必须运用归纳推理；那么导致引入归纳的同一个就再一次出现了。为了证明归纳原理，就必须运用归纳推理；而为了证明这些归纳推理，就必须假定一个更高层次的归纳原理，如此等等。这样，想把归纳原理建立于经验之上的试图就破产了。因为这样做必定导致无穷的后退。另一种温和的观点认为，虽然“严格地说”归纳推理是不“正确的”，但能达到某种程度的“可靠性”或“概然性”。作者同样反对，认为这种概率逻辑不是导致无穷后退就是导致先验论的学说。从数学的观点来看，无论过去的重复数有多大，相对于未来的无限数来说，其概率只能为零。

中国美术学院出版社 2008 年版封面

在对归纳推理作出尖锐的批判之后，作者提出自己与归纳逻辑观念直接对立的理论——检验演绎法理论。即假说只能以经验来检验，而且只是在这假说被提出之后。这种理论强调，每一个科学发现的过程都包含“非理性因素”，或者说“创造性直觉”。按照这种理论，科学发现的过程是：借助演绎逻辑，尝试提出来且尚未经任何方式证明的一个新思想——预知、假说、理论系统，或任何其他类似的东西，从中得出一些结论，然后将这些结论在它们相互之间，并和其他有关的陈述加以比较，来发现它们之间存在的逻辑关系。作者提出四条不同的检验理论的路线。第一，在这些结论之间加以逻辑的比较，以此来检验理论系统的内部一致性；第二，考察理论的逻辑形式，目的是确定这理论是否具有经验的或科学的理论的性质；第三，同其他的理论作比较，看它是否构成科学上的进展；第四，通过能从理论推导出的经验应用来检验理论。这最后一种检验的目的，是要找出理论耐受实践要求考验的程度。但作者强调，实践检验的肯定只能暂时支持这理论，因为随后的否定判决常会推翻它。只有一个理论经受住详细而严格的检验，在科学进步的过程中未被另一个理论取代，我们才可以说“它已得到验证”。

为了澄清可能有人误解作者的理论把科学和形而上学混淆起来，作者提出了划界问题，即找一个划界标准，使我们能区别检验科学与数学逻辑学以及形而上学系统。实证主义和归纳主义者都是形而上学的坚决反对者，可结果他们非但未能从经验科学中把形而上学根除掉，反而命名得科学本身也变成了形而上学。作者与他们的划界标准相反，认为从“为经验所证实”的单称陈述推论出理论，这在逻辑上是不允许的。所以，理论在经验上是决不可证实的，可作为划界标准的不是可证实性而是可证伪性。从观察证实这只天鹅是白的、那只天鹅是白的，不能得出所有的天鹅是白的这一结论。然而，有一只天鹅是黑的却可以证伪所有的天鹅是白的这个普遍命题。

对于科学的客观性问题，作者认为科学理论不可能完全得到证明或证实，然而它们是可经检验的。因此，科学陈述理论的客观性就在于它们能被主体间相互检验。

第二章作者论述了科学方法论问题。认识论或科学发现的逻辑，应该就是科学方法的理论。方法的理论，就其超出对科学陈述之间关系的纯逻辑分析之外而言，与方法的选择有关。这里说的方法就是，我们处理科学理论的方式，我们用它做些什么，我们对它做些什么，这就是说，要设立建立一些规则，或者可以说是规范，来指导科学家去进行研究。方法论的自然主义观点认为，方法论本身也是一种经验科学，它研究科学家的实际行为，或"科学"的实际程序。但作者在承认这种观点在一定条件下有其价值的同时，强调自己所论述的方法并非一种经验科学。作者认为，方法论规则是一种给定，可被描述为经验科学的游戏规则。这种规则与弈棋规则相当相像，完全不同于纯逻辑的规则。

第三章作者论述了理论问题。经验科学是理论的系统，所以科学认识的逻辑可以说是理论。理论是我们撒出去抓住世界的网，使得世界合理化，说明它，并支配它，科学研究的目的就是尽力使得这个网的网眼越来越小。

第四章主要论述可证伪性问题。可证伪性和证伪是有严格区别的，引进可证伪性只是作为陈述系统的经验的性质的标准，至于证伪，必须引进特殊规则来决定一个系统在什么条件下就被看做已被证伪。我们说一个理论已被证伪，只有当我们已接受和理论相矛盾的陈述时。这个条件是必要的，但不是充分的。因为我们知道，不能复制的偶发事件对科学是没有意义的。因此，少数偶然的与理论矛盾的基础陈述不会促使我们把理论作为已被证伪而摈弃的。

Hutchinson Press 2002 年版封面

第四章有关可证伪性的论述，已把理论的可证伪性，归结为称为基础陈述的那些单称陈述的可证伪性问题。进而，第五章作者阐述了何种单称陈述是基础陈述。

第六章作者进一步论述了可检验度问题。理论是或多或少可以严格地检验的，也就是说，或多或少可以容易地证伪的。它们可检验性的程度对于理论的选择是有意义的。作者通过比较理论的潜在证伪者类来比较它们不同的可检验度或证伪度。通过表明可证伪是一个程度问题而把证伪性的要求"相对化"。潜在证伪者类是无限类，为便于在无限类的情况下，得到一精确的意义，作者引入子类的概念，用子类关系比较可证伪度。然而，对于很多目的来说，用子类关系的方法来进行比较是不够的。作者又使用联系维来比较可检验度。一般说来，具有低维的理论比高维的理论更容易证伪。

Routledge Press 2002 年版封面

第七章作者讨论了简单性的科学价值。简单性观念在科学哲学领域里一直在无批判地使用着。不少科学哲学家在他们的理论里给予简单性概念一个关键性的重要地位。诚然，从美学和实用的角度出发，简单性是十分重要的概念，但它不在逻辑的范围之内，只是表示一种美学性质或实用性质的选择。那么在排除了美学和实用的简单性观念之后，是否有对于逻辑学家重要的简单性概念呢？作者用大量的例证说明所谓简单度和可检验度是等同的，并无什么新鲜的东西。

第八章作者讨论了事件的概率以及它引起的问题。第九章作者阐述了对量子论的若干意见。第十章作者着重论述验证或理论如何经受不住检验，其中最根本的观点是：理论是不能证实的，但它们可被验证。理论的不可证实性在方法论上是至关重要的。即便如此，是否能够说理论在或大或小程度上是可靠的呢?换句话说，是否能够把一个假说的概率问题还原成为事件的概率问题呢?作者对此持坚决的批判态度，认为假说概率的概念是不成立的。

(朱东亚　李庆平)

欧内斯特·海明威［美国］

《老人与海》

作者简介

欧内斯特·海明威(Ernest Hemingway,1899—1961),美国现代著名小说家。海明威一生充满传奇色彩,文学创作风靡欧美文坛。他的代表作有长篇小说《永别了,武器》、《丧钟为谁而鸣》,中篇小说《老人与海》,短篇小说《乞力马扎罗的雪》,此外,他还出版了《在我们的年代里》、《没有女人的男人》、《胜者无所得》等短篇小说集。海明威的人生经历与文学创作水乳交融,密切关联:《永别了,武器》记录了第一次世界大战中的痛苦迷惘,《丧钟为谁而鸣》的创作灵感来自于西班牙内战,《非洲的首山》则描写了在非洲狩猎的亲身经历。

海明威作品经常围绕这样一个主题而展开,即不管外界势力是战争、灾害还是战场上的敌人、运动场上的对手,也不管它们是如何强大得不可战胜,他的主人公始终能够保持勇往直前的精神,展现虽败犹荣的风度。海明威作品的艺术风格主要表现在对话的生动与语言的简洁两方面。他能够辨别人们谈话中极为细微的差别,而且善于用一种"风格化了的口语"表达出来;他可以用对话来暗示背景、谈话人的思路、说话时的神情,也就是说,用对话来代替叙述。海明威在新闻报道的严格训练中锻炼自己简练明快的语言风格。他能把一篇短小的故事反复推敲,悉心裁剪,以极简洁的语言铸入一个较小的模式,既凝练又精当,让读者获得极鲜明、极深刻的感受,并牢牢把握作品的主题。海明威小说的艺术风格曾在欧美文坛引起了一场文学革命,在欧美叙事艺术中占有十分重要的地位。

作品提要

桑提阿果是个独个儿摇只小船在湾流打鱼的老汉,已经 84 天没钓着一条鱼了。头 40 天,有个男孩子跟他一块儿。可是过了 40 天一条鱼都没捞着,孩子的爹妈便吩咐儿子跟了另外一只船,它第一个星期就提了三条好鱼。眼看老汉每天摇着空船回来,孩子心里怪难受的,总要下海滩去,抢着帮助老汉忙这忙那。

老汉的样子枯瘦干瘪,脖颈儿尽是深深的皱纹,颧骨上有些皮癌黄斑,一直往下蔓延到脸的两侧。他的双手因为用绳索对付沉重的海鱼，落下了褶子很深的累累伤疤，老得像沙漠里风蚀的岩沟。他这人处处显老，唯独两只眼睛跟海水颜色一样，透出挺开朗、打不垮的神色。老汉教过孩子打鱼，孩子也爱他。

这天，孩子又来找老汉，希望跟他一道去打鱼。老汉用他那有圈晒斑的、充满信任和慈爱的眼睛望着他，说："你要是我的孩子，我就带你出海去冒风险了。可你是你爹妈的孩子，再说你跟的那条船又走运。"

他们一同来到老汉住的窝棚，一边吃孩子带来的晚饭，一边兴致勃勃、头头是道地聊棒球明星、棒球教练和棒球比赛，谈得既尽兴又开心。孩子走后不久，老汉便入睡了。沉睡中，他梦见了自己少年时代的非洲，梦见了那些绵延很长的金色海滩，还梦见了海滩上的那些狮子。暮色中，它们小猫般地打闹着，很惹他喜爱，就像他喜欢那个孩子一样。

清晨，孩子起了个大早送老汉出海。已经 84 天没有钓着一条鱼了，老汉暗暗下决心一定要好好干他一天。他把船划向抓鲣和长鳍金枪鱼成堆的地方，希望逮着条大鱼。晌午时分，伸出船外的绿竿子当中的一根陡然一坠。"咬啦，咬啦!"老汉惊喜地叫起来。钓绳下面死沉死沉的，他明白这是一条大家伙。他双手猛拉猛抛，收了一码绳子上来，跟着又再拉再抛，每回都投入全副臂力和身体左右摆动的重量，却一点儿效果都没有。鱼只顾慢慢游开，老汉要把它往上提哪怕一英寸也做不到。鱼一直不停地游，连船带鱼都在平静的水上行进。它会累死的，老汉想，它不能老这么拖。可是过了四个钟头，鱼仍然拖着小船一个劲儿朝远海游去。老汉也仍然挺起腰骨稳稳坐着，背上绷着绳子。过了会儿，他朝后一望，才发觉根本看不见陆地了。太阳落下去，天跟着也冷起来。老汉的背上、老胳膊老腿上，汗被风一吹就凉飕飕的。他把一条布口袋围着脖子系住，让下半截搭在背上，再将其从肩膀上的那根绳子下面塞过去，用来垫着约绳，这一来他觉得舒服了许多。只要鱼照旧这么干，我就拿它没辙，它也拿我没辙，他想。

夜里，他起身欲够远处的钓绳，谁知鱼身一颠，扯得他"咕咚"扑

北京燕山出版社 2004 年版封面

中国致公出版社 2006 年版封面

上海译文出版社 2005 年版封面

倒，眼眶下面划破了个口子。鲜血顺着脸颊骨流下一小截儿，幸好没到下巴颏儿就凝结、变干了。“鱼啊，”他轻声说，“我要陪你，陪到我死。”鱼终于露头了。它一点一点不断地出来，两侧往外冒水。它在太阳底下很光彩，头部和背部深紫色，两侧的条纹经太阳一照显得很宽，是淡紫色的。它的箭形上颌有打棒球的木棒那么长，一把细剑似的越往前越尖。它挺直全身跳出水来，一转眼又像潜水鸟一样顺顺溜溜钻进水里。他一辈子见过很多一千多磅重的大鱼，还提住过两条这么大的，可从来没有自己一个人提过。如今一个人，又在无边无岸的茫茫大海，他却跟自己从来没见过也没听说过的那么大的一条鱼拴在一根绳子上。鱼缓了下来，照它平常的快慢往前游。到了晌午，老汉的左手终于不抽筋了。

天黑了，他趴在已经用旧了的船头木板上，尽可能地休息。繁星下，在越来越冷的黑夜里，他吃了半块鲜花鳅肉和一条掏掉内脏、去了头的飞鱼。尽管生吃很受罪，他还是尽力挺过来了。他的右手死攥着钓绳。接着，当他把全身重量压到船头板上的时候，便用大腿顶住右手。然后，他将肩上的绳子往下移一点儿，再用左手抓紧它。他拱肩缩背，整个身子背着钓绳趴在船头，让全部重量顶着右手，于是，他睡着了。

月亮出来好半天了，他还继续睡。鱼也稳稳地继续拖，把船拖进了云彩的隧道。突然，右拳朝脸上猛地一拱，他猛地惊醒了。绳子刷刷地从右掌里擦出去，擦得好疼。他连忙左右开弓，把绳子往回拉。

自他出海以来，太阳第三次冉冉升起的时候，鱼开始转圈儿了。老汉一会儿收绳，一会儿放绳，两个小时以后，他已经汗水淋漓，累得骨头都要散架了。有个把钟头，他眼前老是发黑，汗水腌疼了他的眼睛，腌疼了额头上靠眉棱骨的一个伤口。在第三圈上，他才看见鱼。他起初只看见一大片黑影，它过了很久才打船底下过去，长得简直叫他不能相信。他拼命把它往跟前拉，以便扎出鱼叉。试了好几次，都没有成功，他却已累得每次都有昏厥的感觉，眼睛只是间或一阵子才看得清东西。他鼓足勇气，咬紧牙关，决心再试一次。鱼侧过身来，轻轻地偏着身子游动，准备从船这儿过去。老汉撂下绳子用脚踩住，尽量往高处举起鱼叉，使出全副力气，把铁叉扎进鱼的侧面，恰恰扎到那翘在半空、跟老汉胸口一般高的大胸鳍后面。他觉着铁尖刺进去了，便伏在叉把上，再往深里攮，然后用全身重量顶进去。

Scribner Books 1952 年版封面

这一下，死亡来到内脏，鱼惊活了，从水里跳起老高，现出它全身无比的长度和宽度，它全部的力和美。它像是挂在半空中，挂在船上这老汉头顶上似的。接着，哗啦一声，它跌入水里，把浪花溅了老汉一身，溅了一船。大鱼，终于败在了老汉手里。

他把鱼绑到船头上、船尾上和当中的座板上。鱼那么大，像是在小船旁边绑了一条大得多的船。船开始移动，向西南驶去。平静没有维持多久，便被鲨鱼的不请自到打破了。老汉听到了大鱼皮肉被撕开的声音。他手执鱼叉朝鲨鱼头部捅下去，正好扎在脑子的部位。它翻过身来，眼睛已经没有了活气。在老汉的注视下，它静静地在水面漂了不多一会儿，然后慢慢悠悠地沉了下去。

他向船外弯下身去，在鲨鱼咬过的地方撕了一块鱼肉。嚼一嚼，又瓷实又有汁儿，跟牛羊肉一样。没法让这肉香味儿不散到水里去，老汉明白，非常糟糕的时候快到了。小船走了两个钟头，他在船后艄歇着，不时吃点儿金枪鱼肉，尽量休息休息，恢复体力。就在这当儿，两条双髻鲨出现了。它们逼近过来，把大鱼竖撕横扯，将小船扯得直打哆嗦。他操起绑着刀的船浆，一下一下地拼命戳，一个一个地分别对付，费了九牛二虎之力，终于将两条不速之客置于死地。落日前后，老汉又化解了鲨鱼的两次袭击。刀面给鲨鱼弄断了，木棒成了他进攻的武器。

晚上，想必是十点来钟，他看见了哈瓦那城里电灯映在天上的反光。这时候，他的肢体又僵又疼，他的伤口、他疲劳过度的周身关节都给夜里的寒气砭得作痛。希望不必再打了吧，他想。真希望不必再打了。但是，到了半夜他又打了。它们来了一大帮。他抄起木棒照着他能触到听到的地方一棒棒拼命抡下去，可是觉得木棒给什么东西咬住，从此就丢了。他又从舵上拔下舵把子，拿来又砍又劈，最后连舵把子也劈裂了。

仗打完了，鱼肉也全完了。老汉累得几乎喘不过气来。他知道，他现在给打败了，败得彻底，没法挽救了。船驶进小港湾的时候，餐馆的灯已经灭了，他知道大家都在睡觉。没一个人来帮忙，他只好把船尽自己力气往上划。然后他走出船来，把它拴在岩石上。他停了一会儿，朝后望望，从街灯投去激起的反光中，看见大鱼远远竖着的大尾巴、惨白赤露的脊骨、黑乎乎一坨的脑袋和伸出去的剑颚，而一头一尾中间却空荡荡一片精光。

他累得不得不坐下来歇五次才走到他的窝棚，喝了些水后便沉沉睡去。上午，孩子从门口张望的时候，他在熟睡。孩子看见老汉照常呼吸着，又看见了老汉的两只手，他哭了起来。他轻手轻脚地出了门，去弄些咖啡来，一路走一路哭。路上，一个量鱼的渔民喊着："从鼻子尖到尾巴有十八英尺！"

窝棚里，老汉又进入了梦乡。孩子一个人静静地坐在那里，凝望着他。睡梦里，老汉正梦见那些狮子。

（蔡　键）

阿诺德·汤因比［英国］

《历史研究》

作者简介

阿诺德·汤因比(Arnold Toynbee,1889—1975),英国著名历史学家、社会活动家。汤因比生于英国伦敦,从小受到良好的教育。1911 年从牛津大学毕业后,到英国在希腊雅典设立的考古学院进修、考察希腊古代遗迹。第一次世界大战爆发时,他在里奥尔学院攻读硕士课程,并兼任古代史教学工作。1915 年开始在英国外交部情报司供职。作为英国代表团成员,汤因比参加了 1919 年的巴黎和会。战后应聘伦敦大学教授。

1921 年,希土战争爆发,汤因比以《曼彻斯特导报》记者身份前往巴尔干半岛采访,途中萌生了写一部历史著作的欲望,并拟定了写作大纲。这就是他创作《历史研究》的开始。

汤因比从 1920 年开始负责主编英国皇家国际事务学会年刊《国际事务概览》。1925 年伦敦大学聘请他为国际关系史教授,同时任英国皇家国际事务学会部主任。1937 年被任命为皇家科学院研究员。

二战以后,汤因比任英国外交部研究司司长,并以顾问身份参加许多重要的国际会议。1955 年《历史研究》全部写成,奠定了他在历史学界的地位。此后他主要活跃在国际政治舞台。他公开谴责美国侵越战争,谴责以色列中东政策和南非当局所推行的种族歧视政策。1975 年逝世。

汤因比的主要著述有《民族和战争》、《新欧洲》、《希腊的历史思想》、《文明经受考验》、《文明与战争》、《世界与西方文明》、《基督教在世界大宗教中的地位》、《美国与世界革命》、《希腊史上的一些问题》、《拯救人类的未来》、《人类与大地母亲》。

作品提要

《历史研究》是汤因比的代表作品,反映了他的历史思想。但该书因卷轶浩繁,初版时流传不广,后来由美国学者索麦维尔删繁就简,缩成节本,在美国出版后,引起广泛关注,成为当年全美畅销书。该书很早就传入中国。中译本 1959 年由曹未风翻译,上海人民出版社出版。

《历史研究》是文化学的杰出著作。汤因比首先揭示了自己的历史观，他说，可以采用三种不同的方法来观察和表现我们的研究对象，其中也包括人类生命的现象。第一种方法是考核和记录"事实"。第二种方法是通过已经确立了的事实的比较研究来阐明一些一般的法则。第三种方法是通过虚构的形式把那些事实来一次艺术的再创造。这样，汤因比实际说明了历史学和历史研究的关系和区别。汤因比的历史研究属于第二种方法。

上海人民出版社 1986 年版封面

那么《历史研究》究竟通过哪一些已经确立了的事实来阐明一般的法则呢?在传统史学中，人们往往把历史事件或种种现象当做历史事实来说明问题。在汤因比看来，如果从宏观的角度来看，那些在时间与空间上彼此接近的突出事件，国家和社会体或以全人类作为一个单位都是不对的，历史研究对象的可以自行说明问题的单位，不是民族(国家)，也不是时代，而是"社会"。他说这里的社会不如用"文明"，因为还有许多在很久以前存在的原始社会或不文明的社会。这样，汤因比的《历史研究》实质上说是社会比较研究或文明比较研究。有两点值得注意，汤因比认为已经确立了的事实的能自行说明问题的"单位"，他给出 21 个社会(文明)：西方社会、两个东正教社会(在俄罗斯和近东)、伊朗社会、阿拉伯社会、印度社会、两个远东社会、希腊社会、叙利亚社会、古代印度社会、古代中国社会、米诺斯社会、苏末社会、赫梯社会、巴比伦社会、安第斯社会、墨西哥社会、尤卡坦社会、马雅社会、埃及社会。再加上他认为有五个"停滞了发展的文明"：波利尼西亚文明、爱斯基摩文明、游牧文明、奥斯曼文明、斯巴达文明，共 26 个文明。(不过，汤因比对文明的提法有随意性，有时他又说有 28 个文明，在《历史研究》第 12 卷中把可供比较的社会扩大到 37 个。)他认为把这些能自行说明问题的单位拿来进行比较研究就可以得出一般法则。因此他推崇阿克顿勋爵的话：一般历史当然并不是由于国内原因推动的，而有更广泛的原因。《历史研究》的目的就是要系统地比较这 21 个社会。但是在进行这项工作之前，汤因比还是不厌其烦地对几种可能的异议作出解释和批评。他指出"文明的统一"是错误概念，这种错误的根源，除了由于西方文明在物质方面的世界性胜利而生的假象外，所谓"文明统一"的错误概

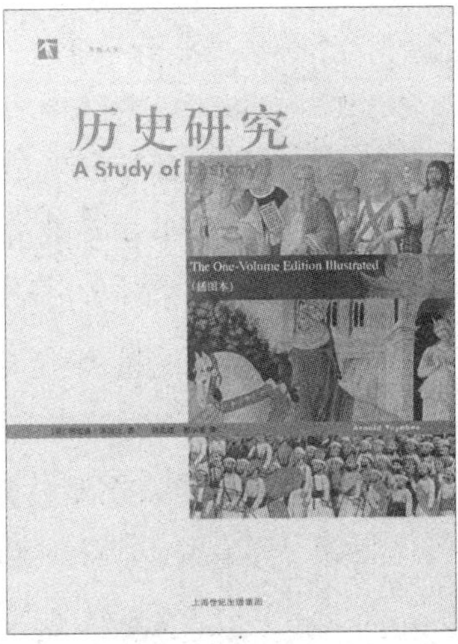

上海世纪出版集团 2005 年版封面

念——包括那样一种推论，认为文明的河流只有我们西方的这一条，其余所有的文明不是它的支流，便是消失在沙漠里的死河——还有三个来源：自我中心的感觉，“东方不变论”的错觉，以及谈进步沿着一根直线发展的错觉。为了进一步说明文明是可比较的，汤因比还指出，在已知的各文明之间不仅是等价的和平行的，时间的长短也是相对的，从已知的文明最初出现起到今天，其间还不足 6 000 年，这与人类已有 30 万年的漫长生涯相比，文明时代只占五十分之一，因而从相对主义的观点来看，从总体上看它们“在哲学上是属于同一时代的，在哲学上价值是相等的”。而且，所谓价值，同时间一样，也是个相对的概念；所有这 21 个社会，如果同原始社会相比，都可以说是有很大的成就的；如果同任何理想的标准相比，它们全部都还是非常不够，其中任何一个都没有资格瞧不起别人。

与斯宾格勒一样，汤因比也把文明作为有机体，把生物学的发展规律移入到文明形态的研究中，认为各文明形态也像自然界的有机体那样都要经历起源、生长、衰落、解体这四个连续的发展阶段，并分别对不同社会在这些不同阶段的表现进行分析。

他首先研究的是文明的起源问题。探讨为什么有些社会像许多原始的集体那样在它们存在的一个比较早的时期就停止前进，而不像其他一些社会那样，达到文明社会的水平。在这里他首先否定了当时流行的种族因素和民族形成决定论以及地理环境决定论，指出它是由于两个条件的一种特定结合所造成的，一个条件是在这个社会里要有一个具有创造能力的少数人，另一个条件就是在那里的环境既不太有利也不太不利。他举例说明凡是具有这些条件的后来都发展成为文明社会，凡不具备这些条件的集体都始终停留在低于文明社会的水平上。在这种情况下的文明诞生被列为一个公式，即互相交替的“挑战与应战”。一个社会在它的一生过程中要遇到一系列的问题，每一个问题的出现都要经过一次磨难的挑战。从古代埃及、古代中国、玛雅和安第斯、米诺斯诸文明起源的考察中都得出挑战和应战之间交互作用，乃是超乎其他因素的一个因素——就是说它是超出平均系数的。

在这种挑战和应战中，汤因比还从文明环境提出两个假说。一个是逆境的美德，一个叫环境的挑战(包括困难的刺激、新地方的刺激、打击的刺激、压力的刺激、遭遇不幸的刺激)。说明文明诞生的环境是一个非常艰难的环境而不是一个非常安逸的环境。进而认为，挑战愈强，刺激就愈大。各类环境向这个社会不断提出挑战，而这个社会则通过它的创造性的少数人对之进行成功的应战，解决问题。接着又出现了新的挑战，新的应战的胜利；这个过程周而复始不停地进行，社会在不停地变动，它迟早会使社会到达文明阶段。

他接着研究文明生长的问题。研究在 26 个文明中，为什么和怎么样有 4 个文明(远西基督教文明和远东基督教文明，斯堪的纳维亚文明和叙利亚文明)流产了，有5个文明(玻利尼西亚文明、爱斯基摩文明、游牧文明、斯巴达文明和奥斯曼文明）在它们生长的早期就停止了生长，而其余的那些文明却生长起来。

Oxford University Press 1957 年版封面

他又研究文明的衰落、解体和消灭。他指出，在28个文明中，至少有18个已经死亡和消灭了。其余尚存的10个文明乃是我们自己的西方社会、在近东的东正教社会主体部分、在俄罗斯的分支部分、伊斯兰教社会、印度社会、在中国的远东社会的主体部分、在日本的分支部分。如果再进一步仔细考察这10个现存社会的情况，就会发现波利尼西亚社会和游牧民族社会已经是处于最后挣扎的阶段，而其余8个文明里的7个都在不同程度上处于被第8个，也就是我们自己的西方文明消灭或同化的威胁当中。

这种衰落并不是由于宇宙的必然性所造成的，既不是由于地理因素，也不是由于种族退化，更不是由于敌人的外部攻击。在汤因比看来，这些因素非但不导致文明的衰落，反而毫无例外地会使文明的生长能力更为增长；文明的衰落也不是技术与技能的衰退，因为“文明的衰落永远是因，技术衰落永远是迹象或是果”。

在汤因比看来，文明的生长与解体的主要差别在于对挑战的应战，当处于生长期的文明对不断出现的挑战总能胜利地应战，而处于解体阶段的文明则无力应战，即使应战也总是失败。所以文明死亡的原因永远是自杀。他说，文明的衰落性质可以归纳为三点：少数人丧失了创造的能力，在多数人方面则相应地撤回了他们的模仿行为，以及继之而出现的作为一个整体的社会丧失了它的社会统一性。它表现为丧失了控制环境的能力和丧失了自觉力。

汤因比在诸多文明中归纳出三种文明演变的模式，认为在文明解体阶段，社会群体演化，少数创造者蜕变为少数统治者，多数模仿者转化为外部无产者和内部无产者。经过一段纷争之后，由一个强大的力量挫败各方，创立了大一统的帝国；其后，这个大一统的帝国经过一段时间的发展，繁荣局面终于消失；再后，产生一种新的宗教。在他看来，每一种文明最深厚的基础都是宗教，文明兴衰更替，只有宗教是持续上升的。所以对于文明的解体，除了神化，把目标转向追求超感性的天国，别无他途，由人的城走向神的城是人类与文明的最后终点。

（张传仁）

格奥尔格·卢卡奇［匈牙利］

《历史与阶级意识》

作者简介

格奥尔格·卢卡奇(Georg Lukacs,1885—1971),匈牙利现代著名哲学家、美学家和文艺理论家,“西方马克思主义”思潮的奠基人。读书期间受唯心主义哲学影响较大。1915年,卢卡奇返回匈牙利参加革命运动。革命失败后,卢卡奇流亡维也纳,与第三国际“左”派人士一起创编《共产主义》杂志。1923年,卢卡奇发表《历史和阶级意识》一书,在马克思主义理论界引起极大争论。1930年,卢卡奇来到苏联莫斯科的马克思恩格斯研究院工作,后成为苏联科学院院士并加入了苏联共产党。1945年匈牙利解放后,卢卡奇回国积极参加政治活动和科学研究工作。在卢卡奇漫长的一生中,著述极为丰富。在美学和文艺理论学方面主要有《现实主义问题》(1954)、《美学史论文集》(1954)、《历史小说》(1962)、《美学》(1963)、《歌德及其时代》(1968)、《作家、批评家及其他》(1970)、《小说理论:关于伟大史诗文学形式的历史哲学论文》(1971)等;在哲学方面的著述主要有:《历史和阶级意识》(1923)、《存在主义还是马克思主义》(1947)、《青年黑格尔与资本主义社会问题》(1948)、《理性的毁灭》(1954)、《列宁:对其思想统一性之研究》(1968)、《关于社会存在的本体论》(1971、1972、1973)等。

卢卡奇1919年在匈牙利参加革命运动

作品提要

《历史和阶级意识》是卢卡奇一生中影响最大的一部哲学著作,它被视为西方马克思主义的开山之作。全书由形式上比较分散但逻辑上十分紧凑的八篇论文组成,这些论文是卢卡奇流亡奥地利期间为了总结欧洲无产阶级革命的经验教训而撰写的,经过部分修订后,于1923年公开出版。这八篇论文是《什么是正统的马克思主义?》(1919)、《历史唯物主义变化着的功能》(1919)、《阶级意识》(1920)、《合法性和非法性》(1920)、《罗莎·卢森堡的马克思主义》(1921)、《物性化和无产阶级意识》(1922)、《对罗莎·卢森堡〈俄国革命批判〉的批判考察》(1922)、《关于组织问题的方法论》(1922)。用黑格尔的哲学来解释马克思主义辩证法，同时阐明阶级意识在历史发展中的重大作用，是《历史和阶级意识》一书的主要内容。在书中，卢卡奇集中论述了以下几个方面的问题。

商务印书馆1999年版封面

一、历史概念的提出

针对第二国际中用自然主义和哲学主义来曲解马克思主义哲学的现象，卢卡奇适时地提出了历史的概念，并把它作为马克思主义哲学的本体论基础，在很大程度上恢复了马克思主义的本来面目。

卢卡奇认为，在以康德为代表的近代资产阶级哲学中，主体和客体、自由和必然、人和自然、理性主义的体系和客观现象之间处于一种剑拔弩张的对立之中。要解决这种理论上的“二律背反”，就必然“把我们引向了历史”[①]。历史为何具有如此神奇的功能呢?关键在于它具有以下两个根本特征:第一，历史是人类活动的产物。第二，历史不仅作为客体，而且也作为主体，是主体与客体的统一。通过对历史的独特理解，卢卡奇认为，马克思以实践唯物主义重建的唯物主义基础不是自然，而是历史。因此，他在对恩格斯提出的自然辩证法大加责难后认为，辩证法不能应用于自然领域，而只适用于社会历史领域，所有马克思主义的辩证法可以归结为历史辩证法。

二、物性化概念

作为贯穿全书的一个中心概念，“物性化”是指人的活动、他自己的劳动变成了对他来说是客观的和对立的东西。用卢卡奇的原话来说，即“一个人自己的活动，他自己的劳动，变成了客观的并且独立于人的某种东西，变成了借助于一种与人外在分离的自发性而控制了人的东西”[②]。这种主体颠倒也变成了客体的物性化，同时表现在客观和主观两个方面。“在客观方面，一个客观事物和事物之间诸关系的世界形成了(即商品和商品在市场上运动的世界)。人的确逐渐地认识到支配这些客观事物的规律，但是尽管这样，它们仍然是作为产生自己权威的看不见的力量而与人相对立。……在市场经济已经相当发达的地方——一个人的活动变得跟他自身相疏离，变成为服从于社会的自然规律的非人的客观

① Lukacs, History and Class Consciousness, Cambridge University Press, 1971, p144.

② Lukacs, History and Class Consciousness, Cambridge University Press, 1971, p145.

性的商品,变成为恰恰与任何消费商品一样的、必须按照独立于人自己的活动方式进行活动的商品。”“在主观方面，这种抽象的人的劳动的形式上的等价不仅是各种商品所要还原的共同因素，而且它也成为控制商品实际生产的真正原则。”①

Mit Press 1972 年版封面

卢卡奇着重论述了工人的劳动活动及其产品的异化,认为随着资本主义的发展,最终人的一切活动都物性化，它不仅包括人的活动本身，而且还深入到人的意识里。总之,物性化遍及社会的一切方面。

三、阶级意识及其作用

在卢卡奇看来,阶级意识是一种客观的可能性,是一种集团利益的合乎理性的表达;它不是超验的东西,而是阶级的历史发展和现实实践的产物。实际上,在卢卡奇眼中,“阶级意识”与“历史”是一个东西。为什么得出这样的结论呢?因为卢卡奇认为历史是主、客体的统一,而无产阶级又是历史的承担者与创造者，这样无产阶级本身成为主、客体的统一,而这一过程本质上是由无产阶级的阶级意识所完成的。因此,无产阶级的阶级意识成为创造主体的灵魂,又成了历史客体的真正本质体现。

Verso Press 2000 年版封面

无产阶级意识是一种“变得自觉的阶级历史地位感”,它的形成对于推动无产阶级革命运动有着重大意义。卢卡奇明确指出:只有无产阶级的阶级意识才能指明摆脱资本主义危机的出路，当资本主义发生最终危机时,“革命的命运(以及人类的命运)取决于无产阶级意识形态的成熟,取决于它的阶级意识”②。

四、总体性范畴

卢卡奇认为，要使无产阶级摆脱物性化状态和物性化意识,强化和发展历史主体的阶级意识,关键在于要有总体性的渴望。卢卡

① Lukacs, History and Class Consciousness, Cambridge University Press, 1971, p86.

② 燕宏远:《著名马克思主义哲学家评传》,山东人民出版社 1991 年版,第四卷,第 58—59 页。

奇所说的总体性是指社会经济、政治、文化、意识等各个因素相互联系和相互作用的整体统一性。这种总体性有以下四个特点：第一，总体性是经济、政治、文化、意识等各种因素的统一和统一的中心，因而优先于经济因素。“总体性范畴是科学中革命原则的基石。”① 第二，总体性是认识和实践、历史和思维的统一，因而本身就是创造历史的力量。第三，总体性是主体和客体、人和历史的统一，因而是无产阶级历史主体的阶级意识在历史实践中的体现。第四，总体性是世界观和方法论的统一，因而是无产阶级认识世界和改造世界的实践辩证法。在卢卡奇看来，总体性辩证法的本质特征就是历史的实践性，并且是意识到了历史的实践性。

总体性辩证法是人的实践活动的辩证法，而人的实践活动的展开有赖于他的阶级意识是否成熟；人在历史活动中能否突破物性化意识，而从阶级角度来把握自己，决定了实践活动的成败。这样，历史、物性化、阶级意识、总体性这四个范畴就紧密联系在一起，构成了《历史和阶级意识》一书的中心内容。

（刘金源）

① Lukacs, History and Class Consciousness, Cambridge University Press, 1971, p27.

弗·司各特·菲茨杰拉德［美国］

《了不起的盖茨比》

作者简介

弗·司各特·菲茨杰拉德(F. Scott Fitzgerald,1896—1940),美国现代著名小说家。1917年菲茨杰拉德应征入伍,当了一名步兵少尉,与法官的女儿订婚。大战结束以后,他回到纽约谋生,收入微薄,前途渺茫,未婚妻立即解除婚约。这种经历在他心灵深处烙下了深深的印记,使他对有闲阶级充满了不信任和敌意,同时,也为他后来的小说创作提供了感性素材。

菲茨杰拉德的主要作品有《人间天堂》(1920)、《美丽的不幸者》(1922)、《了不起的盖茨比》(1925)和《夜色温柔》(1934),短篇小说集包括《爵士时代的故事》(1922)、《所有悲伤的年轻人的故事》(1926)等等。一举成名之后,菲茨杰拉德就像他小说中的某些人物那样,沉湎于酒食追逐的生活,这种狂热的生活不仅影响了他的健康和创作,而且也使他经常入不敷出。1940年圣诞节前四天,他因冠心病猝发结束了悲剧的一生。作为一个文艺家,菲茨杰拉德最引人瞩目的特色是他那诱人的梦想家的气质和风格。菲茨杰拉德的风格凝练而富有浓郁的抒情气息。他从来不凭借细节的铺陈和堆砌,而善于抒发每一个特定细节内在的感情和诗意。这在现代美国小说家中是自成一格的。

作品提要

《了不起的盖茨比》叙述了这样一个故事:

我家三代以来都是中西部家道殷实的头面人物。我1915年从耶鲁大学毕业。1922年春天,我来到了纽约,学做债券生意。我租的房子离纽约20英里路,那里有两个岛,一个叫东卵,一个叫西卵。我住在西卵,这是两个地方中比较不那么时髦的一个。我的房子离海湾只有50码,挤在两座每季租金要一万二到一万五的大别墅中间。我右边的那一幢是一个庞然大物,一边有一座簇新的塔楼,上面疏疏落落地覆盖着一层常青藤,还有一座大理石游泳池以及四十多英亩的草坪和花园。这是盖茨比的公馆。

小湾对岸,东卵豪华住宅区洁白的宫殿式大厦沿着水边光彩夺目。我的远房表妹黛西和她的丈夫汤姆·布坎农就住在这里。汤姆我在大学里就认识，他家里非常有钱。一个温暖有风的晚上，我开车到东卵去看望汤姆·布坎农夫妇。他们的房子比我料想得还要豪华，一座鲜明悦目、红白两色的乔治王殖民时代式的大厦，面临着海湾。汤姆已是三十多岁的人了，身体健壮，举止高傲。黛西脸庞忧郁而美丽，脸上有明媚的神色，还有一张明媚而热情的嘴。在他们家里，我还见到了黛西少女时代的朋友贝克小姐。

吃饭时，汤姆就"白人优越论"大放厥词。可是，电话不知趣地两次响起来，把所有的话题化为乌有。贝克小姐告诉我，电话是汤姆"在纽约的女人"打来的。单独在一起时，黛西向我诉苦："我认为一切都糟透了!我什么地方都去过了，什么都见过了，什么都干过了，我可是饱经世故了。"

汤姆的情妇威尔逊太太住在西卵和纽约之间的一个地方。她年纪三十五六，身子胖胖的，可是胖得很美。她的丈夫威尔逊经营着一家汽车修理行，生意惨淡，整个人也没精打采的。汤姆与威尔逊太太的关系几乎尽人皆知，唯独她的丈夫被蒙在鼓里。因为要从汤姆那里得到业务，威尔逊对汤姆一直毕恭毕敬，低声下气。

我的邻居盖茨比家简直是欢乐的天堂。整个夏天的夜晚都有音乐从他家里传来。在他蔚蓝色的花园里，男男女女像飞蛾一般在笑语、香槟和繁星中间来来往往。一个星期六的清早，我收到一封杰伊·盖茨比亲笔签名的请柬，邀请我光临他的盛大聚会。聚会上，我遇见了贝克小姐，还耳闻了一些关于盖茨比过去的令人惊讶的传说。几经寻找，我终于见到了久仰大名的盖茨比先生。他比我想象的年轻，三十一二岁的年纪，文质彬彬，风度翩翩，说起话来字斟句酌。他的笑容有强烈的感染力，让人觉得：他了解你恰恰到你本人希望被了解的程度，相信你如同你乐于相信你自己那样。

7月末的一天早上，盖茨比乘着华丽的汽车第一次来看我。他告诉我，他是中西部一个有钱人家的儿子，家里人都死光了，因此继承了很多钱。他是在美国长大的，可是在牛津受的教育。打仗时，他表现英勇，战绩赫赫，从中尉提升为少校。为了打消我的疑虑，他还将勋章和在牛津三一学院校园里的照片拿给我看，把我的怀疑化为了惊奇。盖茨比告诉我，他有件大事要托我帮忙，至于是什么事，当天下午贝克小

人民文学出版社 2004 年版封面

外语教学与研究出版社 2005 年版封面

光明日报出版社 2007 年版封面

Charles Scribner's Sons New York 1925 年版封面

Twayne Publishers 1989 年版封面

Lb May 1993 年版封面

姐与我喝茶时会讲出来的。

广场饭店的茶室里，乔丹·贝克将盖茨比和黛西的往事向我和盘托出。他们年轻时曾经相爱过。可是，盖茨比当年赴远方参战，之后就再没回来过。第二年秋天，她就跟汤姆·布坎农结了婚。婚礼之隆重豪华在当地前所未闻。婚后，夫妇俩恩爱有加，让旁人羡慕不已。第二年，他们有了自己的小女儿。直到最近，黛西多年来第一次听到了盖茨比这个熟悉的名字。贝克告诉我，盖茨比之所以买下西卵的房子，就是因为黛西住在海湾对面。盖茨比托我帮忙，就是哪天下午请黛西来我这里，然后让他也过来坐一坐，以便让黛西看看隔壁他的豪宅。

见面前一天晚上，盖茨比一夜没睡好。第二天，他早早来到我家。当黛西到来时，他既紧张又有点难为情。我知趣地退出，让他俩单独呆一会。当我重新回到屋里，发现黛西满面泪痕，而盖茨比身上却发生了惊人的变化：他简直是光芒四射，一种新的幸福感从他身上散发出来，充塞了整个小屋子。盖茨比邀请我们参观他的豪宅。卧室里，他拿出一堆衬衫，一件一件扔至我们面前，摆满了一桌。突然之间，黛西一头埋进衬衫堆里，号啕大哭起来。"这些衬衫这么美！"她呜咽地说，"我看了很伤心，因为我从来没有见过这么美的衬衫。"我走过去告辞的时候，他俩沉浸在强烈的感情之中，已经把我忘了。

千百个人在他家做过客，由于他们的宣扬，盖茨比的名声越来越大，只差一点就要成为新闻人物了。与此同时，关于他的谣言也越来越多。在我对于种种传闻将信将疑之时，盖茨比终于把真实经历说了出来。他的真实姓名叫杰姆斯·盖兹，父母是碌碌无为的庄稼人。年少时，他沿着苏必利尔湖南岸奔波，17 岁那年，他救了大富翁科迪一命，并将自己改名为杰伊·盖茨比。之后，他在科迪手下工作，得到科迪的充分信赖。科迪死后，他实际上并没得到多少遗赠，但是，此时的盖茨比已经逐渐成为一个血肉丰满的人了。

一个星期六的晚上，汤姆和黛西一道来参加盖茨比的晚会。黛西和盖茨比跳了舞，后来两人溜到我家，在我家的台阶上坐了半个小时。可是，她玩得可不开心。她不喜欢西卵。汤姆对盖茨比认识自己妻子一事很不高兴。一天，我和盖茨比应邀到黛西家吃午饭。当着众人的面，黛西不加遮掩地表示出对盖茨比的爱意，令汤姆大为震惊。黛西提议进城去玩。于是，她和盖茨比乘汤姆的车，贝克、汤姆和我乘盖茨比的车，一同朝着纽约开去。途中，我们的车停在威尔逊的修理行前加油。因为发现自己的妻子不忠（还没怀疑到汤姆头上），威尔逊患了病。他告诉汤姆，他们一家准备搬到西部去。

到了纽约，我们在广场饭店租了间套房的客厅。当大家有一句没一句地闲聊时，汤姆乘机向盖茨比发难，并且步步紧逼，终于把矛盾公开化了。两人都坚信黛西只爱自己，并逼她表态。黛西左右为难，无可奈何地抽泣起来。汤姆故作大度，叫黛西搭盖茨比的车子与他一道回家。途中，我们目睹了刚刚发生不久的一件惨祸：威尔逊太太被撞死了。据目击者称，肇事车辆是“纽约方向来的黄色新车，出了事后停都没停就跑掉了”。威尔逊悲痛欲绝，汤姆也伤心得泪流满面。

回到东卵，我在汤姆家附近遇上了盖茨比，他把车祸的经过告诉了我。原来，从纽约返回是黛西开的车，行至威尔逊的汽车修理行附近时，威尔逊太太误以为车内是认识的人，便一面叫喊一面冲了过来，黛西惊慌失措，避让不及，终于酿成惨祸。盖茨比担心下午的那场争执给黛西带来麻烦，所以才不辞辛劳等在黛西夫妇的屋外。此时此刻，屋内出现的却是与盖茨比的想象大相径庭的一幕。汤姆夫妇正聚精会神地说话，说得那么热切，她不时抬头看看他，并且点头表示同意。这幅图画清清楚楚有一种很自然的亲密气氛，任何人都会说他俩正在阴谋策划。

第二天一大早，我去盖茨比家里劝他赶快离开这里。他不肯考虑。他绝不可能离开黛西，除非他知道他准备怎么办。他在抓着最后一线希望不放，我也不忍叫他撒手。

悲愤之余，威尔逊决心一定要找到黄色汽车的车主。经过一番调查，他终于知道了去盖茨比家的路。盖茨比没有等到黛西的电话，他等到的是威尔逊射出的子弹。杀掉盖茨比后，威尔逊也自杀身亡。

我四处联络盖茨比的生前朋友，希望他们能够出席盖茨比的葬礼。然而，他们均以这样那样的理由加以推脱。葬礼在密密的小雨中进行，冷冷清清，与他生前的高朋云集形成了鲜明的对照。盖茨比遇害后，黛西既没来电报，也没有送花。

一天下午，我碰到了汤姆·布坎农，他还是那样机警和盛气凌人。我质问他那天对前来调查的威尔逊说了什么，他承认是他告诉威尔逊车主是谁。我不能宽恕他，但是我看到，他所做的事情在他自己看来完全是有理的。一切都是粗心大意、混乱不堪的。汤姆和黛西都是粗心大意的人——他们砸碎了东西，毁灭了人，然后就退缩到自己的金钱或者麻木不仁之中，让别人去收拾他们的烂摊子。

（蔡　键）

诺曼·梅勒［美国］

《裸者和死者》

作者简介

诺曼·梅勒(Norman Mailer,1923—2007),诗人、批评家,是现当代“犹太文学”著名作家之一,也是“非虚构性小说”或“新闻体小说”的创始人,美国当代文坛上不容忽视的重要作家。梅勒先后出版过三十多部作品,主要有长篇小说《裸者和死者》、《巴巴拉海岸》、《鹿苑》、《一个美国梦》、《我们为什么来到越南》、《古代的傍晚》,新闻体小说《为我自己做广告》、《黑夜的军队:作为小说的历史,作为历史的小说》、《月球上的火焰》、《刽子手之歌》等。

作品提要

诺曼·梅勒的代表作《裸者和死者》以第二次世界大战为背景,描写在少将卡明斯指挥下,美军夺取日本人占领的阿诺波佩岛的故事。阿诺波佩岛是一个虚构的太平洋岛屿。整个小说由“波浪进攻”、“陶土和铸模”、“草木与幽灵”和“尾声”四部分组成。

小说主人公卡明斯率部抵达阿诺波佩岛的前夜,将士们个个又烦躁又焦急,神情、举止各不相同,船上气氛紧张。威尔逊和加拉尔等心不在焉地在打牌;雷德难以入睡,在甲板上踱步;中士布朗在同斯坦利闲聊;斯坦利是个野心勃勃、急于获得晋升的年轻士兵;排里的墨西哥籍侦察员朱利欧·马蒂内斯中士由于害怕,躺在床上还老是浑身出汗。

上海译文出版社 1997 年版封面

黎明前,海军开始炮击阿诺波佩岛。克洛夫特,喜欢打仗和厮杀的心如铁石的职业兵,负责分遣队的指挥。他向士兵发出了简短的命令,随后率先跨上登陆艇。登陆后的战士们各自为阵,等待下一道命令。

接下来的几天里,部队开始向阿诺波佩岛腹地推进,在行进的途中,丛林把队伍分割得七零八落,所以如何集结队伍成了一大难题。但卡明斯依然从容不迫地指挥进军。部队行动十分缓慢,供应线路不畅。而日本人则以逸待劳,准备来日决战。克洛夫特因为先遣排里的新兵素质差而生气:新兵罗思、怀曼和戈尔茨坦都没经历过战争,因而此时显得尤为紧张。军官会餐时,具有自由主义思想的哈佛大学毕业生赫恩中尉对同僚达勒森、霍巴特和康恩的粗鲁言行很反感,并羞辱了康恩,幸好卡明斯出面调停才使赫恩免遭皮肉之苦。赫恩是卡明斯最宠信的人。

在美国士兵接近日本将军丰久的防线时,克洛夫特排里的气氛越来越紧张:威尔逊、雷德和加拉格尔对他们只被提升为下士感到不满。面对日本人和冒雨进攻,素来反应灵敏的卡明斯,勇敢果断,马上决定反击。克洛夫特先遣排投入了战斗。他们拖着大炮,穿过浓密的丛林,沿着泥泞的道路前进。在河边他们同日军遭遇,克洛夫特率领全排士兵打退了敌人。

Ballantine Books1998 年版封面

美军的推进受阻,卡明斯就拿他从前的宠信赫恩出气。最后卡明斯将军搜肠刮肚想出一套新战术:派一侦察排包抄到岛屿的南边,在正面主攻的同时从后面袭击敌人。克洛夫特排被选中担当此任,赫恩被任命为指挥官。赫恩悲喜交集。他喜欢上司卡明斯的聪明,但对他那冷淡傲慢的保守态度又一直不满。此时,他一方面为能离开卡明斯而高兴,另一方面又因这一任务太危险而忧心忡忡。克洛夫特被晾在一边,不能再指挥自己的排作战使他大为恼火。手下的士兵们一想起即将来临的战斗就惴惴不安。

克洛夫特率士兵绕到岛屿的南边登陆,不久他们就被在丛林中开路行军的艰难弄得筋疲力竭,烦躁不安。这时的赫恩和克洛夫特不顾眼前形势的严峻,却为争夺指挥权而大动干戈。战士们继续前进,但很快遭到了日军的伏击。他们不得不在混乱中撤退。

在是否要再次登陆进行反击这一点上,赫恩和克洛夫特意见不一致。在第二天早晨的行军途中,赫恩被日军狙击手打死。克洛夫特不顾大家越来越强烈的抗议,执意要全排继续前进,强迫垂头丧气、疲惫不堪的士兵们爬上难登的山地。

为了更好地发动进攻,卡明斯离开海岛去向海军求援。但等他回来时,美国兵实际上已打败日本兵的进攻,取得了胜利。然而,在庆祝胜利的时候,克洛特夫排的命运却被忘得一干二净。因此他清楚地认识到这次再也无法说服他的部下前进了,只好让他们回到海滩,乘上海军前来接应的船只离开了阿诺波佩岛。

对于一个25岁的小说家来说,《裸者和死者》是一部令人惊讶的成熟的作品,而且被评论家们认为是美国所出版的最好的战争小说之一。那么,小说的成功之处在哪里呢?

首先,《裸者和死者》采用了整体结构的创作方法,这种方法是以两条线索向前发展的:一条线索描写军事将领们如何组织、指挥战役的进行,通过这条线索,作者告诉我们,

Picador Books 2000 年版封面

这些平日依靠权力压服士兵的将军们虽然自以为机智、果敢、具有指挥才能，并以“战略家”自居，但实际上却是根本不了解敌情，只不过凭着主观想象在盲目指挥。另一条线索则是一个直属师部的侦察排的作战行动，反映了美国军队的士气低落，以及战争对于人类灵魂的摧残。这些美国士兵经历了艰苦的战斗环境之后，从内心产生了浓重的厌战情绪。他们总在考虑的是死亡的威胁，因而精神沮丧，充满恐怖，只好以酗酒赌博、谈女人等来寻求刺激，打发时间，甚至在战火纷飞的阵地上，他们也在想着自己的老婆这时候正陪着什么人睡觉，正在商量自己被打死后可以领取多少赔偿金之类的乌七八糟的事情。

整体结构的方法不仅用于故事情节的安排上，还用在对人物的刻画上。小说对四个主要人物的安排也分两条线延伸：克洛夫特和威尔逊构成了一条情节发展主线，卡明斯和赫恩则构成了另一平行发展的情节主线。两条主线的矛盾冲突均为由一个同情自由主义的人物为了自己的完善而与一个法西斯式的上司进行斗争；两者都是“好”人失败，而“坏”人也不能实现他的野心。克洛夫特用虐待狂式的方式对待威尔逊，而卡明斯则用理性专制的方法对待赫恩；其实这并没有什么本质的区别，因为这两种方法带来的结果基本相同。卡明斯和克洛夫特似乎是法西斯的典型，是小说中的“坏”人，而赫恩和威尔逊似乎是他们的受害者，是小说中的“好”人。事实就是这样，大概这也就是该小说的微妙之处。

其次，小说语言朴实，构想新奇，人物独特。《裸者和死者》面世后，评论界不是注意集中在梅勒对战争的态度上，而是集中在他朴实语言的使用上——不加修饰地再现士兵的语言。梅勒可以引用现实主义者的公开主张来进行辩护：真正的士兵就是那样讲话的。他郑重地表明了自己对“脏话”的态度：在他看来，猥亵的语言中并无邪恶。说来又荒谬又奇怪，那恰恰是他对美国的热爱……通过对美国的污秽、平凡以及美好、崇高方面的描绘表现出梅勒对美国文化的热爱。

再次，与众不同的创作风格——新闻写作。战后小说大都是诉说战争的残酷、给人们带来的不幸以及对社会发展的影响，反映出作者的感伤。有的小说是通过描写战争来达到理想的目的。但梅勒在描写战争场面时，既不是感伤主义的，也不是理想主义的。

此外，《裸者和死者》还具有戏剧情节，是一部包含着人们普遍关心的问题的作品。它写出了人类的形象和生活条件，它的结构和人物均有独特的风格，超出一般战争小说的框架，不落俗套，走出了自己创作的新路子，被世人认为既是关于第二次世界大战的战争小说，又是一部社会批评作品。

（苗秀楼）

弗拉吉米尔·纳博科夫 [美国]

《洛丽塔》

作者简介

弗拉吉米尔·纳博科夫(V. Nabokov,1899—1977),俄裔美国小说家、评论家和翻译家。他博学而多产,以长篇小说闻名于世。作品大都以个人经历为基础,流亡生活是一再重复的主题。他所描写的人物都是漂泊不定的学者或艺术家,为摆脱现实的痛苦,经常沉浸于梦境、回忆或纯艺术的活动中。在他用英文写的小说中,《普宁》(1957)一书幽默动人,最早受到美国读者欢迎。这本小说是基于他在纽约教书时的经历。《洛丽塔》于1955年在巴黎发表,3年后在美国出版。《苍白的火》(1962)是一部讽刺性幻想小说,通过解一个诗谜引出故事,手法巧妙,很有艺术价值。《阿达》(1969)是一部长篇家庭编年史,通过对万·威恩这个人的描述,表现他在青年时代的动荡生活。他的作品不拘泥于传统形式,文体新颖,情节复杂,有多层次的意义。他的英文作品还有小说《萨巴斯兴·奈特的真实生活》(1941)、《从左边佩戴的勋章》(1947)、《透明的东西》(1972),回忆录《讲吧,回忆》(1952)和短篇故事集等。除此之外,纳博科夫还著有学术著作和大量译作。

纳博科夫的文学威望历经磨难。在20世纪30年代,他的声望略有上升,但也引起评论界一部分人的猛烈攻击。他独具一格的傲世文风被称为势利风格。直到1986年,苏联不曾出版过他的著作,不仅因为他是"白俄",而且也因为他的"势利文学"。西方追求社会意义的批评家对他也没有好感。而早在1919年到1939年,他在巴黎和柏林的知识界便享有较高威望。1940年,纳博科夫开始用英语写作后,声望逐渐上升。到了70年代,他被称之为"当代小说之王"。

1962年电影海报

作品提要

一位叫亨伯特·亨伯特的人,在法庭开庭前的拘禁中因冠状血栓症而身亡。根据他的遗嘱,他的律师将他的一部遗稿委托一位名叫小

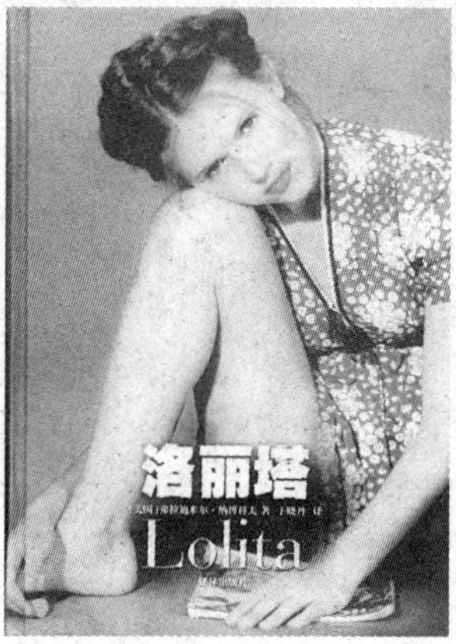

译林出版社 2003 年版封面

约翰·雷的博士编辑付梓。这本书稿便是《洛丽塔》，以第一人称自述的形式叙述了这样一个故事：

1939 年夏天，我的美国亲戚逝世，要求我到美国去继承遗产。在那里，我见到一个女孩——我的洛丽塔。

洛丽塔这年 12 岁，我被她迷得神魂颠倒。而她也对我有好感。我一有机会就会抚摸她，可是这样的机会并不多。正当我想寻找另一次机会的时候，洛丽塔却要去夏令营了。在分别的那一天，洛丽塔突然从汽车里跑出来，跑上楼与我亲吻。与此同时，洛丽塔的母亲夏洛特向我表白，她爱我。为了能有更多的机会接触洛丽塔，我留了下来，并与夏洛特结了婚。不料，夏洛特发现了我写的日记，知道了我对她和她女儿洛丽塔的态度。她要我立即滚蛋。可是她一出门就被汽车轧死了。葬礼之后，我找出一张照片，证明我与夏洛特早就邂逅，以制造出一个印象：洛丽塔实际上是我和夏洛特当年私通的女儿。这样，我就可以名正言顺地担负起抚养洛丽塔的责任，从而可以与她朝夕相处。

外语教学与研究出版社 2005 年版封面

我决定在洛丽塔得知消息之前赶到她所在的夏令营，告诉她她母亲在医院里做大手术，带她从一个旅馆到另一个旅馆，最后再对她说手术不成功，她的母亲去世了。我开车往营地赶，中途为洛丽塔买了许多漂亮的衣服，又发电报在一个小镇旅馆里订了一个双人间。在营地，我见到了洛丽塔。在一座叫做布赖斯的镇上，我找到了预订的旅馆，洗了澡，吃了晚饭，也给洛丽塔服了安眠药。可不久我就发现，那种安眠药是用来欺骗神经质的人入睡的，而对洛丽塔毫无作用。我等待了一夜，心情亢奋不已。第二天早晨，洛丽塔醒来，见我睡在她旁边，便说出她在夏令营里的性经历，并要求我也做那样的游戏。此后，从 1947 年 8 月到 1948 年 8 月，我与洛丽塔在美国旅行，住在汽车旅馆或其他旅馆里。我没有像计划的那样长期隐瞒洛丽塔母亲去世的消息，而是在发生关系的那天早晨就说出了真相。我越来越觉得洛丽塔是个任性的女孩子，便想方设法使她就范，免得她将我们的秘密说出去。我们参观了许多地方，在露天，在影院，我们曾有过多次几乎败露不正常关系的历险。

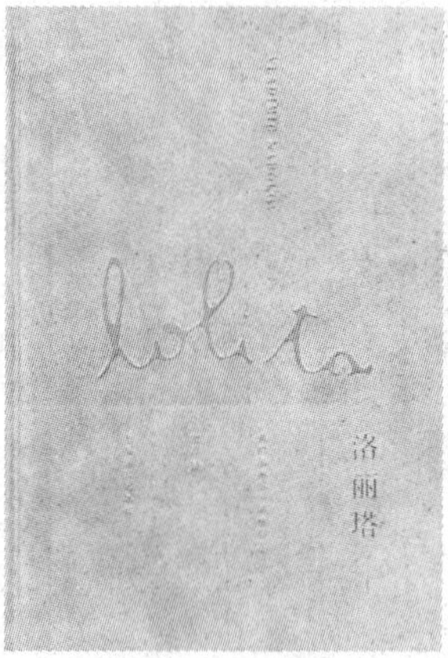

上海译文出版社 2006 年版封面

我们来到了准备让洛丽塔上学的比尔兹利女校，住在我的朋友加斯东·戈丁提供的房子里。邻居中不乏想探究别人隐私的人，我不得不对他们有所防范。洛丽塔也不断地向我要钱，拥抱一次的价格渐次提高到三至四元。我担心她会攒足钱跑掉。我为她的堕落深感忧虑，我禁止她与男孩接触，可她对我的兴趣早已开始消减。在夏令营里，洛丽塔产生了当演员的热望。我与洛丽塔发生了争吵，她从家里逃了出去。我追上她，她却突然向我提出要离开那所学校，四处漫游，但条件是路线由她定。我同意了。我现在勇敢多了，想带她去墨西哥。

在旅行的过程中，我发现洛丽塔似乎时常与其他的男人来往，而且我也发现有一辆红色敞篷车经常尾随我们的车。我设法摆脱"尾巴"，但似乎一直没有甩掉他。到达目的地后，洛丽塔病倒了，发烧四十多度，住进附近的医院。因为医院规定严格，我只好仍回汽车旅馆住宿。我时常去看洛丽塔，给她摘山上的野花，并跑好远的路给她买关于戏剧舞蹈的书。然而洛丽塔对我所做的一切反应淡漠。没过几天，我自己也被传染了，躺在汽车旅馆里爬不起来，只好让旅馆里的人传递口信。我不断地喝杜松子酒。烧终于退下来了。这时医生打来电话说，洛丽塔的病已经好了，她的一位叫古斯塔夫的叔叔为她结了账，将她接走了。我气恼得很，加上喝多了酒，赶到医院大闹一通。后来见医院喊来了警察，只好收拾了洛丽塔丢下的几本书，在签收单上签了名。走出医院的时候，我对自己小声说，我毕竟还有手枪，毕竟是个自由人——可以自由地去追踪逃亡者。

三年里，我一无所获。可我见物思人，时常涕泪涟涟。我在疗养院里写出狂人诗篇，抒发我对洛丽塔的感情。当然，失去洛丽塔给我的打击并没有改变我炽热的性欲。我需要陪伴和照顾。就在这时我认识了丽塔。丽塔的年龄是洛丽塔的两倍，是我的四分之三。我与她邂逅是在一家酒吧里，她把手放在我的手里，我便要求她做忠贞的伴侣。她是我曾有过的伴侣中最会安慰人、最善解人意的，若没有她，我肯定会落入疯人院。我跟她相处了两年，她也帮忙寻找过洛丽塔和她的情夫。后来因为我在坎特普的一本杂志上发表了一篇文章，便被聘请到坎特普大学任教一年。到1952年6月，我又突发奇想，想重回我与洛丽塔发生第一次关系的"着魔的猎人"旅馆去寻找洛丽塔。我去了，但一无所获。

1952年9月23日，我收到了洛丽塔的来信，称她已结婚，而且怀孕，丈夫在外地找到一份工作，但他们没有钱还债，去不了那地方。我按

London Penguin Classics 1955年版封面

Vintage Books 1986年版封面

Penguin Books 2006年版封面

照信上的地址，独自来到科尔蒙特，一路寻访，找到了洛丽塔。她长高了，挺着大肚子。我见到了她现在的丈夫，是一个陌生的黑头发年轻人，显然不是那个我要找的人。我要求洛丽塔说出接她走的人的名字。在我的一再坚持下，她告诉我是她们家邻居的侄子或堂弟、洛丽塔排演过的戏剧的作者奎尔蒂。奎尔蒂将洛丽塔接走后，曾将她带到一座牧场，在那里拍性变态的电影。后来，经过一番准备，我找到了奎尔蒂，开枪打死了他。

（唐岫敏）

路易·费尔迪南·塞利纳 [法国]

《茫茫黑夜漫游》

作者简介

路易·费尔迪南·塞利纳(Louis-Ferdinand Céline,1894—1961),法国著名小说家。他的第一部小说《茫茫黑夜漫游》的出版震动了法国文坛,获当年雷诺文学奖。后因二战期间反犹太言论被法国政府通缉,后被赦免。回到法国后,塞利纳重操旧业,写了《北方》、《与Y教授的谈话》等数部著作,反应平平。

作品提要

《茫茫黑夜漫游》叙述的是主人公巴尔达米在战争期间以及在战争以后的经历。20世纪初的法国在作者看来是满目疮痍的:战争、殖民主义、道德沦丧、贫富的极端化……理想主义的温情面纱借助巴尔达米的眼睛给捅破了:巴尔达米一路流浪,从前线到后方,从法国到美国再到非洲,到处泛滥的都是金钱造成的无可救药的罪恶。巴尔达米无家可归,一直流浪到黑夜的尽头——这就是这书名的由来:从踏进黑暗的那一瞬起,光明就成了梦想中的奢侈品,人类没有希望,只有在黑夜中无穷无尽地深坠、深坠。

北京燕山出版社 2008 年版封面

评论界一向把单纯、热情、冲动、少有算计、饶有趣味却极具颠覆性的主人公巴尔达米视为塞利纳本身,至少是塞利纳的一面。的确,巴尔达米所经历的一切在某种程度上正是塞利纳所经历的一切:战争,医学院,甚至在美国以拉皮条为生,塞利纳看巴尔达米,巴尔达米看鲁宾逊,看来看去看的都是自己。因此巴尔达米的流浪也正是塞利纳的流浪,他在黑夜里的挣扎和绝望——或者说是他那一代人的挣扎和绝望。作品是写实的,是对第一次世界大战时资本主义社会的客观描述:一面是产业革命带来的物质世界的快速进步;另一面却是在这个迅速进步的世界里的迷失:金钱成了一切

Folioplus Classiques 2006 年版封面

的基础，穷人永远生活在地狱里——不论是精神上还是物质上。

不知道《茫茫黑夜漫游》是否因为这个原因轰动了1932年的法国文坛，乃至战后的世界文坛。它预示着一代人的道德迷失和疼痛。果然，在二战后，不可避免的是更深的迷失和疼痛，随之而来，冷漠和麻木深入骨髓。这成了文学上又一个永恒的主题：用金钱来淡化爱情。不卖就无处安身，不卖就难以生存。巴尔达米于是一有机会就变换环境，过上一两星期的好日子，忘却烦忧，忘却疼痛。出卖所得用光了，只好换一个地方，再卖，再骗，再流浪。而在这样的世界里，在这样严冬和寒冷的漫游里，人与人之间即便有一瞬是偎倚在一起互相取暖，也不过是暂时的互相利用。巴尔达米总是说他想吐，塞利纳想吐，为这世界的残酷、肮脏和无望。

不过可以肯定的是，如果说写下《茫茫黑夜漫游》的塞利纳能够跻身天才辈出的法国文坛，决不仅仅是主题上的原因。关键在于，塞利纳缔造了一种新的文学语言，缔造了一种新文体：那就是用大众语炼就的口语文体——至少表面看来如此。小说中所有事件的叙述都是用这样的一种文体，似乎是巴黎郊区的工人在陈述。和他所宣泄的主题相一致，没有所谓的文雅和高贵。

文学的高贵和文雅被扔进了垃圾筒，在塞利纳的笔下，这本身就是一件多么畅快的事情呀！

但是塞利纳毕竟是作家，他的口语文体也毕竟是经过加工的，虽然不露痕迹。只是写下《茫茫黑夜漫游》的塞利纳更像一个天才，没有经过太多的传统文学的锻造，仅仅凭着自己一份完好的、没有变质的感觉。这个塞利纳向人证明，同样是死亡的主题，可以换一种写法，换一种认识。塞利纳善用感叹号和省略号，善于创造新词，毫不掩饰地表达自己的感情，甚至带一点夸张。在文学主张上，塞利纳认为“以前的作家所写的小说都不能算是小说，而只是小说的提要”，真正的小说“不应作任何描述，而应当是一种以节奏时而急促时而缓慢的语调回顾往事的谈话”。①当然，有法国评论家指出，塞利纳的这种所谓的口语文体和马拉美的诗化语言一样，是一种人工的、崭新的语言。

不知道“被触犯的”塞利纳何以最后选择了种族仇恨作为自己情感的出口。在法国乃至世界文坛上，他显得有些没有来由，他仿佛积聚了整整一代人在最终变得冷漠之前的愤

① 徐和瑾译：《长夜行》，上海译文出版社1996年版，“译后记”，第549页。

怒，如此才有不可比拟的力量。法国人称塞利纳为“没有母亲的孩子”，前无古人，后无来者——连他自身也再难重复《茫茫黑夜漫游》的奇迹。对塞利纳的《茫茫黑夜漫游》是很难用诸如心理分析之类的方法加以评论的，因为这实在是神遇的偶然。经历了《茫茫黑夜漫游》的塞利纳自己于是乎因此有点失真，在《慢性死亡》里的塞利纳虽然有心完善自己的语言系统，却着实是有点显得浮夸和过分了——天才的未经破坏的直觉在一分分地减少。幸而还剩下了对动词诗性的敏锐把握，他仍然不失为法国文坛上最伟大的“造物主”之一。

（袁筱一）

杰罗姆·戴维·塞林格［美国］

《麦田里的守望者》

作者简介

杰罗姆·戴维·塞林格(J. D. Salinger,1919—2010),美国当代著名犹太裔小说家。1951年,塞林格发表他唯一的长篇小说《麦田里的守望者》,立即引起轰动。年轻人争相传阅这部小说。此后,塞林格又出版了两部中篇小说集:《弗兰妮与卓埃》(1961)和《木匠们,把屋梁升高;西摩:一个介绍》(1963)。1965年,塞林格在《纽约人》杂志上发表了最后一个短篇小说后,就一直拒绝发表任何新作。他那深居简出的生活成为当代文坛的一个谜。

塞林格虽然称不上是一位丰产作家,但他的作品,尤其是其代表作《麦田里的守望者》却成为美国当代文学中的现代经典小说之一。他作品的成功之处首先在于生动细致地描绘了对现实不满的青年那苦闷彷徨的精神世界,刻画了一个个"反英雄"的形象。其次,他的作品艺术风格新颖独到,给人以耳目一新之感。《麦田里的守望者》以第一人称的叙事方式,通过大量的口语俚语,将主人公的生活困境和复杂心理刻画得入木三分,人物更贴近生活,作品更具有艺术感染力和影响力。

作品提要

长篇小说《麦田里的守望者》讲述了一个16岁的中学生的故事。霍尔顿就读于纽约郊区的潘西中学。他个子瘦长,比常人足足高出一个头,因此经常混充成人买酒喝。他身穿晴雨两用风衣,头戴红色鸭舌帽,还常把鸭舌转到脑后。他对学校里的一切,包括老师、同学、功课、球赛等等都腻烦透顶,曾被另两所中学开除过。

这次学期考试中,五门功课他有四门不及格,再一次被学校开除。傍晚,他去向历史老师斯宾塞告别。斯宾塞已年过七十,心地善良,但身上却体现出了成年人的特性:呆板、迂腐,过分强调事实性的知识。所以,当他向霍尔顿喋喋不休地说了一通人生道理之后,后者心烦意乱,非但没有缓解内心的苦闷,反而更加苦闷。具有讽刺意味的,倒是霍尔顿试图说几句宽慰老师的话,当然,最后还是没能把自己的意思表达出来。后来,他扯了个谎,离开了他。他对自己随便撒谎感到内疚，但他安慰自己，在这个世界里不撒谎好多事情就没法儿应付。

潘西中学是美国公认的一流贵族化学校，一向标榜“自从1888年以来，我们就把孩子们培养成优秀的、头脑清醒的年轻人”①。霍尔顿觉得这简直是瞎话，因为在他看来，潘西中学培养出来的都是见钱眼开、吹牛拍马的伪君子。其实，并非成人世界才让霍尔顿感到不自在，在他的身边，到处充斥着令他生厌的人。阿克利是一个性格内向、古怪而又龌龊的中学生，他的生理特征也令人厌恶。在学校里，他是个被众人排斥者，这不仅因为他不修边幅，还因为他显得执拗且不友好。霍尔顿的同屋斯特拉德莱塔则是另一类让他看不惯的人。斯特拉德莱塔是个花花公子，是真正的色鬼，玩女人的老手，他代表那类在体育和社交方面取得了成功并被自己的成就冲昏了头脑的中学生。星期六晚上，他与霍尔顿的意中人简在一辆小汽车里约会，回来以后还告诉霍尔顿。霍尔顿醋劲大发，与他打了一架，但被对方揍得满脸是血，几乎爬不起来。

华盛顿邮报上刊登的塞林格的珍贵照片

霍尔顿心中又难受又沮丧，本想到阿克利房间的一张空床上借宿一晚，但跟阿克利又话不投机，最后决定当夜离开学校，搭火车到纽约找家小旅馆住下，过几天逍遥自在的生活。在火车上，他偶然遇见一个同学的母亲，便又信口开河地编造出一些错综复杂的谎言来。他为此感到懊悔，甚至在胡言乱语的同时就开始自责。

上了出租车后，他脱口而出把自己家里的地址告诉了司机，显露出他潜意识里想回家的欲望。此时的他矛盾之极，虽心里极其渴望精神上的理解和安慰，在行动上却表现出对粗俗之物质的热衷。在众多可供选择的旅馆当中，他偏偏挑了个充斥着怪人的旅馆。霍尔顿非常想跟意中人简通电话，可是又寻找种种理由否定自己的想法。结果，他拨通了一个他甚至并不认识的女孩的电话，因为他听说此人水性杨花。可是最后他还是未能如愿地把她约出来。由于担心被父母发现行踪，他又不敢给自己心爱的妹妹菲比打电话。

虽然时间已经不早，霍尔顿仍不想睡，他先到旅馆的舞厅跳了会儿舞，尽管跟他共舞

① J. D. Salinger, The Catcher in the Rye, New York: Bantam Books, 1964, p2.

Bantam Books 1983 年版封面

的金发女郎跳得很不错，可是却没有共同语言，说不上几句话。从舞厅出来后，霍尔顿不由地又想起曾经爱上过的简。回旅馆时，开电梯的莫里斯问他要不要找个妓女玩玩，他稀里糊涂就答应了，并说好给五块钱。霍尔顿回到旅馆等那妓女，妓女来了以后，他又提不起兴致，便把她打发走了，那五块钱还是照付了。那妓女想多敲他五块钱，他没给。霍尔顿刚上床，莫里斯带着那个妓女来了，向他敲诈。他不给钱，莫里斯就动手揍他，还叫妓女掏出他的皮夹，取走了五块钱。

第二天是星期天，他约了女朋友萨丽去玩，先去剧院看了场演出，又去溜冰。萨丽虽然漂亮，却很庸俗。霍尔顿想获得女性的理解和友谊的欲望达到了顶点，竟提出跟萨丽一同私奔的请求。这一切当然是萨丽无法理解的，两人不欢而散。霍尔顿气冲冲地走出溜冰场，又去看了一场使他腻烦得要命的电影；随后又到一个酒吧间与一个老同学卡尔会面。卡尔是一个性问题专家，而不是爱情问题专家，他漠视霍尔顿的感情需要，建议霍尔顿去接受心理分析。霍尔顿喝了很多酒，到盥洗室里把脑袋泡在冷水里好一会儿，出外被风一吹，头发结了冰。他觉得自己会染上肺炎死去，想在死之前与妹妹菲比诀别。

于是，他冒险回家，好在父母都不在。他叫醒了菲比，和她聊了一会儿天，妹妹责备他不仅不喜欢学校，其实什么都不喜欢。他虽然矢口否认，可也回答不出自己到底喜欢什么。

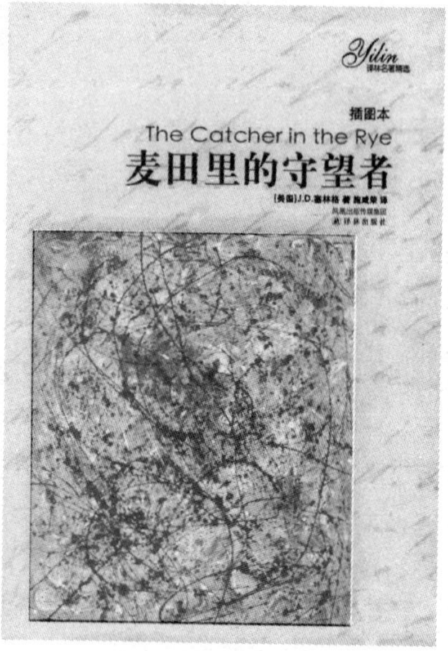

译林出版社 2008 年版封面

他支吾了一会儿，想起一支歌，是根据彭斯的诗改编的，头一句是："你要是在麦田里捉到了我。"于是他说他想当"麦田里的守望者"——一群孩子在悬崖边的麦田里玩耍，他则在悬崖边看守，不让他们掉下去。

这时，他父母回家了。他吓得躲进壁橱，等他们走进卧室后才溜出来。他不想再住旅馆，就到过去的英文老师安东里尼先生家里借宿。他试图向安东里尼先生解释自己为什么学不好功课，他几乎前言不搭后语地描述了自己对学校里那些专断的条条框框的厌恶。安东里尼反驳了他。后来，霍尔顿睡着了。可是他刚刚睡去，忽然一下子惊醒过来，感觉到安东里尼先生在摸他的头。他立刻离开了，到火车站候车室去过夜。他决定不再回家，不再念书，而是设法去西部，在汽车加油站之类的地方工作，装成又聋又哑的人，用自己挣的钱在树林旁造一间小屋，娶一个同样又聋又哑的美丽姑娘，可以一辈子不说话，有事要讲就写在纸上。他写了张便条托人带给妹妹，说自己要去西部，临走前想再见她一面。过了约定时间很久才见菲比拎了只大手提箱赶来。她打定主意要和哥哥一起去西部。霍尔顿大吃一惊，连吓带骗，要妹妹回家，但她哭着坚持要跟他一起去。最后他无法可想，只好放弃去西部的打算，和妹妹一起在公园里玩了一会儿，然后回家。

霍尔顿回家不久就因精神崩溃而进了医院，整部小说是他在医院里以回忆的方式写成的。

（周　汶）

奥尔德斯·里奥纳德·赫胥黎 [英国]

《美妙的新世界》

作者简介

奥尔德斯·里奥纳德·赫胥黎(Aldous Leonard Huxley,1894—1963),英国小说家和散文家。赫胥黎一生著有 47 本书,其中长篇小说共有 10 本。综其创作过程,赫胥黎的文学创作生涯大致可以分为三个阶段:

第一阶段,即从 1921 年起,赫胥黎以冷嘲热讽的笔触表现上层中产阶级社会及其知识分子的精神危机。作品表面以戏谑反衬出潜伏的悲观,使宗教、传统道德、爱情都遭到无情的嘲弄。如《滑稽的环舞》、《旋律和对位》等,其中《旋律和对位》通常被认为是赫胥黎最出色的作品。第二阶段,赫胥黎对未来世界产生了种种幻想。1931 年,赫胥黎仅用四个月的时间就完成了著名科幻小说《美妙的新世界》的创作。这一主题反复出现在他的作品中,也是《重游美妙的新世界》一书的基调。第三阶段,即从 1936 年起,赫胥黎的创作逐步走向神秘主义。《加萨的盲人》、《几度寒暑天鹅死》、《感觉之门》是这方面的重要作品,《目的和手段》和《永久的哲学》则最全面地解释了他的神秘主义思想。还有《猿与本质》,该书描写到 20 世纪时,原子武器毁灭了地球,人类又回到了猿人的原始时期。这部作品反映了西方上流知识分子对人类前途的一种幻灭心理,是赫胥黎神秘主义小说中的一本代表作。

赫胥黎工作时的照片

作品提要

《美妙的新世界》以科学幻想和社会讽刺相结合的方式预测未来世界的恐怖景象,是对现实社会中的丑恶所作揭露的继续和延伸,其中既表现出作者的憎恶,也流露出他的悲观失望。该小说的书名出自莎士比亚的喜剧《暴风雨》。所谓美妙的新世界只是一个幻想中的未来世界。在这个世界里,美国汽车大王亨利·福特成了受人膜拜的上帝，西方国家人民开口上帝、闭口天主，有一天却“福特”不离口，公元也变成了“福元”。国家由“世界管理主任”统治。伦敦的中心孵化育种场借助于流水线以试管制造男性、女性和中性(体格健全而无生育能力)婴儿，用电器调节他们的智力，并根据国家需要按五种规格生产人口，分别从事脑力工作、体力劳动和仆役杂务。在这个乌托邦空想世界里，爱情受到谴责，婚姻遭到禁止，生育被视为叛逆。国家用先进的科学方法和机械手段控制人们的思想，用化学药物调节人们的情绪，任何有独立的思考、离经叛道倾向的人都会受到改造，以此保持社会的稳定与和平。在美国新墨西哥有一处保护地，那里关着不宜在文明社会中按整齐划一的方式生活的“野蛮人”。其中有一青年叫约翰，他获准回到文明社会，他像莎士比亚的女主角米兰达一样，惊呼“美妙的新世界”！但他随即发现，在这个严格受到控制的文明社会里，人的本性和个性受到压抑和摧残，肉体的继续存在必须以牺牲精神上的独立自由为代价。约翰感到失望、恐惧，终因不堪忍受种种压力而以自杀了却一生。

译林出版社 2000 年版封面

因为对现在世界大为不满，赫胥黎幻想出了一个乌托邦空想社会，从这一点来说，《美妙的新世界》是一本关于现代社会的小说，而不是关于未来世界的产品。

《美妙的新世界》还体现了赫胥黎对所谓极权主义的恐惧。这种对权力过于集中的政府的恐惧早在 1921 年出版的第一本小说《克鲁姆庄园》中就有所显露，在《美妙的新世界》中，这种恐惧表现得更为明显。在他们想象的美妙的新世界里，全部权力集中于十个管理者手中，他们控制人口生产的比例和生活的每一个环节。一切智慧、力量、能动性、创造性都由这个超级的政府掌握，个人失去了自由和个性的尊严，任何离心的倾向都不能容忍，一切都要服从统一的、标准的计划。赫胥黎认为唯有一种大规模的、广泛的反集权和自救运动，才能够阻止目前这种走向中央集权下的经济统治的趋势。实际上，赫胥黎的这种所谓极权主义实质是对社会主义和共产主义的歪曲和仇视，这种歪曲和仇视态度在后期的《加萨的盲人》中发展到了顶峰阶段。由此可见，赫胥黎不满于社会现实，批评资产阶级道德沉沦，又信奉神秘主义，企图通过静思来感悟神圣，还反对马克思主义，鼓吹资产阶级唯心主义历史观。赫胥黎对共产主义的攻击多于对法西斯的谴责。

译林出版社 2008 年版封面

值得思考的是，赫胥黎为什么会描绘乌托邦空想世界呢？其实这

Harper Perennial Modern Classics 2005 年版封面

与他的生活经历有关。当赫胥黎还是小孩时，他因为机警和聪颖被认为与众不同。虽然他的这种优势以及他的各方面能力使他颇受人喜爱，但他却很孤单。再加上他几乎一辈子都生活在眼睛失明的情况下，自然少了一份正常人所有的欢乐。此外，母亲的去世对他来说也是一大打击，当时他才 14 岁。他感到了幸福的短暂。于是他把这种心态和内心意识融入了《美妙的新世界》一书中的人物创造上。那些空想主义者竭尽全力要摆脱死亡带来的不快，要寻找永久的幸福，但他们付出了沉重的代价。为了能忘却对死亡的恐惧，为了能得到快乐，他们做爱，服用类似于鸦片的索麻，等等。但这一切只会带来一时的欢乐。实际上，他们在寻找欢乐的过程，已经把未来的幸福和愉快都毁掉了。而与他们完全不同的所谓“野人们”，虽然贫穷、肮脏、年迈、疾病缠身、痛苦地死去，但他们却有过真正快乐幸福的感觉，因为与所谓文明社会里的人相比，他们的本性和人性能自由发展，无需为了生存而不得不放弃精神上的独立。赫胥黎对此深信不疑。

讽刺是赫胥黎擅长的表现手法，但作者并没滥用，相反是恰到好处地运用，使文中没有累赘的描写。象征手法在该小说中的运用使小说寓意更深。如“鞭子”一词，它象征赫胥黎本人心灵和肉体上所遭受的折磨，他想借鞭子把这一切都抽掉；从更深的意义上来理解，它表现出赫胥黎想把全世界的所有罪恶都消灭掉。

还值得一提的是，构成赫胥黎作品的主要因素不是精心描绘的人物或戏剧性情景，而是他的思想。“他与现实主义分道扬镳，作品中显示出越来越多的冷漠与分析。”如果说康拉德或劳伦斯将自己的思想融入作品的人物中，使人物形象和思维深度相结合，取得了很好的效果，那么赫胥黎则不同，他笔下的人物是他自己阐述思想的传声筒，缺乏作为文学形象独立存在的活力和能力。当这些人物聚集一堂时，他们不是一群活生生的艺术形象，而是各种相互冲突的哲学思想，所以赫胥黎笔下的人物、情景和冲突不能融合成一个整体。赫胥黎作品中的主要成分是对话，机智、幽默，或阴郁、悲欢，或娱乐读者，或探求真理，这些大都出自作者表达思想、抒发胸臆的需要。由于这个缘故，赫胥黎的作品常被称为“思想小说”。小说被他当成了一种方便而流行的跳板，用来提出问题、探讨各种问题。所以，赫胥黎不仅在思想上背离了维多利亚时代以来的传统观念，而且在小说创作的方式上也与维多利亚时代以来的传统格局大相径庭，与 20 世纪初以来的实验小说也不尽相同。 （张兰珍）

贝内德托·克罗齐［意大利］

《美学原理》

作者简介

贝内德托·克罗齐(Benedetto Croce,1866—1952),意大利美学家、哲学家、史学家、艺术评论家和政治家。其主要著作有《作为表现的科学和一般语言学的美学》(1902)、《黑格尔哲学中的活东西和死东西》(1907)、《精神哲学》(4 卷,1908—1917)、《美学纲要》(1912)、《艺术》(1936)等。克罗齐在写完《美学》一书以后,又写了《作为纯概念的逻辑学》、《实践哲学:经济学与伦理学》、《史学的理论与历史》三部著作,但这三部书的要义都在这部《美学》一书中约略提及,所以《美学》一书不能只当做一部专门谈论美学的著作来读,它包含着克罗齐全部哲学的雏形。

作品提要

《美学原理》一书的全称是《作为表现的科学和一般语言学的美学》,1902 年由意大利拉泰尔查出版社出版,全书由“美学原理”和“美学史”两部分组成。中译本分为《美学原理》和《作为表现的科学和一般语言学的历史》两书。该书之所以重要,不仅因为它是克罗齐的第一部著作,更主要的是因为它对西方美学的发展起了极为重要的推动作用。单是意大利文本,截至 1958 年,就已出到第 10 版,它所讨论的并不仅仅是普遍的美学问题,而更注重研究美学在整个哲学中的地位,以及审美活动和其他心灵活动的分别和关系。

上海人民出版社 2007 年版封面

在《美学原理》一书中,克罗齐首先提出直觉的知识在日常生活中虽然得到了广泛的承认,但在理论和哲学领域却没有得到相应的认同。理性的知识很早就有逻辑学在研究,这是世所公认而无须辩论的,而研究直觉知识的科学却少有人问津。克罗齐于是进一步阐明了直觉知识可以离开理性知识而独立这一观点。正如同戏剧人物口中的哲学格言式的台词在舞台上并不显示出概念(理性知识)的功用,而只是起着描绘刻画人物的功用。同样,一个艺术作品尽管充满哲学的概念,但它的完整效果仍是直觉的;同理,一本叔本华的著作,里面尽管有许多故事、讽刺诗(直觉知识),但这些并不能改变叔本华的著作是有关哲学概念的。因此可以确知,直觉知识固然可以和概念(理性知识)混合,但它可以离开理性知识而独立。

然而,只承认直觉可以独立而不依靠概念并不能涵盖直觉的真正含义。直觉还不同于知觉,当然知觉的确是直觉,但知觉立足于实在的和非实在的辨别上,而以把握实在性为本质。直觉呢,则是不区分实在与非实在的,也不受时间空间概念的约束,因而直观不同于知觉,同时直觉也不同于感觉、印象和联想,因为后者是无联系的、不统一的形象的结合和集群,从而是非创造的。而直觉是感觉、印象、联想等的综合,是多样的统一,因而是创造性的。感觉、印象等经过精神的综合后便获得了形式,从而也就得到了"表现",因此直觉就是表现。没有在表现中对象化的东西就不是直觉,而只是感受和自然的事实。心灵只有凭借造作、赋形、表现才能直觉,因而直觉与表现是无法分开的。换言之,自然的事实转到感官(感受),心灵抓住了这一完整的形象(直觉),这完整形象的形成即构成表现,所以表现即直觉。

接着,克罗齐又提出另一简洁而重要的定义,"直觉亦即艺术"。艺术是诸印象的表现,正因为直觉没有种类和强度上的分别,因而艺术的直觉在方法上、内涵和质方面与一般的直觉并无分别,它们的分别不是强度上的,而是经验和宽度上的,是外延和量方面的分别。如将直观进行分类是大大的错误。在这个范围内,生活中的每一个人其实都具有诗人、音乐家、画家、文学家的素质,或者说所有的人生来就或多或少是艺术家,只不过艺术家能够把心灵中复杂的状态、繁复的直觉尽量表现出来而已。

Cambridge University Press 1992年版封面

克罗齐在就美学中的内容和形式问题论述中，指出内容是尚未雕琢的印象,形式是这种印象的雕琢,艺术是印象由表现活动雕琢加工而形成的。因此在这个意义上,艺术无非形式。艺术之所以为艺术就在于内容得以表现为形式。在未经艺术赋予形式以前,内容只是杂乱的印象、生糙的自然,因而也就无从审美。进而提出艺术是自由的灵感,是离开效用、道德以及一切实践的价值而独立的,如果没有这独立性,艺术的内在价值就无从说起,从而使"为艺术的艺术"合理化。克罗齐依据他的直觉说分别对美学中的历史主义和理智主义、审美的快感主义和审美的道德主义及审美的道德兼功利主义等等观念进行了批评和驳斥，指出艺术不是物理的事实，艺术不是功利的活动,艺术不是道德的活动,艺术不具有概念知识的特性,艺术不可以分类。克罗齐否认"物理的美"的存在。对于艺术形象获得物理性(无论是自然的还是人为的)存在这一事实,他认为这是通过"外射活动"实现的。他说,只有对于用艺术家的眼光去观照自然的人,自然才现出美。如果没有想象的帮助,就没有哪一部分自然是美的;有了想象的帮助,同样的自然事物或事实也会随心情的不同而表现不同,或欢欣或愁惨,或雄伟或滑稽。克罗齐指出自然的美只是审美的再造所用的一种刺激物,凡是不由审美的心灵创造出来的,或是不能归到审美的心灵的东西,就不能说是美是丑。他把"外射活动"划入实践的范畴,因而认为与表现本身并没有多大关系。克罗齐对"艺术模仿自然"一说也给予了反驳,认为艺术家不是从外在现实出发,使它逼近理想,而是从外在自然的印象出发,达到表现,这表现即是他的理想,因而自然美和艺术美的区别是无意义的。

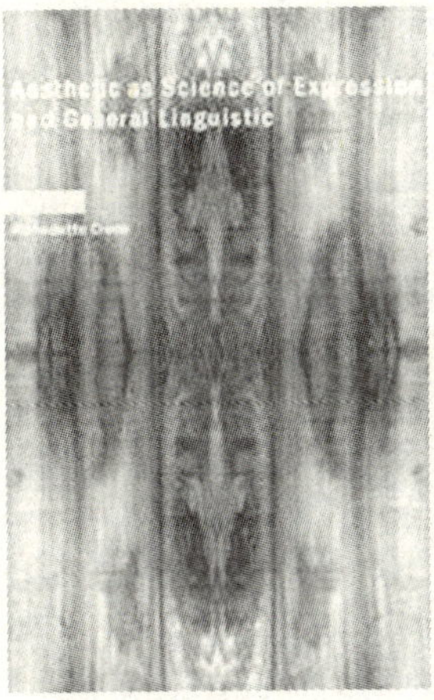

Biblio Bazaar 2006 年版封面

对于"美"的概念,克罗齐作了深一层的阐明。这里的"美"是指审美的价值。他说如果认为所谓价值是自由展开自我并获得成功的活动,那么,"美"的价值无非是"一个成功的表现",即心灵活动的自由发展。由此,"美"与"丑"的奥妙都可以纳入"成功的表现"和"不成功的表现"这两个平易的定义里面。一件所谓坏的艺术作品也就是本来想在这种活动中去表现一种既定的情感,但是却失败了。克罗齐进一步分析了鉴赏力和艺术作品或者说艺术创造的关系,他认为对于艺术作品的欣赏和判断,也就是直觉在欣赏者、判断者心中的重造。鉴赏艺术作品与创造美的活动是统一的,唯一的分别在情境的不同,一个是审美的创造,一个是审美的再造。所以文艺批评家和文艺史家除了是学者之外,还应当具有鉴赏力。正如同我们要判断诗人但丁,就必须把自己提升到但丁的水平,从经验方面说,我们当然不是但丁,但丁也不是我们,但在观照和判断那一刻,我们和但丁就是合二而一,这就是天才与鉴赏力的统一。

对于克罗齐来说,美学和语言学、艺术科学和语言科学之间并没有什么区别。因为将美和艺术的问题归结和还原为表现这一本质时,美学与语言学根本一致。这是从它们的对象是相同这一点上必然得出的结论。语言本质上是一种表现而表现又是基本的审美事实。如果认为语言的对象本质上不是美的事实和表现,即如果否定语言是表现,那么,作为真正学问的语言即一般语言学或哲学语言学的成立便成为不可能。由此,语言的哲学和艺术的哲学是同一的。

(袁曦临)

西格蒙德·弗洛伊德［奥地利］

《梦的解析》

作者简介

西格蒙德·弗洛伊德(Sigmund Freud,1856—1939),奥地利精神病学家和精神分析学派创始人。1900年弗洛伊德发表了在精神分析学说发展史上最重要的著作《梦的解析》(又译《释梦》)。同时,他又撰写了《日常生活的心理分析》,初步完成了无意识理论的体系化。1904年他发表了《少女杜拉的故事》。1905年,弗洛伊德发表了精神分析学说的第二篇主要著作《性学三论》,第一次系统地探索了自幼年时代起的人类性欲发展规律。从1906年起,他与阿德勒等人合作创立国际精神分析学会。1910年,弗洛伊德提出了“自恋”理论。1911年发表了《图腾与禁忌》,认为性欲是人类社会发展的决定性的基础。1914年,弗洛伊德撰写《论精神分析运动史》。1920年他又发表了《超越唯乐原则》,提出了“死本能”的概念,后来又写了《自我与本我》。1923年,他提出人格结构的理论,将心理结构分为“本我”、“自我”与“超我”,认为所谓正常人格是达到三者的协调和平衡。随后,弗洛伊德开始研究妇女的性征问题,同时也发表了《自传》,并于1926年发表《抑制,症状与焦虑》,研究焦虑性精神病。弗洛伊德晚期著有《文明及其不满》,分析了人同社会的关系以及社会罪恶的起源等问题。

弗洛伊德的心理诊所

作品提要

在弗洛伊德的精神分析学中,关于梦的研究占相当重要的地位。他于1900年出版了《梦的解析》一书。这是一本关于梦的理论研究的著作。在这本书里,弗洛伊德创建了他自己的一套非常系统的梦的理论。

对梦的研究历史情况的考察分析,是《梦的解析》一书的基本内容之一,也是弗洛伊德梦理论的一个组成部分。弗洛伊德分析指出,古代哲学家对梦的解释,都是视梦为超自然力的神秘的理论，相信梦有预卜的力量。这种看法影响至今。他充分肯定亚里士多德把梦归结为人的一种精神活动的体现，认为这是对超自然力显灵观点的否定。弗洛伊德指出科学界解释梦的两种方法。第一种是“符号性的释梦”，即将整个梦作一整体看，而尝试以另一内容来取代。另一种是“密码法”，即视梦为一种密码，其中每一个符号，都能用另一已具有意义的内容，一个个予以解释。而这两种释梦方法都是不可靠的，因为“符号法”不能广泛适用于所有的梦；而“密码法”的可靠性又取决于每一件事物的密码代号是否可靠，而实际上密码的准确性没有科学性的保证。弗洛伊德综合各种观点进行考察，取长补短，开辟释梦理论新的研究途径。他认为，梦境的产生固然有其生理学的基础，但实质则是属于人的正常心理过程，是心理刺激引起的反应。通过梦的研究才能窥见到人的内在心理结构和包含冲突的心理过程，而精神分析方法正是揭示梦的奥秘，同时解释心理奥秘的一把钥匙。

梦是愿望的达成，这是弗洛伊德释梦理论的基本观点，也是他关于梦的本质说明。他认为梦的内容甚至往往是毫不隐蔽就可看到的。无论是儿童还是成人，他们的梦都是这样或那样的无意识本能欲望的满足，但表现的内容和形式不同，从而构成三种类型。第一类是简单的达成，例如儿童的梦往往是简单的欲望达成，欲望往往是梦者承认的，采取一种公然满足的方式，这是因为儿童较少受高级的伦理标准的要求和压抑。第二类是化装的梦，表示梦者本身对此愿望有所顾忌，因此使这愿望只得以另一种改装的形式表达。梦之所以需要改装，是因为在每个心灵中都存在着两种心理系统和倾向，第一个是在梦中表现出愿望的内容，而第二个却扮演着检查者的角色，而形成了梦的改装。弗洛伊德认为，凡能为我们所意识到的，必得经过第二个心理步骤所认可，而第一个心理步骤的材料，一旦不能通过第二关，则不能被意识接受，必须由第二关加以各种变形直至满意，才得以进入意识的境界。第三类是焦虑的梦，它是一种被压抑的不愉快的欲望由于不能制服欲望的力量而焦虑，并避开了检查，采取一种公然的满足。进一步，弗洛伊德作了更精确的阐述：“梦是一种(受抑制的)愿望(经过改装而)达成。”这句话充分体现出弗洛伊德精神分析学说的精髓。

国际文化出版公司 2007 年版封面

当代世界出版社 2008 年版封面

上海三联书店 2008 年版封面

Manchester University Press 1999 年版封面

接着，弗洛伊德把梦的内容意义分为梦的显意(即表层意义)和隐意(即深层意义)。他认为，梦的显意和隐意的关系大体有：1.显意是隐意的一部分，即显意以一个暗喻来代替隐意；2.显意是隐意的指示，即显意可以指示隐意；3.显意是隐意的代表，即显意以具体意象代替隐意中的一系列的抽象思想。而把梦的隐意转换为梦的显意的过程，弗洛伊德称之为梦的工作。

然后，弗洛伊德阐述了梦的工作的基本方式。第一种是梦的凝缩。他认为，梦的隐意是很丰富的，而梦的显意则贫乏粗略。凝缩作用就是对梦的隐意(无意识)进行缩略，其产品就是梦。他认为尽管梦的显意简陋，但同时又出现了奇形怪状的意象或暧昧含糊的语句，是一种新的组合。弗洛伊德指出：凝缩作用的特点即在梦的显意中找出那些一再复现的元素而构成新的联合(集锦人物、混合影像)以及产生一些共同代号。梦境的怪诞、梦话的晦涩，都是"梦凝缩"的结果。第二种是梦的转移。弗洛伊德认为，梦的转移和梦的凝缩是"剖析梦的结构所发现的两大艺匠"。梦的转移工作是在梦的工作下，一种精神力量一方面将其本身所含较高精神价值的单元所含的精神强度予以卸除，而另一方面，利用"过度决定"的方法，在较低精神价值的单元中塑造出新的重要价值，而借着这种新形成的价值得以遁入梦的内容中。如果这种方法的确为梦形成的步骤，那么在梦形成的过程中，在各单元之间发生了心理强度的转移作用，由此形成了梦的显意与隐意的差异。梦的转移是一个不容置辨的事实，由于它的存在便使梦的内容(显意)与梦的隐意不再有所关联，梦只以改装形式而复现无意识里的欲望。第三种是梦的特殊表现力。这是把梦的隐意表现为视觉意象的能力，即抽象的欲望通过具体的形象表现出来。弗洛伊德认为，为了用视觉表现出梦思(隐意)来，梦运作不惜利用各种它所能把握的方法(不管在清醒的时候，他本人认为是合法或不合法)。这些方法可分为两种："仿同"和"集锦"。仿同是用在人身上，而集锦则既指对事物的统一，也可施用于人身上。在仿同作用里，只有和共同元素相连的人才能表现于梦的显意中，其他人则被压抑了。在集锦作用里，梦的影像概括了各人所持有特征，但不是每个人所共有的，因而这些特征的组合导致了一个新的组合。仿同和集锦都要达到梦的隐意和梦的视觉意象间的相似与和谐。仿同与集锦

Vintageebury 2001 年版封面

的结果，是形成许多奇幻的象征。而其中许多象征是按照“相反”的原则形成的，它们使梦的隐意变得丰富多彩。第四种是梦的再度校正。弗洛伊德认为这是四个因素中人们最熟悉的一个。它把供给的材料模塑成一些像白日梦的东西，或者把现成的白日梦纳入梦内容。其精神功能和清醒时刻的脑筋活动很可能完全相同。梦的清晰和含糊都不是独立的，再度校正能够发生效用的那部分是清晰的，而不能发生效用的则是含糊的。在本书中，弗洛伊德充分肯定了李罗和士波窝士卡的评论："梦是由清醒时刻的思想将睡眠时所产生的影像制造成的。"通过梦的凝缩、转移、表现与再度校正，梦的工作把梦的显意转化为梦的隐意，又转化为各种丰富怪诞的视觉意象，最后当睡梦者初醒时加以校正和认识。

此外，在本书中，弗洛伊德认为梦往往利用象征来表现其伪装的隐匿思想。梦的象征符号具有两重意义：一方面它是被压抑的欲望的替代物，与无意识的东西相关联；另一方面它又是改装了的东西，以合法的身份进入了意识领域，梦的象征符号都体现着性的意义。梦者有时由其私人的记忆中导衍出力量而将各种平时不表现“性”的事情来作为性的象征，并且这种象征往往是含糊不清的，它与梦的凝缩作用相关联，即是以区区一个梦的内容却要表现出性质极不相同的各种思想与愿望来。

在本书中，弗洛伊德谈到了性本能需要。他认为人的性需求是儿童时期就有的，梦中的欲望可能来源于晚间随时产生的愿望冲动，如口渴或是性的需求。这一观点，正是弗洛伊德精神分析学说的核心——泛性论。在本书中，他已经基本上构成了这一理论框架。因此，弗洛伊德关于梦的理论，实际上是以泛性论为突出特点的理论。

然而，弗洛伊德在《梦的解析》一书中，其释梦理论的固有缺陷也是很明显的。他一再声明释梦理论是在科学精神的指导下建立起来的，事实上他忽视了实验室方法，很难达到科学上的准确性。虽然弗洛伊德的释梦理论存在着众多的缺陷，但他却无可非议地是给梦的解释“以系统和科学基础的第一人，他为我们理解梦提供了工具”①。

（李　莉）

---

① 埃里希·弗洛姆：《弗洛伊德思想的贡献与局限》，湖南人民出版社1986年版，第80页。

托马斯·曼［德国］

《魔　山》

作者简介

托马斯·曼(Thomas Mann,1875—1955),20世纪具有世界声誉的德国小说家。因长篇巨著《布登勃洛克一家》一举成名,奠定了作者在德国乃至欧洲文坛的地位。1924年,他完成了长篇小说《魔山》的创作,短短几年中就重印一百次。托马斯·曼把《魔山》称为《布登勃洛克一家》的姊妹篇,是这本书在另外一个生活层次上的重复。由于谴责法西斯对艺术家和德国文化的歪曲,托马斯·曼被迫流亡国外。流亡时期,他的著作有长篇小说《洛蒂在魏玛》(1939)、卷帙浩繁的四部曲《约瑟夫和他兄弟们》(1933—1943)、《浮士德博士》(1947)、《被挑选者》(1951)等。

托马斯·曼创作的长篇小说在10部左右,数量似乎不多,但几乎都是宏篇巨制,它们构成了德语文学特别是长篇小说可观的组成部分。它们从精神、文化和哲学的高度,提出了时代的根本性问题,描绘了社会、人性和世态,也展现了作者痛苦、矛盾、上下求索的心路历程。托马斯·曼的小说结构严谨,匠心独运。他继承了德国和欧洲批判现实主义文学的优秀传统,又吸收了现代派的艺术手法,从艺术风格上看,深受列夫·托尔斯泰和陀思妥耶夫斯基的影响。托马斯·曼熟谙德国语言,小说语言精练,对话生动,具有幽默和嘲讽的特色,被称为“语言魔术师”。

托马斯·曼与爱因斯坦1938年的合影

作品提要

《魔山》叙述的是这样一个故事:1907年的盛夏时节,23岁的大学生——汉堡富商的儿子汉斯·卡斯托普离开德国汉堡前往瑞士达沃斯高山疗养院探望他的表兄齐姆逊,他打算在那儿逗留三周。火车头沉重地喘息着,一股股浊气不断地灌进车厢……两天的旅程把一个在生活中扎根未稳的年轻人远远地与他习以为常的世界分开。

到达高山疗养院，前来迎接的表兄告诉了卡斯托普“山上”与“平原”的巨大差异，表兄的介绍撩开了“山庄”陌生面纱的一角：雪橇运尸体、灵魂分析术、静卧法、山上无安全健康的人……卡斯托普回房就寝，白天的所见所闻在梦境中重叠旋转斑斓一片，纷乱芜杂潮涌而至，他在各种感觉情绪的波涛中被抛来掷去。

汉斯·卡斯托普上山不久，便为这里的生活所吸引，这座山对他来说成了一座有“魔力的山”，这里住着来自欧洲乃至世界各国的有钱人，他们自有一套独特的生活方式和人生哲学，“高山”上的各种思想、精神气氛对他产生了巨大的“魔力”。来到“魔山”两周，医生竟在卡斯托普的肺上发现病灶，使他成了疗养院的新病员。

北京燕山出版社 2006 年版封面

卡斯托普到达“山庄”首先被舒夏特女士吸引，他注视着她的宽宽颧骨，细小眼睛，突然间有一缕对往事的淡淡回忆掠过心头，他感到缭乱、兴奋。从朦胧到清醒，从幻想到意识，从萌动到膨胀，在一次梦中记忆力突然闪亮——舒夏特细眯眯的眼睛令他忆起了少年时代倾慕的男同学，亲切的回忆使他更加着迷和神往，卡斯托普坠入舒夏特夫人的爱河，终于在瓦普几司之夜达到高潮。舒夏特夫人在那个迷狂之夜后便离开“山庄”去外地长期旅行。

如果说舒夏特夫人闯入了卡斯托普的情感世界，那么意大利作家塞姆特里尼则首先闯进了他的思想世界。这位年长的病友固守着前一两个世纪盛行的资产阶级人道、进步和理性的传统，崇尚法国的自由和民主精神，他的许多关于灵与肉、生与死的独创见解使卡斯托普启悟，但塞姆特里尼的人道主义理想在弱肉强食的现代社会中又令卡斯托普感到了它的软弱，他仿佛觉得作家像个街头拉风琴的行乞者一般迂腐、无力和可笑。卡斯托普又因此结识了一位基督教士纳夫塔教授。他在文化、哲学、人生价值等问题上观点与塞姆特里尼相反，他自称为“超人”，信奉精神至上主义和非理性主义，他主张世界基督教化，为此，即便使用暴力和宗教裁判所的强权也合乎情理。他鼓吹暴力、奴役和恐怖，卡斯托普无法接受这一思想，但又摆脱不了纳夫塔观点的逻辑力量。传统人道主义的思想和现代强权哲学成了一个解不开的死结，卡斯托普动摇于两者之间。一天，卡斯托普去山上滑雪，突然遇到了暴风雪，他精疲力竭以致神思恍惚，在迷迷糊糊中，面前出现了美好的幻觉。在幻觉中他看见幸福健康的青年人

作家出版社 2006 年版封面

Fischer Taschenbuch Verlag 1991 年版封面

处于令人心旷神怡的大自然景色中，他从这个梦境中受到启发："为了善和爱，人决不能让死亡控制自己的思想。"他振作起所有的力量，在白雪皑皑的山间，排除困睡和死亡的诱惑，挣扎着回到疗养院。同时他也从梦境中的另一个景象中惊悟了：在一座神庙里的一尊雕像后面，两个光着上身的灰色女人正撕食着一个小孩……

卡斯托普的表兄病情恶化，不久死亡。舒夏特夫人终于回到高山，但此时她已经是荷兰富翁、大农场主彼普科恩的情人了。彼普科恩性格开朗，汉斯与他一见如故，这位富翁既讲生活享受，又精力充沛地投身事业，他对塞姆特里尼和纳夫塔两人抽象地空谈玄学同样蔑视，他讲究实际，主张既做生又做死的主人。当他突然患了重病并预感到无法战胜疾病时，他不愿让死来折磨自己，在房中自杀，做了死的主人。舒夏特夫人离开了疗养院。塞姆特里尼和纳夫塔争论过激，感情冲动，双方决斗。塞姆特里尼怀着高尚的情操向天空放一枪，纳夫塔对放空枪表示极端气愤，他厌恶塞姆特里尼的"高贵"，便向自己头颅开枪，倒地毙命。汉斯的朋友一个个离去，岁月朝着那个神秘的"七"字走去，终于走到了第七个年头。第一次世界大战的炮火打破了疗养院与世隔绝的静寂。"山上"的人像热锅上的蚂蚁乱作一团。卡斯托普奔向灾难深重的平原，投身于战火硝烟之中，在一次冲锋中，他向前冲去，消失在幽冷和万古沉沦的昏暗天色中……

就《魔山》的主题思想而言，评论界仁者见仁，智者见智。有的学者认为《魔山》是一部"教育小说"，描写了主人公在一个"教育特区"——集欧洲乃至世界的精神和思想于一体的"魔山"中，思考生与死、健康与疾病、肉体与精神、空间与时间、理性与非理性等一系列问题，思想和性格不断发展和成熟；也有的学者视《魔山》为一部"时代小说"，认为作者描写的"魔山"是第一次世界大战前欧洲的精神生活、人性世态、社会关系的象征和缩影。"魔山"是来自欧洲各国的病员，是特定时代形形式式人物的典型化身，小说深刻展示了时代的本质特征。还有的学者视《魔山》为一部叔本华式小说。小说中大量表现了潜意识、无意识、情和欲，这些常离不开"梦"，主人公头脑清醒时不能把握的事物，在"梦"中得到启悟，而他的行为又受潜意识的控制。这些无疑让人感觉到叔本华思想体系的存在。但有的学者断然反对，他们认为这部作品反而是作者对自己早先受到的叔本华、尼采思想影响的一种"清算"……的确，《魔山》思想意蕴的多元阐释为我们提供了解读小说的语境。 (高毛华)

贝蒂·弗里丹［美国］

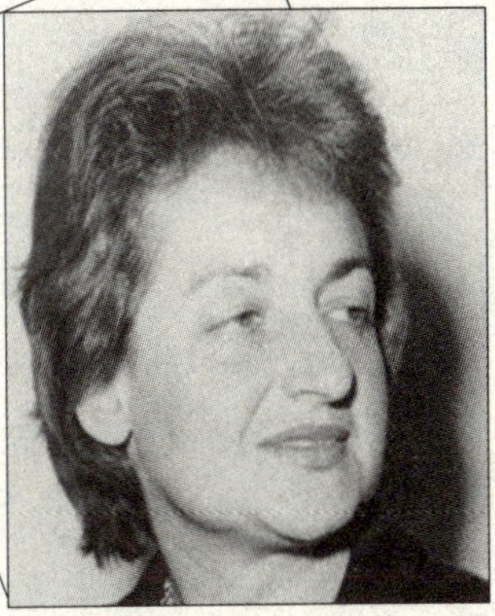

《女性的奥秘》

作者简介

贝蒂·弗里丹(Betty Friedan,1921—2006),美国当代著名女权运动活动家、社会改革家、学者(心理学家、社会学家和历史学家)。她一生致力于美国女权运动,成为美国当代女权运动的奠基人之一。1963年出版《女性的奥秘》,1966年创立美国"全国妇女组织(NOW)"并自任主席,1970年协助组织"全国妇女政治会议(NWPC)"。1976年之后,发表《它改变了我的生活》和《第二阶段》(1981),探讨妇女运动的发展过程,主张妇女的解放必须超越各种有害的极端,使之成为人类解放运动的一部分;主张男女真正平等,最终实现真正的共管共享。弗里丹的全部社会活动,有力推动了美国女权运动的发展,影响了几代美国妇女。

作品提要

全书共14章,以《无名的问题》开篇。作者点明这无名问题是美国妇女在20世纪中叶经历的奇怪的躁动、不满足感和渴求。二战后的15年间所宣扬的女性特征——妇女应努力成为贤妻良母,成为完美的女性。于是,70%的妇女在24岁前建立家庭。日复一日枯燥乏味的家务,无法使妇女们实现自我满足,即使是舒适和温馨的家庭也不足以弥补她们的缺憾。于是,她们对自身的存在价值产生疑惑:"这就是生活的全部吗?"妇女们感到沮丧。

1971年8月26日,弗里丹在纽约中央公园发表演讲

弗里丹将其批判的矛头直指促成奥秘论氛围的社会各个方面亦即美国妇女的生存环境:弗洛伊德性理论,米德的功能主义化了的人类学学说,教育界的性偏见以及美国商界的庞大攻势。作者首先向包括弗洛伊德在内的学术权威挑战。弗洛伊德凭借精神分析疗法所创立的精神分析学说,如无意识学说、本能学说、释梦学说和人格学说等,在美国得到广泛传播和运用,在二战后的15年间,影响了美国社会正

大力宣扬的“女性完美”观念。

弗里丹在书中肯定了弗洛伊德的天才和他为人类所作贡献的同时，批驳了弗洛伊德理论在妇女问题上的偏见——对妇女不能充分发挥潜能，实现自我完善的问题，弗洛伊德用“阳具羡慕”理论作解释。他认为，女孩子把与男孩之间的生理构造差异当成自己固有的缺陷，于是觉得自己处于十分不利的地位。这种心理情绪将给她终生人格的发展留下无法消除的影响。他把在妇女身上观察到的“不健全”的自我发展状况，归结为由“阳具羡慕”造成的损失，把妇女对平等的渴望说成是一种性病态的表现。这与他从生物学角度解释的妇女比男子低劣的论调一脉相承——弗里丹对他的这种从生物学视角解释本属社会学范畴的妇女问题的方法，从历史和文化两个角度作了令人信服的剖析和驳斥。

对美国教育界和商界在妇女返家的潮流中所充当的角色，弗里丹毫不留情地予以揭露和批判。早期女权主义者使接受高等教育成为美国妇女的一项基本权利。然而教育目的在 20 世纪中期发生异化，出现了性别区别的教育模式。教育家加入奥秘论行列，成为功能主义理论的推行者，为诠释提供新依据：制订有关办学方针，设置功能主义化课程，把女学生培养成贤妻良母，以适应未来家庭生活。教育中不再以发展其思维能力为目的，不再鼓励她们发展专业特长。教育者向她们灌输合乎时宜的“女性作用”——贤妻良母。当某些社会学家已经证明，作为妇女同样具有无限潜能时，这类以适应生活为名的教育便阻碍了许多女生的发展与成长。部分女生放弃了学业上的努力与事业发展，把大学生活看成是未来“真正生活”的准备阶段。弗里丹指出，这种状况是全国性的，女生在大学生中的比例急剧下降。50 年代，女生以比男生快得多的速度退学，能毕业的女生仅占入学时的 37％。弗里丹在书中提到：一些被功能主义者称为“例外”的女生没有选择已经成为潮流的“女性气质”，因而在专业上取得了较大发展，同时她们对婚姻生活也充满信心。然而，这样的特例与潮流相悖，为数不多，无法在适应论的众多受害者中产生震撼，更无力扭转妇女成长失败的局面。这样，新的女性形象无法树立。

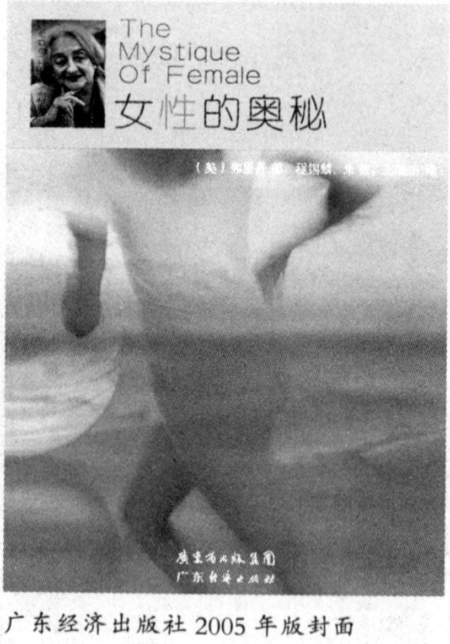

广东经济出版社 2005 年版封面

美国商界为攫取最大的销售利润，借助女性奥秘对女性消费者设置琳琅满目的广告，发起塑造“家庭管理专家”的运动，强化“妇女作用”、“妇女领域”的偏见。对此，弗里丹一针见血地予以揭露。商家们瞄准家庭主妇的必需，呼吁“为妇女们在家务劳动中发挥创造性而提供条件”。一则广告说，X 速熟食品有 12 种用途会给她全家带来欢乐，另一则广告说，Y 型清洁工具将帮助她成为清洁工作的专家，如此等等。铺天盖地的广告鼓励妇女们购置现代化家用设备，实现家庭劳动的快速高效。由此带来的闲暇，则可以让主妇们更好地发挥贤妻良母的作用。商家极力向妇女们鼓吹：在家中发挥自己的才干和潜能，体验成就感，成为家庭管理专家。然而，在他们的天平上，妇女的力量完全是以她们去购买商品的数量来衡量的。他们并不看重妇女作为社会人的无限潜力，也不尊重妇女的发展自由。他们决不会支持主妇们到家庭以外的地方寻求创造性的发展。

Dell Public Company 2006 年版封面

对妇女一蹶不振的主观原因，弗里丹直言不讳："竞相跑回家的选择和责任，最终在于她们自己。"在调查访问的过程中，弗里丹发现许多主妇害怕直接面对外界，觉得通过丈夫和孩子与外界接触，生活更为容易。有同样想法的妇女为数众多。她们害怕承受压力，毫无社会责任心和对生活的使命感。她们缺乏勇气与毅力选择并实现自己的人生目标而虚度光阴。一些有抱负的妇女受其影响也回到家中，使理想与现实发生矛盾，内心苦闷。正如美国心理学家马斯洛所说：当人的基本生活需要得到满足后，只有充分发挥自身潜力，才能处于正常状态。任何对这种需要的压抑，无论是社会的还是个人的，都会成为人们发展的障碍，导致心理问题产生。弗里丹指出，美国主妇们精神空虚，内心苦闷，其症结正在于此。她们使自己适应"女性奥秘"，放弃了发展自我的时机，以致形成美国社会普遍的妇女问题——因个人发展需要无法满足导致的心理问题。她呼吁美国妇女摒弃荒谬的女性观念，致力于自身的真正完善。她否定了美国妇女通过延长家务劳动时间、婚外性生活来摆脱困境的错误做法，提出了自己的设想。

首先，美国妇女必须认清"女性奥秘"本质，明确自身不仅可以成为贤妻良母，而且完全能够在社会通过奋斗取得成功。其双重角色将有助于女性特征的完善。其次，妇女们应了解自我发展是不可或缺的需要，也可能终生痛苦，这意味妇女必须摒弃旧观念，走出安宁的家庭，面向竞争，承受各种压力，实现人生计划。为此，弗里丹建议妇女通过接受教育借以实现自我发展。她指出，教育应重视培养思维能力和独立性，为妇女走向社会作准备。此外，弗里丹特别强调工作性质问题。她认为，只有充分发展潜能，从事真正具有社会价值的工作，才是妇女的正确选择。确立人生价值观，具备社会责任感和使命感，在创造性的工作中寻求自我发展，妇女将走出困境，获得新生。

（陈秋华）

费尔迪南·德·索绪尔［瑞士］

《普通语言学教程》

作者简介

费尔迪南·德·索绪尔(Ferdinand de Saussure,1857—1913),现代语言学的创始人。父亲是一位科学家。他从小受到自然科学的教育,同时也得到良好的语言教育和语言学教育,掌握法语、德语、英语和拉丁语。索绪尔生前只发表过很少几篇相当专门的论文。1907—1911年,他在日内瓦大学讲授了三个学期的普通语言学。1915年,索绪尔的学生们将老师的授课草稿对照学生的笔记整理成册,编成《普通语言学教程》一书。

作品提要

索绪尔的孤独无疑是源于对当时语言学研究的不能认同。这份"不能认同"是方法论上的。在今天看来,这本不算很厚的《普通语言学教程》的最大功绩首先便在于它建立了一系列的术语:语言、言语、话语、共时、历时、所指、能指、语言单位、意群、意群学、语言执行、语言意识、音素、音位学、语言实体、语言形式、语言价值、码、话语循环、模式、语言状况、静止、符号学、对立、相对、链等,也许还要加上结构,当然还有系统。很难想象,如果现代语言学剔除了索绪尔的这套语汇,会是怎样的状况!

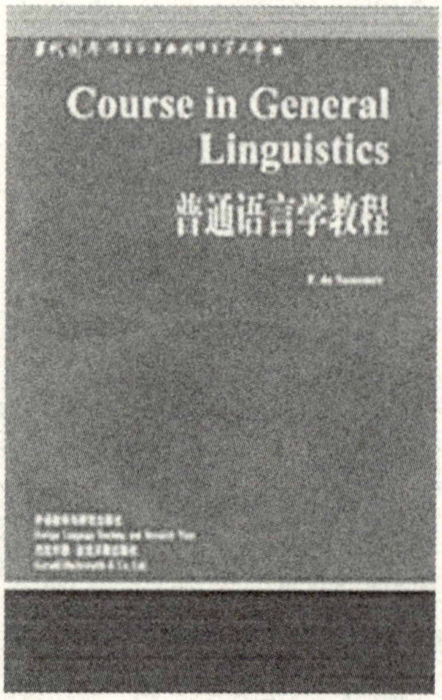

外语教学与研究出版社2001年版封面

索绪尔的出发点无疑是在对话语的私人性的考虑上。由此他划分了语言和言语,前者是一种为一个语言共同体成员共同认可的,不变的东西,而后者则是话语这种私人性的行为所产生的结果。索绪尔让他的学生一道来注意这样一个事实:如果有个人感叹道:"战争,我对您说了,战争!"我们一定会发现发话者重复了两遍"战争"这个词。但是我们说发话者将同一个词重复了两遍,在某种意义上却是不够确切的,因为我们仔细探究一下会发现第一个"战争"和第二个"战争"在"心理内容"(我们也用索绪尔的语汇)上有着很大差别。

言说这种个人行为，在索绪尔看来，是建立在语言共性的基础之上的。既然被称之为话语的东西在每一次运用过程中有这样的千差万别，那么，语言的执行过程必然不能当做问题的根本来研究，索绪尔的研究重点因此从发话者如何“做”转到了发话者的“知”上，也就是说两个“战争”，乃至成千上万个“战争”之所以能够万变不离其宗的这个“宗”。发话者在发“战争”这个词时，可能会有一系列的发音方法，而“战争”这个词每一次在发话者的嘴中，也可能有一系列的涵义，但是这两个系列归根到底都有一定界限，我们不可能把“和平”这样的发音理解为“战争”，更不可能用“月亮”这样的发音来表达“战争”的意义，尽管不同的“战争”所表达的涵义不尽相同，这些变化却都是因为接近某种音与义的组合而具有意义。这种限制的总和，索绪尔称之为语言。由于语言的存在，受话者才能根据发音从千变万化中辨别出发话者所要表达的意思。为了区别语言和话语，索绪尔使用不同的语汇，所指和能指的组合构成了语言，而涵义和发音构成了话语。

江苏教育出版社 2002 年版封面

所指和能指的概念无疑是抽象的，因为受话者一旦在某个特定语境中听到某一种发音，立即会将之与某个特定的涵义相连，以此取代所谓的所指的组合。索绪尔很好地抓往了语言的抽象性，却在 19 世纪末的特定语境下一直小心翼翼地避免着用“抽象”这样的字眼。因此，谈及语言，索绪尔转向用“语言实体”和“语言形式”。话语是具体发音和具体涵义的组合，因而是实体；而语言是所指和能指的组合，在索绪尔看来，是“形式”。

所指和能指不取决于任何心理的或发音因素，在不同的语言中，所指和能指的关系自然是不同的，因此，索绪尔首先要指出的是，所指和能指的关系是任意的。于是对于所指和能指的组合，索绪尔在一定的犹豫之后，选择了“符号”这个术语。符号可以囊括小至意义词素大至意群的一切单位。

上海世纪出版集团 2007 年版封面

符号的任意性原则也为语言带来了一个十分重要的、语言之所以能够得到实现的原则，即所谓的线性原则。语言的组织无一例外不是根据这两个原则来的：所指和能指之间的任意性是绝对的，它们相较于其他的存在才得以存在；而线性关系则使得语言具有意群的逻辑，线性展开的语言可以分解为各个相对独立的意义单位——语言

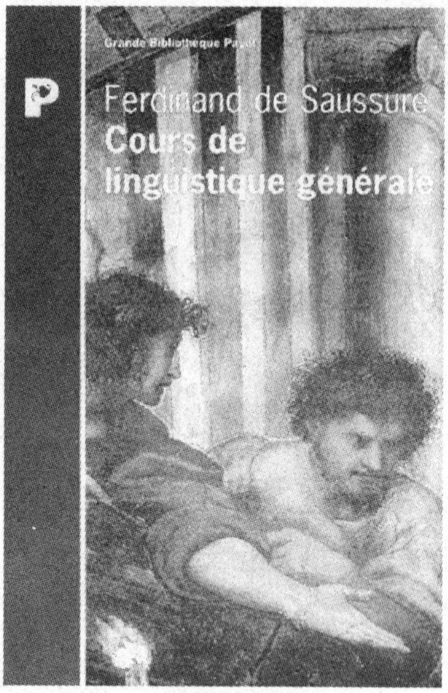

Payot Books 1995 年版封面

由此得到平衡。从这个意义上来说，语言不仅是所有符号的总和，更是所有可能存在的符号的总和。索绪尔的可贵之处就在于他指出了语言的"潜力"和"创造性"，语言不是固定不变的事实，而是一种活动和生产——语言史的研究也极有力地证明了这个命题。

语言既然是一个系统，则研究语言学必然要具有系统的眼光概念。价值也正是因为系统的存在而存在。所以，索绪尔认为，语言学必须从其共时性和历时性两个方面去研究，缺一不可。索绪尔之前的语言学一直强调历时性的研究，索绪尔提出的共时性自然是对时下研究方法的一种反动。共时性的研究并不排除对语言系统在不同历史时期的演变进行探讨，更不排除对不同的语言系统进行比较——而这，正是 19 世纪末 20 世纪初语言学的重点之所在。但是，索绪尔没有将历时性研究放在语言学的首要位置，原因很简单：在索绪尔看来，只有通过对语言共时性的研究，我们才能确证将不同语言系统的各单位放在一起进行比较的合法性。

索绪尔的反动有点微妙。后来有学者指出，将共时性放在语言研究的首要位置，在某种程度上隐含着交流的不可能性，这在后来引发了"语言哲学"的焦点问题：意义无法表达和无可捉摸，意义的无限搁置。索绪尔没有能够解决这个问题，因为他的所有理论都是建立在对语言执行和语言系统的区分之上的。

索绪尔的学生将索绪尔所有的这些课题编成了五部分，在五部分前还有导论和附论。导论是对整个语言学作为一门科学的严格规定（索绪尔一直对学生感叹时下语言学在方法论上不够严谨）：关于语言学和关于话语的语言学，语言的外部因素和内部因素，书面语言系统，语音学等。索绪尔的"现代语言学之父"的称号可能便是由此而来。离开这些规定和解释，我们很难规定和解释，很难想象一门严格意义上的科学如何确立自身的地位。

附论是关于语音原则的：音素的定义、发声器官及其功能、话语链中的音素等，因为索绪尔的普通语言学课程重点并不是在语音学上，所以这一章算做附论。

第一部分是所谓的基本原则。分三章探讨语言符号的性质、符号的不变性和易变性以及静止语言学和发展语言学。第二部分便是历时语言学。分八章讨论了共时语言学的总特征、语言的具体实质、同一、现实和价值、语言价值、意群关系和组合关系、语言机制、语法以及语法中语言抽象实质的角色等。第三部分名为历时语言学。分八章讨论了共时语言学的总特征、语音演变、语音演变所引起的语法后果、类同、类同和演变、词源学、粘着现象以及历时的同一和现实等。第四部分名为地理语言学。分四章探讨了语言的多元性、地理多元的原因以及语言波的传播等。最后一部分是对将语言放置在整个人文科学的背景下所进行的回顾。

（袁筱一）

苏珊·卡纳斯·朗格［美国］

《情感与形式》

作者简介

苏珊·卡纳斯·朗格(Susanne K. Langer，1895—1985)，美国现代著名哲学家、美学家。朗格的主要著作有《哲学实践》(1930)、《符号与逻辑导论》(1937)、《哲学新解》(1942)、《语言与神话》(1946)、《情感与形式》(1953)、《心灵：论人类情感》三卷本(1967，1972，1982)等。而奠定了她在美学界符号学泰斗地位的则主要归之于《哲学新解》、《情感与形式》及《心灵：论人类情感》这三部著作。它们系统地阐述并论证了朗格的符号学美学思想。《哲学新解》是朗格著作中最能为一般读者所接受的畅销书。过去的几十年里，它一直被各大学指定为人类学、文学、心理学、宗教学、艺术史及哲学科目的必修课本。朗格著作的影响由此可见一斑。

作品提要

《情感与形式》系文艺美学理论著作，是《哲学新解》一书的续集。朗格在书中系统地阐述了自己的符号论美学思想，即艺术是人类情感符号的创造。

在开始介绍《情感与形式》之前，我们有必要澄清朗格书中常用的几个概念，以免与其他美学派别和学科的用词混淆。首先，朗格的符号学不同于20世纪60年代盛行的结构主义美学中的符号学。这种差异在英文中很明显，前者用的是symbol一词，后者则为semiotics。同时，朗格的符号学也不等同于语言学家索绪尔的符号学。朗格的符号学是一个哲学术语，后者则为语言学术语，二者所指涉的符号内容迥然不同。

其次，朗格书中的情感(feeling)一词亦非喜怒哀乐等一般意义上的人类情感。作为一个哲学术语，它有着更深刻更广义的内涵。要弄清情感究竟代表什么，最好还是引征作者的定义：“整个作品的情感就是符号的‘含义’，就是艺术家在世界中发现的实在，艺术家打算把它的清晰概念展示给自己的同代人的实在。”[①]由此可见，作品的情感其实就是符号的含义，而符号的含义又等于世界的实在。所以朗格的情感一词实际上涵盖了人类精神生活

---

① 苏珊·朗格：《情感与形式》，刘大基等译，中国社会科学出版社1986年版，第267页。

的方方面面。

美学历来是哲学的一门分支学科，任何美学思想总是建立在一定的哲学理论基础上，苏珊·朗格也不例外。她的符号论美学的哲学基础就来自卡西尔的文化符号学。对美学界一度盛行的自我表现论，即艺术是艺术家个人情感的流露与表现，朗格毫不留情地予以批驳。她强调说纯粹的自我表现根本就毋需借助艺术形式。不可否认，艺术家个人的情感有时会与作品欲表达的客观情感相吻合，但这种吻合既不是艺术创作的必备条件，也不是艺术创造所要追求的目标。同时，朗格也没有一味否定艺术家个人情感对艺术创作的作用。她认为个人情感一旦融入创作中，这种个别情感就会被“移植”和“借用”，成为艺术家表达一般情感形式的跳板，亦即它的个别情感已被抽象从而升华为一种情感符号。在这一点，朗格与尼采不谋而合，因为尼采心目中的最高艺术也是非个人的、非现实的，并且孕育着普遍性。

在《哲学新解》中，通过对音乐的深入研究与探讨，朗格首次提出了音乐是表现人类情感的符号。从各类艺术共同拥有的抽象形式入手，朗格归纳出带有普遍性的艺术哲学，即：“在艺术中，形式之被抽象仅仅是为了显而易见，形式之摆脱其通常的功用也仅仅是为获取新的功用——充当符号，以表达人类情感。”①至此，朗格撩开了覆盖在艺术上面的神秘面纱，为我们显示出了艺术的本质，认为“艺术家的使命就是：提供并维持这种基本的幻象，使其明显地脱离周围的现实世界，并且清晰地表达出它的形式，直至使它准确无误地与情感和生命的形式相一致”②。由此可知，艺术家通过作品创造出了基本幻象，这是各类艺术共同具备的统一性。而因使用的材料及创作手段的不同，其所创造的幻象亦不相同，各类多姿多彩、形式迥异的艺术遂应运而生。

紧接着，朗格便着手分析在音乐、绘画、雕塑、建筑、舞蹈和文学中，各自创造了什么样的幻象。她首先从各种造型艺术如绘画、雕塑和建筑开始，揭示出造型艺术的本质在于创造了“虚幻的空间”。具体地说，绘画创造了“虚幻的景致”，雕塑的基本幻象为“能动体积”，而建筑的基本抽象则是“种族领域”的创造。

在顺利地建立了造型艺术的各种基本幻象之后，朗格不惜笔墨，以相当的篇幅展开了对音乐本质的探讨。鉴于音乐是建立她的

中国社会科学出版社 1986 年版封面

① 《情感与形式》，刘大基等译，中国社会科学出版社，1986 年版，第 62 页。
② 《情感与形式》，刘大基等译，中国社会科学出版社，1986 年版，第 80 页。

艺术符号学的基石，对这一艺术形式的深入研究也就势在必行。在朗格看来，音乐的本质应该是“一种去供耳朵而不是眼睛，从而是一种可听而不可见的形式的运动”①。而这种运动又并非有什么东西在运动。就本质而言，音乐所创造的基本幻象就是“生命的、经验的时间表象”。如同绘画创造出的虚幻空间不同于真实的那样，音乐里的这种虚幻时间亦不同于由时钟所标识的时间，它是生命活动本身所具有的。同时，这种虚幻时间的创造只能通过音乐的运动来实现。“音乐使时间可听，使时间形式和连续可感。”②

《情感与形式》第二部分集中在对文学、戏剧这类以语言为媒介的艺术门类的探讨上。正如在纷繁杂乱的艺术中选定音乐作为其理论的基石一样，朗格在处理文学这一形式多样的领域时，又是以找准切入点着手，选择了情感与形式联系最为密切的诗歌作为突破口，在确定诗歌所创造的基本幻象后，以此类推，向其他文学形式推演，最终完成建立情感符号学美学理论的系统工程。

诗歌，特别是抒情诗，最能体现情感与形式的内在联系。我们甚至可以断言，没有形式，诗歌的美也就不复存在。事实上，没有哪一种文学题材能像诗歌这样注重韵律的重音、元音的音值、韵脚、头韵等纯语言形式的应用。循着幻象是艺术的基本特性这一思路，朗格认为诗歌的基本幻象就在于它创造了虚幻的生活，只是构成诗歌的语言已不再是单纯的一般意义上的推理性符号，朗格将其转化成一种原材料，一种按照一定的形式借以建立诗的基本幻象的材料。“诗人笔下的每一个词语，都要创造诗歌的基本幻象，都要吸引读者的注意力，都要展开现实的意象，以便使其超出词语本身所暗示的情感而另具情感内容。”③诗歌语言经过这样一番改造和重新定义后，它们就如同音乐中的乐音和音调，绘画中的颜料、色彩和基本图案一样，成为构成文学作品的基本材料，诗人借助它们来创造和表达情感。经过上述的再处理，朗格克服了语言这一障碍，得出了自己对诗歌的独到见解：诗歌也是创造某种情感的符号。

诗歌的问题理顺后，接下来对散文、小说、戏剧等文学题材的讨论就易如反掌。朗格将文学视为对虚幻生活的创造，文学家们运用语言这一基本材料，创造出不同的幻像，各种不同的文学题材相应而生。其中小说创造了虚幻的过去，戏剧创造了虚幻的未来，电影则是创造了虚幻的现在。至此，朗格就像剥洋葱一般，在层层深入地剖析了各个艺术门类后，最终将艺术的本质一览无遗地展现在我们面前：艺术即人类情感符号的创造。（汪　宁）

---

①《情感与形式》，刘大基等译，中国社会科学出版社 1986 年版，第 126 页。

②《情感与形式》，刘大基等译，中国社会科学出版社 1986 年版，第 128 页。

③《情感与形式》，刘大基等译，中国社会科学出版社 1986 年版，第 284 页。

玛格丽特·杜拉斯 [法国]

《情　人》

作者简介

玛格丽特·杜拉斯(Marguerite Duras,1914—1996),法国当代著名女作家、戏剧家和电影艺术家,出生于越南嘉定。

她的文学生涯开始于1943年发表的处女作《厚颜无耻之辈》,初期作品还包括《宁静的生活》(1944)、《抵拦太平洋的堤坝》(1950)和《直布罗陀水手》(1952)等。这些作品描写现实生活,情节线索明确,风格基本上是传统现实主义的。

从1953年发表的《塔基尼亚小马》开始,杜拉斯的写作风格有了很大的转变,同样显示了这种转变的还有《街心花园》(1955)、《琴声如诉》(1958)等。在这些作品中,杜拉斯打破了传统的叙事模式,淡化了小说的情节和主题,而重视文体的诗意与音乐性,试图更客观、更直接地发掘人物的心理活动和内在感受,显示了一种新的风格。这种反传统的风格在她20世纪60年代的作品,如《副领事》(1965)、《洛尔·维·斯坦的沉醉》(1964)中进一步发展,使作家被贴上了新小说派成员的标签,但作家本人一直不承认自己属于"新小说派"。

除了小说创作,杜拉斯在戏剧和电影领域也卓有建树。她一生创作和改编了不少优秀的戏剧作品,如《河流与森林》(1965)、《街心花园》(1965)等。1970年,她以剧本《英国情人》获当年度的易卜生奖;1983年,她又获得了法兰西学院的戏剧大奖。她的电影剧本《广岛之恋》(1960)被法国著名导演阿兰·雷奈拍成电影,轰动了当时的国际影坛,并获戛纳国际电影节评论奖;另一著名剧本《长别离》(1961)则在亨利·谷尔氏的执导下再获成功,获戛纳电影节的金棕榈奖和法国的路易-德吕克奖。

杜拉斯于1993年拍摄的写真

从1965年起,杜拉斯开始亲自执导影片,拍出了《她说毁灭》(1969)、《印度之歌》(1975)、《卡车》(1977)等具有强烈的先锋性和独特个人风格的影片,成为法国电影界"左岸派"的杰出代表之一。

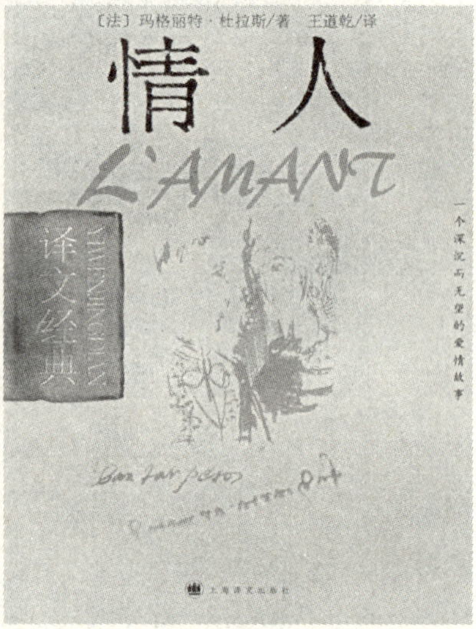

上海译文出版社 2004 年版封面

晚年的杜拉斯为疾病所苦，但仍创作不辍。1984 年，她发表了小说《情人》，在文坛上引起了强烈的反响，并获得了当年的龚古尔文学奖。进入 90 年代以后，她多次昏迷、瘫痪，在经历了几次传奇般的死里逃生之后，于 1996 年 3 月 3 日辞世。法国的《费加罗报》、《世界报》、《新观察家》等均发表纪念文章，称她为“文学的女魔术师”、“不同寻常的人物”，给她的创作予以极高的评价。

杜拉斯一生共创作了七十多部作品，在法国文坛以多产多才著称，她的许多作品被翻译成多国文字在世界上广为流传。在这些作品中，最重要，也是真正为她带来世界声誉的，无疑是她在 70 岁高龄时发表的自传体小说《情人》。

作品提要

《情人》以一位老年叙述者的口气回忆了半个多世纪之前，在法属印度支那殖民地，一位白人少女的生活以及她与一位华裔青年之间奇异的恋情。

叙述者回忆里的殖民地生活，是灰暗粘滞而又混乱迷惘的。女人们穿衣打扮，毫无目的，她们长久地等待着自己的情人，有些发了疯，有些被遗弃，还有一些选择了自尽。“伤风败俗”的事每天都在发生，一位“有地位的夫人”背叛了自己的丈夫，后者无法接受这一切，甚至就在住所所在的大广场上，在光天化日之下，对准自己的心脏开了一枪……

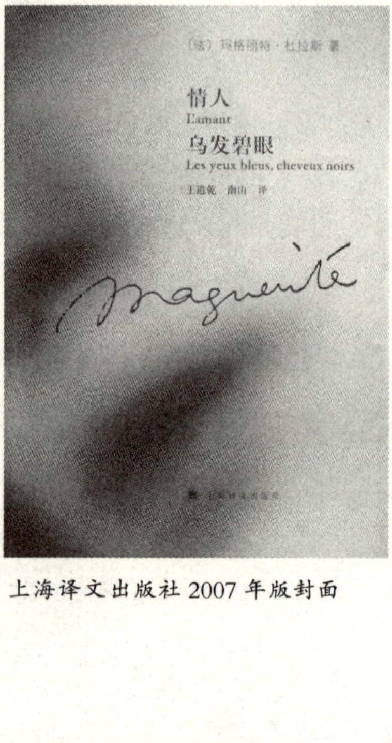

上海译文出版社 2007 年版封面

白人少女就在这样的环境中长大，故事发生的时候，她才十五六岁，但已形成了很独特的气质。这种气质的形成与她的家庭有很大的关系。她的母亲是一所小学的校长，因为生活的重压显得疲惫而沮丧，衣服穿得乱糟糟，“每时每刻都在为她的儿女、为她自己的前途奔走操劳”。她苦苦奋斗了十年，但一事无成，反而欠了不少债。两个哥哥天性“阴鸷易怒”，经常无缘无故打架，大哥是个浪荡子，偷窃，赌博，为所欲为，小哥哥则在强悍之外又具有软弱的天性。

这一家人——父亲已经病死了——以一种奇特的、有些变态的联系纠缠在一起，彼此之间既爱又恨。母亲似乎以不正常的心态偏爱着三个孩子中的大哥，而“我”，那位白人少女，则认为，“我的小哥哥，我的孩子，他也是一个人，大哥的生命却把他的生命死死地压在下面”，因此她恨母亲，恨大哥，甚至想杀死大哥，“亲眼看着他死”，以拯救小哥哥，同时惩罚母亲对大哥邪恶的爱。

少女就这样在骄阳下、在贫困里、在绝望中成长着，她既因为母亲的处境而可怜母亲，又因为母亲对大哥的爱而憎恨她，生活在孤独和恐惧中的少女，15 岁就有了“一副耽于逸乐的面目”和奇特、早熟的打扮。她穿着母亲的真丝裙衫，腰上扎着一根皮带，脚上是一双镶金条带的高跟鞋，此外还戴着一顶有黑色宽饰带的平檐男帽，并且使用母亲的香脂和粉，涂暗红色的口红……

HarperCollins Publishers 2006 年版封面

15 岁的少女似乎是在母亲的鼓励下选择了这样的装扮，并以这样的装扮出现在湄公河的渡船上，遇上了一个西装革履的华裔青年。青年是一位富有的银行家的儿子，曾在巴黎读书，在他的请求下，少女同意由他送她回家。她在一阵悲戚中上了青年的轿车，恍惚间似乎意识到，从此以后，她就真正走向了成年，开始承担起对家庭的某种责任。

白人女孩那时住在西贡的公立寄宿学校，青年从此常常来找她，一个星期四的下午，青年把她带到城内，在一个单间里，少女经历了她一生中最重要的、难以忘怀的时刻之一。青年向她表示爱意，她却说她希望他像对待别的女人那样对待她。他们共同沉醉在肉体的欲念中，尘世的喧嚣似乎已离他们远去了。

后来，青年追问她为什么跟他在一起，少女向他讲述了自己的家境，并且说既想要他，也想要他的钱。其实，青年也许永远也无法体会在少女的选择背后种种爱恨交织的情感。她的行动，既是对以往岁月，对备受压抑的童年和少年生活的一种扭曲了的反抗，又是对家庭困境的一种主动承担，同时也是为了满足自己刚刚萌生的，带有某种好奇意味的欲念。

就在那个房间里，少女在哭泣中向青年讲述了她的生活，她对母亲怀着爱和恨，从中得到了一种安慰。他们彼此慰藉，彼此向对方叙述自己的家庭，却在不经意中第一次感觉到了横亘在他们之间的、无法逾越的种族和阶层的差异。

母亲从女儿的变化中意识到了什么，她开始怀疑女儿的行为，她感到恐慌，在恐慌中她变得疯狂，对女儿拳打脚踢，把她关在房间里剥光了衣服检查，骂她丧尽廉耻。大哥在门外推波助澜，而小哥哥的眼泪则终于使母亲冷静下来，母女俩一起放声大哭。

少女继续到青年那儿去，她的彻夜不归引起了寄宿学校舍监的注意，后者通知了她的母亲。母亲赶到学校，用嘲弄中隐含着痛苦的口气向校长表示，她不觉得女儿的打扮、彻夜

1992 年拍摄的电影《情人》剧照

不归有什么要紧，但她终于在羞耻之情的驱使下哭了起来，之后却又向校长要求给少女以充分的自由，理由是："这小姑娘一向自由惯了，不是这样，她就会逃走。"从此，少女在寄宿学校来去自由，"就像住在旅馆里一样"，但是在她就读的殖民地法国学校，她却被彻底地孤立了，成了孤零零的一个人，因为别的女孩被禁止与她说话。

少女与青年的交往持续了一年半的时间，这期间，少女戴上了青年给的钻石指环，她的家人也与青年有一次冷淡的会面。青年沉浸在疯狂的爱情中，"对这个正当青春期的小小白种女人一厢情愿甚至为之入迷"，但少女的情感则显然更为复杂暧昧，她依赖他，渴求他，但又厌恶他，同时她还对寄宿学校的女友海伦·拉戈奈尔有一种同性之爱，这种爱和欲望燃烧着她，使她感到衰竭无力。

青年向他的父亲坦白了他们的恋情，请求他的父亲允许他们在一起，但遭到了坚决的拒绝，他们抱头痛哭，但是毫无办法。

少女终于和家人一起，带着青年给他们的一些钱，登上了回法国的邮船，在无言中，她告别了沮丧颓唐的情人，也永远告别了殖民地的生活。

青年在少女离去之后，遵父命与一位中国姑娘成了婚。少女的小哥哥在 1942 年死于支气管肺炎，他的死，使她再次意识到她对他的"不可理喻的"、"甘愿为他的死而死"的爱；母亲在后来的岁月里又一次去了西贡，当她再次回来时，当年的少女已有了一个两岁的儿子。母亲到死都在为养活大哥而努力，大哥则继续浪荡，依旧偷窃，赌博，无所不为，在 65 岁时死在自己的房间里。死后他与母亲合葬在一起，这是母亲曾经要求过的。

小说结尾讲述了主人公与当年情人的最后一次接触。那是在许多年之后，当年的华裔青年携妻来到巴黎，早已为人妇、为人母的主人公接到了他的一个电话，在电话里，他用颤抖的声音告诉她，他依然爱她，至死，都不会改变。

《情人》一书以它非凡的艺术魅力征服了读者和评论家，它首先在法国引起了强烈的反响，甫一出现，日发行量即达 1 万册之多，形成了所谓“杜拉斯现象”。许多读者在各种书刊杂志上发表文章，表达对这本小说的赞赏之情，小说获得了 1984 年的龚古尔文学奖，并被拍摄成同名电影，在 1992 年获得了极大的成功。除了在法国有着创纪录的发行量外，《情人》还被翻译成多国文字，在世界上拥有广泛的读者。仅在我国，译作就有四到五个版本。

（张晓燕）

安德烈·马尔罗［法国］

《人类的命运》

作者简介

安德烈·马尔罗(André Malraux,1901—1976),小说家,评论家。马尔罗是个谜一样的人物,他曾经潜入纳粹集中营进行个人调查;在西班牙入伍,参加了1939年的战争,受伤后逃走,接着又加入了法国二战时期的抵抗组织。作为一个作家,他发表了《欧洲的企图》、《征服者》和《王者的道路》。1933年,马尔罗发表小说《人类的命运》。此书是马尔罗的一部杰作,获得了龚古尔文学奖,并使之从此进入了一流作家的行列。

马尔罗之所以有今天的地位,也许来自他对崇高和不朽的向往。他一直向往能进入名人的行列,在最远处,在最有力的人群里。马尔罗的一生都充满了激情、极端、矛盾,在所谓的事业和信仰上如此,在别的方面亦是如此。

作品提要

马尔罗(中)和肯尼迪总统夫妇在位于华盛顿的国家艺术馆的蒙娜丽莎画像前

《人类的命运》是一本黑色的小说,黑色,而不是红色——和很多中国人想象的正相反。里面有流血,有武器交易,有吸毒,有酒精,有性暴力,有不忠的女人,也有革命,有英雄人物,有共产党——遭到国民党和共产国际双重背叛的中国共产党,而死亡却自始至终是小说的主题。小说的题目来自于哲学家帕斯卡的这段话:"仿佛有一大群人,戴着手铐脚镣,而所有的人都被判了死刑,每天,他们当中的一部分人都会在其他人的注视之下死去,剩下来的看到是自己的一天……这就是人类命运的真实写照。"

我们置身于一出纯粹的悲剧之中。很快,命运(这里由革命来演绎)便重重地压在了我们的身上,屠杀和死亡;必须屠杀和死亡,背景是纯中国的,广州和上海,外滩的冒险家,20年代的工人起义,国民党的大屠杀。当时没有人知道马尔罗有把想象和现实混为一谈的嗜好,甚至没有人意识到他写的是小说。小说得到了1933年的龚古尔文学奖。安德烈·马尔罗那时对于中国的了解仅仅限于1930年一次短暂的旅行。《人类的命运》里全是英雄,却又都不是真正意义上的英雄,他们手臂上绑满了炸弹,他们痛苦、孤独、恐慌,想要赋予这荒诞的生命某种意义。他们不是真正的英雄,因为他们勇敢的行为不是出于对于某种信仰的执着。马尔罗的主人公是为了事业牺牲了自己的生命吗?也许是,但是首先,他们是为了捍卫自己作为一个起码的人的自尊。

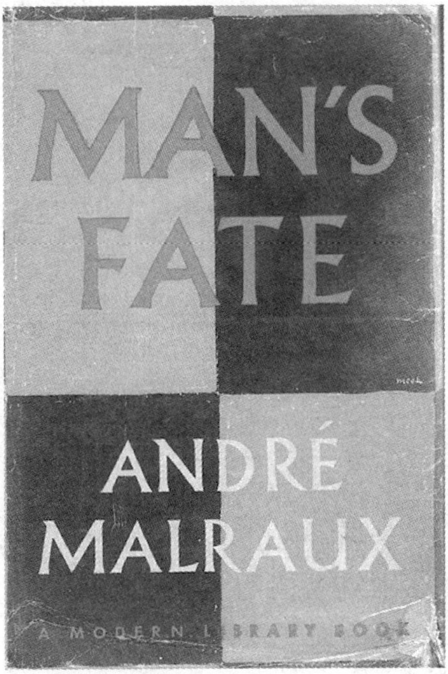

H. Smith and R. Haas 1933 年版封面

《人类的命运》的确展现了人类的某种极端,但是是一种悬置的极端。这个谜已经被包裹在它的题目中:人是什么?一直到书的最后,追问在继续,却始终没有答案。或许在马尔罗以后的书里仍在继续。《希望》,还有《反回忆录》——有历史的时候,我们便无需再借助历史的形式。所有活着的、死了的人,甚至是"雕塑一般的哑巴",他们都参与进来,参与了马尔罗进行的这场关于生命之谜的探寻。

行动总是受到限制,不论在道德上还是在实践上,马尔罗在他所有的著作里一直对此颇为焦虑,以至于很多批评家都谈到过革命在马尔罗的精神中也许只是一种个人的行为:一种对于形而上的问题的暂时的解决,为着自己的目的。但是我们到今天,又怎么再能把马尔罗的行为看成是一种业余的爱好呢?他就像《人类的命运》里的Katow,坐了牢以后,把自己的毒药奉献给自己的两个牢友,自己则自焚了事。马尔罗的每个姿势都充满着激情,都是类似毒药和武器的极致。

有人说他具有毕加索的天赋,能够激活所有文体,能让所有的人聚集一堂:斯大林、米洛的维纳斯、日本大使……他们之间的分融竟然只在于马尔罗点上的一个小小的逗号!马尔罗的朋友约瑟·贝尔加曼曾经说过:"马尔罗不是一个心理学家,他是一个心理泵。"他将灵魂带入了文学,他向你展示的是死神的邪恶。他带你读透各种灵魂:英雄、智者,甚至巫师;你不会觉得有什么困难的,因为即使这所有的人物没有相同的回答,他们至少问的是同一问题。

马尔罗不仅是法兰西共和国的,也是世界的遗产,值得一提的应该是他和中国的关系。马尔罗的神话从印度支那开始，他的神话和中国自始至终有着不解之缘。《人类的命运》用的就是中国的背景，中国的历史——虽然是出自作者超乎寻常的想象力。戴高乐政权又是和新中国第一个建交的西方政权，作为戴高乐的文化部长，他还曾经出访过中国，受到毛泽东的接见。他的书很早被译成中文，并且，在思想不甚自由的20世纪五六十年代，他是得到政治首肯的少数西方作家之一——我们国家也把马尔罗看成是一个人道主义的斗士。只是在今天，马尔罗在中国却仿佛被淡忘了：他的激情、他的传奇竟也成为我们快要久违的传统。

（袁筱一）

阿尔弗雷德·金赛［美国］

《人类男性性行为》

作者简介

阿尔弗雷德·金赛(Alfred Kinsey,1894—1956),美国现代著名性学家。1947年出版的《人类男性性行为》是一部划时代的名著。在金赛及金赛研究所的同仁们收集的大量数据基础上,还先后编著出版了《人类女性性行为》(1953)、《怀孕、生殖与流产》(1958)、《性罪犯:类型分析》(1965)。金赛博士一生最主要的贡献在于他在自己的著作中,用大量的调查数据,第一次揭示了男女性行为的普遍状况,提供了一个经验基础,使人们能公开地讨论和研究性问题;开创了独特的社会调查方式,揭示了性不仅是生理的、心理的,更重要是社会的、文化的,开拓了世界性学史上的新纪元。

作品提要

《人类男性性行为》是世界性学史上一部里程碑式性科学学术著作。

全书可分为五个部分,第一部分主要阐述了历时近10年、调查访问约12 000例个案的调查研究概念及内容。作者是带着这样的一个问题来从事这项研究的:不但是为了探索人类性行为的全貌,而且是为了用事实材料来揭示,人类不同个体和不同阶层之间在性行为方面存在的巨大差异,究竟是由哪些因素造成的。

金赛研究报告中的数据是在大量直接采访中获得的。图为金赛正在采访

该书中的一切资料都是通过直接面对面交谈获得并确定的。被调查的对象,遍布美国每一个州,但由于历史地理的原因,主要集中在美国的东北地区,尤其是马萨诸塞州、密歇根州、田纳西州和堪萨斯州。所以,这个调查范围基本上可以反映出美国的全貌。调查中将被调查对象划分成12个对照组,按性别、人种、婚否、年龄段、职业与阶层、城乡与祖籍以及宗教信仰等分门别类,每种群体至少有300个个案,总数

Product Category Books 1948 年版封面

达 12 000 例。本报告所收集的个例中，男性约为 6 300 人，其中约 5 300 人是白种人。作者集中研究了 40 岁以下的男性。这份报告在收集和筛选资料时，不存在什么罕见或普遍、道德或不道德的概念，其首要目的是说明人们在做什么，而绝不涉及人们应该做什么，也不涉及对这样做的人的评价。该项研究不是仅仅把人类性行为的生物学方面、心理学方面和社会学方面当做单独的课题，而研究的是整体，是人类性行为的一切方面，涉及 33 个专门学科。

至于调查内容，他们共设置了 521 个问题，而面谈中实际提出的问题一般将近 300 个，其大的方面分别是社会背景与经济状况、婚姻状况、性教育状况、身心状况、夜间性梦、自我刺激(俗称手淫)、异性性交情况、同性性行为、与动物的性行为等。调查对象涉及 12 000 人，总共有 8.8 万多名有关人员帮助金赛及其合作者完成了这次史无前例的性调查。

第二部分主要谈及少年性发育与性活动。在生理学的意义上，性唤起与性高潮指的是一种成人或婚后才有的现象，包括一系列机体的、生理的和心理的变化。性活动则是指一切可能促使行为主体达到性高潮的活动的总和。性行为主要有 6 种途径：自我刺激、夜梦射精、异性爱抚行为、真实异性性交、同性性行为、与动物的性行为等。金赛报告通过调查明确指出：一是尽管某些少年在其性游戏中，似乎力图避免性的内容，但是在许多前青春期性活动中，确实存在着性唤起与性刺激；二是尽管在高等动物里，包括人类，身体接触式的刺激是性唤起的主要来源，但它们，尤其是人类，由于自己的经验或外界性信息的输入，却完全可以使心理刺激成为性唤起的来源，尤其是个体受教育较多并培养出较强精神活动的能力时，更是如此；三是尽管性唤起与性高潮必须有一系列生理变化和现象作依据才能判定，但目前为止，无论律师还是科学家，都是依据调查对象的自述，尚无法做到严格检测。

第三部分主要谈及性释放或性发泄。调查表明，成熟男性的任何一种性接触都可能引起性勃发，都可以视为性能量释放的表现。尽管它们可能并不直接导致性高潮，但从广义上看，也都可以视为某种性的释放。性释放的频率存在着个体差异、年龄差异、婚否差异、离婚与否差异、社会地位差异、社会环境差异、性模式差异、宗教信仰差异等。调查表明，全美国单身男子有一半以上与友人发生过非婚性交，其顶峰期在 16—20 岁(70.5%)，到 50 岁仍占 51.3%。在已婚男子的发生率在各年龄组都保持在 1/4 到 1/3 之间。社会生活中那些朝气蓬勃、善于社交，或者侵犯性强的个人，往往是青春期初始早的人。不管社会和法律对婚姻的权利与义务做了多少规定，影响人们性释放的更主要因素毕竟还是年龄。离婚者并没有按社会的要求，去过没有性行为的生活。他们的自我刺激和夜梦射精会稍多一些，若年轻，同性性行为也会多一些，但他们 80%的性释放仍将通过与异性性交这一轻车熟路的方式。在任何一个年龄段的单身者中，总释放率最高的，都是那些只有高中(8 年)以下文化程度的人，他们平均每周性释放 3.53 次。频率最低的是上过大学的人。对社会上层来说，违反性道德是一切不道德行为中最为恶劣的一种，而低层人士中，总的说来，不能战胜道德。中等阶层的男性一方面与众多乃至数百个姑娘性交过，另一方面坚决不娶非处女为妻。而上层男性一旦偏离道德戒律开始性交，其疯狂劲儿就比其他什么人都足。同一阶层中不同个体的性释放情况也不尽相同，有的会有天壤之别。但该阶层中 80％到 85％的人都接近全阶层的平均值或中位值。一个人极不可能在每一种和全部途径上都背离全社会阶层的性模式。无论在哪个年龄段和哪个受教育水平上，性的总体释放频率最低的，都是正统犹太教徒(他们低于任何人)、虔诚的天主教徒和受桎梏的清教徒。相反，各种宗教徒中性释放频率最高的正是那些消极和不甚虔诚的人。

第四部分主要谈及性释放的来源。具体表现为自我刺激、异性爱抚、婚前性交、婚内性交、婚外性交、与卖淫者性交以及同性性行为。金赛报告中以大量的图表阐明了各种性释放的发生率和频率，性释放的方式及其社会意义。各种性释放方式的存在和采用都有其独特的科学意义和社会意义。对大多数男性来说，异性性交第一重要，自我刺激其次，但对于有大学文化的未婚者来说，却是自我刺激第一重要。调查表明，前青春期男孩中约有 60%从事过同性性行为，更有一些成年男性，虽然避免了发生同性性行为，但仍相当清醒地意识到自己具有这样的潜在可能。

从客观上看，尽管人的性行为多种多样，在我们的社会中似乎被划分为正确与错误的，合法的和不合法的，正常的和不正常的，可接受的和不能接受的几大范畴。事实证明，天生的反常这种东西是不存在的。大量的事实表明，如果人们了解了每一个行为的背景，那么大多数的人类性活动都会被大多数人理解。这就是金赛报告——人类男性性行为给人们所带来的主要启示，尽管这点在所有人中间形成共识还会有一个漫长的过程，但这一天毕竟会到来的。

(储兆瑞)

鲍里斯·列奥尼多耶维·帕斯捷尔纳克 [苏联]

《日瓦戈医生》

作者简介

鲍里斯·列奥尼多耶维·帕斯捷尔纳克(1890—1960),苏联作家。他是以一个诗人的身份登上文坛的,并以其独特的风格享有盛誉,著名诗集有《生活,我的姐妹》、《主题和变化》。然而由于他的诗不合当时苏联的潮流,到后来便无处发表。1948年到1956年这八年间,诗人终于完成了一部体现他对历史深沉思考的长篇小说《日瓦戈医生》。由于小说描写十月革命前后贵族知识分子日瓦戈及其周围人的不幸命运,让读者看到了革命、战争的残酷和反人道的一面。鉴于小说有可能被理解为反对十月革命,苏联官方禁止发行,因此小说被迫在国外发表,并被译成多国文字,在西方社会引起强烈的反响,瑞典皇家科学院授予作者诺贝尔文学奖这一殊荣。由于西方掀起这股“日瓦戈”热激怒了苏联,官方不但更强烈地禁止小说在苏联发表,而且开始严厉地非难、苛责作者本人,甚至要把作者驱逐出境。鉴于政治的压力,作者被迫放弃了诺贝尔文学奖,孤独而忧郁地生活了两年,于1960年在莫斯科郊外溘然长逝。

帕斯捷尔纳克在苏联第一届作家大会上

作品提要

小说主人公尤拉·安德烈耶维奇·日瓦戈出身于莫斯科一个煊赫一时的富豪之家。但是不久他的家族就没落了。他被罗麦科教授家收养,和教授的女儿托尼娅亲密相处,他们常和同学米沙·戈尔顿一起讨论道德问题。日瓦戈天资聪颖,善于思考,感受力极强,喜欢艺术和历史,尤其喜欢写诗。长大后,日瓦戈选择了学医。大学毕业后,日瓦戈来到圣十字医院工作。不久他就和托尼娅,这个肩挨肩一起生活了六年的姑娘结了婚,还生了个儿子,生活十分幸福。很快,第一次世界大战爆发,前线缺乏医疗人员,日瓦戈应征到前线医疗队工作。在前线,他几乎天天都要到什么地方去看看,实地体会士兵的生活。日瓦戈听不惯那种互相残杀的血的逻辑，看不惯伤员的惨状，以及对犹太人的欺辱和迫害。切身的体会使他对战争和时代精神有一些自己的看法。他更加看透了沙皇政权的腐朽。一次医疗队转移时，日瓦戈被一发榴霰弹击中，抬到野战医院治疗。在那里，日瓦戈遇见了护士拉莉萨。

人民文学出版社 2006 年版封面

拉莉萨是浪荡女人吉莎尔的女儿。丈夫去世后，吉莎尔带着一儿一女从乌拉尔尤梁津市迁到莫斯科。她接受了情夫科马罗夫斯基(也就是日瓦戈父亲的律师)的建议，靠着丈夫留下的积蓄，购置了一处不大的成衣铺，借以谋生。谁知卑鄙的科马罗夫斯基竟然在拉莉萨 17 岁那年诱奸了她。失身后的拉莉萨异常痛苦，为了摆脱纠缠，离家去做家庭教师。拉莉萨对科马罗夫斯基恨之入骨。一次，拉莉萨借舞会之机想开枪打死他，但没有成功。大学毕业前夕，拉莉萨和巴沙结了婚。巴沙是她童年的好朋友，他如痴如狂地爱着拉莉萨。可在新婚之夜，拉莉萨向巴沙倾吐了自己的不幸后，并没有得到巴沙的理解。大学毕业后，拉莉萨和巴沙一起回到老家尤梁津教书。巴沙并不喜欢这个小城，而他对拉莉萨的猜疑又没有消减，于是巴沙决意离开尤梁津，离开拉莉萨去服兵役。这时他们已经有一个女儿。拉莉萨跪在巴沙脚下求他不要离开，但巴沙还是走了。巴沙一走，拉莉萨感觉她最美好、最光辉的希望一下子完了。在一战之初，拉莉萨就热心地到当地军医院帮忙。如今为了探寻丈夫的下落，拉莉萨踏上了去莫斯科的火车，后来又辗转到野战军医院当了护士。她从别人那儿得知巴沙已“战死”。后来她遇到了住院疗伤的日瓦戈。他们逐渐熟悉起来。不久二月革命爆发，由于工作关系，日瓦戈和拉莉萨又同到小城麦柳泽耶夫工作。频繁的接触使他们之间产生了感情。在日瓦戈心中，涌动着两股思绪：一是相信托尼娅、家和原来十分安定的生活。这里面还包括对革命的向往和赞美。这是一种亲切而又熟悉

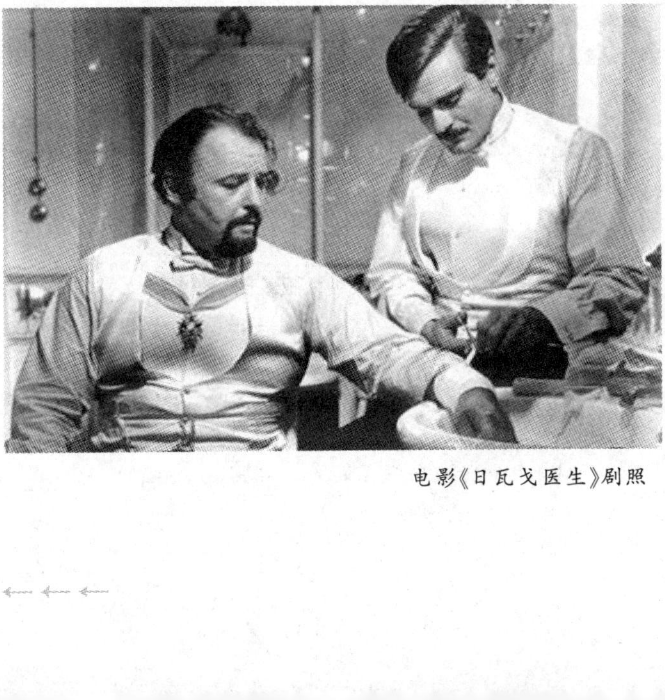
电影《日瓦戈医生》剧照

的思想。另一种则是不由人意的，向迅雷一样来源于现实的新东西：战争，战争的恐怖和野蛮；还有从战争中诞生的革命，不惜流血，不惜代价。其中还有拉莉萨，在她身上表现出的那种毫无怨尤、不肯表露痛苦的品质，也是他以前从未接触到的。但是，日瓦戈还是克制了对拉莉萨的情感。他决定回莫斯科。

当时生活异常窘迫，日瓦戈回到以前工作的医院，勉强维持一家的温饱。旧历十月下旬，十月革命爆发。日瓦戈兴奋不已，他说："多么了不起的外科手术，一下子就把多年来发臭的烂疮切除了。""这是历史的奇迹。"但他奇怪地发现昔日的好友都消沉了，失去了个人的特色，没有思想，没有个性。

为了摆脱生活的窘境，他们决定举家迁往遥远的乌拉尔尤梁津附近的瓦雷津诺庄(托尼娅外祖父的旧庄园)，希望农村的日子能好过些。沿途，他们还听到红军将领斯特列尔尼科夫对付反革命如何凶狠的传闻。快到尤梁津时，日瓦戈还被当做可疑人员带去见红军首长斯特列尔尼科夫。刚一见面，日瓦戈立刻感觉到这是一个意志完美的人。其实他就是昔日的巴沙。巴沙刚参加战争就做了俘虏，在敌方呆了很久，长期没有音讯，人们都以为他死了。后来他听说俄国发生了革命，便又逃了回来。当他从列车车窗外看到尤梁津时，恨不能立即去看看妻子和女儿，但他没有，甚至连打听一下她们是否安全都没有。斯特列尔尼科夫盘问了日瓦戈医生之后又将他送回了车厢。日瓦戈一家在破房子里安顿下来，过起自食其力、粗茶淡饭的生活。日瓦戈开始写杂记，有时抽空去市立图书馆。一天他在阅览室巧遇拉莉萨。原来，拉莉萨离开小城麦柳泽耶夫后又回到尤梁津教书。与拉莉萨的相遇给日瓦戈带来了巨大的欢乐，推心置腹的交流加深了彼此之间的了解，他们发现他们之间有许多共同的东西。日瓦戈深深地爱上了拉莉萨。日瓦戈明白这是不能容许的事情。他想向托尼娅忏悔，又难以割舍拉莉萨。一日，日瓦戈从拉莉萨家回家时，被游击队截住。游击队非常需要军医，就强迫日瓦戈给游击队当医生。在游击队呆的这一年半时间是日瓦戈一生中的重要时期。他目睹无休无止的交战、流血、混乱、恐惧，精神受到很大刺激，思想发生了重大改变。他认为红军和白军互逞凶残，以暴还暴，有增无减。日瓦戈对革命感到万分失望。在军中，日瓦戈日夜思念家人。在一晴好月夜，日瓦戈绕过哨兵，逃了出来。沿铁路线，日瓦戈看到由于战争、酷寒加之斑疹伤寒肆虐，大部分村庄已无人烟，而且灾难使人们变得更残酷了；有的地方甚至出现了人吃人的惨剧。日瓦戈历尽千辛万苦回到尤梁津，打听到家里人找了他好久，都以为他死了，而瓦雷津诺

Topeka Bindery 1999 年版封面

又遭白军洗劫，他们只好回莫斯科去了。连日的疲劳、饥饿加上风寒使日瓦戈身体异常虚弱。他只好暂时放弃了去莫斯科的打算，留在尤梁津。在日瓦戈病重之际，拉莉萨精心照料他。这是一段既苦又甜的日子。相爱的感觉是甜美的，它就像一缕春风吹入他们不幸生活中的每一时刻。他们心性相通，对爱情、对生活的共同感受使他们的心贴得更近了。他们谈到可敬的萨姆杰维亚托夫，可恶的科马罗夫斯基。但日子也并不平静：红军建立了无产阶级政权，日瓦戈是自杀富商的儿子，又从游击队开小差逃走；而拉莉萨也会因丈夫斯特列尔尼科夫的历史问题受到追查而遭到牵连。他们非常不适应新政权提出的各种口号，也害怕当局以最高革命原则的名义消灭他们。日瓦戈往莫斯科发了几封信都没有回音，更加提心吊胆，他决心筹集路费回家看看。而拉莉萨却坚持要留下来，因为决定巴沙命运的地方就在这里。城里的气氛一天天紧张起来。这时候幽灵似的科马罗夫斯基又出现了。他恐吓他们说他们正处在悬崖的边缘，如果不及时采取对策，自由自在的日子以至活着的日子已经屈指可数了，并表示他即将出任远东共和国的司法部长，可以帮助他们从远东逃出去。日瓦戈和拉莉萨虽然害怕受到清算，但也不愿科马罗夫斯基摆布自己的命运。为了避一避风头，在一个灰暗的冬日的清晨，日瓦戈和拉莉萨重返瓦雷津诺。很快他们重新安顿下来，过起露营式的生活。一切暂时平静下来。日瓦戈从四周笼罩着的幸福、甜美的气息中感受到人生的欢欣与光洁，他文思如潮，修改了不少旧作，还开始创作新诗。可拉莉萨并不适应这种无所事事、茫然无着的生活；况且城里虽然正值大搜捕，乡村却也好不到哪儿去：野狼出没，土匪乱窜。正当他们商量着回城的时候，科马罗夫斯基又来了。他谎说拉莉萨的丈夫巴沙(即斯特列尔尼科夫)已被枪决，劝他们立即离开。为了孩子的安全拉莉萨必须走，但她坚持要日瓦戈同行。在科马罗夫斯基花言巧语的动员下，日瓦戈违心地要拉莉萨先走，说他随后赶到。结果科马罗夫斯基阴谋得逞，将拉莉萨骗走。“永别了，我的美人，永别了，我永恒的无尽的欢乐!”日瓦

电影《日瓦戈医生》剧照

戈发自内心的话只能向傍晚的寒风倾吐。拉莉萨走后,日瓦戈一蹶不振,神情恍惚。斯特列尔尼科夫的不期而归使日瓦戈猛醒。原来受到追捕的斯特列尔尼科夫得悉妻子在瓦雷津诺匆匆赶来,但拉莉萨已走。是夜,斯特列尔尼科夫与日瓦戈长谈,第二天清晨,斯特列尔尼科夫在绝望中自杀。

1922 年新经济政策之初,日瓦戈回到莫斯科。妻儿已被驱逐出境,侨居法国,和他失去了联系。大家都躲着他,视他为危险分子。两个儿时的伙伴都当上了红军军官,但日瓦戈觉得听他们说话就像是一匹马在讲述它如何被驯服一样。日瓦戈孑然一身,和房东(昔日的仆人)马尔克尔的女儿玛丽娜结了婚,生了一儿一女,日子过得很凄苦。就这样过了八年,日瓦戈感到十分无聊,格兰尼亚把他安排进医院工作。不幸的是,在他上班第一天,他的心脏病发作,摔倒在地,就再也没能起来。这时候,拉莉萨回到莫斯科,得知日瓦戈的死讯悲痛万分。拉莉萨对着日瓦戈的遗体,悲伤地倾诉他们相爱的往事,她被骗走后的遭遇。拉莉萨和格兰尼亚都参加了日瓦戈的葬礼,并承担了料理后事的责任。后来拉莉萨也失踪了。这时已经当上将军的格兰尼亚想方设法找到日瓦戈和拉莉萨的女儿,负起抚养的责任。他还设法出版了日瓦戈生前的诗作。

(管海莹)

杰里米·里夫金　特德·霍华德［美国］

《熵：一种新的世界观》

作者简介

杰里米·里夫金(J. Rifkin,1943—　)，当今美国颇有声望和影响的著作家、社会活动家。他立足于我们正从物理学模式与观念转向生物学模式与观念这一时代特征，关注人类的未来走向——更多的是警醒。他的一些理论曾在美国国会议员中引起强烈反响，一定程度上影响了美国有关生物技术时代一系列政策的出台。除本书外，他还著有《谁将扮演上帝》、《正在出现的秩序》等。

里夫金将熵概念广泛用于哲学、政治学与社会科学领域，并引起人们的关注。这与他同霍华德合著的《熵：一种新的世界观》一书的问世是紧密相关的。

作品提要

《熵：一种新的世界观》是里夫金与霍华德合著的社会哲学著作，也是作者将自然科学理论引入社会问题的一次成功运用。作者把熵这个物理学概念广泛运用于哲学、心理学、经济学、政治学、社会学以及西方文化的各个领域。作者在此书中预告了牛顿-笛卡尔科学观的死亡，驳斥了鼓吹不断增长的资本主义经济思想，但最后却得出了历史是一个不断倒退、衰亡的过程的悲观结论。

关于熵定律问题。“熵世界观”把熵增原理称为熵定律，并把这条定律奉为“整个宇宙的最高的形而上学定律”[①]。“熵世界观”的理论大厦也就是建立在这条定律之上。

所谓熵定律就是热力学第二定律。在自然科学理论中，熵是表示一定数量的有用的能量转变成了无用的能量的一种度量，熵值越大，转变的越多，无用的能量(即不可再做功的能量)越多。因此，熵定律也可以这样加以表述：在孤立系统内实际发生的过程，总使整个系统的有用能转化为无用能。比如，我们烧掉一块煤，在燃烧的过程中，煤(有用的能)转化成了煤渣、二氧化硫及其他气体(无用的能)，虽然根据热力学第一定律(能量守恒定律)，任

① 杰里米·里夫金、特德·霍华德：《熵：一种新的世界观》，吕明、袁舟译，上海译文出版社 1987 年版，第 3 页。

何变化过程中能量总量是不变的，但实际上我们已经不能再把煤渣、二氧化硫及其他气体重新燃烧一次做同样的功了。就是说，虽然燃烧前后能量总量守恒，但变化后的无用能增加而有用能减少了。物理学家克劳修斯进一步把熵原理推向整个宇宙，他认为一旦宇宙中没有可用能了，宇宙失去了进一步发展的动力，万物都停止了运动，宇宙进入了一个“死寂的永恒状态”。这就是著名的“热寂说”。

作者以一种十分赞赏的口吻阐述了“热寂说”所代表的宇宙观，并以此为基点，全面展开了社会乃至历史趋向熵增、趋向衰落的具体的论述。作者认为，古代希腊社会由鼎盛走向衰亡的历史观与当代那种认为人类社会在不断进步的历史观相比，前者更准确地反映了现实。希腊神话意义深远地把历史划分为黄金时代、白银时代、青铜时代、英雄时代和铁器时代。黄金时代是历史的顶峰，是富饶和充足的时代。黄金时代以后，每个时代都比前一个时代更为退化、粗俗、严酷。人类的历史是江河日下的历史，熵定律“最终将控制着政治制度的兴盛与衰亡、国家的自由与奴役、商务与实业的命脉、贫困与富裕的起源，以及人类总的物质福利”①。

熵定律的提出，无疑是向鼓吹无止境经济增长的传统经济学提出了挑战。正如作者指出的，由于经济的快速增长以及人们对科学技术的崇拜与放纵，世界非再生能源与物质材料的耗散实际上在加速增大，两者的熵正提高到了一个很危险的水平。

这种危险，都与当今人类经济活动的基础——能源及其供给有关，与人类社会的人口、经济以及对非再生能源和物资的耗费的巨幅增长有关。的确，人类正处在长存与灾难的十字路口。

传统的机械论世界观。正如书名所指，此处新世界观是相对于传统的机械论式旧世界观。作者着重批判了机械论世界观。在牛顿、培根及笛卡尔的机械论世界观看来，世界是一部大机器。一切事物和现象均是运动中的物质，完全可以用数学公式来精确衡量，连人也只是机械世界中的物理现象而已。这种世界观强调的是速度、效率和精确性，它深刻地左右着一种只注重收支平衡、产值和国民生产总值的经济观，即任何能够带来增长的行为都是经济的因而必须加以鼓励。在经济领域里，亚当·斯密发展了这种世界观。他明确无误地把道德这个概念从经济学中剔除出去，强调在经济活动过程中，那只“看不见的手”在自动调节资金投向、就业、资源和物质生产等方面的重要性。没有任何道德选择及伦理需求的物质追逐，使追求经济增长的高速度成为现代国家衡量其自身经济发展水平的唯一标准，这在一些第三世界国家表现得尤为明显。其实，仅注重经济量的增长往往是以对自然资源的大规模破坏而实现的，而且，许多经济学家也在怀疑，产值及国民生产总值的增长必然就意味着社会财富与福利的增长吗?作者忧心忡忡地指出，这种过分沉溺于物质生活追求的机械论世界观，十分

① 杰里米·里夫金、特德·霍华德：《熵：一种新的世界观》，吕明、袁舟译，上海译文出版社 1987 年版，第 5 页。

不利于一个民族超然的精神生活，也不利于一个健康、完整的人群的品格构造。

关于低熵社会模式。作者在书中把机械论世界观指引下的人类社会称为殖民时代，这个时代的最大特点是人们一味强调能量流通的增长。他以美国的农业、运输业、城市化、军事教育及医疗等6个领域作为熵定律对经济社会活动发生影响的典型事例予以研究，指出现代社会的其他各个领域正是这些领域的翻版，也即在整个社会均存在着一个严峻的事实即熵的不断增长。长此以往，人类将陷入自取灭亡的灾难。由此作者呼吁人类要尽快由殖民时代向极点时代过渡，选择一种低熵的社会发展模式，也即“零的经济增长”。这种低熵社会模式立足于低熵世界观，以如下的基本估计为基础:“400年来，曾为工业时代提供了大量贮存太阳能的世界非再生能源基础已接近枯竭。”[①]而科学技术的发展及应用不仅不能解决能源的枯竭问题，反而，只能使有效能量耗散更快。面对这场迫在眉睫的大崩溃，熵世界观提出了低熵社会模式，包括低熵技术、低熵经济、低熵文化、低熵价值观念等，其核心思想是放弃进步与发展，只保证“为维持健康和体面生活而进行的生产和消费”[②]，而且越少越好。同时，这种世界观向人们灌输对一种“自发朴素”的生活方式的信仰，指出它是一种建立在节省消费基础上的低熵生存形式，注重个性及内心世界的发展，鄙夷物质主义。在“自发朴素”的生活方式中，生态环境日益受到重视。

但是，作者也看到当前的南北差异及世界发展的极不平衡，从两个方面展开了对世界远景的设计。作者首先认为，任何第三世界国家均不应该奢望达到近几十年来美国的物质丰富水平，因为美国的繁荣是建立在对资源的无情掠夺上的。因而，第三世界的发展，应寻求适合自己国情的，不同于工业化西方的发展模式。高能、集中化的技术应让位于中等技术，那种劳动密集型的技术可用于乡村，因此毋需人们从农村社会集体迁徙到肮脏、拥挤的城市里。农业将是第三世界的社会基础。

应该说，作者将经济发达国家与发展中国家区别开来是完全科学的。在经济发达国家物质生活的丰裕程度已达到人们无需再孜孜以求的阶段，其实际状况已过分奢侈。但是，第三世界国家要求致力于发展自己的经济，提高人民的物质生活水平，则是必须的，也是可能的。作者不是肯定这一点，相反，却抱着赏玩的态度来肯定第三世界国家现在的物质生活水平与方式，甚至公开赞扬中国在“十年动乱”情况下的经济模式和贫困的物质生活条件，以此作为所谓“低熵文化”的物质生活标准，则是人们绝对不能接受的。(姚国宏)

---

① 杰里米·里夫金、特德·霍华德:《熵:一种新的世界观》，吕明、袁舟译，上海译文出版社1987年版，第107页。

② 杰里米·里夫金、特德·霍华德:《熵:一种新的世界观》，吕明、袁舟译，上海译文出版社1987年版，第188页。

布鲁斯 [波兰]

《社会主义经济的运行问题》

作者简介

布鲁斯(Wlodzimierz Brus,1921—2007),波兰著名经济学家、理论家。布鲁斯生于波兰,长期从事经济理论研究,曾担任华沙大学教授、波兰计划委员会经济调查司司长、国家经济委员会副主席。1972年,布鲁斯移居英国,担任格拉斯哥大学客座教授,牛津大学沃尔夫森学院客座教授、研究员,牛津大学圣安东学院客座教授、高级研究员。布鲁斯的社会主义运行模式理论,对东欧的经济体制改革有着重大影响。《社会主义经济的运行问题》是社会主义经济学的重要文献。布鲁斯的主要著述有《社会主义经济的运行问题》、《社会主义政治与经济》。

作品提要

20世纪50年代中期,东欧社会主义各国纷纷展开了经济体制改革。改革的核心在于突破苏联式的高度中央集权的社会主义模式。长期以来,苏联模式作为样板在各社会主义国家推广。在具体经济运行中存在着许多问题,引起理论界的争论和思考。布鲁斯《社会主义经济的运行问题》是在他们研究的基础上的新探求。全书共五章,主要内容包括三个方面。

一、模式和社会主义制度

为了避免理论上的误解,布鲁斯指出有必要把生产关系类型与经济运行的具体机制加以区别,也就是把社会主义概念和经济运行方式区别开来。布鲁斯同意斯大林关于区分基本生产关系的三条标准:1.生产资料的所有制形式,2.由它们产生的各种社会集团在生产中的地位,3.由它们产生的产品分配的原则。

布鲁斯进一步从分析社会主义生产关系的一系列矛盾入手,论述了解决社会主义经济运行模式问题的重要性。他指出:毫无疑问,随着资本主义生产关系转变为社会主义生产关系,生产关系不再成为发展生产力的桎梏,而成为发展生产力的动力。但是,社会主义生产关系不仅包含积极因素,而且在每个阶段包含着某些影响生产力发展的消极因素,这些矛盾不只是由外部因素产生的，至少部分是由社会主义生产关系本身产生的。

第一，社会主义实行了在全社会范围内有计划地分配社会劳动。其优点是消除了资本主义企业之间、部门之间盲目竞争所引起的社会浪费。但在消除了竞争以后，同时产生了消极后果，企业缺乏改进生产，革新技术，特别是提高质量的刺激。第二，社会主义能够有组织地实行生产的专业化，保持合理的生产比例。这对提高经济效率有积极作用，但又产生了垄断的危险。第三，社会主义比资本主义更能够运用生产能力，反映了社会主义不仅是一种公正的制度，而且是经济上更有效的制度。但是，这种积极的特征有可能导致供给结构对需求结构的适应不够灵活。这个问题进一步发展为居民的购买力增长超过产品和劳务供给维持增长。第四，社会主义消灭了结构性失业，但这同时对劳动纪律产生了不良影响，增加了劳动力的不稳定。此外，还有同个人在生产过程中的地位有关的收入分配问题，生产资料的社会化增加了消费资料分配的平均主义倾向。这种情况与基于按生产率付给报酬原则的刺激需要是矛盾的。

由于社会主义生产关系本身存在着种种矛盾，人们希望成功地解决社会主义的运行原则和经济模式问题，就不是偶然的了。布鲁斯认为，分析经济运行模式是政治经济学的重要任务之一。这种分析之所以重要，还因为经济运行的原则和经济增长率之间有着密切的关系。解决好经济模式问题，有利于提高资源配置效率，改善生产条件。

为了最充分地利用社会主义经济制度的可能性，必须解决它的运行机制问题。作为一种制度，它为自觉地有计划地按照社会的利益来确定经济进程创造了基础，没有理由相信只有一种适用于社会主义经济的固定的运行模式，相反，在社会主义生产关系的范围内，各种各样的解决办法都是可以接受的，它们不仅在细节方面，而且在基本概念方面也可能互不相同。

二、计划和市场，集中决策和分散决策的并存看来是社会主义经济的一个标志

在布鲁斯看来，社会主义的所有制是生产资料的公有制。在公有制条件下，国民经济的计划决策是必然的形式。同时，他也承认社会主义存在市场。计划与市场的关系是：社会主义经济如果没有直接的中央决策以调节宏观的经济过程就不称其为社会主义。同样，社会主义经济没有市场关系也不能存在下去，问题在于寻找把计划和市场结合起来的方式，在于探求集中决策和分散决策的最优范围。也正在这个意义上，《社会主义经济的运行问题》在译成英文时，布鲁斯直接用《社会主义经济中的市场》的书名。

既然社会主义经济中存在商品市场，就不能忽视价值规律的作用。布鲁斯认为社会主义制度下价值规律的作用是并将继续是经济理论的重要研究领域。因此，严格意义上的价

值规律和社会主义经济的运行机制之间的关系,决不像人们想象的那样直接是一个东西。

在既定的生产条件和既定收入分配条件下,价值规律的调节作用意味着使最终消费品的生产结构适应需求结构,使生产结构朝着交换等价的方向改变。但是即使如此,也不能放任价值规律去调节需求结构和生产结构。因为与价值规律相适应的生产比例和交换比例,会使社会上有害产品(如酒)消费得更多,而使社会有益的产品(如书籍)的消费受到不必要的限制。

价值规律的作用要通过市场机制去实现。怎样认识社会主义经济中市场机制的作用呢?在布鲁斯看来,所谓在社会主义经济中使用市场机制,是指把商品货币形式用做基本的和积极的分配资源的工具。在充分利用市场机制的情况下,企业有选择的自由。为了取得最大限度的利润,它们可以对赢利的差别作出反应。有两种情况,一种是国家机关不干涉市场过程,价格根据供求关系在市场上波动,可称为"自由的市场机制"。一种是国家机关干预市场过程,企业行为规则并没有改变,但是价格不再由企业根据市场情况决定,而由独立的国家机关决定,可称为"有调节的市场机制"或"受控制的市场机制"。

不过,布鲁斯认为,无论是哪种市场机制,与资本主义自由竞争下的市场经济都是根本不同的。市场机制的作用是违反价值规律的。利用有调节的市场机制与利用价值规律不能混为一谈。

三、社会主义模式选择

按照决策程度的不同,布鲁斯把社会主义经济运行模式划分为集权模式和分权模式,并分别进行了分析、比较研究。

他认为苏联和波兰当时的模式都属集权模式。分权模式又叫做含有市场机制的计划经济模式。布鲁斯的重点侧重在对这些模式的评价上。他认为集权模式的产生有其客观因素,在历史上也是起过一定的积极作用。集权模式优点之一是它"高度的选择性"。显然,在一个拥有尚未利用的自然资源巨大后备和大量公开或隐蔽失业的国家,实行高度集权,集中资源分配有其较大优点。但是,集权模式也存在许多弊端。

比起集权模式,布鲁斯是赞成分权模式的。因为分权模式既不像集权模式那样高度集中,又有一定程度的分权,发挥了市场机制的作用,就是说它既保存了计划经济的优点,又克服了集权模式的种种弊端。在分权模式中运用市场机制,能使供给结构与需求结构相适应。因为计划经济中运用市场机制,使供货者和购买者之间在计划所规定的比例和条件的限度内,建立起直接的经济联系,不必由中央一级直接而详细地加以决定。

分权模式中,企业关心减少每一个产品的活劳动和物化劳动的物质消耗。企业对把用货币来表示的生产要素尽可能合理地结合起来感兴趣。企业能自由地规定耗费结构，能自己选择供应来源，在自己基金界限内对那些要求把要素合理结合起来的措施提供资金。企业十分关心成本和收益之间的关系。

布鲁斯对社会主义经济中计划经济和市场运行的相容性的论述，把社会主义经济的这种形式称为混合经济富有新意。他对社会主义经济中价值规律的作用和市场机制的关系的理论探讨，富于开拓性，澄清了长期以来的一些混乱和误解。他正确地划分了利用商品货币形式与利用市场机制的区别，论述了价值规律在社会主义经济中的作用及其范围、形式，对这个社会主义经济理论的疑难问题作了自己的回答，它直接引发了20世纪六七十年代关于社会主义条件下价值规律的作用的大讨论。

布鲁斯致力于“分权模式”理论研究，为东欧社会主义改革提供理论模式。在理论上推进了长期争论不休的关于计划与市场，集权与分权问题的研究，在实践上为东欧改革中建立具体新式体制规定了若干指标。为寻求计划和市场的结合形式和结合点，提供了一种可供选择的模式。“分权模式”理论强调在计划经济中列入“有调节的市场机制”反映了在客观决策中采用中央计划调节的必要性。

当然，布鲁斯的研究也受到时代发展的限制，在许多问题上存在缺陷。首先，布鲁斯考察社会主义经济运行问题是以生产资料的公有制为前提的。也就是在总框架以生产资料公有制为依据的。那么很显然，这里的市场、商品、货币、价值规律统统与通常所说的市场私有制截然不同。这些商品经济形式中的东西，在社会主义条件下，只能是“借用”。既然如此，社会主义条件下的市场也就只能是不完全市场。这种市场当然就没有生产资料，更没有资本。如果只有商品市场而没有生产要素市场，市场机制的作用就是令人怀疑的了，市场机制在资源配置方面的功能也就失去了前提。而且在这里布鲁斯一直强调由于价值规律的作用特殊性，商品价格不决定于市场的供求关系而决定于社会偏好，在这种情况下，市场根本无法运转。这与布鲁斯在计划经济中引入市场机制的美妙想法不一致，只能是个纯理论的东西。事实上从20世纪60年代开始，社会主义国家的经济体制改革风起云涌，而社会主义理论研究相对滞后，关于商品经济在社会主义条件下实现已不是新鲜事了，但这种变化丝毫不能抹杀理论研究的必要性。从这一角度出发，我们说布鲁斯的研究不仅开启了人们的视野，而且也是难能可贵的。

（张传仁）

哈罗德·品特［英国］

《生日晚会》

作者简介

哈罗德·品特(Harold Pinter,1930—),继贝克特、奥斯本之后,在战后英国乃至世界剧坛上最有才华和影响的剧作家之一。

1957年,品特仅用了4天时间创作了他的第一部剧作《房间》,首演获得了成功,受到热烈欢迎。同年他又创作了《生日晚会》和《升降机》。次年完成了《有点儿疼》。这四部剧作反映的主题都是屋内的人受到来自屋外的威胁而最终成为其牺牲品的命运。它们为品特风格的形成奠定了基础。从1959年起,品特作品中的现实主义因素逐渐加强,所表现的威胁的主题也逐步加宽。从1959—1964年,他相继创作的舞台剧有《外出一夜》、《看房人》、《侏儒》、《夜校》、《情人》、《地下室》、《茶会》和《回家》等,其中影响最大的是《看房人》和《回家》。此后,他创作了《风景》、《静》、《夜》、《过去的岁月》等作品。在品特早期的作品中,威胁是来自外来的闯入者,而在这些作品中,逼人的恐怖感逐渐消失,但他所揭示的荒诞则更加进入了人的灵魂深处。20世纪70年代以后,品特创作呈现两个趋向,一是回归到早期的主题,二是向现实主义靠拢。这一时期发表的作品有《独语》、《无人区》、《背叛》、《暖房》、《就像是阿拉斯加》、《维多利亚车站》和《出路》等。

品特虽然也属于荒诞派,但是在人物刻画和语言方面不像贝克特、尤奈斯库那样采取极致的反现实主义手法,而是把整体构思的荒诞性同细节描写的现实主义手法融合在一起,创造了具有现实主义特色的荒诞派戏剧。

从《房间》到《出路》,品特走过了三十多年的创作历程。三十多年的成就为他在20世纪众多的戏剧家中赢得了重要的地位。他写作手法简洁,观察精确,情感深刻,方法新颖清新,对语言应用熟练。最重要的是,他具有将普通阶层的人物和普通的事件转化为适用于整个人类的深刻的如诗一般的景象的能力。这一切都证明了他在世界范围内的影响。

作品提要

《生日晚会》中的主人公斯坦莱是一位失业的钢琴演奏家,隐居在海滨城市的一对老夫妻家里。他在这儿藏身一年，似乎从没敢走出这幢房子。两个神秘的陌生人追踪到这里，威胁他，讯问他，打碎了他的眼镜，摧垮了他的精神和意志，使他变得神志不清，甚至失去了说话的能力，最后完全被他们控制住并带走了，带到了一个没有说明的地方。按照两个来访者的说法，他们已经把斯坦莱变成了一个完全不同的新人。

品特2005年在亲自指导舞台剧

剧中的主人公斯坦莱躲藏在一个只有他一个房客的海滨旅馆中，终日足不出户。在品特早期的剧作中，房间是一个象征，代表严寒中的温暖，黑暗中的光明，茫茫世界中的一小块完整的、可知的地方。主人公避难似的藏在如母亲子宫般的温暖房屋内，极度恐惧其他人或事物闯入他为自己构建的个人世界。似乎只要他留在屋里，与外界不作任何沟通和交流，就会很安全，不会受到任何打扰。然而，不安全感和可怕的孤独感却紧紧地纠缠着他。灾难终于有一天随着两个陌生人的到来而降临。

斯坦莱得知两个陌生人将要来到后表现得很慌张，他坚持说他们不会来。当他得知其中一人名叫葛德伯格时，他没有回答麦格的问题就缓慢地瘫坐在椅子里。当两位来访者为他举办生日晚会时，他坚决否认那天是他的生日。我们无法从剧中得知斯坦莱为什么紧张不安，他是否认识那两位来访者，那天是否的确是他的生日，以及为什么葛德伯格和麦克恩要来抓走他。品特展现给观众的只是令人疑惑不解的行为和关系，没有关于人物背景情况和事件前因后果的清楚合理的解释。显然，品特的目的并不是要我们搞清楚一切，因为威胁表现得越含糊，人们越是难以知晓它产生的原因，其可能适用的范围就越广，并且还因为生活毕竟本来就是这样的：人们何时把一切都解释清楚或者对他们自己解释清楚过呢？人们何时产

《生日晚会》演出剧照之一

《生日晚会》演出剧照之二

生过完全的、毫无疑问的信赖呢？正如品特在皇宫剧院演出的《房间》和《升降机》二剧的节目单中所写的那样：

在虚与实，真与假之间并没有截然的区别。事物不一定不是真就是假不可，它可能是真真假假。用来证实已经发生和正在发生的事的假设如果提不出什么疑问来，我认为这样的假设是不确切的。舞台上的人物对他过去的经历，对他现在的行为或愿望不可能提出令人信服的理由或说明，对他的动机也不可能提出全面的分析来，可是在舞台上他既是个合理的又是个值得注意的人物，令人吃惊的是，他竟能做这一切事情……①

Grove Press 1994 年版封面

因此剧中的人物故意避免交流，他们常表现出不善于也不愿意表达，有意地回避某些问题，言词闪闪烁烁，扑朔迷离，甚至经常用沉默来表示回答。

比如，当两位阴森森的来访者迫使斯坦莱陷入沉默的境地时，全剧达到了高潮：

葛德伯格：斯坦莱，你怎么样了？(停顿)/你感觉好些了没有？(停顿)/你的眼镜怎么了？(葛德伯格俯身去看)/眼镜碎了，真可惜！(斯坦莱茫然地盯着地板)

在后来很长的时间里，当他们不停地戏弄斯坦莱时，他一直保持沉默，甚至没有移动一下。咄咄逼人的提问终于迫使斯坦莱努力地想张嘴。首先，他慢慢抬起头，转向葛德伯格。然后，“斯坦莱集中精神，张开嘴巴，试图说话，但是未能奏效，只从喉咙里发出‘啊……啊……哎……咳……’”②的声音。斯坦

① Martin Esslin，Pinter：A Study of His Plays，W. W. Norton & Company Inc，1977，p20.

② Harold Pinter，Plays，Faber and Faber ，1997，p84.

莱由于受到来自外界的胁迫而到了无法正常使用语言，类似于哑巴的地步，这充分显示了人类已陷入生存的恐怖境地。

在表现外来威胁这一主题时，品特着重于人物被胁迫的内心世界。在表现人物内心活动时，他喜欢通过片断的意象来表现人物的下意识活动。这种手法给读者留下了很大的想象空间，使观众在不知不觉中被打动，但也往往使一些评论家们迷惑不解。

眼睛失明是品特经常使用的一个意象，它用来表示人物的精神崩溃。这个意象在《生日晚会》里运用得最为成功。戴眼镜、脱眼镜往往是人下意识的行为，是无关紧要的，但是在整出剧中，斯坦莱内心的软弱、恐惧、痛苦、绝望或身心被摧垮时都是精心地通过他脱下眼镜或失去眼镜而表现出来的。斯坦莱第一次出场时，戴着眼镜，尽管衣着显得邋遢，但他是充满自信的。当两位神秘来访者首次来到时，斯坦莱正在厨房里洗脸，因而暂时没戴眼镜。他们盘问他并强行取下他的眼镜。随之，剧情迅速推向高潮，在神秘的生日晚会上，斯坦莱身不由己地轮到做瞎子的游戏。他的眼镜被拿下，眼睛被人用一条围巾蒙起来了。这时，麦克恩故意打碎了斯坦莱的眼镜，弄坏了眼镜架。从此，斯坦莱被打垮了。当他最后出现时，他显得毫无生气，衣着虽整齐，但显然处于紧张的无言状态，手里紧握着打破了的眼镜。

此外，对人物体态动作的描写也生动地揭示了人物紧张不安的心理状况。我们知道不能仅靠一个人在口头上所表达的思想和情况来对他作出判断，只有他为人所不知的内心愿望和需要才能体现出他真实的自我。品特的戏剧语言总是既包括词句，又包括动作；它既可以用耳朵听，又可以用眼睛看。

第一幕临终时，斯坦莱的紧张达到了高潮。他脖子上挂着鼓，围着桌子边走边有节奏地敲打着。接着，“鼓声失去了规律，无法控制”。最后结束时，斯坦莱“敲打着鼓，他的脸和鼓声变得野蛮而且疯狂”。这个鼓是小孩子的一只玩具鼓，然而不协调的敲打使它发出了强烈的声音。第二幕中，这只小鼓被麦克恩故意放在地上，被蒙上了眼的斯坦莱拼命地击着它，破鼓不断地发出“砰砰”声。这只玩具鼓在这个并没有小孩子的家庭中所造成的不协调感不禁令人感到格外滑稽可笑。胁迫的效果随着鼓声变化而加剧。观众目睹斯坦莱精神逐渐崩溃的同时，也不免受到感染。

品特在表现主题时，除了精心营造令人感到胁迫和神秘的气氛外，还以独特的语言艺术动作，将幽默感结合为一体，使作品又具有了浓厚的喜剧色彩。

（孙爱玲）

史蒂芬·霍金［英国］

《时间简史》

作者简介

史蒂芬·霍金(Stephen Hawking,1942—　),英国当代著名理论物理学家,剑桥大学的卢卡逊数学教授,继爱因斯坦以来最伟大的宇宙物理学家。

霍金22岁时患了ALS病(肌肉萎缩硬化或庐伽雷病),诊断最后结果是“他也许活不到两年半时间”。这对他无疑是一个沉重的打击,他只得淡然接受即将发生在他身上的一切。从这时起他已经开始了研究。1965—1970年,他与合作者发展了新的数学工具,而且指出,若广义相对论正确,过去必须存在过无限紧密的状态,即大爆炸奇点是宇宙的开端,所有已知规律在奇点处失效。1973年,他写了一篇著名文章《黑洞力学的四个定律》,指出,考虑黑洞的外围区域或量子效应,发现黑洞会像黑体一样发出辐射,其辐射温度和质量成正比,这样黑洞就会因为辐射而慢慢变小,温度却越来越高,而以最后一刻的大爆炸而告终。黑洞辐射的发现极其有意义,它将引力量子力学与统计力学统一在一起。1974年后,他的研究转向量子引力论。1979年,他被选为卢卡逊数学教授,这是伊萨克·牛顿曾经担任过的教席。1981年,他发表了《宇宙的世界条件》,指出宇宙不是可以任意赋予初始条件和边界条件的一般系统,宇宙的演化服从科学定律,表明了理论的自恰性,而宇宙的无边界表明理论的自足性。1982年,他和詹姆·哈特尔合作,利用无边界条件思想,在量子引力论中计算出宇宙的态。同年,他决心为普通读者写一本有关宇宙的书,1984年完成初稿并进行了修改,1988年第一次出版。最近的十几年中,他不辞辛劳地探索宇宙学的同时,还大力宣传宇宙学。

作品提要

科普读物《时间简史》出版于1988年,是史蒂芬·霍金关于宇宙学的力作。虽然宇宙理论比较抽象深奥,但通过作者从古往今阐述,由表及里、由浅入深的分析,即便是一位普通读者读后也会有个清晰的宇宙概念。

全书分十一章：第一章《我们的宇宙图像》是全书的引言；第二章至第七章对宇宙学中基本概念和基本原理进行了逐一阐述；第八、九、十章是人类对宇宙的探讨；第十一章结论。整本书用清晰的语言，阐述、描绘了人类对宇宙认识的概貌。

湖南科学技术出版社 2006 年版封面

引言：我们的宇宙图像。宇宙学是一门古老而又年轻的学科，它所提出的问题是我们人类文明得以前进的最好印证。(宇宙是什么?宇宙从何而来又去何方?有开端吗?时间的本质是什么?有无终结?)作为宇宙高等生物的人类不会满足于自身的生存和种族的绵延，还要一代代不懈地探索着存在和生命的意义，但是人类理念的进化是极其缓慢和艰苦的，从亚里士多德—托勒密地心说到哥白尼—伽利略的日心说演化就花了两千年的时间。人类不断地创造理论来研究宇宙，从牛顿的理论到爱因斯坦的理论，我们不断地在揭示着宇宙的奥秘，但任何理论都是临时的，你永远不可能将它证明。我们科学的终极目的是用一个简单理论来描述整个宇宙，今天科学按照两个基本理论——广义相对论和量子力学描述宇宙，可惜的是这两个理论不是互相协调的，当代物理一个主要的努力，即是寻求一个更美的理论——量子引力论。

第二章至第七章是对宇宙学中基本概念和基本原理的逐一阐述。

宇宙是一个膨胀的宇宙，但这一点得到证实是 20 世纪的事情。1924 年，美国天文学家埃得温·哈勃证明了我们的星系不是唯一的星系。1929 年，哈勃发现了哈勃定律：星系越远，则它离开我们运动越快!宇宙不是静态的，而是膨胀的——20 世纪最伟大的智慧革命之一，静态宇宙观从牛顿一直延续到 20 世纪初，甚至爱因斯坦于 1915 年发表其广义相对论时，还是这样肯定，于是在方程中，引入了宇宙常数来修正他的理论。俄国物理学家和数学家亚历山大·弗利德曼只用广义相对论成功解释了它。他的预言后来被哈勃所证实，后来相继提出几种宇宙模型来探讨宇宙的膨胀过程，即过去某一时刻邻近星系之间的距离为零——宇宙密度和时间曲率无穷大，广义相对论预言宇宙存在“忙”点，我们称为奇点，从大爆炸开始，霍金与合作者利用广义相对论证明了宇宙存在一个大爆炸奇点。直到 1970 年，霍金与彭罗斯证明狭义相对论只是一个部分理论，两人发展了一套量子引力论。先前的科学知识特别是牛顿引力论的成功，使得法国科学家拉普拉斯在 19 世纪初作出论断，只要知道宇宙在某一时刻的状态，我们就能预言宇宙中将会发生的一切。

第八章至第十章讲述当代人类对宇宙的探讨。

爱因斯坦广义相对论本身预言了空间—时间在大爆炸奇点处开始，并会在大挤压奇

Bantam Books 1990 年版封面

点处或黑洞中一个奇点结束。任何抛进黑洞的东西都会毁灭,只有它的质量的引力效应能继续在外面被感觉到。另一方面,当计入量子效应时,物体的质量和能量会最终回到宇宙的其余部分,黑洞和当中的奇点一道被蒸发掉而最终消失。关于宇宙起源和命运的问题是当前宇宙学和整个理论物理研究的前沿之一。

我们想一下子建立一个包括宇宙中每一件东西的完整的统一理论是非常困难的。取而代之,我们在寻求描述发生在有限温度的部分理论取得了成功,然而人们最终希望找到几个完整的、协调的、将所有这些部分理论纳于近似的统一理论。寻找这一个理论被称之为"物理学的统一"。爱因斯坦用他晚年的大部分时间去寻找一个统一理论,但是没有成功。尽管他本人对量子力学发展起过重要作用,但他拒绝相信它的真实性。我们已经将弱、强和电磁力的部分理论合并成为所谓的大统一理论(GUT)。这个理论不令人满意,因为它没有包括引力。要找到引力和其他力相统一的理论,困难在于广义相对论是一个"经典"理论,也就是它没有把半量子力学的不确定性原理合并在里面,而其他的理论以非常基本形式依赖于量子力学,所以首先将广义相对论和量子力学结合在一起。试图将不确定原理合并到广义相对论时,人们只可用两个可调查的物理量:引力强度和宇宙常数的值。直到 1972 年才为仔细计算所确证。4 年之后,人们提出了一种叫做"超引力"的可能回答。尽管存在问题,尽管超引力理论中粒子似乎与不可观察到的粒子相符合,大部分科学家仍然相信,超引力可能是物理学统一问题的正确答案。1984 年,人们的兴趣转向了弦理论,因为证明了超引力是有限的,以及解释我们观察到的粒子种类方面,人们未能真正取得进展。另一方面弦理论可以解释内禀的左旋性粒子的存在。弦理论也导致无穷大,但是人们认为它们在一种类似异形弦的变体中会被消除掉。然而,弦理论有更大的问题,似乎只有当时空是十维或三十维才是协调的。为什么我们只看到三维空间和一维时间呢?一般认为,其他的维数被卷到非常小的尺度空间中。弦理论还有其他问题未解决。即使我们发现了一套完整的统一理论,由于我们无法避免不确定性原理设下的权限,我们也不能一般地预言事件。

第十一章结论。我们人类以一种大无畏的精神逐步地认识宇宙,努力去撩开宇宙神秘的面纱,最先在理论描述和解释宇宙的企图牵涉到的思想、事件和自然现象,是由具备人类感情的灵魂所控制,它们的行为和人类非常相像,并且不可预言。当我们将量子力学和相对论结合,似乎找到一个更有力的工具去研究我们的宇宙。如果我们能找到一个统一的理论,它应该在一般原理上让所有的人理解。(吕智国)

威廉·詹姆士［美国］

《实用主义》

作者简介

威廉·詹姆士(William James,1842—1910),美国哲学家,实用主义创始人之一。主要著作有《心理学原理》(1878)、《信仰意志和通俗哲学请文集》(1897)、《人的不朽》(1898)、《宗教经验的类型》(1902)、《实用主义:某些旧思想方式的一个新名称》(1907)、《多元的宇宙》(1909)、《真理的义意: 实用主义的后果》(1909)、《一些哲学问题: 哲学导论的起点》(1911)、《彻底经验主义论文集》(1912)。

作品提要

本书是作者在授课讲义的基础上编写的一部学术著作,收集了作者1906年在美国波士顿罗威尔研究所和1907年在纽约哥伦比亚大学发表的8篇讲稿,还收集了另外4篇论文。全书共分为八讲,分别为《当前哲学上的两难》、《实用主义的意义》、《从实用主义来考虑的几个形而上学的问题》、《一与多》、《实用主义与常识》、《实用主义的真理概念》、《实用主义与人本主义》、《实用主义和宗教》,计17万字。

商务印书馆1997年版封面

在第一讲《当前哲学上的两难》一章中,詹姆士写道:哲学史在极大程度上是人类几种气质冲突的历史。他说,尽管我的同事中有人对这种说法或者觉得不够严肃,我还是要论述这种冲突,并拿它来解释哲学家的许多分歧点。一个专门的哲学家不论他有哪种气质,他进行哲学思考时时常要把他那种气质的事实隐蔽起来。我们在习惯上不承认气质是理由,所以哲学家为自己的结论辩护时,只是极力提出一些与个人无关的理由。其实他的气质给他造成的偏见,比他那任何比较严格的客观前提所造成的要强烈得多。正像这个事实或那个原则一样,气质也会这样那样地给他提供证据,造成比较重感情的或者比较冷酷的宇宙观。他信赖他的气质。他要一个能适合他的气质的宇宙，他相信任何一种适合他的气质的对宇宙的解释。他觉得与他气质相反的人总是与宇宙的性格不协调的，是门外汉。在哲学上，我们有极为相似的对比，用一对名词来表示，那就是理性主义者和经验主义者。经验主义者是喜爱各种原始事实的人，理性主义者是信仰抽象的和永久的原则的人。任何人既不能够离开事实也不能够离开原则生活，哪怕是一小时，所以，其差别不过是着重在哪一方面罢了；然而，由于各人的着重点不同，彼此之间就产生了许多非常尖锐的厌恶感。我们觉得，用理性主义者的气质和经验主义者的气质来表示人们宇宙观的差别是非常方便的。这两个名词使得这个对比显得简单而有力。①詹姆士接着说，我们知道，在历史上理智主义与感觉主义这两个名词和理性主义与经验主义是同义语。一方面，自然似乎最经常把一种唯心的和乐观的倾向与理智主义结合起来。另一方面，经验主义者却又常常是唯物的，他们的乐观主义显然是有条件的而且是犹豫不定的。理性主义始终是一元论的。它从整体和一般概念出发，最重视事物的统一性。经验主义从局部出发，认为整体是一种集聚，因此并不讳称自己为多元论的。理性主义总以为自己比经验主义更有宗教信仰。当理性主义者是个所谓重感情的人，而经验主义者是一个以不动感情而感到自豪的人的时候，这个说法是正确的。在这种情况下，理性主义者就常会是赞成所谓意志自由的人而经验主义者一定会是一个宿命论者——我所用的名词都是最广泛流行的。最后，理性主义者在断言时总带有些武断性的气质而经验主义者可能比较采取怀疑的态度并且愿意开怀畅论。我把这些特性分为两栏，称为“柔性的”和“刚性的”心理结构。

柔性的	刚性的
理性主义的	经验主义的
（根据原则行事）	（根据事实行事）
理智主义的	感觉主义的
唯心主义的	唯物主义的
乐观主义的	悲观主义的
有宗教信仰的	无宗教信仰的
意志自由论的	宿命论的
一元论的	多元论的
武断论的	怀疑论的

第二讲《实用主义的意义》。詹姆士说：实用主义的方法主要是一个解决形而上学争论

① 威廉·詹姆士：《实用主义》，陈羽纶等译，商务印书馆1996年版，第7—8页。

的方法，否则，争论就无尽无休。世界是一还是多？是宿命的还是自由的？是物质的还是精神的？这些概念的任何一对中的任何一个都既可能适用于又不适用于这个世界，对于这些概念的争论是无止境的。在这种情况下，实用主义的方法是试图探索其实际效果来解释每一个概念。要是这一个概念而不是那一个概念是真实的，实际上，对于任何一个人来说，会有什么差别呢？如果找不到任何实际差别，那么两者之中任何一个实际上是一样的，所有的争论都是白费。遇到争论很激烈的时候，我们一定要能指出这一边或那一边对了以后的差别。看一下这个概念的历史就会更明白实用主义的意义。实用主义这个名词是从希腊语的一个词派生的，意思是行动。"实践"和"实践的"这两个词就是从这个词来的。1878年皮尔斯开始把这个词用到哲学上来。同年1月，皮尔斯在《通俗科学月刊》上发表一篇论文，题目叫做《怎样使我们的概念清晰》。他在指出我们的信念实际上就是行动的准则以后说，要弄清一个思想的意义，我们只须断定这思想会引起什么行动。对我们来说，那行动是这思想的唯一意义。我们所有的思想差别，无论多么细微，其根本的明显事实是：所有这些差别，没有一个会是细微到这种程度，以致它们不是在于可能的不同的实践，而是在于什么别的。我们思考事物时，如果把它完全弄明白，只须考虑它包含有什么样可能的实际效果，即我们从它那里会得到什么感觉，我们必须准备作什么样的反应。我们对于这些无论是眼前的还是遥远的效果所具有的概念，就这个概念的积极意义而论，就是我们对于这一事物所具有的全部概念。这是皮尔斯的原理，也就是实用主义的原理。没有任何一个地方的差别不会也使另一个地方发生差别——没有一种抽象真理的差别不表现为具体事实中的差别，以及因此而迫使某人在某时某地以某种方式表现于行动的差别上面的。哲学的全部功用应该是找出，如果这个世界公式或那个世界公式是真实的，它会在我们生活的一定时刻对你我产生什么一定的差别。实用主义代表一种在哲学上人们非常熟悉的态度，即经验主义的态度，在我看来它所代表的经验主义的态度，不但比素来所采取的形式更彻底，而且也更少可以反对的地方。实用主义者坚决地、断然地抛弃了职业哲学家的许多积习。它避开了抽象与不适当之处，避开了在字面上解决问题，不好的验前理由，固定的原则与封闭的体系，以及妄想出来的绝对与原始，等等。它趋于具体与恰当，趋向事实、行动与权力。这意味着经验主义者的气质占了统治地位，而理性主义者的气质却老老实实地被抛弃了；这就意味着空旷的野外和自然中的各种可能性，而反对那独断、人为和假冒的最后真理。同时，实用主义不代表任何特别的结果。这不过是一种方

Kessinger Publishing 2007 年版封面

法。实用主义使我们所有的理论都变活了，使它们柔和起来并使每一种理论起作用。它在本质上没有什么新的东西，和许多古代的哲学倾向是协调的。比如在注重特殊事实方面，实用主义和唯名主义是一致的；在着重实践方面，它和功利主义是一致的；在鄙弃一切字面的解决，无用的问题和形而上学的抽象方面，它与实证主义是一致的。所有这些都是反理智主义的倾向。针对自命是一种权利和方法的理性主义，实用主义有全副武装并富于战斗精神。但在开始时，实用主义至少并不代表什么特别的结果。它除了方法外，并没有什么武断的主张和理论。意大利青年实用主义者巴比尼说得好，实用主义在我们的各种理论中就像旅馆里的一条走廊，许多房间的门都和它通着。詹姆士接着说，实用主义的方法，不是什么特别的结果，只不过是一种确定方向的态度。这个态度不是去看最先的事物、原则、"范畴"和假定是必需的东西，而是去看最后的事物、收获、效果和事实。他还引用席勒和杜威的话来说明真理在各种场合下的意义：只要观念(它本身只是我们经验的一部分)有助于使它们与我们经验的其他部分处于圆满的关系中，有助于我们通过概念的捷径，而不用特殊现象的无限相继续，去概括它、运用它，这样，观念就成为真实了。实用主义的范围是这样的：首先是一种方法，其次是关于真理是什么的发生论。实用主义离开了事实，就觉得不舒适，而理性主义却只有在抽象的面前才觉得舒适。实用主义者谈论到真理是多元的，谈到真理的利用与满意，谈论到真理成功地起"作用"等等，在典型的理性主义者看来，这种谈论是把真理当做一种粗糙而不完全的、第二流和权宜适应的东西。这些真理不是真正的真理。这些试验不过是主观的。与此相反，客观真理一定是一种非功利的、高雅而超越的、尊严而高尚的东西；一定是我们的思想与一个同样绝对的实在绝对地相符合；一定是我们应当无条件地去思考而这种方法是十分不相干的，这种方法只是心理学上的问题。在所有这些问题中，我们要逻辑学而不要心理学。

第三讲《从实用主义来考虑的几个形而上学的问题》探讨了实体、自然界的设计、自由意志等问题。关于实体问题，詹姆士说，每个实体为大家所知道的是一组属性，这些属性为我们的实际经验形成了这实体的唯一兑现价值。实体在任何情况下都是通过这些属性而显示出来，如果我们与这些属性隔开了，我们就不会想到实体的存在，如果上帝不断地把这些属性以同样的次序传送给我们，神奇地在某一瞬间消灭支持这些属性的实体，我们始终不会觉察到有那么一个瞬间的，因为我们的经验本身并没有变化。

接下来的五讲进一步深入讨论了实用主义对一元与多元的态度、实用主义的真理观、实用主义与人本主义及宗教的关系等问题，但是詹姆士在前三讲中已经集中、透彻地阐述了实用主义的基本原理和方法。

提及艰深晦涩、论证繁琐的哲学著作，人们大都望而生畏，然而詹姆士的这本哲学著作却写得通俗易懂，生动活泼，语言流畅，丝扣入里，论点明确，论证充分，给人以启迪。　(汪　玉)

托妮·莫里森［美国］

《所罗门之歌》

作者简介

托妮·莫里森(Toni Morrison,1931—　),美国当代女作家。出身于普通的黑人家庭,大学时攻读英语和古典文学,在康奈尔大学获得硕士学位。1965年,莫里森开始了在兰登书屋的编辑生涯,一直升任至高级编辑。第一部小说《最蓝的眼睛》发表于1970年,这本书获得了评论界的赞扬。1973年,莫里森的第二部小说《秀拉》出版,获得了全国书评界小说奖的提名。1977年,她的第三部小说《所罗门之歌》获得了1978年度全美书评界小说奖。之后,她的另一部小说《柏油娃》雄踞全美畅销书榜4个月之久。1987年她发表了代表作《宠儿》。这部小说使托尼·莫里森赢得了世界范围的赞誉,并使她荣获普利策文学奖,从此,莫里森跻身于20世纪杰出文学家之列。莫里森被聘为普林斯顿大学人文学院的教授。之后,她又发表了小说《爵士乐》、《天堂》和文学集《大盒子》。托尼·莫里森对文学特别是女性文学及黑人文学的巨大贡献,使她荣获了1993年度诺贝尔文学奖,成为世界上获得诺贝尔文学奖的八位女性之一,也是唯一获此殊荣的黑人女性。

作品提要

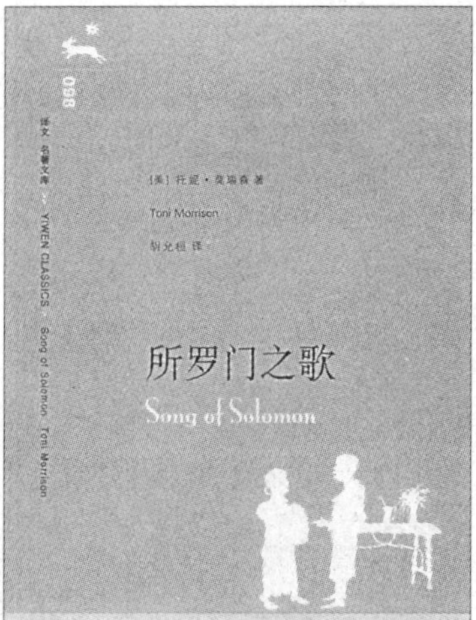

上海译文出版社2007年版封面

在托妮·莫里森的小说作品中,最能史诗般地再现美国黑人抗争历史和心路历程的,一定首推她的《所罗门之歌》。

《所罗门之歌》创作于1976年。20世纪70年代的美国黑人早已走完了从奴隶到自由人的路程,但延续300年之久的蓄奴制和因此造成的废除奴隶制以后仍然无处不在的种族歧视及压迫却一直困扰着美国黑人的肉体和灵魂。战后兴起的黑人解放运动和黑人文艺运动似乎都在通过不同的方式探讨这样一个共同的问题:在制度上消灭了奴隶制以后,黑人同胞如何从灵魂上摆脱西方世界"精神奴役制"的桎梏?早期"哀怨式"的或"抗争式"的黑人文学创作并不能从根本上回答这个深刻的问题。美国黑人文学的杰出代表托妮·莫里

Knopf Books 1977 年版封面

森用她的代表作《所罗门之歌》艺术地回答了这一问题。

正如一些批评家所说的，托妮·莫里森创作伊始就独特地“把神话色彩和政治敏感有机地结合起来”。也就是说，她一方面从悠久神秘的黑人文化传统中汲取营养，一方面又融合当代文学的不同流派和风格，进而用她那“富于洞察力”的生花妙笔从主题上探索美国黑人的“新生”之路。

1987 年外国文学出版社出版了《所罗门之歌》，胡允桓《译本序》对此有以下精辟分析：在《所罗门之歌》中，莫里森以酣畅的激情把强烈的内心冲突和冷峻的客观分析融为一体，为读者绘制了一幅美国黑人史诗的长卷：白人贩运黑奴到美洲，从地域上割断了他们与故土非洲古老文明的联系，又在肉体上役使、摧残他们，同时还竭力从意识上毒害泯灭他们的古朴和纯真。在这一广阔的社会历史背景下，出现了一组围绕着主人公奶娃(Milkman)的黑人群像。众多的人物关系构成了小说人物之间的矛盾冲突。其中有把奶娃夹在中间的黑人新贵与穷苦黑人之间的冲突；有奶娃与父母间新老两代人的冲突；有奶娃南行时发生的北方城市黑人与南方乡镇黑人之间的冲突；还有奶娃围绕“七日”与吉他之间的冲突……莫里森把这些复杂的人物关系安排得错落有致，用大处落墨的历史衬托出由细部着笔的现实：奴隶制虽已成为过去，但年轻一代黑人完全是在白人文化的环境中成长的，当他们沉湎于远较父辈为多的社会权利和物质享受时，却更可能受到白人腐朽文化的侵蚀及戕害。其中虚写的白人种族主义的罪恶，是为了突出实写的黑人民族自身的力量。按照作家的构想，只有让黑人恢复本民族古朴纯真的风范，才能彻底摆脱白人世界“精神奴役制”的桎梏。美国黑人要想实现内部的团结，找回失去的尊严，就必须珍视并扬弃自己的文化遗产，以崇尚自然抵御现代邪恶，以黑人民族主义对抗白人种族主义，以脱胎换骨的新生洗浴苦难往日的尘垢……

Penguin Group 1978 年版封面

托妮·莫里森正是饱含着黑人民族这种“原始主义”的激情去创作《所罗门之歌》的。她在全书的扉页题词上只写“父亲”二字，并把自己的出生年月日赋予主人公奶娃。另外，莫里森还选择了“黑人会飞”这一古老的神话传说作为小说结构的主线和象征的核心。

这些若隐若现、无处不在的隐喻手法，在增加作品思想深度的同时，也赋予了作品鲜明的美学特征。

《所罗门之歌》最为鲜明的美学特征亦即美国黑人文学最为突出的美学特征，就是它们共同的隐喻性。

盖茨在《黑人文学与文学理论》中指出，美国黑人传统开始阶段就是隐喻性的。在白人统治的社会里，他们不这样就无法生存。黑人是比喻大师，他们说的是一件事，指的是完全不同的另一件事，这是他们在白人文化压抑中求生存的一种基本方式。所以，黑人文学的“阅读”不是游戏，这类隐喻正是黑人传统中最具黑人特色的方面。

Vintage Books 1987 年版封面

正是这种黑人文学传统的隐喻性构成了莫里森《所罗门之歌》的独特风格。比如，作家用“戴德”(Dead)作为麦肯祖孙三代的姓就是一种隐喻：祖父的奴隶生活已成过去，父亲的黑人传统也抛弃殆尽，而奶娃则告别了“旧我”，开始了新生。另外，派拉特姑妈的名字也是“领航员”的谐音。她背负先父遗骸，身携“导航”地图，表明她负有传授民族遗产与指引侄子“飞行”的双重使命；她出生时没有与母体连接的脐带——这诚然是不可思议的，但却增加了她“神授”的特征，暗示她是传播黑人文化的“天使”。奶娃成功起飞之时，也就是她完成使命归“天”之日。苏珊·威利斯在评论莫里森的小说时指出，莫里森的小说旨在修复从黑人文化、文化传播的断裂及持续性中黑人自我的异化。这在实践上是一种深刻的隐喻。而莫里森小说中的地域和物质空间则是一种历史的隐喻。

托妮·莫里森浓厚的民族情感和丰厚的生活积累赋予《所罗门之歌》以浓郁的民族色彩，而她坚实的文学功底和独特的“政治敏感”又使得《所罗门之歌》当之无愧地成为一部艺术性和思想性高度统一的雅俗共赏的杰作。就作品的数量而言，托妮·莫里森算不上一个多产作家，她平均每四年才创作一部小说。但正是这种精雕细凿式的厚积薄发才使得莫里森的小说部部经典，字字珠玑。《所罗门之歌》之所以能在美国文学史上取得如此重要的地位，应该说在很大程度上得益于托妮·莫里森这种严谨、求实的创作态度和创作方法。

（汪　霖）

伊凡·彼得罗维奇·巴甫洛夫［俄国］

《条件反射演讲集》

作者简介

伊凡·彼得罗维奇·巴甫洛夫(Ivan Petrovich Pavlov,1849—1936),俄国著名生理学家,诺贝尔生理学与医学奖获得者。巴甫洛夫一直涉猎生理科学的各个方面,他最杰出的科学贡献则集中于三大领域:一是在血液循环生理方面,深入探讨了调节血压的机制,阐明了血管适应活动中的神经机构和迷走神经对血压的调节作用;二是在消化生理方面,确证了迷走神经对胃液分泌的调节作用,并证明迷走神经中还有胰腺分泌神经,推翻了当时生理学界公认的迷走神经不影响胃液和胰液分泌的理论;三是在高级神经活动方面,创造性地提出条件反射学说,并成功地运用这一学说进行高级神经的生理功能和病理基础研究。[①②]

巴甫洛夫出版的著作主要有《主要消化腺机能讲义》、《条件反射演讲集》、《大脑两半球机能讲义》等。

作品提要

《条件反射演讲集》是一本影响深远的、经典的生理科学著作。本书共 57 章,前 56 章依时间顺序介绍了作者 25 年的研究成果,第 57 章以"条件反射"为标题对全书作了概括和总结。

早期(第 1—4 章),巴甫洛夫根据客观的生理实验,提出了条件反射的概念,阐述了条件反射产生的基础,分析了条件反射和非条件反射之间的关系,使条件反射学说初现雏形。其基本内容是:在影响机体的外在世界的物体中,存在着完全决定个别器官的某种反应的主要特征,比如酸的液体,把它放入狗的口中,永远能够引起唾液分泌;还存在着仅是

① 陈书:《巴甫洛夫的学说思想》,湖北人民出版社 1958 年版,第 1—19 页。

②《诺贝尔奖金获得者》编委会:《诺贝尔奖金获得者传》,湖南科学技术出版社 1981 年版,第 1 卷,第 237—243 页。

暂时而且有条件地影响个别器官的某种反应的非主要特征，比如某种声音，只有在把酸液放入狗口中之前，对狗施加这种声音，并经多次重复性强化，单独对狗施加这种声音，才能引起唾液分泌——产生把酸液放入狗口中同样的作用。把一个物体的主要特征和用来对这种特征作反应的机体活动之间的永久联系叫“非条件反射”，而把一个物体的非主要特征和用来对这种特征作反应的活动之间的暂时联系叫“条件反射”。一种物品的非主要特征若要成为某器官的刺激，它必须与物品的主要特征同时作用于机体的感受表现。否则，非主要特征反复地单独作用于机体，它就失去对某器官的刺激作用。

巴甫洛夫在做条件反射的实验

巴甫洛夫是不满足于假说的科学家，在提出条件反射假说不久，即尝试运用这一假说研究高级神经系统的机能，探究高级神经活动及规律(第 5—10章)。他认为条件反射的暂时联系机能和分析器机能是大脑工作的两大主要机能。这些机能的实现依赖于神经叠程的扩散和集中定律。进入大脑皮质的刺激作用，如不向某一活动着的神经点集中，它就自己开始蔓延和扩散到大脑全部。假如稍后有一个强烈的兴奋点出现，它就把原先散布到大脑皮质各点的刺激信号都吸引过来。这就是大脑皮质刺激的扩散定律。如在神经系统中有很强烈的兴奋点产生，则外在世界中原来无关的刺激，便向这受强烈兴奋的焦点传达、集中，并向这些焦点开辟一条通路。这就是大脑皮质刺激的集中定律。分析器由外周感受器、传入神经、大脑神经细胞三部分组成。分析器是一种复杂的神经机能，它始于外周感受器，终止于脑髓或它的低级部分或它的高级部分。分析器的生理学所依据的基本事实就是每个末梢器官是一个特殊的转换器，它把某种外在能力转化为神经过程。

第 11—12 章，巴甫洛夫把主要精力放在设计规范而精确的实验室和实验设施上，提出了缜密的设计方案和实施步骤，为尔后的深入研究奠定了物质基础。

研究工作再次展开，巴甫洛夫进一步发展了他的条件反射学说(第 13—18 章)。他认为，大脑两半球的最主要机能之一是建立条件反射，而低级中枢的主要机能是与非条件反射相关的。这一学术思想使条件反射和非条件反射的区别有了解剖学基础。分析器多种多样。有分析外在世界的分析器，如眼、耳、鼻、舌、皮肤分析器；也有分析内在现象的分析器，如运动分析器。大脑两半球是分析器的总和，它把外在和内在世界的错综复杂的现象分解

人民卫生出版社 1954 年版封面

为个别的元素，并进一步把这些元素与机能的多种活动联系起来。分析器的工作有赖于神经活动的抑制过程，这一过程和兴奋过程一样，奠定扩散定律和集中定律。

继而，巴甫洛夫的研究兴趣扩展到前于高级神经活动的抑制过程(第 19—23章)。他将此过程区分为非条件性抑制和条件性抑制。大脑皮层的非条件抑制是先天性的，只要使用外部或内部刺激之后则立即发生。外抑制和超限抑制属于这一类。外抑制是指由于条件反射中枢之外的另一中枢的兴奋，抑制了条件反射中枢的兴奋。超限抑制是指刺激强度的不断增强，超过皮层工作能力的界限而出现的抑制。而在一定条件下，同一皮层中枢由兴奋转向抑制的叫做条件抑制。因为它有别于两个兴奋中心互相斗争的结果而立刻发生的外抑制，故又称之为内抑制。条件抑制有四种类型：消退抑制、延搁抑制、条件抑制(狭义的)、分化抑制。当数次重复一个已建立的条件刺激，而不附加非条件刺激，这个条件刺激便渐渐失去效力，这是消退抑制。在条件刺激开始后一定时间才给予非条件刺激，则条件刺激的效力便在一段潜伏期后发生，这叫做延搁抑制。当一个已建立得很好的条件刺激与某种无关的动因相结合时，并且这种组合经常地不伴随非条件刺激，条件刺激就渐渐地在这个组合中失去作用，这叫做条件抑制(狭义的)作用。当任何确定的动因被建立成为一个条件刺激时，那么所有相似而又有关系的刺激也差不多有同样的效力。但当所选择的刺激被重复多次时，这些相似的刺激就渐渐失去效力，这是分化抑制。巴甫洛夫对高级中枢抑制过程的全面论述，使条件反射学说有了进一步的发展：条件刺激引起大脑皮层兴奋过程的反射活动叫阳性条件反射，而引起大脑皮层抑制过程的反射活动叫阴性条件反射。这种区分对更深入地理解高级中枢的生理机能和病理现象十分重要。

在解决了内抑制等棘手的生理反应之后，巴甫洛夫开始着手解决睡眠反射、防御反射、目的反射、自由反射等问题(第 24—32 章)，以使他的条件反射研究不受这些问题的困扰。他认为，睡眠抑制和内抑制基本上是同一过程，两者的差别在于，内抑制是局部的睡眠，而睡眠则是散布到大脑的大部分甚至中脑的抑制。防御反射、目的反射、自由反射等都是先天建立起来的，是一种本能。本能与条件反射相比，它是行为的低级形态，但本能是形成条件反射不可或缺的基础。

随着研究的不断深入，巴甫洛夫发现了高级神经过程的另一主要活动规律，即相互诱导定律，它与扩散和集中定律同等重要(第 33 — 34 章)。由于兴奋过程的影响而使抑制过程加强或减弱，这叫做诱导。巴甫洛夫指出："相互诱导作用，当兴奋点或抑制点正发生作用时，就发生在这些点的周围；当这些过程停止时，就发生在这些点本身之上。"前者称为同时诱导，后者称为继时诱导。由于抑制过程的影响，引起或加强兴奋过程，叫做正诱导；由于兴奋过程的影响，引起或加强抑制过程，叫做负诱导。扩散、集中与相互诱导，是紧密联系、相互制约、相互平衡并相互巩固的，从而制约着机体与环境间的精确的相互关系。这些研究成果不仅使条件反射学说有了更丰富的内涵，同时也为高级神经活动规律的研究开辟了新天地。

在上述研究的基础上，巴甫洛夫开始向大脑的综合能力这一最复杂的问题挑战，他提出了大脑皮层的镶嵌细工与动力定型学说(第 35—38 章)。这一学说的中心内容是：机体在内外刺激的影响下，引起了皮层相应区域的兴奋和抑制过程。又由于神经过程的扩散、集中和相互诱导的复合变化，每一瞬间，大脑皮层上均有若干兴奋点与若干抑制点相互交错排列着，比喻为镶嵌细工。每种神经过程不停地运动，在时间轴上镶嵌细工的形式不断变化。无数的内外刺激作用于大脑皮层，由于兴奋与抑制过程的相互影响，相互斗争，终于使大脑形成系统化的活动，后者称之为动力定型。动力定型的形成保证了条件反射系统地发生。

至此，巴甫洛夫的条件反射学说已渐臻完善。接下去的问题是如何解释个体间条件反射的差异。巴甫洛夫通过大量客观的实验，又提出了神经类型学说(第 39 — 40 章)。他以神经过程的强度、平衡度、灵活性及三种特性的组合，把动物区分为兴奋型、活泼型、迟滞型、抑制型四种类型。这大体上和气质的古典分类法相符合。强而不平衡的动物，其兴奋和抑制过程都强，但前者占优势，因此这种动物形成一种易兴奋的、缺乏约束的类型。它相对于人类的胆汁质。强而平衡的、不灵活的动物，属于迟滞型，相对于人类的粘液质。平衡而又很灵活的动物，是一种很积极的、活泼的类型，相对于人类的多血质。另一种是很强的类型，相对于人类的抑郁质。神经类型是一种先天的、体质性的神经活动方式，它是由遗传性状决定的。

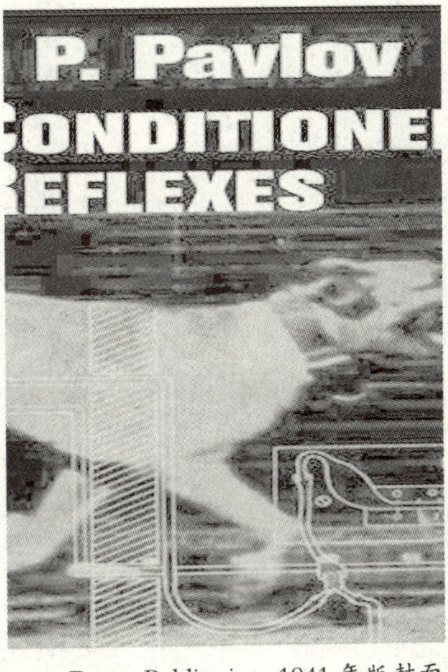

Dover Publications 1941 年版封面

神经类型学说的提出对于条件反射学说从理论走向实践是很重要的一步。在这种学说的基础上，巴甫洛夫运用先前的研究成果，即大脑两半球的暂时联系和分析器的两大机能，神经活动的扩散与集中和相互诱导定律，大脑皮层的镶嵌细工和动力定型，观察和分析了高等动物和人的各种神经精神行为及病理状态，如早老性痴呆、精神分裂症、癔症、神经衰弱、魔情操、妄想狂等(第 41 — 52 章)。初步尝试了条件反射学说在临床神经精神病学中的实际应用。尤其在对癔病的生理分析时，巴甫洛夫把人区分为艺术家和思想家两类。对于艺术家，两半球的活动流动于整个两半球上时，涉及其额叶部分的非常少，主要是集中在其余部分。而思想家则与此相反，其额叶部分占明显优势。所以人类集伟大的艺术家与伟大的思想家于一身者，是罕见的。大多数人处在一种中间的状态。实际上这种区别也是由神经类型决定的。

在本著作中所收集的研究内容，都是用客观的生理实验完成的。正如书中作者反复强调的，他完全摈弃了心理学中主观的臆想的研究方法。因此，他提出的观点、学说经历史证明是正确的。

(朱东亚)

君特·格拉斯 [德国]

《铁皮鼓》

作者简介

君特·格拉斯(Günter Grass,1927—),德国诗人、小说家、剧作家、雕刻家和版画家。他以 1959 年发表的长篇小说《铁皮鼓》一举成名,成为在纳粹地区成长的文学新生代的代言人。1999 年 10 月,他被授予诺贝尔文学奖。这位"以黑色幽默描写历史被遗忘的面容"的作家,是第七位获得诺贝尔奖的德国人。

作品提要

第一部在时间上截止到 1938 年,第二次世界大战前夕;内容上以奥斯卡·马策拉特童年的回忆为主要内容。这部分充满各种神秘、无法解释的事件。

故事是这样开始的:奥斯卡·马策拉特居住在疗养与护理院里,他请护理员布鲁为他买来五百张清白的纸,借着自己的铁皮鼓声,开始向读者介绍自己的家族史。

诺贝尔奖颁奖典礼上,瑞典国王给格拉斯颁奖。

奥斯卡的外祖母安娜·布朗斯基是但泽地区最古老的居民,他们以务农为生。安娜最大的特点是爱一次穿四条肥大的裙子。一天,她正坐在土豆地的边上烤土豆时,遇上被人追捕的纵火犯科尔雅切克。这个粗壮短小的波兰伐木工钻进了安娜肥大的裙子里逃过了追捕。这天夜里,两人成了婚。婚后,科尔雅切克改名换姓,成了约瑟夫·符兰卡,并当上了筏夫。但最终他仍被仇家老板发现了,在被警察追捕过程中跳入莫特劳河,从此下落不明。

奥斯卡的母亲,安娜和科尔雅切克的女儿,名叫阿格内丝,是个丰满漂亮的放荡姑娘。她于 1923 年和一个她在战地医院做护士时认识的莱因兰人阿尔弗雷德·马策拉特结婚。

上海译文出版社 2008 年版封面

同时，她一直保持着和表哥扬·布朗斯基的情人关系。扬是波兰邮局的一名秘书，一战后但泽成为自由市，他加入了波兰国籍。婚后，三人形成某种稳定的三角关系，扬和马策拉特“和睦相处”。所以，在奥斯卡童年的记忆中，他始终无法断定自己真正的父亲是谁。

奥斯卡出生时，他的智力已经发育完全。出生时，他对这个昏暗而孤独的世界毫无兴趣，唯一吸引他的是他母亲许诺在他过三岁生日时给他一面铁皮鼓。

在奥斯卡三岁生日那天，经过深思熟虑的他采取了“自我伤残”的手段——自己从地窖阶梯上摔下去，以达到合理解释自己不再长个的目的。他保持三岁孩子的状态，却又是三倍聪明的人，所有的成年人身材都比他高，而他在智慧方面远胜过所有的成年人。从地窖的阶梯上摔下去不久，奥斯卡便开始敲击铁皮鼓，同时获得了一副能唱碎玻璃的嗓子。时间流逝，奥斯卡到了该上学的时候了。可他入学的第一天，便和老师产生冲突。他在唱碎了教室里的窗玻璃和女教师的眼镜之后，也永远地和教室无缘了。然而，奥斯卡是渴望学会字母的。经过多次尝试之后，他最后跟着面包师太太格蕾欣·舍夫勒学习读和写。他所用的教材是歌德的《亲合力》和《拉斯普庭和女人们》。

奥斯卡的生活是单调的，他没有朋友，最大的乐趣就是敲击铁皮鼓，用那副神奇的嗓子唱碎一些玻璃，他甚至将这视为一种艺术创作。由于奥斯卡长不大的体形，他看到了生活中许多别人看不到的事情，尤其是母亲与扬之间的私情。

1934 年，在和母亲看马戏时，奥斯卡遇到了他后来的老师——侏儒贝布拉，贝布拉邀请奥斯卡加入马戏团，奥斯卡拒绝了。以后的几年，纳粹势力在但泽抬头。德国小市民的典型，是奥斯卡“假想中的父亲”之一的马策拉特。他是个性格懦弱、毫无主见的人，他随大流加入了纳粹党，成了个“制服崇拜”者。

奥斯卡比大多数成年人更清醒地认识到纳粹的真面目。马策拉特穿着制服去参加纳粹集会时，奥斯卡蹲在演讲台底下，用自己的铁皮鼓声奏出强烈的节奏，使全场的群众陷入极度狂热的情绪之中。在一年多的时间里，奥斯卡白天去“破坏演讲台的对称”，晚上则扮演诱惑者的角色。他在暗处将商店橱窗的玻璃划开，使不少绅士、女士们成为窃贼，以此证明了邪恶的普遍存在。他还帮助扬偷了一条宝石项链送给他妈妈。

耶稣受难日，殖民地商店歇业一天。奥斯卡和母亲及她的丈夫和情人一起去格莱特考。马策拉特买了几条从死马头里抠出来的鳗鱼，阿格内丝坚决拒绝吃鳗鱼，并感到十分恶心。可是两个星期后，她却疯狂地吃鱼，最后因黄疸病和食鱼中毒而死。死时她已怀孕三个月。奥斯卡觉得自己对母亲的死负有责任，母亲的死是为他所作的牺牲。

Topeka Bindery 1990 年版封面

奥斯卡 14 岁那年，他又遇到了贝布拉，并认识了他后来的情人梦游女拉古娜。贝布拉带着他的马戏团经常为军队演出。短暂的相遇之后，他们再度告别。

第二部分在时间上到第二次世界大战结束时为止。这段时间内世界是动乱不安的，奥斯卡的生活也在颠沛流离中度过。

阿格内丝死后，马策拉特和扬之间渐渐脱离关系。可怜的奥斯卡不再有人关心照顾，以前母亲会在马库斯卡的店里不断给他买新的铁皮鼓，而现在，他的铁皮鼓变成一堆废铁了也没有人管。无可奈何之下，奥斯卡去找扬帮他到波兰邮局请人修理。这一天正是 1939 年 9 月 1 日，纳粹德国进攻波兰，但泽的波兰邮局也遭到纳粹的围攻，邮局的职员进行了顽强的抵抗，但最终邮局被占领。贪生怕死的扬在战斗过程中表现得极为的懦弱，靠玩施卡特牌支撑着自己。当德军冲进他们所藏身的有信件的报室时，奥斯卡出卖了扬，扬被俘并被枪决。所有人中，除了奥斯卡之外，只有一个高度近视的邮递员维克托逃出邮局。奥斯卡在内心里对扬的死负有深深的罪责感。

New York NY Pantheon Books 1962 年版封面

阿格内丝死后，殖民地商店的情况越来越糟，为了改变现状，马策拉特请特鲁钦斯基大娘的小女儿玛丽亚来管理商店并负责照顾奥斯卡。此时的奥斯卡虽然看起来仍像三岁的孩子，但他的生理却和正常人是一样的。他的本能驱使他有正常的性要求。奥斯卡爱上了玛丽亚，同她发生了关系，并使她怀孕。玛丽亚怀孕两个月时，奥斯卡撞见她和马策拉特做爱的场面。奥斯卡愤怒地冲了进去，骑在两个人的身上，敲起铁皮鼓。但玛丽亚还是嫁给了马策拉特，并生下

1979 年电影《铁皮鼓》获得法国戛纳电影节最佳外语片奖

奥斯卡的儿子，取名库尔特。

奥斯卡变得失望消沉，开始放荡起来，成了蔬菜商格雷夫妻子莉娜的情人。1943 年 6 月，奥斯卡再度遇见贝布拉，此时贝布拉是纳粹宣传部下属的前线剧团的上尉团长。奥斯卡终于接受了贝布拉的邀请，成为剧团的一员，开始了他四处流浪演出的生活。梦游女拉古娜成了他的情人。

一天凌晨，"盟军进犯"，在转移时，拉古娜被炸死，剧团解散。奥斯卡在儿子库尔特三岁生日前一天回到但泽。玛丽亚对归来的奥斯卡态度冷淡，库尔特对奥斯卡的生日礼物——铁皮鼓丝毫不感兴趣，并用木头把鼓敲碎了。这期间，扬的儿子战死；特鲁钦斯基大娘的大儿子战死；她本人也因之再没醒来过。奥斯卡和玛丽亚到圣心教堂去祈祷。奥斯卡像几年前一样，把铁皮鼓放在童子耶稣的身上，奇迹发生了：耶稣敲起了鼓。奥斯卡成了耶稣的"继承人"，撒灰者(一个青年团伙)成了他的头一批门徒。

奥斯卡以他会唱碎玻璃的本能，成为撒灰者的首领，并自称"耶稣"。他们在干了许多"伟大"的事后，1945 年 1 月在各处教堂上演基督诞生剧时被捕。除奥斯卡外，撒灰者的成员们均被处死刑。

苏军进攻但泽时，引起全城大火。苏军进入马策拉特家地窖，奥斯卡把包有纳粹党徽的水果糖扔给了马策拉特，马策拉特情急之下把党徽吞进了肚里，别针插入了他的食道，苏军的子弹也同时射入他的身体。在埋葬马策拉特时，奥斯卡也将自己的铁皮鼓扔进了墓穴里。在埋鼓时，库尔特把石头砸在了奥斯卡的头上，使他跌进了坟墓里。就在这时，奥斯卡的鼻子开始大量出血：他开始长个了。

大战结束后，但泽的德国人被驱逐回德国本土。奥斯卡的家，殖民地商店被一个叫法因戈德的俄国人占据了。玛丽亚只得带着奥斯卡和库尔特去迪塞尔多夫投奔她的姐姐古丝特。

在火车上，他们不断受到抢劫；奥斯卡继续长个儿。在吕内堡，奥斯卡被送进了一家医院进行治疗，出院后他成了一个身高 1 米 23 公分的鸡胸驼背的畸形人。

第三部分主要描写的是奥斯卡战后的生活。

为了生活，玛丽亚和库尔特做起了黑市买卖。奥斯卡跟一个叫 P. 科涅夫的人学石匠手艺，在墓碑上刻字。奥斯卡和市立医院的护士约会，在内心深处渴望着爱，但却被耍弄。他再次向玛丽亚求婚，被拒绝后陷入消沉之中。

币制改革后，奥斯卡失去了工作。偶然的机会他成了艺术学院的人体模特，他的畸形形体给各种现代派画家们带来了源源不断的灵感。而后奥斯卡组成了一个名叫“莱茵河三人团”的爵士乐队，他用鼓声使很多人回到童年的记忆里。旅行之后，奥斯卡成了“西方”演出公司的一名签约铁皮鼓独奏演员，到各地演出。他以充满神奇魔力的鼓声使很多人重回童年，名声大振。一天，奥斯卡知道了原来他的老板就是贝布拉，他的老师。不久，贝布拉去世，奥斯卡继承了他的遗产，成了一名富人。

钱并没有给奥斯卡带来幸福，相反，他心中的负疚感却日益沉重。某天，他在租狗店里租了条叫卢克斯的狗外出散步解闷，卢克斯在地里找到了一根带着戒指的无名指。正在树上休息的橱窗装饰师维特拉看见了这事，两人成了朋友。回家后，奥斯卡把无名指放在装有防腐剂的密封大瓶里珍藏起来。

奥斯卡和维特拉救出了被押赴刑场的维克托——当年波兰邮局唯一逃走的人。

维特拉很羡慕奥斯卡有钱有名，奥斯卡就让维特拉带着那根无名指到警察局去告发他是杀人嫌疑犯，这样维特拉的名字就可以在报纸上出现，“名扬天下”了。为了假戏真做，奥斯卡假装畏罪潜逃，在巴黎一个地铁出口处被国际警察逮捕。最后，他被法院送进了疗养与护理院里监视起来。

外面的世界已无净土，奥斯卡在病房里与世隔绝，回忆着幕幕往事。所谓的谋杀案真相大白，奥斯卡的获释指日可待。但奥斯卡并不会因此而感到轻松：在那找不到一个“清白”的人的世界里，无比的恐惧会永远伴随着他。

（端传妹）

理查德·赖特［美国］

《土生子》

作者简介

理查德·赖特(Richard Wright,1908—1960),美国黑人小说家。他是20世纪20年代初哈莱姆文艺复兴运动的杰出代表,曾被誉为“现代美国黑人小说之父”。1940年他的代表作《土生子》问世,使他一跃成为享誉美国文坛的黑人作家。西方有的评论家认为只有在《土生子》出版后,黑人文学才在美国文学中取得地位。赖特开始受到评论界的重视,并在人民群众中产生一定的影响。

赖特和女儿的居家生活照

赖特著有长篇小说5部,中短篇小说集2部,与人合写的剧本2部以及其他著作近10部,也发表过一些诗。他的突出的成就是小说创作。总体说来,赖特的文学创作,一般都能以现实主义的笔触,深刻地挖掘出生活的底蕴,故而富于较强的生活气息和艺术感染力。他的作品中心理描写细腻,人物形象鲜明,语言明白晓畅、生动活泼,因此至今仍拥有广大的读者群。作为“美国黑人最强有力的代言人”,赖特的影响是深远而巨大的。

作品提要

《土生子》分三大部分:《恐惧》、《逃跑》和《命运》。在第一部分的一开始,随着一阵闹铃将别格一家人从梦中唤醒,映入人们眼帘的便是一幅美国黑人惨不忍睹的生活的真实画面。一家四口同住在一间狭窄的房间里,两张大床便占去了大半的面积。兄弟俩合睡一张床,母女俩合睡另外一张。及至母女俩要起床穿衣时,兄弟俩就得背过身去。房间可以想象是阴暗潮湿的,正是群鼠出没的绝好场所。年轻力壮的别格用铁锅将隐身在木盒中的巨鼠击毙,而丝毫没有投鼠忌器的那一种顾忌、犹豫。不仅于此,他还恶作剧地拎起已经毙命的硕鼠去吓唬他那本来就很神经衰弱的可怜的妹妹。也许他能够从中得到些快感,正如他整天在外游荡、斗殴、行窃一样，他只在空虚无聊之中打发着自己的生命。他的存在没有任何的意义，只因为他是个黑人。

他和其他几个坏孩子合计着去抢劫一家白人的店铺。抢劫这一念头对他极具诱惑力，因为这将是对统治他的白人世界的一次象征性的挑战。可是看了一场电影后，他的思想又发生了动摇。他觉得还是应当乖乖地接受救济署介绍的工作，去过一种老老实实的生活，而没有必要铤而走险。而他本人，在内心深处，是从来都不曾驯服过的。

听从了母亲的劝告，他终于应约来到当地名流、富商同时又是慈善家的道尔顿先生的府第。道尔顿先生是开明人士，不太赞成种族隔离，对黑人似乎亦抱有相当的同情。出于良心或其他考虑，据说他向黑人捐助的资金总额已达 500 万元之巨。他的和颜悦色、温文尔雅的态度反倒使从未被善待过的别格觉得手足无措。而道尔顿先生的掌上明珠玛丽的平等与友好的态度使他越发自惭形秽，感到自己像条狗，自卑使他大为恼火。这一家白人(包括双目失明的道尔顿太太)的友善不仅未能在别格身上激起回报，却使他更加憎恨白人：因为他那冷若冰霜、坚如铁石的心里，温情脉脉的柔情爱意早已不复存在了。他有的只是恐惧和仇恨，而这一种仇恨和恐惧导致了他后来的强奸和杀人。

当晚，他驾车送玛丽小姐去学校听讲演。可玛丽却要去和他的男友——作为共产党员的简——幽会。简从阶级同情的角度出发，对别格亦相当友好尊重，可别格却又一次感到了耻辱，他觉得这个白人在帮着践踏他、残害他以后，现在又把他高高举起来欣赏玩弄。在那一刻，他对玛丽和简怀着一种无声的、冷酷的、说不出的仇恨。他们三人共进晚餐，席上玛丽和简都喝了不少酒。在和简分手以后，出于同情，别格将醉得不省人事的玛丽抱到她自己的房间。这时，盲目的道尔顿太太恰巧走入。别格大为恐慌，因为一旦道尔顿太太觉察，自己便会因为深夜闯入白种女人的卧室而被处死，于是惶惑之下，随手抄起一只枕头用力捂住玛丽的脸部。等到道尔顿太太走后，他才发现玛丽已被窒息而死。他忽然忆起刚才玛丽的这声叹息很像最后的断气声。

在极端的恐惧之中，几乎是下意识地，他残暴地将玛丽的尸体肢解并将其送入炉膛。于是他开始编造理由并伪造现场，试图嫁祸于玛丽的男友简，因为他知道警察一定会对简的“共党”背景大感兴趣。然后他沉着地继续留在道尔顿先生的府宅，静观事态的发展。

译林出版社 1999 年版封面

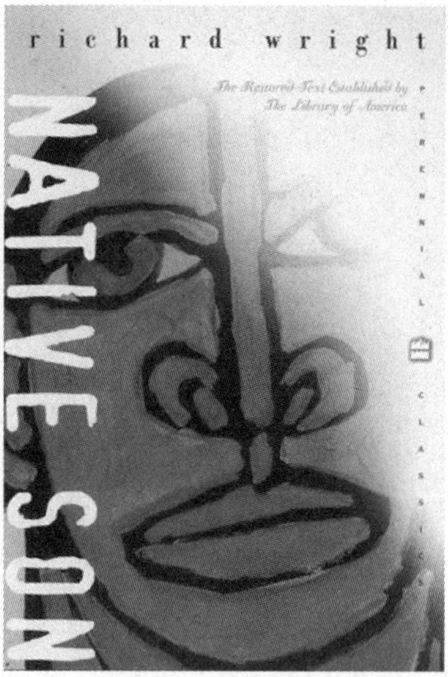

HarperCollins Publisher 1966 年版封面

果然不出所料，记者蜂拥而至，简作为犯罪嫌疑遭逮捕，仇视共党的右翼势力乘机掀起一场清共高潮。为了进一步混淆视听、搅乱线索，别格又去找他的女友蓓西，炮制出一封署名为“共党”的绑架勒索信。就在他为这一系列的精心设计而暗自得意的时候，整个事件突然发生了逆转。简的朋友提出了简当晚不在现场的有力证据，并且在事件真相澄清以前，简拒绝出狱，以示抗议。别格的谎言眼看就要被戳穿，在记者穷追不舍的盘问之下他已感到难以招架。而恰在此时，清理炉膛时发现的残剩的几块白骨更使得别格魂飞魄散。他不顾一切地逃脱出去，开始了他短暂而惊险的逃亡生活。

别格出去后找到了蓓西，表示要带着她一同逃跑。了解了事件真相的蓓西后悔不已，因为她知道别格从来也未曾真正爱过她，只是拿她作发泄的对象而已。在途中，别格不顾蓓西的反对，在强暴了她之后，又拿起砖头向她砸去，直到她浑身是血，身子软瘫。原因只是他不能带她走，又不能把她留在后面，因此，他只好杀死她。

别格的逃亡生涯并未能持续多久，因为城里已出动了大量警察和白人自愿组成的搜索队，他已无路可逃。虽然一开始他也想着“反正是死，他宁肯打光所有的子弹以后再死”，可白人并未给他这样的机会，于是他只有从一间房顶上疲惫地走下来束手就擒，“他们用脚踩他的手腕，把它们深深踩入雪中。他慢慢闭上眼睛，终于被黑暗吞噬了”。

被捕后的别格陷入了绝望的境地。他拒绝吃饭，拒绝说话，感到万念俱灰。这时简不计前嫌，请来了党内有名的律师麦克斯替他辩护。麦克斯向他讲授了种族斗争、阶级革命的道理，并希望他振作精神，要竭尽全力挽救他的生命。在长长的法庭控辩之后宣布了最后的判决，麦克斯充满激情的辩护词并未能打动冷酷无情的美国法律，别格最终被判处死刑。在和麦克斯简短地道别以后，“接着他露出一个淡淡的，歪扭的苦笑。他听见远处当啷一声把门关上了，钢碰钢的声音响彻牢房”。

总体说来，赖特在小说的前两部分《恐惧》和《逃跑》中借鉴了侦探小说的某些手法和技巧，情节进展较快，悬念迭起，引人入胜。第三部分《命运》着力刻画麦克斯的辩护，虽有一定的说教成分，但条剖缕析，丝丝入扣，亦具有极强的艺术感染力。整部小说从丁零作响的闹钟开始，直至最后别格微微苦笑着与麦克斯道别，通篇充满着一个生活在底层的被压迫民族埋在心底里的深仇大恨，深刻地揭示出别格的犯罪非由其天性或民族性格，而实由于罪恶的社会制度所造成的。

（杨　清）

米哈依尔·米哈依洛维奇·巴赫金［苏联］

《陀思妥耶夫斯基诗学问题》

作者简介

米哈依尔·米哈依洛维奇·巴赫金(1895—1975),20世纪苏联最重要、最引人注目的思想家和文论家之一。

巴赫金一生经历坎坷,但一直默默地从事研究,思想独特,成果丰硕,主要著作有《走向行动哲学》(手稿,20年代)、《弗洛伊德主义》(1927，与沃洛希诺夫合著)、《马克思主义与语言哲学》(1929,与沃洛希诺夫合著)、《文艺学中的形式主义方法》(1928,与梅德韦杰夫合著)、《陀思妥耶夫斯基创作问题》(1929)、《小说理论》(1941)、《言语体裁问题》(1952—1953)、《语言学、语文学和其他人文科学中的文本问题》(1959—1961)、《陀思妥耶夫斯基的再研究》(1961—1962)、《陀思妥耶夫斯基诗学问题》(1963)、《拉伯雷的创作以及中世纪和文艺复兴的民间文化》(1965)等。他在哲学、美学、文艺学和语言学等领域都提出并独特地解决了一系列理论界关注的重要问题。巴赫金在研究长篇小说理论方面独树一帜,他的小说理论是20世纪欧美文学理论和小说研究的一份重要遗产,可接受性相当广泛,开拓了不少新领域。巴赫金学术研究的广度、创造性思维的深度引起了国际学术界的广泛兴趣。他在理论研究上的成就已经得到世界上普遍的承认,在现代西方文论界越来越被视为众多学派与理论的代表人物。巴赫金研究目前已成为一门专门的学问,即巴赫金学。

作品提要

在这本书中，巴赫金在深入研究俄国作家陀思妥耶夫斯基小说的基础上提出了复调小说理论。他把陀思妥耶夫斯基的小说主人公与先前俄国和欧洲小说主人公作了对比,发现了一个原则性的区别,即作者与主人公关系的根本不同。在先前的小说中,作者是主体,主人公是客体,主人公存在于作者视野的世界之中,小说的整体性服从于作者的声音和故事情节的安排,小说所描绘的世界是作者意识的一统天下。巴赫金把这种小说称为独白型小说,把它的艺术结构比作主调音乐:以某一个声部构成主旋律,以其他声部按照和声原则构成陪音或伴奏。他认为，陀思妥耶夫斯基的小说打破了小说世界的独白型统一性，他的主人公同作者平起平坐，都是主体，主人公和主人公之间也都平等，他们各有自己的意识、视野和声音，小说的整体不是统一于作者的声音或故事情节，而是形成各个主人公的意识、视野和声音的一种共存关系和相互作用。这种小说的艺术结构类似于音乐中的复调（多声部），因而巴赫金独创性地提出了“复调小说”这一概念。巴赫金认为，陀思妥耶夫斯基作品中的主人公之所以与作者处于平等的地位，主要是因为这位作家作品中的主人公大都是些有思想、有独立意识、爱思考和探索的人物。在主人公和作者的关系上，主人公的意识与作者的意识具有同等的价值，所以两者是平等的。巴赫金十分强调主人公的这种独立的自我意识，并认为这种自我意识是陀思妥耶夫斯基艺术描写的主要成分。他专门论述了作家创作中的思想，但这不是一般分析中所讲的作品的思想倾向，而是讨论陀思妥耶夫斯基艺术世界中的对思想的处理，思想的艺术功能。巴赫金认为陀思妥耶夫斯基擅长描写他人思想，并保持其作为思想的全部价值，于是作家便创造了思想的形象，把思想摆到对话交锋的不同意识的边缘上。思想形象同人物形象结合成不可分割的统一体。关于陀思妥耶夫斯基小说的体裁、结构方面的特征，巴赫金认为这位俄国作家继承和改造了古希腊、罗马时期的“庄谐体”文学，这种体裁主要是以狂欢化的世界感受、广泛的平等对话精神为基础的。在狂欢中，所有的人，不分高低贵贱，都是平等的积极的参加者。狂欢化理论是巴赫金在小说理论方面的重大贡献。最后，巴赫金把超语言学的话语分析方法借过来，由对一般言事之间的对话分析转向了对人物形象间的不同意识的对话研究。这里的对话关系是指作品中人物与人物、作者与人物在平等位置上的对话。通过这种超语言学意义上的话语批评方法，巴赫金克服了一般文体学家感到棘手，而一切形式主义者注定无法越过的障碍，展现了陀思妥耶夫斯基小说中的与众不同的“对话”的艺术世界。“大型对话”和“微型对话”是贯穿陀思妥耶夫斯基小说的基本特征，同时也是实现主人公独立平等的自我意识的艺术形式。陀思妥耶夫斯基艺术世界的所有这些特征使巴赫金认为，陀思妥耶夫斯基的小说艺术成了人类思维的重大进展。巴赫金就是这样通过对作家艺术形式的独特性的诗学分析，从而形成复调小说的基本思想。

三联书店 1988 年版封面

巴赫金把陀思妥耶夫斯基的小说与托尔斯泰等其他作家的小说进行了比较，把后者的小说结构称为独白型。他认为，独白型小说取决于作者意识对描写对象的单方面规定。这里只有一个声音，即作者的声音在说话，一切主人公的语言、心理和行为都被纳入作者的意识，都在作者全能全知的观点中得到外来说明。巴赫金把托尔斯泰列为这类作者的代表，把陀思妥耶夫斯基以前几乎所有的欧洲小说和俄国小说都归入独白型小说。

与独白型小说相反的是复调小说。巴赫金指出，这种小说是陀思妥耶夫斯基首创的。陀思妥耶夫斯基所描写的，并不是单个意识中的思想，也不只是不同思想的相互关系，而是众多意识在思想观点方面的相互作用。再加上各个独立的意识在陀思妥耶夫斯基的世界中，不是作为形成发展过程来写的，也就是说没有历史地写，而是平行起来写的，这样就不可能集中写一个意识，哪怕是一个非常重要的思想观点，不可能集中地写它内在的逻辑发展，其结果必然写出各种独立意识的横向相互作用。陀思妥耶夫斯基笔下的主人公意识很少是意义自足而独立的，而常常是与其他人的意识相互依存的。主人公的每一想法、每一感受都拥有内在的对话性，或具有辩论的色彩，充满对立的斗争，或准备接受他人的影响。陀思妥耶夫斯基作品中的主人公，如“地下室人”、拉斯柯尔尼科夫、伊凡·卡拉马佐夫、娜斯塔西雅·莫里帕芙娜、斯达夫罗金等，他们的每一个思想都仅仅只是一场未完成型对话中的一个话语，不同话语间的对话就形成了复调小说的结构。巴赫金认为，这恰恰是陀思妥耶夫斯基小说艺术的创新之处。

巴赫金认为，在陀思妥耶夫斯基的小说艺术世界中，主人公都是些意识相对独立的“思想家”，如拉斯柯尔尼科夫、“地下室人”、梅思金公爵、卡拉马佐夫兄弟等。他们并不融合或附属于某一个统一体之中，不受作者思想支配。他们的个性和意识是处于对话的状态之中的。因此，陀思妥耶夫斯基不少小说的故事情节并不很吸引人，甚至往往没有通常小说的那种开头，也没有明确的结尾。如果要给陀思妥耶夫斯基的这种小说艺术世界找一个形象的比喻的话，那么巴赫金认为用“教堂”是最恰当不过了。在教堂里，往往各种各样的人聚集在一起，有圣洁行善的教徒，也有罪不容诛的恶人；有灵魂升华之人，也有死不悔改之徒。教堂通常被认为是那些互相对立、难以沟通的灵魂可以共存的一个场所，就像但丁所描绘的世界一样。

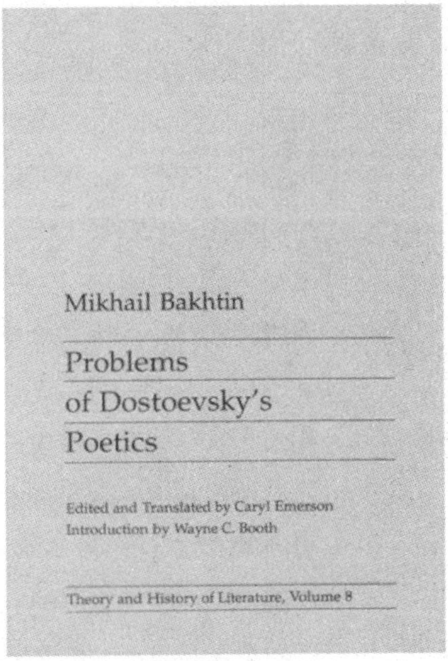

University of Minnesota Press 1984 年版封面

巴赫金强调，在复调小说中不存在作者的统一意识，主人公与作者的关系是平等对话的关系。但这并不意味着巴赫金认为作家就没有自己的艺术构思和审美理想，而是说作家在创作过程中给自己的人物以极大自由，让他们充分发表自己的见解。陀思妥耶夫斯基的小说中充满着各种和作者争辩的声音。作者不是在让人物艺术地独白自己的意识，而是让他们与自己对话。巴赫金把这些不同的思想和争辩都看成是对立的话语，而这些话语之间的联系就形成了对话，产生了复调型话语。正是从这个意义上来说，巴赫金才称陀思妥耶夫斯基的小说为复调小说。

巴赫金非常敏锐地揭示了陀思妥耶夫斯基小说创作中的许多艺术特点。他认为，复调小说的世界是一个极其复杂的世界，在这一世界中，一切都存在于同一空间，相互作用。作者在小说中一般不写原因，也没有事物的缘起，而是把各种矛盾对立的思想集中置于同一平面上描写，而不作纵向顺序的思考和排列。一切共存于同一空间，存在于横向的相互联系之中。由此巴赫金归纳出了复调小说创作的共时性艺术特征。接着，巴赫金进一步深入到民间的狂欢文化现象中，去寻找这种文学的叙事结构产生的历史文化根源，探讨出陀思妥耶夫斯基小说的复调结构渊源于欧洲小说史上的狂欢体裁。在这类文学体裁结构中，哲学的对话与冒险的幻想，贵族和贫民，这些常常极其难以相容的因素被奇妙地结合在一起。这就打破了文学体裁的封闭性，在叙事结构上又可以使小说故事情节处于高度的紧张状态，让对话贯穿小说始终，形成一种多声部结构。

巴赫金的复调小说理论之所以在西方和苏联引起学术界的浓厚兴趣，并不只是因为大家关心在陀思妥耶夫斯基小说研究中又出现了一种新观点，而是因为巴赫金在研究方法上的探索和创新。事实上，不少从事文艺批评理论研究的人已经从巴赫金的批评理论中得到了有益的启示。巴赫金的文艺批评理论研究具有一个显著的特点，就是不只停留在理论的阐释上，而且还试图用整体性批评理论和系统化的分析方法来具体地剖析文艺作品。

事实上，他的理论研究和批评实践几乎是同步进行的。在《陀思妥耶夫斯基诗学问题》一书中，巴赫金以陀思妥耶夫斯基小说创作本身作为研究的出发点，将这位俄罗斯作家的小说体裁结构作为一个整体来考察，并且把它放置到俄国文学乃至世界文学的大环境中去分析。巴赫金在陀思妥耶夫斯基的创作中发掘出来的，确实是前人没有发现或者是没有充分意识到的艺术特征，从而把叙事学的研究推进一步，开辟了一个新的方向。狂欢文化理论和复调结构是巴赫金在文学叙事学研究方面取得的重大成果，为小说形式研究开拓了一条的独特途径，丰富了人类的艺术思维，代表着当代陀思妥耶夫斯基研究和小说理论的新发展。通过这项研究，可以推动陀思妥耶夫斯基小说的诗学研究，可以进一步促进文艺学界对作者与创作之间关系等理论问题的探讨，更可以给我们的文学批评提供新的视角和方法。

（沈　敏）

塞缪尔·亨廷顿［美国］

《文明的冲突与世界秩序的重建》

作者简介

塞缪尔·亨廷顿(Samuel P. Huntington,1927—2008),美国当代政治学家。出身于美国的名门世家“亨廷顿家族”。早年就学于耶鲁大学、芝加哥大学和哈佛大学,1951年获哈佛大学博士学位后留校任教。由于豪门背景,不久就涉足政界,政学两栖。

在学术上,他发表过许多有关世界各国特别是发展中国家政治权威、稳定和民主化的著作。他一向以提出极具争议的观点或理论闻名于国际学术界。他自己也以当代的马基雅维利自诩。亨廷顿不同意国家动乱起源于贫困落后的说法,认为许多情况下国内的种族和民族矛盾在社会急剧变革时更容易导致政治冲突。他还特别强调文化传统和宗教对民主化的影响。亨廷顿的主要著作有《士兵与国家》、《政治权力:美国与苏联》、《变化社会中的政治秩序》、《难以抉择:不协调的允诺》、《第三波:20世纪后期的民主浪潮》、《文明的冲突与世界秩序的重建》等。

作品提要

《文明的冲突与世界秩序的重建》(以下简称《重建》)是亨廷顿争议最多、影响最大的著作。从某种意义上说，它不仅仅是一本国际关系方面的学术著作，而是更多地带有政论的色彩。《重建》一书共分五个部分,它们是《一个多文明的世界》、《变动中的各文明力量的对比》、《正在形成的文明秩序》、《文明的冲突》、《文明的未来》。归纳起来该书阐述了以下主要内容。

一、文明是世界秩序重建的基础

何谓文明？亨廷顿认为文明是人类最高的文化归类,人类文化认同的最大范围,人类以此与其他物种相区别。文明既根据一些共同的客观因素来界定,如语言、历史、宗教、习俗、体制,也根据人们主观的自我认同来界定,一个文明就是一个最广泛的文化实体。

与传统政治理论把国家作为国际关系的基本单位相比，亨廷顿认为文明是建构世界秩序的基本单位。他说，在冷战期间，任何秩序都是超级大国支配两阵营和影响第三世界的产物。冷战后，人们对国家、意识形态的认同和忠诚让位于对文明的忠诚。相似文明的人民和国家正在聚会，具有不同文明的人民和国家正在分离。主要文明的核心国家正取代冷战期间的两个超级大国成为吸引和排斥其他国家的几个基本的极。全球政治在历史上第一次成为多极的帮多文化的，在今天如此复杂和异质的世界中，秩序的组成部分存在于文明内部和文明之间。他断言：世界秩序要么将建立在文明的基础上，要么将成为空中楼阁。

他特别强调核心国在世界秩序中的地位和作用，当每个文明都有一个强大、稳定、受普遍尊重的核心国时，稳定和秩序就能得到最好的保障。当文明缺少核心国时，在文明内部建构或在文明之间协调秩序就会变得极为困难。因此核心国是在文明基础上建立新的国际秩序的主要因素，他认为全球范围的文明秩序正在形成。

二、文明的冲突将主宰未来的国际政治

文明为什么会成为世界冲突的主要根源呢？亨廷顿说，对于人来说，归根结底最重要的，不是政治意识形态或经济利益，而是人们为之而战斗牺牲的信仰和家庭、血统和理念。

亨廷顿特地设想了文明冲突的形式、原因、特性以及解决的方法。文明冲突有两种形式：在地区或微观层次上，是不同文明的国家或集团间的断层线冲突；在全球或宏观层次上，是不同的核心国之间的冲突。断层线冲突往往发展为区域战争。其原因是多方面的：地理上的相邻、不同的宗教和文化、彼此各异的社会结构、恐惧不安和彼此仇恨的记忆、人口增长比例的失调等。断层线战争具有旷日持久、暴力程度高、意识形态含混等特点。断层线战争由于能得到来自各文明其他国家的集团的支持，很容易升级为两个文明间的战争。断层线战争通常需要文明间的合作才能遏制，特别是要依靠世界主要文明核心国的利益和行动。对核心国之间的冲突来说，核心国家一般不大可能相互直接使用武力。有可能引发的战争只可能在以下两种情况下发生：第一，断层线冲突的不断升级，使得核心国家在内的亲缘集团团结起来支持参战者。第二，文明间全球均势的变化可能导致核心国家的战争。如何避免文明间的大战，亨廷顿认为应该遵守三项原则：1.避免原则，即核心国家避免干涉其他文明的冲突；2.合作原则，即核心国家相互谈判遏制或制止这些文明的国家或集团间的断层线战争；3.求同原则，即各文明的人民应寻求和扩大与其他文明共有的价值观、制度和实践。

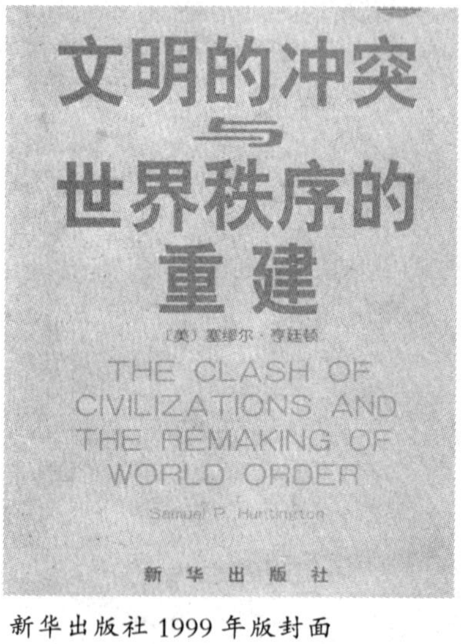

新华出版社 1999 年版封面

三、非西方对西方的挑战日益加剧

亨廷顿声称，西方取得冷战胜利后，正处于世界权力的巅峰，与此同时，由于西方的衰落，来自非西方的挑战也与日俱增。在当代世界上，非西方国家已不再是西方殖民主义影响下被动的客体，而是同西方一道成为塑造历史的力量。在亨廷顿看来，未来世界政治的轴心是西方同非西方的关系，实力差距和利益分歧是西方同非西方冲突的一个根源，而文化差异和信仰的不同，是这一冲突的另一个根源。他按性质及对抗的程度把西方与非西方的关系分为三类：西方与伊斯兰和儒教国家的关系可能会持续紧张并经常出现严重对抗；西方与属于较弱文明的拉丁美洲和非洲国家的冲突程度则要轻得多；西方与俄罗斯、日本、印度等所谓的夹缝国家可能介乎上述两类之间，既有冲突又有合作。

Simon & Schuster 1997 年版封面

四、美国应承担起恢复西方文明的责任

西方文明正处于衰落之中，但是亨廷顿主张世界需要西方，这不是因为世界正在西方化，而是因为西方是全球文明拼图中的关键部分。全球文明拼图是一种文化均势。如果有其中一个移开退出，这种均势就有陷入动乱的危险。因此，西方文明对世界秩序的稳定有着重要的作用。亨廷顿又指出，美国是西方文明的核心，如果美国非西方化了，那么西方就缩小到只剩下欧洲和几个欧洲移民人口不多的国家。没有美国，西方便会成为世界人口中的一个微不足道的和衰落的部分，居住在欧亚大陆一端的一个无关紧要的半岛之上。因此，美国要义不容辞地担当起恢复西方文明的责任。

纵览《重建》一书，结合西方特别是美国的历史、文化、民族心理，就文明冲突论，我们可以初步得出以下结论：1.文明忧患意识的翻新。不可否认，西方文明曾有过极其辉煌的历史，但到了 20 世纪西方文明已呈现出颓势。其根本原因自然在于西方社会自身和经济、政治、社会矛盾的不断发展和激化。2.冷战思维模式的延续。冷战虽成历史，但冷战留给许多西方人的阴影仍然不散。文明冲突论就是这种潜在意识的反映。亨廷顿作为那场未起硝烟的战争的目击者、参与者，冷战的两极对立的情形给他留下了深刻的印象，也培养了他的思维方式。3.美国民族心理的折射。亨廷顿作为西方文明尤其是美国文明的忠诚卫士，他的文明冲突论带有浓厚的美国民族心理的烙印。他深受美国文化优越感和美国例外论(American exceptionism)的影响。这种与众不同的心理必然导致心理上的偏执：不甘落后又害怕落后,敌视一切超越它的文明和国家。这在《重建》一书中有深刻反映，这种优胜者的姿态在亨廷顿那里特别明显。在亨廷顿看来，未来如果发生国际冲突，那么要将罪责归咎于非西方国家，因为非西方国家的发展打破了文明间的均势，这势必造成文明间的冲突。西方特别是美国的国际地位是不能动摇的，是天经地义的。美国有责任领导西方国家维护自己的文明优势，重建世界秩序以独步天下。

（顶生华　耿依娜）

雷内·韦勒克　奥斯汀·沃伦 [美国]

《文学理论》

作者简介

雷内·韦勒克(Réne Wellek,1903—1995),美籍文艺理论家,《文学理论》的主要作者,是西方公认的20世纪最博学多产的文论家之一。他的主要著作有《伊曼纽尔·康德在英国》(1931)、《文学的学问》(与他人合作,1941)、《英国文学史的兴起》(1941)、《文学理论》(与奥斯汀·沃伦合作,1949)、《现代批评史》(七卷本,1955年始)、《陀斯妥耶夫斯基》(1962)、《批评的概念》(1963)、《捷克文学论文集》(1963)等。他还是《比较文学》、《斯拉夫评论》和《英国文学研究》等学术刊物的编辑。其中鸿篇巨作《现代批评史:1750—1950》被誉为有史以来最完备、"最无人堪与比肩"的"文学研究方法的百科全书"。另一专著《批评的概念》则对文学研究中出现的种种混乱的概念加以精确的阐述和界定,并指出通向对文学的意义和价值作出最恰当理解的道路。

《文学理论》的合著者奥斯汀·沃伦1899年生于美国麻省,1926年获普林斯顿大学博士学位,曾任衣阿华、密歇根等大学文学史及比较文学教授。著有《批评家和人道主义者亚力山大·蒲伯》、《论霍桑》、《老亨利·詹姆斯》及《为秩序而不平》等专著。

作品提要

《文学理论》一书由雷内·韦勒克和奥斯汀·沃伦合著,在总共19章的篇幅中,韦勒克承担了其中的13章,沃伦负责6章。该书正如作者在第一版序言中指出的那样,本书既不是一本向青年人传授文学鉴赏知识的教科书,也不是一本综述研究方法的书,而是力图把它写成一部论述文艺学原理和文学研究方法的书。它不光是对20世纪上半叶文学批评界盛行的"新批评"理论的总结,而且已成为20世纪西方文艺学专著中权威性的杰出著作。

本书共分四部。

第一部《定义与区分》阐述了文学与文学研究的含义及区别,力图廓清文学研究的方法论上现存的种种问题,并用5章的篇幅分别从文学的性质和功用、文学理论、文学批评、文学史以及总体文学、比较文学和民族文学等各个方面来划分文学研究的定义和范围。作者在本书的开篇就提出，“必须首先区别文学和文学研究”，“文学是创造性的，是一种艺术；而文学研究……是一门知识或学问”。[①]在驳斥了种种否定文学研究的论点后，首先必须解决怎样进行文学研究的问题。作者认为，机械地搬用自然科学的研究方法、社会“起因研究法”和那种因袭生物学或病理学的概念来探讨文学问题的方法都是不可取的。19世纪80年代以来的大多数学者基本达成了这样的共识，即自然科学家旨在建立普遍的法则，而人文科学、历史学方法研究的重心则在于试图把握具体的、个别的，甚至是独一无二的事物。这就是文学研究的“个性说”。但是，作者指出，这种“个性说”走向极端，就彻底否认了文学研究具有建立普遍性法则的可能性，这是不能接受的。对此，作者作出了正确的断言：每一部文学作品都具备独有的特性，但它又与其他艺术有相通之处，因为每一部文学作品都兼具一般性和特殊性。只有认识到这一点，我们才有可能就所有的艺术作品和文学作品进行科学概括，寻找它们带规律性的东西，从而使文学研究可能超越个人鉴赏的狭隘的主观性、片面性而成为一部科学，成为一个不断发展的知识和判断的体系。

接下来需要明确的是文学研究的内容和范围。首先，作者从语言着手，分析了作为文学材料的语言的特质，找出了文学语言与科学语言及日常语言之间的联系与差别，指出文学语言不同于一般艺术媒介物，它深深植根于自己的历史结构和特定的文化传统中，具有多歧义性、暗示性，富于高度的内涵和含蕴，强调文字符号的本身意义、语词的声音象征尤其是情感态度的表达。文学语言对人的影响不是直接的，而是非常微妙的——这正是其审美作用之所在。在作者看来，所谓文学作品就是那些美感作用占主导地位的作品。文学的本质最清楚地呈现于文学所涉猎的范畴中。文学艺术的中心显然是在抒情诗、史诗和戏剧等传统的文学类型上。它们处理的都是一个虚构世界、想象的世界。文学的突出特征是“虚构性”、“创造性”和“想象性”[②]。

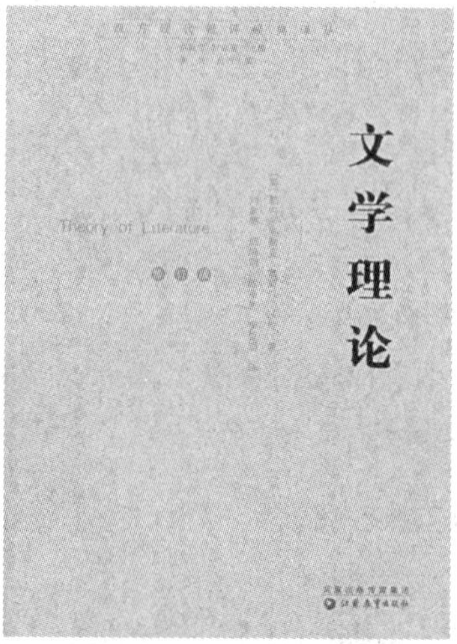

江苏教育出版社2006年版封面

在第二部，作者另辟专章《论据的编排与确定》，用以讨论文学研究所必备的基础知识、技巧和严肃认真的科学精神，具有教学和实用的意义。作者指出，作为学术研究的第一步工作，就是搜集研究

① 韦勒克、沃伦：《文学理论》，刘象愚等译，三联书店1984年版，第1页。
② 韦勒克、沃伦：《文学理论》，刘象愚等译，三联书店1984年版，第7—17页。

材料，细心地排除时间的影响，考证作品的作者、真伪和创作日期。这第一步的确非常重要。但是，不应该忘记的是，这项工作本身并不能解决文学批评上的实际问题，而不过是为实际分析和诠释作品以及从起因方面解释作品而做的基本工作，其重要性应视对分析和解释作品的作用而定。

第三部专论《文学外部研究》，即根据产生文学作品的社会背景和它的前身去解释文学，作者指出，这是一种“因果式的”研究，只是从作品产生的原因去评价和诠释作品，结果把作品的意义完全归结于它的起因(“起因谬说”)。文学作品产生于某些条件下，没有人能否认适当认识这些条件有助于理解文学作品；这种研究法在作品释义上的价值，似乎是无可置疑的。但是，研究起因显然决不可能解决对文学艺术作品这一对象的描述、分析和评价等问题。起因与结果是不能同日而语的：那些外在原因所产生的具体结果，即文学艺术作品，往往是无法预料的。因此，人们接着要做的，就是衡量这些不同因素的重要性，还要考察它们与人们主要称为文学的或“以文学为中心”的研究是否相关，然后再从这一角度来批评这一系列研究方法的得失。这些因素依次包括传记、心理学、社会、思想以及其他艺术。

首先，在文学与传记方面，作者认为，文学创作离不开作家的创造，因此，文学艺术就有必要研究作家的生平传记。但是，不论传记在这些方面有什么重要意义，如果认为它具有特殊的文学批评价值，则似乎是危险的观点。任何传记上的材料都不可能改变和影响文学批评中对作品的评价。其次，在文学与心理学方面，作者并不否认文学心理学对理解文学有一定的帮助，认为一个作家有时可能有意识地运用某种心理学理论在作品中创造一种情景，但是，作为一个作家，仅仅学点心理学的知识是远远不够的，事实上，许多伟大的艺术仍在不断地违反心理学上的准则，艺术创造未必全有幻想性的母题。第三，在文学社会方面，作者不否认文学是一种社会性的实践，文学创作中的种种传统手段就其本质而言也都是社会性的。但是，作者不赞同文学社会学，因为文学社会学不光过于空泛、肤浅，没有把握艺术的实质，而且不符合艺术。不能把所有文学作品都当做社会文献，当做社会现实的写照来研究。如同文艺学不能代替社会学或政治学一样，社会学也不能代替文艺学。第四，在评论文学和哲学思想的关系时，作者认为，不能把文学看做是一种哲学的形式。一种包裹在形式中的“思想”文学分析的目的也不是要获得某种“中心思想”。作者比较赞赏R. 温格尔的精神历史学派的观点，这种观点反对极端理智主义的简单抽象的做法，它非常精细地对待文学作品所含思想观念的分析。

第四部《文学的内部研究》是本书理论框架的核心部分。在《引言》中，作者开门见山地亮出自己的观点：“文学研究的合情合理的出发点是解释和分析作品本身，无论怎么说，毕竟只有作品能够判断我们对作家的生平、社会环境及其文学创作的全过程所产生的兴趣是否正确。"[①]他们认为，提出这种观点，并不是他们自己的创造，而是近年来文论发展的必然趋势。而所谓作品本体，并不是指总体性的作品，而是指单个的作品，以一部作品中的形式因素与技巧方式为文学研究的本体对象。韦勒克说："传统的两分法(指内容、形式两分法)会遇到更多的麻烦，如果所有一切与美学没有什么关系的因素称为'材料'(material)，而把一切需要美学效果的因素称为'结构'(structure)，可能要好一些，这决不是给旧的一对概念即内容与形式重新命名，而是恰当地沟通了它们之间的边界，'材料'包括了原先认为是内容的部分，也包括了原先的内容和形式中依审美目的组织起来的部分。这样，艺术品就被看成是一个为某种特别的审美目的服务的完整的符号结构。"[②]所以，文学研究的重点应该放在文学的"内部"，即"必须首先尽力探讨用以描述和分析艺术品不同层面的方法"。在概述了这些分析个别艺术品的方法之后，作者又探讨了三个问题：1.文学类型的性质问题，2.文学作品的评价问题，3.有关文学史的性质和可否有一个作为艺术史的内在的文学史的可能性。对这些问题的探讨将有助于我们理清一些文学概念，对不同流派作出恰当的区别。

作为新批评派文论中最有系统性的著作，韦勒克与沃伦的《文学理论》的着重点是研究形式。因为他们认为文学的构成主要是形式的构成。研究文学，首要地或者主要地是研究文学形式。他们认为，形式主义批评——法国的"原文诠释派"、德国的形式分析者、俄国的形式主义者及其捷克和波兰的追随者、美国的新批评派等——是批评界"出现的一种健康的倾向"。当然，作者并未完全否认社会学、心理学等角度的研究，没有完全否定从事于这类研究的批评家。他的文学研究的视野要比形式主义者开阔得多。在看待文学语言的功用问题上，他肯定文学符号表述与传达的意义以及文学语言与非文学语言之区别的相对性和流动性。

(周　汶)

① 韦勒克、沃伦：《文学理论》，刘象愚等译，三联书店1984年版，第145页。
② 韦勒克、沃伦：《文学理论》，刘象愚等译，三联书店1984年版，第147页。

意大洛·卡尔维诺［意大利］

《我们的祖先》

作者简介

意大洛·卡尔维诺(Italo Calvino,1923—1985),当代意大利著名作家。《我们的祖先》是卡尔维诺寓言式小说的代表作。而《烟云》、《波河两岸的青年》则是他20世纪50年代重要的现实主义作品。《探索者的一天》(1963)是他的最后一部写实小说。从此,他全身心地投入到幻想性的寓言、神话的创作之中,如《命运交叉的城堡》(1968)、《看不见的城市》(1972)。卡尔维诺也涉足科学幻想小说领域,如《宇宙奇趣》(1965)、《你和零》(1967),借宇宙体系、人类起源和社会形成的故事寄寓新宇宙学与天文学知识和深刻的哲理。长篇小说《如果一个冬天的夜晚,一个旅行者……》(1979)由12章作者的议论和附在其后的10个独立的短篇小说组成,借奇特的结构表现了今日世界的滑稽和荒诞。

卡尔维诺是一个从现实主义走向后现代派的作家,他的作品体现了现实主义和现代派的融合。他用传统的叙事手法,描述异化了的主题,情节怪异超常,幻想和现实混合,寓言和哲理交织。他的小说渗透着强烈的现代气息,表现了现代人的欢乐与痛苦、追求与希望。

作品提要

《我们的祖先》三部曲由三个独立的故事组成。第一个故事发生在古代的一次对土耳其人的战争中。“我”的舅舅梅达尔多子爵参加了奥地利皇帝率领的基督教军队。他对因战争而起的瘟疫、伤亡视而不见,热望着人生中又一次新的经验,急不可耐地等待着次日的战斗。然而,第二天他刚上战场就被土耳其人的一颗炮弹炸成了两半,分成两个半身的人——右边的一半集中了他全部的邪恶,左边的一半则集中了他全部的善良。邪恶和善良先后回到了故乡——热那亚附近的泰拉尔巴村。泰拉尔巴失去了安宁。

先回来的右身邪恶成性,为非作歹,以杀人放火为乐事。他不但破坏别人的安宁,也毁了自己的幸福,年迈的父亲被气死,妈妈被赶走,他还企图毒死自己的外甥。右身听凭邪恶的冲动,将目之所及的都变成了一半——梨子、木桥、树、青蛙、水螅、蒲公英,甚至他自己的城堡。

善良的左身竭尽全力地扶贫救弱，助人为乐，甚至去接近胡格诺教徒，帮助麻风病人。可是，泰拉尔巴的村民并没有因为他的归来而重新获得幸福。他是仁慈的，不愿让人杀死残暴的右身，结果被他派去送药的巡警和起义的村民都被送上了断头台；他不仅要医治麻风病人的身体，还要拯救他们的灵魂。他禁止病人演奏，病人的苦恼无法排遣，变得比以前更加痛苦。胡格诺教徒不仅要防备右身来纵火，也要防备左身来暗查他们的粮仓，破坏他们的生意。就这样，村民们在同样不近人情的邪恶与道德之间茫然失措，度日如年，人们的情感变得灰暗麻木。

译林出版社 2003 年英文版封面

后来，两个半身都爱上了牧羊女帕梅拉，并为此举行了决斗。在决斗中，两个昏迷的半身倒在血泊之中，原来的伤口又撕裂了。医生趁机把他们缝合在一起。子爵复活成一个完整的人，帕梅拉有了一个完整的丈夫。泰拉尔巴又获得了安宁。

这并不是一个传统的惩恶扬善的故事，因为恶没有受到惩罚，善也没有得到张扬。卡尔维诺只是想借此来揭示善与恶在个人身上的对立，指出人格分裂的现状。善与恶通过各自的角度和经历，指出世界的完整乃是一种假象，人都是残缺不全和被撕裂的。寻找完整是《分成两半的子爵》的主题。

故事通过一个孩子的嘴娓娓道来，深奥的哲理在近似于童话的叙述中生动形象地凸显出来。

第二个故事发生在 18 世纪末 19 世纪初欧洲形势动荡不安的年代。主人公柯希莫就是一个追求动荡生活的人。故事的开头有点儿不同寻常，12 岁的柯希莫坚决不肯吃蜗牛："我说过不要，我就是不要！"被父亲喝斥滚开后，就爬上了树，开始了他不断攀缘的一生。

他像鲁滨孙一样，运用自己的智慧，努力学会在大自然中生存。他成功地解决了衣食住行，乃至洗澡、上厕所的问题。他自如地生活在树上，不但不与世隔绝，还广泛地与他人接触。他与农夫、玻璃工、烧炭工、锅匠、小偷、强盗……各色人交往，听烧炭工讲故事，借书给强盗看，帮农夫传口信……他用打猎和帮人修剪树枝的钱购买书籍，大量地阅读各类书籍，他提出的问题连家庭教师也解决不了，通过自学，他连自己的受教育问题也解决了。可以这样说，除了生活在树上，他像其他人一样生活。他的经历非但不简单，简直可以说是丰富多彩。

和别人一样，他也有爱情，尤其是他和薇莪拉的爱情。他们仿佛是自然的儿女，在树木中、蓝天下，热烈坦诚地彼此拥有着。“鸥鸲停在他们的空中洞房上歌唱，孔雀蝶成双成对地飞进帐篷。”在大自然的呵护下，他们的爱情如火如荼。由于一时的冲动，薇莪拉绝尘而去。谁知时局的动荡竟阻拦了这对恋人的重逢。

Vintage Books 2002 年版封面

如果说第一个故事近似于童话，那么这个故事则近似于神话传说。柯希莫所做的一切看似非常神奇，其实，除却不近情理的上树缘由和最后的随风而去，柯希莫只是做了一个有着健全人性的人在自由的环境中可以做到的，并不是什么丰功伟业，卡尔维诺也无意为他作英雄传记。卡尔维诺向我们指出现实环境只能压抑人的个性，造成人的畸形、异化，那么，我们该怎么办？人类该何去何从，才能像柯希莫那样真正地活过、爱过？

第三个故事就是关于寻找和追求的故事。不存在的骑士阿季卢尔福是查理大帝麾下勇敢能干的骑士，为了确认自己的骑士身份，他去寻找他救过的苏格兰公主索弗罗妮亚；爱慕他的女骑士、美丽的布拉达曼泰紧随其后；青年骑士拉姆巴尔多痴迷于布拉达曼泰，追随其后；托里斯蒙多为了得到生父的承认，寻找隐修的圣杯骑士团(他是骑士团和苏格兰王后的私生子)。查理大帝的骑士们为了各自的目的，在平原上奔驰寻找。

阿季卢尔福历经艰辛，一直找到苏丹的后宫，救出了索弗罗妮亚。在返回的途中遇到了暴风雨，船沉没了，他将公主安顿在海边的岸洞里，自己先回去向查理大帝汇报。找到圣杯骑士团的托里斯蒙多对他的这些父亲们非常失望，他们披着宗教的外衣，欺压百姓，搜刮民脂民膏。托里斯蒙多离开伪善的圣杯骑士团，四处流浪，遇见了索弗罗妮亚，一见倾心，相爱的男女结合在一起。这时，阿季卢尔福带领查理大帝迎接索弗罗妮亚，由于误解，他以为当年他救索弗罗妮亚时，她已不是处女。只有挽救了处女贞操的勇士，才可以得到骑士的封号。阿季卢尔福绝望地出走了。拉姆巴尔多去追时，只见到阿季卢尔福赠给他的白色铠甲。布拉达曼泰把穿着白色铠甲的拉姆巴尔多当做了阿季卢尔福，遂以身相许，男欢女爱之后的真相令她恼怒万分，躲进了修道院，成为修女苔奥朵拉。

这些古代的骑士们在平原上四处奔走，他们追求的到底是什么呢？

阿季卢尔福这位不存在的骑士，没有身体，没有面容，只是一副空空的白色骑士铠甲，但他是查理大帝忠心尽职、勇敢善战的骑士。作为骑士，他十全十美，是拉姆巴尔多的偶像。但是，作为人他却一无所有。他不吃不睡，不允许有玩笑、夸张，对下属的要求苛刻到不尽情理的地步。没有一丝缺点的他，也没有一丝人性，只是一部骑士机器。当托里斯蒙多对他的骑士身份提出质疑时，他就必须找出证据来确认自己的存在，因为他的存在依赖这个封号。这个封号意味着他的社会角色，可以说他作为一个自然人早已不存在，他早已被异化为物——骑士铠甲，成为非人。如果连这也不牢靠，他只能消失。

阿季卢尔福的形象是可笑又可悲的。他被环境物化，自己又不断进行自我异化。虽然他不用吃也不能吃，可是作为骑士，他乐于赴宴，乐于在宴会上以标准的用餐动作显示出他的绅士风度和良好的教养。他明知自己对异性无能，却哄骗一个放荡的贵妇人，和她单独待了一夜，完成了骑士和贵妇人之间一定要上演的爱情戏。他处处以骑士自居，以骑士的要求来要求自己，不断地加深着自己的异化。模糊的古代背景只是故事的一个包装，褪去这层包装，不难发现，不存在的骑士阿季卢尔福是不断被异化和自我异化的现代人的写照。社会的规范、文化的积淀等外部环境不断地挤压着人，异化着人。

拉姆巴尔多也在寻找，寻找自我。可是，他不像阿季卢尔福要用存在之外的东西——封号、功名来证实自己的存在，也不像托里斯蒙多通过寻根来寻找自我。他充满热情，充满爱，虽然尊重阿季卢尔福的才识，却不愿像他那样恪守陈规、教条，那样死板。他积极参战，在行动中不断思考战争的意义、人生的价值。他只是一个普通人，追求的也只是“做一个了解需求的人”。比起其他人，他表现出更多的积极进取、天真坦率。他是希望，是朝气蓬勃走向未来的一代。对生命本真的追求，对自我的追求，使他告别了冒着腐尸气味的陈旧文化传统，也摆脱了形而上的追本溯源。他在实践中，不断地寻找自我，了解自我，脚踏实地地和爱人一起走向未来。

（戴晓燕）

马丁·布伯［德国］

《我与你》

作者简介

马丁·布伯(Martin Buber,1878—1965),德国现代最著名的宗教哲学家,宗教存在主义代表人物,由于其学说对20世纪人类的精神生活产生了相当深刻的影响,因而被视为当代西方最伟大的思想家之一。

布伯一生的活动集中在四个领域内:1.宗教哲学。在《我与你》(1923)及其续篇《人与人之间》(1947)中,他系统地阐明了自己的“关系”哲学。其他主要哲学著述是:《两种类型的信仰》(1950)、《善恶观念》(1952)。2.《圣经》翻译及有关论著。1925年,布伯与罗森茨威格一起着手把《圣经》从希伯来文翻译成德文,罗森茨威格去世后,由布伯独立进行并完成了这项艰难工作(1962)。这方面的论著有《论圣经及其德文翻译》(1936)。3.对哈西德派的研究。哈西德派是18世纪中叶在波兰犹太人中出现的宗教神秘主义团体,19世纪中叶其教徒已占东欧犹太人之半数。该派反对犹太宗教的正统律法与经书的无上权威,强调通过狂热的祈祷与虔信与神结合。其教义对于布伯思想的形成影响甚大。他在这一方面的论著主要有,《哈西德派遗事》(1927)、《哈西德派与大的道路》(1958)、《通向乌托邦之路》(1947)。4.参与犹太复国运动。

作品提要

《我与你》是布伯最重要的著述。

全书共分为三卷。第一卷旨在挑明世界的二重性与人生的二重性,“你”之世界与“它”之世界的对立,“我—你”人生与“我—它”人生的对立。第二卷讨论“我—你”与“我—它”在人类历史及文化中的呈现。第三卷展示了“永恒之你”即上帝与人的关系。

人置身于二重世界之中,因之他具有两种截然不同的人生。人筑居于“它”之世界。这意思是:为了自我生存及需要,人必得把他周围的在者——其他人,生灵万物——都当做与“我”相分离的对象,与我有对立的客体,通过对他们的经验而获得关于他们的知识,再

布伯在给学生们上课

借助知识以使其为我所用。只要我执持此种态度，则在者于我便是“它”，世界于我便是“它”之世界。这自然会招致两种后果。首先，与我产生关联的一切在者都沦为了我的经验、利用的对象，是我满足我之利益、需要、欲求的工具。布伯将这称之为“我一它”关联。其次，为了实现利用在者的目的，我必须把在者放入时空框架与因果序列中，将其作为物中之一物加以把握。因为，如果我对对象之间的诸种联系及其在时空网络中的位置无所认识，我如何能成功地利用他们?我对在者的态度，取决于我此时此地的需要，取决于他们的具体性状、素质。如此，则在者不过是众“它”中之一“它”，相辅相成的有限有待之物。

人也栖身于“你”之世界。在其间他与在者的“你”相遇或者说，与作为“你”的在者相遇。此时，在者于我不复为与我相分离的对象。这里包含着两层意思：1.当我与“你”相遇时，我不再是一经验物，利用物的主体，我不是为了满足我的任何需要，哪怕是最高尚之需要与其建立关系。因为“你”便是世界，便是生活，便是神明。我当以我的整个存在，我的全部生命，我的真本身性来接近“你”，称述“你”。2.当在者以“你”的面目呈现于我，他不复为时空世界中之一物，有限有待之一物。此时，在者的“唯一性之伟力已整个地统摄了我”。“你”即是世界，其外无物存在，“你”无需仰仗他物，无须有待于他物。“你”即是绝对在者，我不可拿“你”与其他在者相比较，我不可冷静地分析“你”，认识“你”，因为这一切都意味着我把“你”置于偶然性的操纵之下。对“我一你”关系而言，一切日常意义的必然性皆是偶然性，因为已匮乏超越宿命的以供检验的根。

Free Press 1971 年版封面

布伯的学说直接针对着西方思想史上两种居于支配地位的价值观，其目的是力图阐释宗教哲学的核心概念——超越——的本真涵义，澄清基督教文化的根本精神——爱心。

在《我与你》第二卷的结尾处，布伯把他所反对的两种超越观譬喻为两幅世界图景：其一是用至大无外的永恒宇宙来吞没个人人生，让个体通过把自身的有限性投入到宇宙的无限过程来获得自我超越，实现不朽；其二是用至大无外的“我”来吞没宇宙及其他在者，把居于无限时间流程中的宇宙当做“我”之自身完成的内容，由此铸成“我”之永恒。前一种我们称之为“自失”之说，后一种我们称之为“自圣”之说。

自失说源远流长，它可谓是与人之反思同日而生的一种超越观。在柏拉图的理论、斯多葛学派的禁欲主义、普洛丁的宇宙论、经院哲学体系、中世纪的神秘主义、黑格尔的宇宙理性中，我们处处皆窥见它的踪迹。为满足人对意义及不朽的渴慕，此学说将人置于其间的宇宙本身加以圣化、神化，赋予它以神妙莫测的动机，宣称在这浩渺恢宏的宇宙秩序中隐匿着至善至美的目的。当人意识到个体的有限不过是宇宙进程之无限性中的一时一瞬，当人“自失”于此进程，则因人生无常而生的种种痛苦将在这庄严的无限性前自惭其渺小浅俗，自失指引人步入各万物等生死的超越灵境，然任何一种类型的自失说都难以避免一些根本性的毛病。超越要求发端于人对无意义的反抗，但自失说不是断定表面看来无意义的宇宙秩序具有某种神圣的目的性，面对此目的或意义本身的内容却无所说。另一方面，它对道德哲学的影响简直是毁灭性的。如果宇宙的必然进程正是道德境界的展开过程，那么我们即在肯定一切皆是善的，一切皆是合理的。更糟的是，这种学说还暗含着这样一种观念：所有的个体都是宇宙进程实现自身内容的工具，如此，“爱心”便成了毫无意义的呓语。

Scribner Books 2000 年版封面

布伯在《我与你》第三卷里，把主张宗教超越即是沉入神我一体，天人合一之出神入化状态的神秘主义作为自失说的代表，把断言宇宙万有皆寓于“我”体的大乘佛学作为自圣说的代表。在他看来，前者错把宇宙在时间中的无垠绵延与无穷因果当做了价值论中的不朽，因此，可以说它是从对宇宙之无意义进行反抗开始，却以向后者俯首称臣而告终。自圣说同样没有看破其间的道理。“我”本身不可能领有价值之先验的根，否则我何需反思含义，追求意义。反抗只是超越的起点，而超越的完成只可存在于比我体更高境界中。自圣说实则是妄图用时间的无垠来充实我体，因此它与自失说同出一辙。

如果价值或超越指向既不在人之外的宇宙中，又不存在于主体内，那么它可能栖于何处？此问题可指引我们进入布伯思想最微妙精深之处。他的回答是：价值呈现于关系，呈现于“我”与宇宙中其他在者的关系。关系乃精神性之家。隐蔽于主客体的神性世界，性关系方具有神性，具有先验之根。当《圣经》昭示人要“爱上帝，爱他人”时，人不仅领承了迫向神性世界的钥匙，且同时也领略了价值的本真内容。爱非是对象的属性，也非是“我”之情感心绪的流溢，它呈现于关系，在关系中敞亮自身。正是在这里，“我”与“你”同时升华了自己，超越了自己。人在对于“它”之世界的反抗中走向超越，人在关系中实现了超越！ （缪军荣）

库特·冯尼格特 [美国]

《五号屠场》

作者简介

库特·冯尼格特(Kurt Vonnegut Jr. ,1922—2007),美国现代著名小说家。他的作品主要有长篇小说、短篇小说及剧本,而在长篇小说方面的成就最为杰出。他的早期作品,如《自动钢琴》(1952)和《泰坦族的海妖》(1959)等都采用了科幻小说的形式,因此 20 世纪 50 年代他一直被视为传统的科幻小说家。60 年代后,冯尼格特逐渐成为“黑色幽默”这一流派的重要代表人物。这期间的代表作品有《黑夜母亲》(1961)、《猫的摇篮》(1963)、《上帝保佑你,罗斯瓦特先生》(1965)、《五号屠场》(1969)、《顶呱呱的早餐》(1973)、《囚鸟》(1979)等。

作品提要

《五号屠场》被普遍认为是冯尼格特最优秀的作品,是一部颇具自传色彩的独特的反战小说。二战后期,冯尼格特曾被德军在德累斯顿战俘营关押了数年,其间他亲身体验了德国法西斯的残酷暴行,也亲眼目睹了战争结束前夕盟国空军对这座不设防的城市实施的狂轰滥炸。转眼之间,一座千年古城就被夷为平地,近十四万人在这次灾难中丧生,其中绝大多数为平民,这一数字几乎是广岛原子弹爆炸受害者的两倍。目击了“这场欧洲历史上最大的屠杀”的冯尼格特再也无法相信那些关于正义和民主的宣传了,滥杀无辜、摧毁文明还有什么正义可言? 盟军的轰炸与德军的暴行有何区别?小说的主人公毕利·皮尔格里姆于 1922 年出生在纽约州的埃廉市,是一位理发师的独子,上大学三个月后便应征入伍。1944 年底,毕利奉命前往正在卢森堡作战的一个步兵团,担当随军牧师的助手。其时该团正在著名的突击部战役中遭到德军毁灭性的打击。此次战役是德国法西斯在二战中对盟军发动的最后一次大规模攻势。大难不死的毕利跟随另三名美国士兵在德军控制区内东躲西藏,但最终还

远方出版社 2004 年版封面

是被德军所俘获。他同其他俘虏在历经磨难后被辗转押运至德累斯顿的战俘营，这里原本是一个屠宰场。他被关在第五幢房子里，即“五号屠场”。“德累斯顿被轰炸的那天晚上，他坐在冷藏室里。头顶上似乎有巨人的脚步声。原来是对轰炸目标投下了一连串烈性炸弹。一个个巨人不停地走动着。”“外面是一片火海。德累斯顿成了一朵巨大的火花啦。一切有机物，一切能燃烧的东西都被火吞没了。”“到第二天中午，人才可以从防空洞里走出来。”“天空已经被浓烟熏黑。”“德累斯顿这时仿佛是一个月亮，除了矿物质外空空如也。石头滚烫，周围的人全见上帝去了。”①战后，毕利回到了家乡埃廉市，进入一所验光配镜专科学校学习，后娶该校创始人的女儿为妻，有了一儿一女。毕利在岳父的帮助下开办了一家眼镜公司。在女儿举行婚礼的那天晚上，他被外星人用飞碟绑架到了541号大众星上，放在他们的动物园里展览。当一个外星人问他在541号大众星上学到的最宝贵的东西是什么时，毕利回答说，是学到一个星球上的全体居民如何能和平生活。因为地球上都是愚蠢的杀戮，地球上的居民想必是宇宙的恐怖分子。值得一提的是，毕利的儿子罗伯特后来加入了美军的特种部队“绿色贝雷帽”，参加了越南战争。这对他的儿子和越南老百姓意味着什么，小说中未作交代，但作者安排这一情节的寓意是显而易见的。

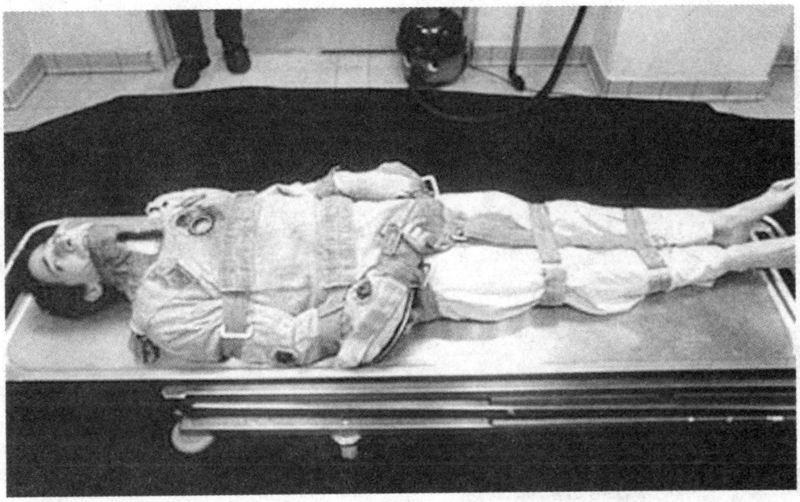

电影《五号屠场》剧照

库特·冯尼格特被广泛誉为“黑色幽默”这一文学流派的重要代表人物，而《五号屠场》则充分体现了他在运用这种表现手法方面的杰出才能。“黑色幽默”一词源于法语，最早由法国超现实主义者所运用，但直到20世纪60年代才广为人知。它一方面表示一种文学创作风格，早在阿里斯托芬和塞万提斯等人的作品中就有所体现；另一方面代表了60年代主要流行于美国的一种现代主义流派。两者并不矛盾，只是侧重点有所不同。“黑色幽默”这一流派的形成与美国当时的社会历史发展状况有着密切的关联。进入60年代后，美国社会的各种矛盾日趋表面化。肯尼迪总统及其兄弟遇害，主张放弃暴力的黑人牧师马

① 库特·冯尼格特：《五号屠场》，云彩、紫芹译，译林出版社1998年版，第137页。

Topeka Bindery 1991 年版封面

丁·路德·金遭暗杀。美国在越南战争的泥潭中越陷越深，进退两难，反战浪潮此起彼伏。核试验接连不断，种族及性别歧视加剧，等等。凡此种种引发了严重的精神危机，越来越多的美国人由衷感叹科学能够帮助人类征服月球，或者改变人类的遗传基因，但是谁也不知道如何才能作出最后的道德和历史判断。这种社会现实极大地影响了当时的美国文学。大多数黑色幽默作家都十分关心现实，对现实的荒诞有一种深沉的苦痛和恼怒，他们不同程度地触及了人们关注的许多尖锐问题。冯尼格特就是这类作家的一个代表。他在其作品中揭示了现代社会中存在的五号屠场病态和矛盾，对美国社会的种种弊端作了深刻的揭露和辛辣的讽刺，时而显得玩世不恭，时而又诙谐风趣，而在他的内心深处对人类的命运和前途有着浓厚的忧患意识，悲观失望的情绪常常主宰了他。他生性幽默，而在他的幽默中往往带有阴郁的色彩。

《五号屠场》在结构安排上具有显著的特色。小说没有按照一定的时间顺序来组织情节，而是在过去、现在和未来之间不断地转移，任意变换场景，随意组合跳跃时空的片断。乍一读来，小说似乎杂乱无章，但纵观全局后却不难看出其混乱之中有秩序，荒诞之中见匠心。全文以“患了轻微的精神分裂症”的主人公毕利的“自我”为中心，让这个“自我”的各种思绪、感觉、遐想、幻觉、梦魇，各种胡思乱想、自言自语从这个中心向四处辐射出去。在这种结构里，时间、空间、因果等逻辑关系的观念已经不复存在，故事情节的完整性和连贯性也被放到了无足轻重的位置，只有毕利的意识在过去、现在和将来之间任意穿行，片断的回忆、破碎的现实与残存的梦幻交织成一体，呈现出一片光怪陆离的景象。冯尼格特将经历和思绪分为三条线索：过去(40 年代，被俘前后的情况及德累斯顿轰炸)，现实(60 年代中后期)，未来(被外星人绑架到几百万光年以外的星球上的遭遇)。小说时间跨度很大，创作素材丰富，在不长的篇幅内要想用传统的线状结构来安排这三条线索根本无法实现。作者于是将这三个时期的各种事件以回忆、经历和梦幻的片断形式向四处辐射出去。每一节构成一个独立的场面，相邻的两节在时间和空间上往往不存在任何关联。这样，在无数次的“时间旅行”中，在令人眼花缭乱的镜头变换中，作者将德累斯顿大轰炸、广岛原子弹爆炸、在越南的美国特种部队、肯尼迪总统遇刺等重大历史事件全部囊括在一百多页的长篇小说之中。

《五号屠场》是库特·冯尼格特的代表作，也是美国以第二次世界大战为题材的战争小说的杰出代表，它的问世进一步确立了库特·冯尼格特作为一位黑色幽默大师在美国文学史上的地位。

(乔光耀)

阿尔贝·加缪 [法国]

《西西弗斯神话》

作者简介

阿尔贝·加缪(Albert Camus,1913—1960),法国文论家、小说家和戏剧家。1942年,加缪发表《局外人》,从此一举成名。同年,加缪发表了《西西弗斯神话》。《西西弗斯神话》的副标题为《关于荒诞》,是一部关于荒诞的杰出论著。用加缪自己的话来说,从此以后,所有伟大的作家都不能再是“有主题意识”的作家,他不应该揭示任何东西,展现任何东西。加缪的其他著名作品还有小说《鼠疫》等。

作品提要

西西弗斯神话昭示的究竟是什么呢?一块巨大的石头,推上去,又由于其自身的重量无可挽救地滚落下来,西西弗斯再将它推上去,石头再滚下来。有的人在这个过程中看到了人类无可挽救的命运,那石头滚落的轰隆隆的巨响震碎了所有敏感的心;有的人看到了人类的勇气,石头被推至山巅,然后滚落,然后是西西弗斯走向山下的石头:正是这个过程,人类的勇气才显得空前的悲壮。西西弗斯是荒诞的英雄。他是英雄,因为他的热情,也因为他所受到的折磨。他对诸神的蔑视,他对死亡的仇恨以及他对生活的热爱,这一切导致了他应当承受的这桩难以摹状的酷刑,他必须全身心地投入,而且永远无法完成。这就是他热爱人间所应付出的代价。

如果说西西弗斯神话是悲壮的,那就是因为西西弗斯对自己的命运有充分的认识。如果说产业工人成天劳作,他们的命运较之西西弗斯同样荒诞。但是只有在他们意识到自己命运的时刻,这种承受才显示出了某种悲壮的意味。西西弗斯是诸神的无产者,他同样无力反抗,但是他很清楚他的悲惨命运:他走下山的时候正是他悲惨命运开始之时。

荒诞的胜利。俄狄浦斯说,尽管经历了那么多的考验,我日益增长的年龄和我日益伟大的灵魂告诉我,一切都好。于是加缪说:幸福和荒诞是人间的两个儿子,它们无法分割。于是西西弗斯也应该是快乐的,因为他有属于他的命运,他的岩石成了他的东西。同样的,一个荒诞的人，如果他能够欣赏着自己所承受的折磨，那么所有的偶像都得闭嘴。

这就是这本关于荒诞的书所要告诉我们的，荒诞一直在加缪哲学精神的中心。好像穆尔索以第一人称的口吻写道：今天早上，我母亲死了。什么是生，什么是死，什么是希望，什么是悲，什么是喜，加缪在这本书里有他自己的回答。书是从对自杀的探讨开始的，因为加缪觉得，只有一个真正严肃的哲学问题：那就是自杀。对生命值得或不值得承受作出判断，就是对哲学的基本问题作出回答。

至于何为荒诞，加缪形象地解释道：首先是背景的坍塌。起床，电车，四小时的工作，在办公室或在工厂，午饭，电车，四小时的工作，晚饭，睡觉，然后是星期一星期二星期三星期四星期五星期六星期天都是同样的节奏，这条路在大多数时候似乎显得很正常。只是有一天，心里面突然升起了“为什么”，一切就开始了，似乎有点惊奇，其实是厌倦。“开始”很重要。厌倦意味着机械生活的结束，但是它更是意识的开始。它惊醒了意识，并且产生了后果。后果，要么是回到机械生活的链中去，要么是最后的觉醒，彻底的醒意味着自杀或重建。

自杀是荒诞的结束。其实从醒的那一刻开始荒诞就被打破了。这就是为什么西西弗斯坚定地走向山下的时刻最吸引加缪的原因。我们也许会问，人应当不应当对自己有清醒的意识?加缪是伟大的，他用自己沾满泥土的双手承受了这一出悲剧，他拒绝死亡，痛恨死亡，他正视命运，并且勇敢地走向周而复始、永无尽头的命运。

五十多年过去了，《西西弗斯神话》仍然和 1942 年出版时一样，令人百读不厌。即便在国外，加缪也是作品卖得最好的法国作家之一。或许是人们对荒诞都有所体验的原因吧。经历了苦难、战争，经历了或正在经历着年复一年日复一日的单调生活的人们，从心底里也升起了这个“为什么”。

陕西师范大学出版社 2003 年版封面

死亡一直是我们身后一个隐隐的威胁。人类做着这样或那样的工作，无一不是在逃避死亡的威胁，但是随着时间的流逝，我们却又不得不面对死亡日复一日的临近。我们应当用怎样的态度呢?这是“为什么”之后的怎么办。

在加缪看来，所有的文学都将汇至人类命运这一点，而在人类命运中，同时展开的，是根本上的荒诞和无情的伟大。两者相互辉映却又相互分离，就像我们的肉体欢娱和灵魂的永恒。知识分子的责任当然在于澄清这荒诞，承担这荒诞。

我们应当有权选择。就像迈向山下的西西弗斯，神色严峻，步履沉重。我们有权选择自己荒诞的命运，我们有权拒绝死亡，我们有权热爱人间。而这一切的前提在于我们意识到了这一切。所以加缪就让他的西西弗斯呆在山下。他的重负是永远存在的，这是诸神的判决。但是他用本身的行动否定了诸神，用他超越一切的忠诚，忠诚于生命，忠诚于自己的使命，他举起了石头。他也认为一切都好。对于他来说，这个没有神的世界既不贫瘠也不黯淡。超越自我，超越生命的确是一件幸福的事吗?这个问题到现在也还没有答案。尽管加缪在《西西弗斯神话》的开头就告诉我们，对生命值得或不值得承受作出判断，就是对哲学的基本问题作出回答，这个问题却是谁也无法给出是或否的回答。何况是和否本身也不绝对。

French & European Publisher 1972 年版封面

在今天的这个时代里，加缪也许愈发能够显出他的伟大，无情的伟大和积极的荒诞。他的西西弗斯神话是悲剧性的。悲剧性，这一点非常重要。荒诞本应该是喜剧，所以《西西弗斯神话》第二章的第二节就名为"喜剧"。但喜剧也可以有悲剧，并且只有具有悲剧性的喜剧才不失伟大。生命的本身是重复性劳作，我们也许并不明白这劳作的原因，证明自己的爱。或者我们在走下山的每一步里都充斥着我们无法言明的希望?希望这个词不可笑，甚至也具有了某种悲剧性。人是可以成为抗争的人的。

我们竟然离加缪的时代也远了。很多人默默地做着一切，做着他们的工作，人类仍然是在进步着，有一些阻碍，但是最终总能扫除。这世界依然有罪恶，有战争，有枪手站成一排，对他们的同类开枪，子弹在他们的同类身上挖出一个拳头大小的洞。我们无能为力。可我们不能丧失意识的能力，不能在向山下走去的时候脑子里一片空白——那将是人性真正的丧失。

值得一提的是，一向崇尚做一个哲学小说家的加缪有着诗一般的语言。他的语言远没有同时代的另一个哲学小说家萨特的晦涩艰深。这也许是加缪得以成为世界性作家的原因吧。不久前，加缪猝然去世后留下来的遗稿《第一个人》经过长时间的整理后也在法国出版，再一次畅销世界。曾让萨特遭到拒绝的德国却是敞着大门欢迎加缪的。世间总有一种嘲弄，加缪一向视马尔罗和萨特为自己的老师，而他得到的荣誉却并不比他崇敬的两位兄长要少。荣誉也算不了什么，也许加缪会说。但我们呢?在荣誉空前膨胀的今天，我们会说什么?生命不是那么荒诞了吧，还是今天的知识分子不想承担清醒的责任。

我们也有权利不承担。

(袁筱一)

尤金·尤奈斯库［法国］

《犀　牛》

作者简介

尤金·尤奈斯库(Eugène Ionesco,1909—1994),法国荒诞派戏剧家。尤奈斯库共写了40多部剧本和大量戏剧理论文章,他的创作大致可分为两个时期。第一个时期的主要作品有《秃头歌女》(1949)、《上课》(1950)、《雅克或屈从》(1950)及其续篇《未来在鸡蛋里》(1951)、《椅子》(1951)、《阿麦迪或脱身术》(1953)、《新客房》(1953)等。这一时期作品大多是独幕剧,没有多少情节,表现了世界的荒诞、人与人之间的隔绝和自我的丧失等主题,尤其是猛增的物质不断蚕食人类生存环境所造成的压迫感和窒息感,表现手法荒诞离奇。1957年以后,尤奈斯库进入他创作的第二阶段,连续写了4部以贝兰吉为中心人物的剧本:《不为钱的杀人者》(1957)、《犀牛》(1958)、《空中行人》(1962)和《国王死去》(1962)。这些剧本与前期剧本不同,不再是独幕,而且有情节,运用超越现实主义描写人在混乱荒诞的世界上痛苦无奈的处境。

除剧作外,尤奈斯库还写了大量散文、随笔及争论性文章,大多收在《意见与反意见》(1965)、《与克洛德·波纳弗的会谈》(1966)、《现在过去,过去现在》(1967)等文集中。《意见与反意见》详细阐述了他的戏剧观。

作品提要

第一幕,故事发生在法国外省一座小城的广场附近。主人公贝兰吉是个不重视穿着与时间,经常酗酒打架的年轻人,他在法律出版社担任校对工作。每天中午,贝兰吉都喜欢同他的朋友让到广场附近的咖啡馆喝咖啡。这是一个星期天的中午,贝兰吉正悠闲地和让坐在咖啡馆的阳台上聊天,让劝贝兰吉要积极对待生活。市中心突然出现了一头犀牛,嗥叫着在大街上飞奔而过,扬起大片尘土,打断了让与贝兰吉的谈话。路人们惊恐万分,呼喊不止,咖啡馆里的人议论纷纷:这头犀牛是从哪里来的?从动物园里溜出来的?从马戏团里跑出来的?来自城外森林中的沼泽地?全都不是。那么来自何处?不得而知。这头犀牛刚跑过去不久,又有一头犀牛跑来,到处横冲直撞。这是刚才过去的那头犀牛还是另外一头?也就是说，究竟有一头犀牛还是有两头？是非洲犀牛还是什么犀牛？长着一只角还是两只角？人们议论纷纷，争执不下。贝兰吉则和让争得面红耳赤，不欢而散。

第二幕。

第一场，第二天，故事发生在法律出版社贝兰吉的办公室里：报纸上登出了有关犀牛的消息，大家都在议论犀牛的出现。法律出版社的雇员们分成了两派，有相信的，也有不相信的。贝兰吉和秘书苔丝小姐昨天在广场上亲眼看见了犀牛，他们为赞成派狄达尔先生提供了见证，可是反对派博塔尔先生仍然坚持己见，不相信真有犀牛出现过。突然，他们的同事勃兰先生的妻子气喘吁吁、神情惶恐地跑进办公室，说她的丈夫在上星期六回他自己家度周末，患了感冒，她正要来出版社为他请假，却发现她刚一出家门，就有一头犀牛跟随着她，一直到了出版社门口。正说话间，那头犀牛嗥叫着冲上楼梯。木制楼梯原本已经腐朽不堪，一下子就被巨大笨重的犀牛压塌了。大家从楼梯口的平台往下望去，只见那头犀牛在底下一个劲儿地转圈子，好像很痛苦，又好像是在寻找什么人。勃兰太太全神贯注地凝视着楼下嗥叫着的犀牛，突然惊叫道："这是我的丈夫啊！"犀牛则以粗犷而温柔的嗥叫声回答她。勃兰太太不顾别人拦阻，纵身从窗口跳下，恰好落在犀牛背上，便骑着它走了。出版社全体成员都被困在楼上，无法下去。苔丝打电话报警，消防队员终于到了，他们竖起梯子，帮助大家从窗户下了楼。

Grove Press 1969 年版封面

第二场，同一天下午，故事发生在让的卧室。贝兰吉昨天在广场上因为犀牛的事与让争吵得不欢而散，现在贝兰吉感到后悔与不安，想去让家赔礼道歉。来到让家里，贝兰吉却发现让卧病在床，浑身不舒服，头痛，而且声音嘶哑。他们又忍不住辩论起人该不该变成犀牛的问题。就在这时，贝兰吉发现，让的气色很不好，他的鼻子上长了个疱，而且越来越大，竟然长成一只犀牛角；一会儿，让的皮肤渐渐变绿，声音变粗，最后他变成了一头犀牛，朝着贝兰吉冲了过来；贝兰吉急忙躲过，让便冲进了洗澡间，吵嚷着要把贝兰吉踩死，贝兰吉吓得魂不附体，急忙把洗澡间的门关上，然后去找门房和邻居，想把让变成犀牛的事告诉他们；不料这些人也都变成了犀牛，整座房子所有的出口都有犀牛。贝兰吉无处可逃，只好爬上窗户；从窗口他看见，外面

International Thomson Publishing 1976 年版封面

Vintage Paperback Printing
1967 年版封面

每一个街口都有成群的犀牛，它们凶猛地破坏着建筑物。突然一堵墙被犀牛拱倒，贝兰吉只好拼命逃跑。

第三幕。

几天以后，故事发生在贝兰吉家里，贝兰吉也病了，他很害怕自己也变成犀牛。他躺在床上说着梦呓，好像在梦中和什么东西搏斗，然后被推倒了，因此而惊醒。这时，他的同事狄达尔和苔丝都来看望他。狄达尔告诉贝兰吉，出版社的科长巴比雍先生已变成犀牛。贝兰吉觉得人变成犀牛是极不正常的，令人无法理解。他不愿意变成犀牛，并朝着街上的犀牛群喊道："我是不会跟你们跑的!"苔丝小姐告诉贝兰吉说，博塔尔也变成了犀牛，全城已经有四分之一的人变成了犀牛，其中包括社会名流、红衣主教。这时街上的犀牛越来越多，不断嗥叫，喇叭和鼓声伴奏。全体消防队员也变成了犀牛，倾巢而出，在林阴道上奔驰。本来贝兰吉和狄达尔都在追求苔丝小姐，现在苔丝请狄达尔跟她和贝兰吉一起吃午饭。可是狄达尔因自己没有跟上级与同事一起变成犀牛而感到良心不安，因此拒绝了苔丝的邀请，说他也要当"现实主义者"，便到外面去加入了犀牛的队伍。贝兰吉向苔丝表白了爱情，他们感到很幸福。城里人人都变成了犀牛，已经见不到人影，人类接近毁灭。贝兰吉决定拯救人类，他要和苔丝做亚当和夏娃，使人类得以繁衍延续下去。可是苔丝听着犀牛的嗥叫觉得美如音乐，认为变成犀牛才是正常的，因此她对贝兰吉说："在理的是大伙儿，既不是你，也不是我。"她已"不能再坚持抵抗了"，"大概我们才是异常的吧!"随即，她也离开贝兰吉，跑进了犀牛群。全镇的人都变成了犀牛，只剩下贝兰吉一个人了，他感到异常孤独，他叫道："现在我真是孑然一身啦！"无数犀牛一面嗥叫，一面疯狂疾驰，街上尘土飞扬。贝兰吉喊道："我将坚持到底!我绝不投降!"但是他已在悔恨自己没有变成犀牛，他的声音有气无力，而且充满了绝望。

《犀牛》作为荒诞派戏剧的一部代表作，集中表现的是人的异化这一主题。人变成犀牛，是一种暗喻，象征着人的异化，亦即人的本质的丧失。在尤奈斯库看来，资本主义社会里支配一切的"弱肉强食的法则"就是兽性的复归，意味着道德的丧失，也就是人性的丧失。因此，犀牛化就是兽性化。在资本主义条件下，人的命运有两种可能：吃人和被吃。这两种情况都是人的兽性化的表现，都是丧失了人性的荒诞的生存状态。贝兰吉拒绝变成犀牛，要保持自己本来的形体，这象征着他力求保持自己作为人的本质，自己的人性。他孤独地朝着大群的犀牛喊："我是人，一个人！"我们因此可以说，贝兰吉是个抗拒兽性化、维护人性的英雄。

（傅　俊）

埃里希·保尔·雷马克［德国］

《西线无战事》

作者简介

埃里希·保尔·雷马克(Erich Paul Remarque,1898—1970),德国现代反法西斯和反军国主义小说家和剧作家,和平主义者,参加了第一次世界大战。在长达三年的战壕生活中,他五次负伤,死里逃生。1918年11月停战以后,他才从前线归来,这段经历成了他日后创作的源泉。

雷马克的小说多半是反战或反映流亡生活的。其中,《西线无战事》既是成名作,又是其代表作。小说吸引了无数读者,仅在德国,第一年的发行量就达120万册,加上大部分世界主要语言的译本,这一数字达到500万册之多。因此,这部小说不久就被出版业的行家誉为"古今欧洲书籍的最大成就"。其他重要作品有长篇小说《流亡曲》(1941)、《凯旋门》(1946)、《生死存亡的年代》(1954)、《黑色的方尖碑》(1956)以及剧本《最后一站》(1956)等。

作品提要

年轻时候的雷马克

《西线无战事》跟雷马克的其他作品一样,在很大程度上是一部自传体小说。小说描写的是一批年轻的德国士兵在西线前沿战壕和后方的军旅生活。小说的主人公保罗·博伊默尔和他的同学米勒、克罗普、勒尔刚满18岁,是一群热情洋溢、易受诱惑的天真烂漫的青年。在有沙文主义思想的老师坎托列克的煽惑下,一个班20名同学一起去地区指挥部报名参军。他们把人生乃至战争理想化了,甚至给其增添了一层浪漫主义的色彩。然而,随之而来的却是平淡的日常生活。起先,他们驻扎在后方,受了十个星期的军事训练,却发现他们所接受的所谓英雄主义的训练,竟如同马戏团里的马一个样。在兵营里,一个军士可以折磨一个小兵,一个少尉可以折磨一个军士,一个上尉又可以折磨一个中尉,一直把他折磨到发疯为止。他们的排长希默尔施托斯

中国致公出版社 2005 年版封面

军士身材矮小，肢体结实，是个折磨人最残酷的家伙。一次，他见恰登尿床，故意说他偷懒，要治他的懒病，于是从隔壁营棚里找了另外一个患遗尿病的人，让他俩轮流睡上下铺。这样，睡在下铺的人只好总睡在地板上，常常受寒，结果治得两个人都变得又黄又瘦。因此，保罗与他的伙伴们寻机报复。一个星期天，保罗与克罗普抬着一个尿桶穿过营棚的场院，希默尔施托斯正巧走过来。他们不由自主地装作绊了一下，把桶里的东西统统地泼在他的腿上，出了一口恶气。

经过短期的训练后，这些年轻的士兵即被派往前线。年轻的保罗在地狱般艰苦的前线才体验到战争的野蛮和残忍。最不愿参军的约瑟夫·贝姆却成了最先阵亡者中间的一个。保罗所在的全连 150 人到前线调防 14 天，不料在最后一天因遭到英军重炮和加农炮的突然袭击，伤亡惨重，生还约只有八十几个人。由于人员折损一半，大家都吃到了双份食物，真像过节一样。同时，他们得知他们的同学克默里希大腿中弹，住在圣约瑟夫医院里，决定去探望他。克默里希告诉好友在他不省人事的时候，有人偷走了他的表。克默里希的伤情也很糟糕，腿已经被截去了，并发着高烧。他感到很痛苦，但由于医院吗啡紧张，他只能忍着疼痛。过了一段时间，保罗再次去探望克默里希，克默里希的病情更加恶化。在他临死之前，他将自己的皮靴送给了一直渴望得到它的米勒。

由于前线伤亡惨重，增援部队开到了。增援人员中，有一部分是老兵，但大部分是从野战军营送来的比保罗还小两岁的新兵。一天晚上，保罗所在的连队被调到前沿构筑堑壕工事。天黑之后，大家乘坐载重汽车来到前沿炮兵阵地上。虽然不是在战壕里，而只是在构筑工事，但大家已感觉处在前线的范围里了。当英国炮兵连的第一批炮弹在他们头顶上呼啸而过时，他们的身体便一下子处于充分戒备之中了。用了几个小时，他们就将分配的活干完了。这时，猛烈的炮击开始了。一个新兵吓出了满裤子的屎，像个小孩一样爬到了保罗的胳膊底下。一匹战马受了伤，厉声嚎叫，人听了简直受不了。德特林举枪要打死它，因为这喊声直刺到他心里。凌晨三点钟，在回营的途中，他们又遭到了第二次炮击。为了掩护自己，保罗跳进了墓坑，并抓了一个死人的臂膀用来抵挡那呼啸着的弹片。这一次短促的炮击，他们连死了五人，伤了八个。那个吓出屎的新兵受了重伤。保罗和克罗普脱掉他的裤子，只见一堆肉酱和炸碎了的骨头。

大家又回到了兵营，并得知希默尔施托斯由于在家乡的练兵场上对当地长官的儿子故意刁难而被发配到了前线。希默尔施托斯想在这群士兵面前继续耍以往排长的威风，不但没人予以理睬，反而遭到恰登的辱骂和克罗普的蔑视。希默尔施托斯暴跳如雷，向中士汇报了士兵们的无礼行为。恰登和克罗普被罚禁闭。保罗与卡特在恰登和克罗普被送进铁丝网一个小时后，便溜了进去，大家一起玩牌。牌局散后，保罗与卡特到团司令部的一个草棚里偷了两只鹅，并做成了烤鹅。两人津津有味地吃了一顿，又切下了一块送到了禁闭室给恰登和克罗普。拂晓时分，走回营棚时，保罗感觉如同做了一个黑沉沉的甜蜜的梦。

谣传就要发动进攻了，部队比往常早了两天开往前线。途中，保罗看见了两层高高的、崭新的、没有油漆过的棺材，至少有 100 具。德特林告诉他这是为他们这些上前线的人准备的。前线是一只笼子，士兵们不得不在里面等待任何可能发生的事。英国的炮兵部分力量有所增强，而德国士兵的士气都很低沉。半夜里，炮弹不断地落到德军的战壕。保罗他们遭到法国士兵猛烈的拦阻射击。只见老兵一个个被打死，或是麻木到只剩躯体。新兵像苍蝇一般纷纷倒了下去，连伤员也像兔子一般被飞机扫射死了。进攻变成了反击，在双方战壕之间的弹坑里，死人逐渐堆积起来。在这次战役中，海伊背上负了重伤。保罗所在的连由原来的 150 人仅剩下 32 人。

剩下的 32 人被送到了后方一所野战兵站，这样可以重新改编。在野战兵站里，保罗他们吃得好，休息得好。一天傍晚，保罗、克罗普、勒尔、恰登到宿营房子附近的运河去游泳。河的对岸有三个法国女人沿着河岸在溜达，其中一个身材纤细、肤色浅黑的姑娘引起了保罗的注意。姑娘们对他们也很热情，邀请他们游过河到她们那里做客。晚上，保罗他们带着面包和香肠作为礼物，偷偷地游到对岸，度过了美妙的一夜。

Little Brown and Company 1929 年版封面

保罗接到通知，他可以有 17 天的假期回家度假。这本是件令人高兴的事，然而，在熟悉的家门口，保罗却感到沉重起来，一步也没法前进，一个字也说不出来，又悲愁，又困惑，眼泪不由自主地滚落下来。他的母亲患病卧床，姐姐开门迎接了他。母亲的爱使保罗心酸，他根本不敢提及前线的恐怖。因此，休假在家，保罗感到很孤独。同时，后方某些善良的人们对战争的虔信和狂热，又使保罗感到陌生和痛苦。其间，保罗去看望了已逝的克默里希的母亲。为了安慰她，保罗撒了谎，他告诉她克默里希被一枪打中了心脏，当场就死了。

休假结束后，保罗到了野外驻地的临时营棚。在他们的营棚旁边，有一座很大的俄国战俘营。保罗常常被派去看守那些俄国人。看着那些一脸孩子气、蓄着使徒式的胡子默默无言的战俘，保罗陷入了沉思，“一道命令使这些默默无言的身影变成我们的仇敌；一道命令说不定又会使他们变成我们的朋友”。偶尔，保罗也会将自己的食品、纸烟分给那些俄国战俘。过了一段时间，保罗又返回了前线，回到了他的朋友身边，并得知他们以前连队剩下的人已被改编成突击师，哪儿情况最棘手，就往哪儿插进去。

克罗普悄悄地告诉保罗他们将开往俄国作战。事实上，他们并没有到俄国去，却重新上了前线。保罗主动报名参加了巡逻队，去侦察敌方的阵地到底配备了多少兵力。由于跑到正在进攻的敌人散步线后面，保罗躲进一个弹坑里。突然，一个法国士兵跳了进来，保罗根本没有考虑，就用准备好的匕首给了他致命的一击。保罗面对他自己亲手杀死的人，后悔不已，许下了要反对战争、帮助死者妻子的诺言，并决定战后如同这位法国士兵一样，当一名印刷工人。

保罗他们又被派去守卫一个村子，尤其要照看那里的军粮库。他们充分搜寻附近的物质资源，冒着英军的炮火，做了一顿出色的饭菜，并招待了两名客人。就这样吃啊，喝啊，闲游浪荡啊，他们过了 22 天快乐的日子。接着，他们被派去撤离一个村子，在这次行动中，保罗左腿受了伤，克罗普大腿上中弹。傍晚时分，两人被送到了野战医院。保罗称之为“屠宰场”，因为那里轻易就动截肢手术，毕竟切除手术要比复杂的修补工作简单得多。后来，两人被转送进了天主教会的医院。克罗普病情恶化被做了截肢手术。保罗伤口愈合后，又被调到团队里去，重新开上火线。战争已进入第三个年头，士兵们过着一种极其肤浅的与世隔绝的艰苦生活。每一天和每一个小时，每一发炮弹和每一次死亡都在研磨着战士们脆弱的神经。德特林看着宿营地前盛开的樱桃花，想起了家乡的果园。对家乡的思念使他变成了一个逃兵，但一个星期后，他便被军事警察所逮捕。一个军士为了去结果一只受伤的通讯警犬，将生死置之度外，穿越火线网，结果被炸弹击中，骨盆受了重伤。米勒被人在近距离对准他的肚子打了一发信号弹，只活了半个小时。临死前，他将当年克默里希送给他的长统皮靴送给了保罗。保罗非常伤心地看着自己的同伴一个一个地死去。

1918 年夏天，战争已接近尾声。德军在力量上明显地处于劣势。士兵们也都厌战了，渴望着和平的到来。一次，保罗与卡特去送饭的时候，卡特被弹片击中。当保罗跌跌绊绊地将卡特背到医疗站时，卡特已经死了。1918 年 10 月平静的一天，保罗也在前线倒下。部队报告仅用一句话概括道“西线无战事”。 （毕凤姗）

艾德蒙特·胡塞尔［德国］

《现象学的观念》

作者简介

艾德蒙特·胡塞尔(Edmund Husserl,1859—1938),德国犹太哲学家,现象学的奠基人。胡塞尔生前发表的著作有《算术哲学》、《逻辑研究》、《作为严格科学的哲学》、《纯粹现象学和现象学哲学的观念》、《笛卡尔沉思录》、《欧洲科学的危机和先验现象学》等。他的大量的未完成的著作与手稿收于 1950 年以后陆续出版的《胡塞尔全集》中。

作品提要

《现象学的观念》的任务与内容。意识是现象学的最高范畴,也可以说对意识的研究是现象学的唯一课题。对意识的现象学分析可以为规范科学提供根据,在胡塞尔看来,唯一实在的东西,是意识。这不是说除了意识之外,自然界不存在;而是说,如果哲学地追问存在的意义,那么,存在问题就必然归结为意识问题。但是现象学的意识不是心理学意义上的意识,不是人脑机能的那种意识,而是在日常心理之后为它提供认识论根据的那种被胡塞尔(也是德国唯心主义传统)一直冠以"绝对、先验"等字样的意识。在西方哲学史上,存在问题归结为意识问题从笛卡尔就开始了。什么是存在?和笛卡尔一样,胡塞尔认为:"物质、观念甚至上帝的观念,都有可能是虚假的、不确定的,但唯有意识,即怀疑着的自我是确切存在的。要把握这种意识,为科学的哲学开辟一条积极的道路,就要彻底拒绝自然主义(即常识与科学对存在的看法)和心理主义(从心理学的、已经混杂进观念的感觉与知觉理论中建立认识理论)。批判自然主义(认为自然独立存在于意识之外,意识只是被动地描述世界)与心理主义(把认识论等同于心理学)与建立先验现象学是同一过程的两个方面。《观念》的任务就在于此。批判自然主义不仅意味着要反对观念的自然化倾向,而且要反对意识的自然化倾向,而且是本体论

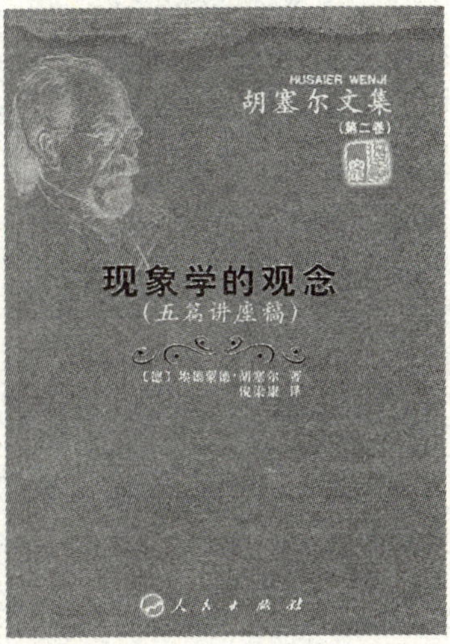

人民出版社 2007 年版封面

的净化"[①]。结果,意识并不是自然之上的一种上层建筑,反之,自然本身是在意识中构成的。这是一条彻底的现象学的路线。自然科学(自然态度)作为意识的一种非独立的相关项,其成果必须要由现象学来进行形而上学的再解释,自然是绝对意识中的一个要素。

《现象学的观念(1)》分为四编,第一编是导论性质的,说明建立非经验的、本质性的意识科学的可能性以及在现象学甚至整个哲学中的地位。第二编:现象学的还原。涉及现象学的根本方法。建立本质的现象学必须对世界的自然设定进行还原,或者说"中止"对世界的自然设定(these-position),把常识与自然科学加给我们的对世界的观念"放到括号"里,进行"现象学的悬置"。通过这种还原、中止、悬置,达到自然态度的"彻底消除",从而把先验的、纯粹的意识显示出来。这是一条消解的道路。第三编沿着与第二编相反的道路对世界进行再构成。从那种纯粹的、先天的、未受任何先在观念"污染"的意识中对世界进行再建构。这就是"本质"直观。构成或本质直观的根本概念是意向性。意识的本质特征是其意向性,意向对象是意识的相关物,是在意识中被构成的。意识通过其构成,通过其关联体规定着意识全部相关项的所有样式与结构。于是逐渐构成了被意向物本身的所有特征:实在被包括在被意向物本身的意义中,而且似乎属于意向本身的一个相关项。一步步地被意向物充满了意识所赋予的特征,最终相当于全部的现实。第四编:对现象学的方法与程序进行总体把握。从纯粹意识出发进行的本质直观,不仅是全部信念(不论它是数学的、逻辑的还是知觉的)的合法性的最后根据,而且是全部构成的最后依据。

Allen & Unwin Macmillan 1952年版封面

《现象学的观念(2)》:具体处理现象学与物理学、心理学、精神科学的关系。它分为三部分,物质自然的构成、生命自然的构成与精神世界的构成。物质自然的构成:自然一直被视为科学研究的对象,一种纯粹的自然。但是在现象学的理论中,在所有理论活动之先,存在着给予的意向性体验。"物质的物的直观构造依赖于体验着的主体的身体",因此"客观的自然的构成基于唯我论阶段",在唯我论的经验向主体间的经验过渡以后,客体自然的构成又依赖于主体间的经验阶段。也就是说,自然的构成在两方面依赖意识主体:第一,它有赖于人的生理结构,如感觉;另一方面,又依赖于主体间的一般的范畴。生命自然的构成:体验着的主体身体,是纯我的周围因素,实在的我被构成为超越的客体——纯我内在地被给出。身体的构成是由纯我执行的,身体

① 泰奥多·德布尔:《胡塞尔思想的发展》,李河译,三联书店1995年版,第497页。

被构成为局部感觉的承担者。也就是说，在生命自然中，又回到我开始重新建构世界。身体是意志活动与自由活动的承担者。身体是单个生命，它与其他的自然生命组成一个生命自然的总体。精神世界的构成：自然世界与人文世界是相对立的。人文的世界就是以人为中心的周围世界。这里的人不同于生命自然中的人，他是理性活动的主体，自由的我、精神的我。以自由、精神的我为中心的世界就是精神的世界。精神世界的根本原则是动机；在精神世界中，人文我的构成是先反思的。精神具有绝对性。

现象学的方法。《现象学的观念》对现象学的方法作出了最系统的论述。现象学的方法分为两个步骤：还原(悬置)与构成(本质直观)。还原是向纯粹意识前进的方法，也是批判自然主义与心理主义的方法。为达到一种纯粹的、没有被各种各样的观念"污染"的意识，从而为认识找到可靠的根据，必须把常识与科学教给我们的那些先人之见放到一边，不予考虑。胡塞尔用不同的词表述这个意思：有时称之为判断的中止，有时称之为"加括号"(即把那些先见放到括号里)，有时称之为"悬置"，有时称之为对意识的"过滤"。对意识的"净化"过程是通过我们的先见的消除实现的。这样的消除，就把真正的主体、纯粹的认识自我显示出来了。消除不是到达一种全元的状态，而是还有"剩余"。这个剩余物是绝对可靠的。胡塞尔也把这种方法称之为"我本学"的方法。意识受到彻底的净化以后，到达绝对的确定性之后，现象学再沿一种相反的道路，去"构成"世界，即构成有关世界、生命的可靠的认识。构成的过程也称为"本质直观"的过程。在前一阶段被放在"括号"里、被悬置起来的知识，经过先验意识的整理、构成，才可以变成理性的知识。出于其绝对的、独特的本质，它能够保持自身不会受到现象学悬置的影响"。[②]

从胡塞尔开始，至少在欧洲大陆哲学中，存在就转变了意义。在现象学中，自然的存在是不确定的，是相对的和偶然的，它只是以意识的相关物出现的，它的意义也是意识赋予的。对存在的追求，对所有事物的追问，从哲学的角度，都必然归结为对"我"、"我"的意识的追求。于是，在欧洲哲学发展中，存在的意义发生了改变：在他以前，存在是自然界的存在，从他以后，存在是人的存在，然后，顺着本真性的、体验的观念，又成为独一无二的"我"的存在、此在。哲学思考的重点落到"我"的良心、"我"的选择、"我"的道德困境、"我"的选择上。胡塞尔的"我本学"还是知识论的，至少是广义的知识论的。但是把体验的"我"作为世界、生活的最终尺度，并且不管世界、思想的反对，不管传统的反对坚定地回到自己的体验，把拷问意义作为哲学思考的核心，甚至哲学的唯一内容，这是胡塞尔给存在主义的最丰厚的遗产。(胡传胜)

---

① 胡塞尔：《现象学的观念(1)》，李幼蒸译，商务印书馆1995年版，第99、100页。

爱尔伯特·爱因斯坦［德国］

《相对论的意义》

作者简介

爱尔伯特·爱因斯坦(Albert Einstein,1879—1955),20世纪最伟大的物理学家。

爱因斯坦一生从事理论物理学研究工作，他以彻底创新的精神革新了经典物理学的旧观念,成为物理学革命的旗手。1905年他创造了科学史上无先例的奇迹。这一年,他利用业余时间在三个领域作出了物理学史上四个具有划时代意义的贡献:1.1905年3月写的《关于光的产生和转化的一个推测性观点》的论文建立了光量子理论,成功地解释了光电效应,在历史上第一次揭示了微观粒子的波动性和粒子性的统一,为量子力学奠定了基础,他也因光电效应定律的发现而获1921年诺贝尔物理学奖。2.1905年4月、5月、12月他写了3篇论述液体中悬浮粒子无规则运动的论文。3年后,法国物理学家J. B. 佩兰以精密的实验证实了爱因斯坦的理论预测,为分子运动论的确立作出了贡献。3.1905年6月他写了《论动体的电动力学》长篇论文,冲破了牛顿时代以来形成的时间、空间绝对不变的旧观念,揭示了作为物质存在形式的空间和时间在本质上的统一性,宣告了开创物理学新纪元的狭义相对论的诞生。4.1905年9月他的《物体的惯性同它所含的能量有关吗?》的论文,揭示了质量(m)和能量(E)的相当性,即$E=mc^2$,这是原子物理学和粒子物理学的理论基础,为人类和平利用核能展现了广阔前景。1907年他提出了等效原理(引力场和局部惯性系等效),1915年建成了被公认为人类思想史中最伟大的成就之一的广义相对论,并提出了广义相对论的实验验证。1916年他预言了引力波的存在。1919年英国天文学家观察到了星光经过太阳附近发生偏折,从而证实了广义相对论的预言。1917年他发表了《根据广义相对论对宇宙学所作的考察》的论文,开创了宇宙学的研究,在光量子理论基础上,爱因斯坦进一步发展了量子论。1901年运用量子概念建立了爱因斯坦模型,基本说明了低温下固体比热容同温度的关系,1912年他运用光量子概念建立了光化学定律;1910年他的《关于辐射的量子理论》的论文,提出了关于辐射的吸收、发射过程的统计理论,指导出普朗克辐射公式,论文中的受激发射概念,为后来的激光技术奠定了基础;1924年他与玻色先后建立了玻色一爱因斯坦统计。此后爱因斯坦全力以赴探索统一场论，并为之奋斗了几十年，直至生命的最后时刻，这种对真理的探索精神永远为后人所敬仰。

爱因斯坦从幼儿到老年的照片

作品提要

《相对论的意义》一书是爱因斯坦根据 1921 年在美国普林斯顿大学所作的多次演讲稿整理而成，是爱因斯坦本人系统阐述相对论的唯一著作，作者以他特有的论述才能，在书中简要地评述了相对论前物理学中的空间和时间的概念，介绍了狭义相对论和广义相对论的基本内容，并对相对论的成就及存在的关键问题作了精辟的探讨。

本书共分四章，第一章《相对论前物理学中的空间和时间》，第二章《狭义相对论》，第三、四章《广义相对论》及两个附录《论宇宙学问题》和《非对称性场的相对论理论》。

第一章：相对论前物理学中的空间和时间。作者首先从经典的观点出发，论述了人们经典的时间观和空间观。在人们的经验观念中，人们通常把每个人都具有的感觉认为是真实的感觉，并以此为真理。在几何学和物理学中的一些最基本的东西就是这些感觉的产物。从经验出发，人们认为空间和时间是分离的，把时间当成了一个物体或体系，它具有一个特殊的性质，即它计数的一连串事件是由可以当成相等的元素(间隔)构成的，空间也是具体的，是某一具体的物体延伸的总体，是各向同性的和均匀的，例如假设这个物体就是地球，这样地球上的物体就属于地球这样的一个空间，也就是说空间概念需要一个参照物体或参照空间，在这样的经典时空中，经典动力学规律是存在于三维的欧几里德空间，它的性质遵守欧几里德几何学的规律，在空间中任意两点的距离(间隔)的平方$\Delta S^2=x^2+\Delta y^2+\Delta z^2$，在线性正交变换下是不变的，和坐标的选择无关。因此在欧几里德几何里空间是具有绝对性的，这样的空间概念在数学方面由欧几里德几何学加以描述的，使它在人们的观念中深刻地认为它与自然是相当准确地符合，同样对它在物理学上的应用更是深信不疑，在这样的框架下，经典力学规律在伽利略变换下，符合线性正交不变性，即在不同的惯性坐标系中，物理规律有相同的协变形式，如质点的运动方程、连续方程等。在这样的变换中我们可以看出时间中不含

Princeton University Press 1956 年版封面

空间量，时间和空间是无关的。为了得到物理规律的线性变换，作者详细介绍了所用的数学工具——张量的定义及张量的性质。这些数学知识是构成从不变量理论建立相对论前物理和狭义相对论方程的工具。

第二章：狭义相对论。作者从经典的时空观（牛顿时空观）出发，论述了在描述自然规律中出现困难，而提出了时空观（爱因斯坦时空观），即狭义相对论。在旧的时空观中，人们在描述自然规律时，不自觉地应用了两个假设：1.时间是绝对的，2.长度的绝对性。而爱因斯坦抛弃了旧的理论，建立新的时空观，即空间和时间不是绝对的，空间和时间关系是相对的，据此爱因斯坦提出了两个基本假设：1.相对论原理，2.光速不变原理。

第三、四章：广义相对论。根据狭义相对论，自然界的物理规律在所有的惯性系中都有相同的表达形式，在此之后，爱因斯坦对两个问题作出了思考：首先，在自然界中为何物理规律对惯性坐标系如此偏爱，而在惯性系中的物理规律在非惯性系中却发生了矛盾。但是我们没有任何理由认为惯性参考系比非惯性参考系更优越；第二，在我们的宇宙中，由于有引力作用，我们很难找出一个严格的惯性系，因此物理规律从广义上说，应对所有的参考系是协变的，这就是我们称为的广义协变原理。

最后爱因斯坦对马赫的惯性理论进行论述，认为其所论述的惯性和引力依赖于物体间的一种相互作用的见解是错误的，并证明了惯性依赖于物质的一种相互作用的观点是作为一级近似而包含在相对论场方程中，并得到空间是有界或闭合的观念，指出，只有空间的物质密度等于0的情况下，才有可能出现在无限宇宙，驳斥了宇宙空间无限的观念。

在本书的最后作者加了两个附录，附录1主要论述了A.弗利德曼在1992年提出的膨胀宇宙论，附录2主要论述了非对称性场的相对论性理论，论述了爱因斯坦对统一场论的表达。

作为20世纪物理学的三大理论(狭义相对论，广义相对论，量子力学)中两个重要理论，相对论不仅引起了时空观的革命，也带来了整个物理学的革命，在20世纪的人类生活中产生了深远的影响，它不仅标志着物理科学领域的第四次伟大的理论综合，而且是一次革命性的综合。

狭义相对论除了在引入新概念之外，还从一种意想不到的违背人类常识的全新方式把老概念和已知的事实结合在一起，使人类认识到感觉不是描述自然因果的合适指南，改变了我们对自然的看法，狭义相对论引起的变革，大部分产生于对以往没有联系的那些引进概念的综合，空间和时间被纳入统一的时空概念，电场和磁场合并为电磁能量，动量和能量统一为能动量矢量等。一些全新概念和关系产生后，相对论对物理学产生巨大的推动作用，当质量被证明为是能量的一种形式，即 $E=mc^2$ 关系的确立，一定的质量的转化必定伴随着一定能量的转化，它深刻地反应了物质运动的统一性。这一伟大发现，不仅解决了放射性元素能量来源及太阳的能量来源问题，为发展起来的原子核物理学和粒子物理学奠定了基础，而且从理论预言了原子能时代的到来。

广义相对论以其思想的深湛、丰富和形式的完美而令人赞叹，狄拉克推崇它为“大概是(人类)已经作出的最伟大的科学发现”。建立广义相对论的过程中，发现现有的有物质存在的空间，不是平坦的欧几里德空间，而是弯曲的黎曼空间，空间的弯曲程度取决于物质的质量及其分布状况，空间的曲率体现了引力场的强度，广义相对论揭示了四维空间的统一性，指出了空间一时间不能离开物质而独立存在。空间结构和性质取决于物质分布，这就在更深一层意义上否定了牛顿的绝对时空观。广义相对论的正确性不仅被实验证实，而且其预言也被实验证实，1917 年爱因斯坦发表的《根据广义相对论对于宇宙学所作的考查》提出了宇宙有限无界的假设，这是现代科学宇宙学开创性文献。随着天体物理学和宇宙学不断取得更大进展，广义相对论日益引人瞩目，白矮星的研究、脉冲星的发现、类星体的发现、黑洞及河外星系谱红移的发现、大爆炸星的提出等，所有这些进展，使广义相对论成为当今天体物理和宇宙学研究的热潮。

相对论的一个特殊意义，还在于它作为一种超理论而在物理学中起作用，正如爱因斯坦所说，在所有的惯性系中，一切自然规律都应是相同的，这是不变性的要求，已经成为整个科学家的自由创造中的一件强有力的紧身衣。

(余观夏)

舒马赫［英国］

《小的是美好的》

作者简介

舒马赫(E. F. Schumacher,1911—1977),英国现代著名的经济学家、技术专家、演说家。舒马赫的一生充满传奇色彩。他做过生意,经营过农业,当过新闻记者。在 1971 年之前,他连续二十多年担任英国煤炭委员会的经济顾问。他在英国国内发起第四次世界运动,该运动的中心议题即力求减少中央集权,主张地方自治,扩大地方自治权。但在他的一生中留下最为精彩一笔的还是他所倡导的中间技术发展模式以及创办的中间技术发展公司。所谓中间技术,简言之,即在发展中国家推行设备与生产方法简单、生产规模小型化、生产方式简单化的技术发展模式。这种技术能够充分利用现代的知识与经验,能够适应生态学的规律,能够为人类服务,而不是使人们成为机器的仆人。

舒马赫于 1977 年去世,其主要作品有《小的是美好的》。他对现代工业经济的批判以及有关发展中间技术的呼喊在今天已成为全球可持续发展战略的基本背景。

作品提要

《小的是美好的》是西方从环境经济学的角度研究发展战略的一本重要著作。舒马赫在本书中揭露了发达国家资本密集型、资源密集型产业的一些弊端,指出专业化、大型化生产导致经济效率低下、环境污染、资源枯竭,着重探讨了教育、土地矿物资源、技术与发展的关系。全书共分四个部分,分别是“现代世界”、“资源”、“第三世界”及“组织与所有制”。第一与第三部分是全书的核心。

舒马赫对现代经济学的反思、批判以及将之同佛教经济学的比较构成本书的重要内容。他认为,立足于人的需求欲望无限基础上的西方现代经济学,导致了西方生产的模式。西方资源密集型产业大量消耗着自然资源,如果我们滥用化石燃料一类不可再生的资源,就会威胁文明;如果我们糟蹋周围的自然环境,就会威胁人类生存。现代工业投入很大,产出却很少,所以是低效率的。地球是有限的,资源消耗不可能无限增长,西方世界那种能源密集型产业的寿命不会太长了。

更为重要的是，现代经济学颠倒了人与自然的关系。无意义、技术性、单调而乏味的工作是对人的本质的一种侮辱，导致了人本质的丧失。因此，现代经济学与佛教经济学的最大区别在于：现代经济学试图以最佳生产方式来尽量扩大消费而达到满足，而佛教经济学则是试图通过最佳消费方式使人获得最大限度的满足。因而，现代意义上的进出口——从遥远的地方靠大量运输设施、物品来满足另一个地方的需要——都是极不经济的。从经济学的观点来看，佛教生活方式令人惊奇之处是它的绝对合理性——财力惊人的小，却获得特别满意的效果。

在农业生产方面，舒马赫主张合理利用土地。他认为，土地或说以土地为基础的农业，主要针对三个目标，即健康、美好与持久，从而完成三项任务：1.使人类与现实自然界保持联系。在自然界中，人是而且始终是十分脆弱的部分。2.使人类较广阔的居住成为具有人情味的高尚场所。3.提供正当生活所需要的食物与其他原料。

而长久以来，我们的文明仅仅承认上述任务中的第三项，因而这种文明不可能长存下去。因此在农业中摒弃工业化处理，而寻求一种合理利用土地的方式，这种方式既能提高土壤的生产，又能保持土地长期完好无损。

在工业生产方面，他认为，现代工业建立在高耗能源基础上，在一个有限的世界里，物质消耗无限增长是不可能的。因为，能源的短缺危机是人类无法回避的问题——能源之于机械世界犹如感觉之于人类一样，如果没有能源就没有一切。然而核能解决不了人类能源问题——且不说它将带给人类潜在的致命的危害。更为重要的是，这种工业结构基础上的现代技术剥夺了人们使用双手与大脑的创造性劳动，所以应当创造一种技术，促使双手与大脑具有更大的生产能力，他把这种技术称为“中间技术”、“民主的技术”，这种技术能充分利用现代的知识与经验，能适应生态学的规律，能为人类服务，而不是使人成为机器的仆人。

就业、基础结构以及广大贫穷的农村等问题是在有关发展中国家问题的大框架上进行分析的。舒马赫认为对发展中国家而言，压倒一切的是农村问题以及使农村生活活跃起来的问题。舒马赫强调，必须在人的尊严与价值的基础上充分认识到就业的重要性。他认为，一个人受到最大的剥夺是失去照顾自己与谋生的机会，就业是人最基本的需要。

译林出版社 2007 年版封面

Harper & Row 1973 年版封面

鉴于现代经济学的弊端与广大发展中国家面临的问题,舒马赫尤其强调技术的选择。立足在有限环境中永久地无限制地扩张的生活方式不可能持久,它追求的扩张主义目的越成功,它的寿命也就越短。因此,对工业化国家而言,应尽量避免大型企业机构。因为,当你感觉到自己不过只是一部巨大机器的一枚小小齿轮时,当人们之间在日常职业生活中的关系变得越来越缺乏人性时,效率与生产力的进步就成问题了。他主张在大型机构中寻求小机构和固有优点,把较小的和下级机构可以胜任的工作让他们自己去完成,这样才最有机会发挥出创造性与创业精神。

而对于广大发展中国家而言,对富国合适的东西,对穷国不一定合适。他说,使穷国接受合适富国情况的生产方式,只能使穷国更加不可避免地处于依赖富国的地位,最明显的例证是欠债越来越多。因此,为满足发展中国家的需要,必须寻找一种能适合当地人力物力条件的新的技术,这就是中间技术。他详细叙述了"中间技术"的基本含义。"所谓中间技术是介于先进技术与传统技术中间的技术。按每个工作岗位投资来说,如果先进技术为 2 000 英镑,传统技术为 10 英镑,那么中间技术可以说是 100 英镑技术"[①],更形象地说,它可能介于镰刀与拖拉机之间,或介于非洲切刀与联合收割机之间。这种技术能适应较简单的环境,与土技术相比,生产率高得多,与现代工业的资本高度密集的高级技术相比又便宜得多。

20 世纪 70 年代以后,世界上出现了一股回顾二战后世界各国发展的新经历,研究当前面临的世界问题,展望未来发展前景,探讨发展道路与发展战略的热潮。舒马赫所提出的中间技术就是针对西方工业化的弊端及广大第三世界国家贫困、失业现象所提出的一套技术选择战略。但无论如何,这种中间技术,给人感觉他试图在重温农业时代的旧梦,回到田园牧歌式的社会。就今天整个世界发展的基本趋势而言,这根本没有可能。但其出发点在于纠正人类对世界的不正确认识与错误的生活态度,提高现代社会生产效率与生活质量。

除了以上这些现实的启示以外,还有着一层作者本人一贯弘扬的形而上学的精神意义。也就是说,现实生活中各种经济发展模式的选择,都有其形而上学的依据。他的中间技术模式,其重要的形而上学依据是人与自然的关系。必须把人类社会的发展放在人与自然所构成的平行的、双向的、互动的方程式中加以考察。没有这个依据,人类最终将在与自然的割裂中走向灭亡。他认为,现代经济恰恰缺乏这份形而上学意义上的终极关怀。 (姚国宏)

---

① 舒马赫:《小的是美好的》,虞鸿钧、郑关林译,商务印书馆 1984 年版,第 121 页。

罗朗·巴特［法国］

《写作的零度》

作者简介

罗朗·巴特(Roland Barthes,1915—1980),法国当代著名符号学家和文学批评家。

巴特一生发表著作二十多部,主要有《写作的零度》、《米舍莱》、《神话集》、《论拉辛》、《批评文集》、《埃菲尔铁塔》、《符号学原理》、《批评与真理》、《叙事作品结构分析导论》、《时装系统》、《S/Z》、《符号帝国》、《萨德、傅丽叶、罗耀拉》、《新批评文集》、《文本的欢欣》、《巴特谈巴特》、《恋人絮语》、《第一课》、《作家索莱斯》、《转绘仪》等。另有后人整理出版的几部作品,如《声音粒子》、《文学与现实》、《显性义和隐性义,批评文集之三》、《语言的呢喃,批评文集之四》、《符号学探险》等。1993年由索伊出版社出版了《罗朗·巴特全集》(共三卷)。

罗朗·巴特是法国著名符号学家,也是法国当代的文艺理论家。作为符号学家,他的功绩在于使索绪尔符号学理论进一步系统化，并具体地将符号学这一方法论应用于文艺与社会诸方面的研究，从而使这一正在形成的新学科具有了坚实的基础；作为文艺理论家,他从符号角度对文艺现象提出了新的看法,使文艺理论的研究在广度和深度方面均得到了发展,形成了一种结构主义文学批评。巴特主张文学批评应该致力于发现文学作品的内部结构,从中找出作品的层次、构造和组成作品的语言,找出构成作品的“最小单位”等要素。但是,找出作品结构和要素的目的不是为了规范它们,而是描述文学符号的功能规律和创新,为创造新的文学符号提供借鉴和思考,不是去描述作品的同一性,而是寻找作品的多样性。

作品提要

《写作的零度》是一部文学理论著作,全书共分两大部分,第一部分包括“什么是写作”、“政治写作”、“小说写作”、“存在诗歌写作吗”等四个专题,分别探讨了写作的类型及各自的特点;第二部分包括“资产阶级写作的胜利和决裂”、“文体手工艺”、“写作与革命”、“写作与沉默”、“写作与语言”及“言语活动的乌托邦”等专题,回顾了写作的历史,讨论了

中国人民大学出版社 2008 年版封面

写作与文学诸要素的关系。

什么是写作?巴特认为,写作是语言与文体之间存在的一种现实。无论在怎样的文学形式中,作家通过选择语言和文体、笔调和气质,将自己的个性充分显示出来。一方面,语言(langue)是由规约和习惯组成的,它不属于哪一个作家,而是通过作家的言语(parole)自然流露出来。语言是一条界线,作家可以超越它,语言又是一个活动领域,是对一种可能的限定或期望。语言是人们的共同财富而不是作家的个人财富。语言使作家之间建立起某种亲近关系,但又具有否定性质。而另一方面,文体却与语言相反,它出自作家本身或过去,即某种叙述方式或采用的词汇逐渐变成作家的艺术特色,形成一种自给自足的语言。不过,语言和文体是一种盲目的力量,它们是客观物,而写作却是具有历史统一性的行动,是一种功能。写作是创造与社会之间的关联要素,它是经过社会意图改变过的文学语言,是与历史上重大危机相连的人类意图的表现形式。

写作是一种选择,从本质上讲是一种形式的道德。作家选择的社会群体或社会空间只能是同一社会的,他无法改变文学成果中的客观材料,而只能通过语言和文体使客观材料处于什么地位上。因此,写作是一个模棱两可的现实:一方面,写作毫无疑问产生于作家和他所处社会的对抗之中;另一方面,由于它的社会作用,写作通过悲剧移情方式将作家遣送到创作手段的营造之中,写作的选择和责任明确提出“自由”问题。作家不能超越文学形式和历史时期任意选择写作,而只能在历史和传统的压力下进行写作。写作是一种自由和一种回忆的折衷,所谓自由只存在于选择写作的动作之中,我们可以选择这样或那样的写作。然而,任何语言都绝非天真无瑕,词汇具有二次回忆能力,一种来自先前的写作,甚至作家本人过去写作的残余将影响着后续写作。

政治写作。文学是一种硬化了的语言,它能借助符号的统一性而独立存在。在任何文学中都存在一种强制性,即权力或权力的阴影建立的价值哲学,文学变成了一种威胁手段或歌功颂德的工具。

小说写作。19 世纪的作家们按照各自的维度和极限编织着他们的时间、空间、居民、事物和神奇的故事,主要通过小说和历史两种方式叙述那个时代。小说写作主要借助两个语法手段来实现:简单过去时和第三人称。法语中的“简单过去时”是叙事的基石,它把过去的时间和事物抽象化为一种纯字面的行动，构成因果关系和总体活动，总之构成一种文体的内部稳定性。然而，简单过去时表现出来的又是世界的假象，它在追求逼真的同时，又疏远了事实；它给非现实的事实披上真实的外衣，然后又再披上被戳穿的谎言的外衣，表现出资产阶级社会中神话学的特性。小说正是这种神话学的特有产物。小说写作的任务就是装上一个假面具，同时又戳穿它。第三人称"他"则是小说的一个习惯性叙述模式，其作用也是虚构小说，充当人物行动的代码。第三人称是一个写作符号，用于建立起小说的符号秩序。总之，小说的简单过去时和第三人称是一个作家用于点破自己假面具的方式，而作家则在这种点破中前进着。作家通过创造虚假的符号，谋求自身生命的延续，被读者消费，保证他那光荣而又受监视的写作任务得以继续。

存在诗歌写作吗？巴特首先将诗歌与散文作了比较，他认为诗歌有别于散文。任何诗歌都是一篇潜在的散文，它经过修饰、暗示或负载等同物，通过字面技术的折射，用更加优美和更有社会性的规则去表达自我。诗歌中的字词在有利于表达关系的情况下尽可能抽象化，它们是表达事物的符号，是一种联系途径。诗歌词汇本身是一种使用词汇，而非发明词汇：诗歌中的形象在整体上是特殊的，但不是孤立的，它通过习惯而不是通过创造存在着。在现代诗歌中，关系是字词的蔓延，字词是"住所"，它作为本源根植于功能的韵律体中，可以让人心领神会，却显而易见；字词下面存在着一种构造，聚合着名称的总和，容纳着多种词义。诗歌的消费者会将注意力集中于字词，并纵深挖掘它。在这种情况下，名词被置于一种零度状态下，这种零度状态同时蕴含着所有过去和未来的说明，建立起一种充满空白而又光彩熠熠的话语，一种遍布缺位而又溢满符号的话语。新诗中断续的语言建立起一种只有通过字词的整体才能显露出来的间断的自然本性。现代人走过了诗歌构思的极端，把诗歌视为一种梦幻语言。如夏尔式的现代诗歌不讲渲染，不注重气氛烘托，所以谈不上传统意义上的诗歌写作。诗歌只是一种"气候"，从本质上看是一种语言习惯，当它从根本上动摇其自然本性时，就不再有诗歌写作，而只剩下文体，通过这些文体，人们不再使用历史或社会的形象去参照客观世界。

写作与革命。自然主义派承袭了福楼拜的工匠式写作，他们的写作特点是将文学的形式符号（简单过去时、间接文体、书写节奏）结合于现实主义的形式符号（民众语言、豪言壮语、地区方言），使写作充满了人为制造的痕迹，是一种小资产阶级写作。而加缪式的中性写作则出现于现实主义之后。共产主义作家沿用了小资产阶级

Farrar Straus & Giroux 1977 年版封面

写作的方式，因为共产主义作家虽然创造了许多新的文学主题，但使用的却是现有的小资产阶级写作形式。法国的社会主义现实主义借用了资产阶级现实主义写作方式，毫无保留地抄袭了现有艺术的所有符号。为了使自己的作品具有文学的外衣就必须使读者觉得“作品写得好”，是文学作品，那么就无法摆脱现有资产阶级文学的规则，即文学消费者业已习惯了的评价体系。文学革命家们似乎无力创造一种全新的写作。资产阶级作家意识到自己的文学语言已经分崩离析，于是向往革命，着手摈弃他们的写作方式；而共产主义作家在新的写作方式确立之前，无奈也只好使用这种资产阶级写作。

写作与语言。作家们对言语的多样性的认识起源于19世纪，巴尔扎克、雨果等曾经在自己的作品中加入了某些社会语言成分，如窃贼的黑话、农民的方言、看门人的语言等，但这些社会语言仅仅作为装点作品的调料，并不威胁文学的整个结构。从普鲁斯特开始，人物和语言渐渐混为一体，或者说人物是通过人物的语言来塑造的。巴尔扎克的人物是通过社会经济力量来表现的，而普鲁斯特的人物则通过人物的语言来暗喻其职业、阶层、财富、人种、生理等情况。当作家们发现言语不仅仅是描述社会的工具，而是让作家从社会内容中汲取文学素材的基本对象时，他们才把人们的真实言语作为写作的激发源；文学不再是一种自豪或是一个庇护所，它逐步成为一种冷静的获取信息的行为，其任务是弄清处在不同语言、不同阶级、不同地区、不同职业、不同人种或不同历史中的人们的社会境况。因此，包括作家在内的任何人都无法摆脱语言和社会的影响，文学语言的社会化渗透到写作的每一个层次，作家的语言和大众的语言相互包容。

言语活动的乌托邦。写作面临着一种绝境，其实这也是社会本身所处的绝境：当今作家都想寻找一个文体的或口语文体的写作，一个零度的或口语层次上的写作，总之是寻求一个处于同质的社会状态；而他们发现这个世界并不存在，在具体的和神话的普遍性之外不存在抽象的普遍语言。因此，在现代任何写作中部有一种双重的假设：在与过去决裂中孕育着新的危机。在一切革命中，难以分清的恰恰是怎样在想要破除的东西中汲取我们想要拥有的东西。正像当今的整个艺术一样，文学写作同时承载着历史的异化和历史的向往：就需要而言，文学写作期待着语言的分化，还有阶级的分化；就自由而言，文学写作是对这种分化的觉醒，也是超越这一分化的一种努力。写作急切地奔向一种梦想的言语活动，借此重现一个美好的全新世界，言语活动在哪里都不会异化。写作的多样化将建立一个崭新的文学，但它所发明的言语活动只能永远处于假想之中：文学已经成为言语活动的乌托邦。

（张新木）

金斯利·艾米斯 [英国]

《幸运的吉姆》

作者简介

金斯利·艾米斯(Kingsley Amis,1922—1995),英国当代著名的小说家、诗人和文艺评论家。20 世纪 50 年代开始文学创作。成名作长篇小说《幸运的吉姆》写于 1953 年,一出版即轰动英国文坛,他本人也成为当时“愤怒的青年”派代表者之一。艾米斯著作丰富,体裁多样,一生创作了约 40 部作品。其中有小说二十多部,短篇小说集三部,诗集六部,评论集七部和剧本四个。主要作品除其代表作《幸运的吉姆》外,还有长篇小说《那种不安感》、《我喜爱这个地方》、《像你这样的姑娘》、《一个英国胖子》、《我现在就要》、《姑娘 20 岁》、《结局》、《传记作家的胡须》;短篇小说集《我仇人的仇人》、《可爱的幻想》;诗集《心情》、《样品匣》、《环视人生》、《诗集》;神怪小说《绿人》;侦探小说《河边别墅的谋杀案》;科幻小说《改变》及论述科幻小说的专著《地狱的新地图》等。艾米斯反对老一辈作家标新立异的创作形式试验和造作雕琢的文风,主张形式的朴素和文风的平实。

作品提要

《幸运的吉姆》是艾米斯的第一部讽刺小说,一发表即轰动全英国,使艾米斯一跃成为英国当代著名小说家。小说描写了主人公吉姆·狄克逊——一个出身下层社会,在外省某大学历史系见习的青年教师,为了能继续在大学里呆下去,尽力想同系主任威尔奇教授保持友好关系,虽然他憎恶并鄙视他。而命运似乎有意在捉弄吉姆,无论他如何奉承讨好,也无法得到威尔奇教授和包括校长在内的中产阶级教授们的青睐。吉姆的续聘主要取决于威尔奇教授的好意,而威尔奇教授在他能否继续被聘任的问题上一直闪烁其辞。故事开始时,吉姆在大学见习的第一年行将结束,为了能给自己的续聘添加筹码,他向一家杂志投了一篇文章,威尔奇教授指出他那篇关于中世纪造船技术论文的发表的重要性,那篇文章已被一家新的杂志接受,但当吉姆打电话要求编辑给出文章发表的大致时间时,对方支支吾吾闪烁其辞,竭力强调由于文章太多要确定何时能发表是如何困难,等等。而这篇文章对吉姆来说是巩固其地位，改变其在大学当局心目中的“坏印象”的关键，这使吉姆非常苦恼。另一方面，吉姆出于同情，陷入与同事玛格丽特·皮尔的纠葛之中。玛格丽特瘦小，戴眼镜，喜欢浓装艳抹，却颇有心计，据说是由于被其男友卡奇普抛弃而服用了过量的安眠药。他们两人被邀参加了威尔奇在乡间私宅举行的家庭音乐晚会，在晚会上遇见威尔奇教授的儿子伯特兰德和他漂亮的新女友克莉斯廷·卡拉汉。伯特兰德趾高气扬，傲慢无礼，自诩为艺术家，其实是一个上流社会的花花公子。他有一个混蛋理论，那就是：“伟大的艺术家总是拥有许多女人，如果成为艺术家能拥有许多女人，那就甭管他的画如何了。”[1] 事实上，他认识克莉斯廷之前刚刚抛弃了原来的女友，而看上克莉斯廷主要是想通过克莉斯廷来巴结她那身为工商界名人的叔父。由于粗心，吉姆把克莉斯廷当成被伯特兰德抛弃的女友露丝·莫尔，结果使伯特兰德十分尴尬，因而得罪了这位威尔奇教授的儿子。出于对那些蹩脚的业余音乐家的厌恶，吉姆不顾玛格丽特的劝阻，中途不辞而别去当地酒馆喝酒，又给大家留下了不好印象。由于饮酒过量，回来时在床上醉得不省人事，第二天早晨发现忘记熄灭的烟头把主人家的床单、毛毯、桌子等烧了很多洞。在无计可施的情况下，他将烧焦的部分用刀片切掉，以给人造成被虫所蛀的假象，接着匆匆下楼想让同事提前给他个电话，谎称其父母不期而至以便有借口离开。在餐厅吉姆巧遇克莉斯廷，克莉斯廷出于好奇，下楼帮他重新铺床，将烧坏的床单等叠在最底下，吉姆则将烧坏的桌子藏到废物间里。然后吉姆在没有告知主人实情并道歉的情况下匆匆溜之大吉。然而纸包不住火，实情很快被发现，吉姆因此而惹怒了威尔奇教授的夫人。吉姆与玛格丽特的前男友卡奇普尔谈心，后者向他披露了有关玛格丽特的大量信息，

1957 年拍摄的电影《幸运的吉姆》中，克莉斯廷和吉姆在汽车里的场景

[1] Kingsley Anis, Lucky Jim, Aylesbury, 1987, pp120 – 121.

从而使吉姆相信玛格丽特的所谓被抛弃以及她的自杀只是她神经过敏引起的，她这样做的目的是为了在感情上控制他们。因此，吉姆觉得自己结束与玛格丽特的关系并没有对不起她。伯特兰德找到吉姆警告他，让他离开克莉斯廷，吉姆当然不会听命于伯特兰德，他对伯特兰德的警告不屑一顾，结果双方诉诸拳脚，伯特兰德被吉姆击倒在地。此时，吉姆的那篇文章刊登出来了，但作者换上了那位编辑凯顿先生的名字，而这样一个人却得到升职。因此，吉姆更加痛恨所谓文化人的特权阶层的伪善、道德败坏及弄虚作假。最后，事先应威尔奇教授在学院期末开放周作题为《快活的英格兰》演讲的吉姆，在包括校长、威尔奇教授及大学学院行政委员会等大众面前演讲时，为了掩饰紧张的心理，事前喝了过量的酒，结果在台上结结巴巴、语无伦次地乱说一通，先是模仿威尔奇教授的嚎叫声，接着又模仿校长的口音，将整个演说搞得一团糟，最后竟醉倒在讲台上而当众出丑，从而可笑地、不可避免地结束了自己的教学生涯。而当吉姆在台上作那酒气熏天的演讲时，卡罗尔在台下把伯特兰德与她的关系披露给了克莉斯廷，使后者最终坚定地否定了伯特兰德而倒向吉姆。具有讽刺意味的是：吉姆的被解聘却是因祸得福，克莉斯廷的工商界名人叔父邀请他去当他的私人秘书——一份伯特兰德梦寐以求的差事，自然，吉姆也赢得了克莉斯廷的芳心。小说以吉姆大获全胜而结束。

Penguin Books 2000 年版封面

《幸运的吉姆》是二战后英国小说史上不可多得的一部喜剧作品，对酝酿着变革的英国文坛起着巨大的推动作用。以金斯利·艾米斯和约翰·韦恩为首的青年作家从英国社会下层异军突起，以“愤怒的”呼喊一扫沉闷的阴霾，形成了一股风靡于 20 世纪 50 年代具有明显现实主义倾向的文学潮流，使英国文学重现活力。他们作品中对英国社会现状的不满，对中产阶级特权的抨击，对和下层民众与人民生活毫不相干的传统文化的攻击，对那些功成名就的老作家所代表的“冒牌的”高雅文学的讥笑，以及对工党政府所推行的表面上给予下层民众均等机会，实质上仍然剥夺他们政治上和经济上平等权利的“福利国家”政策的批判等等，都符合了广大民众的心意，这大概就是这部小说能够在当时引起下层社会广大群众的共鸣而深受欢迎的原因之一，“幸运的吉姆” 则成了 20 世纪 50 年代英国社会一个家喻户晓的名字。

（王　敏）

亨利·赫福洛克·霭理士［英国］

《性心理学研究》

作者简介

亨利·赫福洛克·霭理士(Henry Havelock Ellis,1859—1939),英国著名性心理学家,也是一位很有影响的科学家、思想家、作家和文学评论家。1890 年获得医学博士学位,同年他的第一部散文作品《新精神》问世。1898 年,他出了另一部书《心迹》。1914 年、1921 年和 1924 年他先后出版三卷以私人札记形式写成的散文集《感想和评论》。1922 年他发表了一生写作中仅有的一部小说《堪歌溪谷》。1894 年霭理士题为《男与女》的专著作为《现代科学丛书》的一卷出版,从人类学与心理学的角度研究和评价了男女之间在第二性征上差别的意义,成为霭理士后来三十多年著述七大卷《性心理学研究录》的一个引子,被权威人士评价为“篇幅虽小,意义重大”的杰作。这以后在与保守势力不懈的斗争中,霭理士冲破了重重阻力。他的《性逆转》(1896)、《羞怯心理的进化;性的季候性现象;自动恋》(1910)、《性冲动性质的分析,恋爱与痛楚,女子的性冲动》(1903)、《人类的性选择》(1905)、《性爱的象征现象,解欲的机制,妊娠的心理状态》(1906)、《性与社会》(1909)、《哀鸿现象和其他若干补充说明》(1928)等相继出版。1933 年普及版《性心理学》正式出版,并很快传遍全球,被诺贝尔奖获得者罗素评价为“实在精彩,值得钦佩”。霭理士称得上是文明人类的一个启蒙良师,不愧是人类文明事业的一个勇敢、勤劳而智慧的先驱。

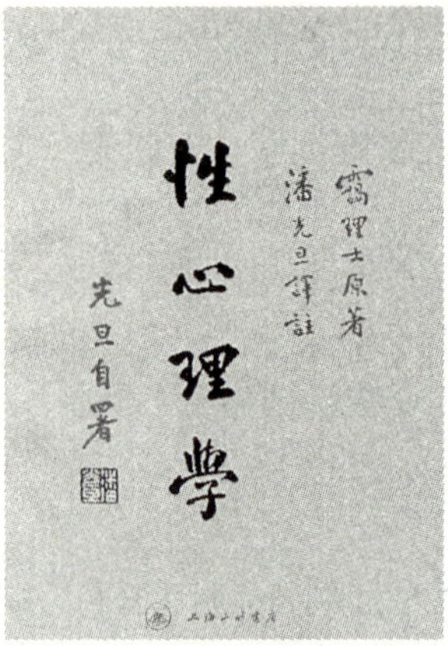

上海三联书店 2003 年版封面

作品提要

在第一章绪论中,霭理士开门见山地指出,性是一个通体的现象,一个人的性的素质是融贯他全部素质的一部分。他还强调指出,性冲动有一个特点,和饮食冲动不相同,就是它的正常的满足一定要有另一个人帮忙,讲到另一个人,我们就进到社会的领域,进到道德的领域了。

在第二章《性的生物学》中,霭理士谈及 9 个问题,分别是“性的物质和基础"、"性冲动的性质"、"所谓发欲带"、"求爱的生物学"、"有选择的求偶与性选择的因素"以及性选择与触觉、嗅觉、听觉、视觉的关系。作者认为,性的决定是和细胞里的所谓染色体有关的,也是腺的组合所决定的。性冲动的性质则是一个"积欲"和"解欲"的过程。总之,性选择的时候,在族类品性与人类通性方面,求的是同;在第二性征方面,求的是异;在心理品性方面,求的是相得益彰。

在第三章《青年期的性冲动》中,霭理士阐述了性冲动的初期是呈现、自动恋、性爱的白日梦、性爱的睡梦、手淫、影恋以及性的教育。作者用大量的事实表明孩童也有多种形式的性冲动。而"自动恋"则是指一切不由旁人刺激而自发的性情绪现象,包括白日梦、睡梦、影恋、手淫,也包括由顾影自怜或自我冥想引起的性爱的情绪。作者呼吁,因为性生活的开始事实上是这样的早,所以启蒙的责任不能再像古代似的归之于部落或社会,而应归诸家庭与文明,归诸学校。

在第四章《性的歧变与性变的象征》中,霭理士谈及十个问题,分别是儿童时期的性歧变、溲溺恋及遗失恋、物恋、兽毛皮革恋与动物恋、窃恋、裸恋、虐恋(含施虐恋与受虐恋)以及性的衰老和社会对于性歧变的态度。

在第五章《同性恋》中,霭理士谈性的逆转、性逆转的诊断、性美的戾换现象以及治疗的问题。作者认为,假如一个人性冲动的对象是一个同性而不是异性,就成了一种性歧变的现象,就是大家普遍所说的"同性恋"。而同性恋古今中外散布极广,屡见不鲜,许多名人都有过同性恋表现。至于性逆转的治疗问题,霭理士作过多方探讨,如精神治疗法、催眠暗示法、联想治疗法,甚至外科手术疗法、信教转移法,乃至于升华疗法。值得注意的是,早在数十年前,霭理士已一再提到,性逆转可以和色盲天老等特点相提并论,由生物基础的突变而来,这与当今科学研究同性恋成因的最新成果不谋而合。

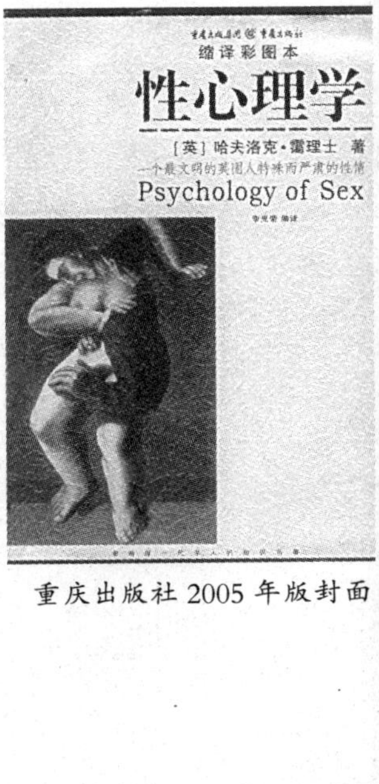

重庆出版社 2005 年版封面

在第六章《婚姻》中,霭理士在《引子》中就开宗明义指出,要补救绝欲的弊病,天下通行的唯一方法是一个人的相宜的婚姻。作者进而阐述了婚姻的可取性、婚姻美满的问题、一夫一妻的标准、生育的控制、不生育的问题、阳痿与阴冷(性能不足与性感过敏)、贞节、经绝。作者认为,到近代为止,单婚或一夫一妻的婚姻是西洋文明所认为唯一合情合理合法的婚姻方式,而婚姻有一个优生学的关系,也有一个生育节制的需要。至于不生育,人工授精已提上议事日程。对于心理上的阳痿与阴冷的治疗方法只需把这种抑制的势力尽量消除,对当事人的种种疑虑加以排解。作者还认为,"贞节"就是在性领域里的自我制裁,是情欲有分寸、享用有

University Press of the Pacific 2001 年版封面

分寸的一种表示；贞节之所以为德操是不受任何信仰与宗教的限制的。贞节是一个平衡的状态。作者还强调，经绝确乎是富有心理意义的，直接对于妇女本人，或间接对于家庭生活与社会生活，都不容我们忽视。

在第七章《恋爱的艺术》中，霭理士谈到了性冲动与恋爱的关系，何以恋爱是一种艺术。作者强调必须把"欲"和"爱"分别来看，欲只是生理的性冲动，而爱是性冲动和他种冲动之和。生命的一切都是艺术。恋爱的艺术，就它的最细腻最不着痕迹的表现而论，是一个男子和一个女子在人格方面发生最亲切的协调的结果，也未尝不是寻常性的卫生的一个扩展。

在第八章《结论》中，霭理士着重探讨了"性冲动的动力性质"和"升华"。作者认为，人生以及一般动物的两大基本冲动是食与性，或食与色，或饮食与男女，或饥饿与恋爱。饥饿的驱策虽也有程度之殊，但其暴烈的程度每不如性欲之甚；饮食是一个人单独可以做的事，而性欲的满足有待于另一个人的反应与合作——这些也未必不是它所以能唤起多重注意的原因。性冲动是"一些强烈的酵母的发酵作用所产生的一种动力"，即性爱的人格是建筑在一个三边都有密切联系的三角之上的，这三边是大脑、内分泌系统和自主神经的机构。对于一个健全的人，表达与抑制的持平，无论大体上维持得如何得法，间或总还会发生一些困难；而对于一个不健全的人，这种困难更不免成为无法排解的危机。一个普通而常有人提出的补救方法是升华。"升华"也许不止是一个名词，而是代表着一种由粗入细、由质入文、由生理的冲动变为心理的力量的过程。一方面，我们要牢牢地记住升华的可能、升华的价值、升华的深远意义；另一方面，也要记住，总有一部分的性为升华所不及而留剩下来，此种剩余的欲力或从比较健全而原始的途径消散出去，或另寻不正常的出路，从而形成各式的神经变态。

霭理士《性心理学》全书，是他在 1928 年以前所作的七卷本《性心理学研究录》基础上于 1933 年完成的一本浓缩本，汇集了七卷文中的精华，更具有可读性、简明性、深刻性。作者在前人及同时代学者研究的基础上，在性生物学的基础上，结合社会学、人类学、历史学、哲学、文学、美学、法学、医学、伦理学等学科知识，写就一部划时代的性心理学学术专著，至今还熠熠发光，必将留芳百世。

（储兆瑞）

威廉·福克纳［美国］

《喧哗与骚动》

作者简介

威廉·福克纳(William Faulkner,1897—1962),美国20世纪最杰出的小说家。福克纳在国际文坛的声誉正与日俱增,这不仅在于他对人类生活的激情描绘,还在于他对人性的深刻认识。他的作品散发着浓郁的乡土气息,回荡着人类内心冲突的喧哗骚动,讲述着人是不朽的伟大寓言。为此,福克纳的世界吸引着众多的人去思考、想象和探索。

在进行了一番文学探索之后,福克纳发现值得描写的是"家乡的那块邮票般大小的地方",他在孤独中创作了第三部小说《沙多里斯》(1929)。"约克纳帕塔法世系"小说初见端倪。但是标志他真正成熟的作品是《喧哗与骚动》(1929)。在随后的几年中,福克纳创作了他世系小说中的大部分重要作品,如《我弥留之际》(1930)、《圣殿》(1931)、《八月之光》(1932)、《押沙龙·押沙龙》(1936)、《去吧,摩西》(1942)等。

作品提要

这部世系小说以密西西比州北部虚构的约克纳帕塔法县为背景，讲述了该县中心杰弗生镇及其周围地区若干个南方大家族几代人兴衰荣辱的故事，生动地反映了古老南方两百年间的社会变迁中人们所经历的精神痛苦和心理变化。福克纳将众多的人物置于这个虚构世界里,"像上帝一样,把这些人物调来遣去,不受空间的限制,也不受时间的限制"①。人物在各部作品中交替出现,而各个独立的故事之间又有着丝丝缕缕的联系,成为世系小说世界不可分割的一部分。

福克纳在小说中最关心的是罪恶问题。在他看来,白人祖先在建设家园时犯下了推行黑人奴隶制经济的罪恶,种下南方衰败的祸根;虽然南北战争是消灭这种罪恶的开始,但是战争和战后重建秩序的企图又导致了传统的尊严、荣誉感的丧失,商业主义贪婪自私的蔓延,从而加速了新大陆乌托邦理想的破灭。福克纳试图通过重新认识历史来探索人类的

① 转引自江榕:《一个现代神话的发明——〈喧哗与骚动〉创作史初探》,《外国文学研究》,1992(4)。

秘密，思考人生的根本性悲剧。他在表现主题的深刻性方面，可与古希腊悲剧和莎士比亚悲剧相媲美。

福克纳对小说艺术形式进行了大胆的革新，将乔伊斯的“意识流”叙述技巧向前推进了一大步，形成自己独特的风格。他在作品中采用多角度的叙述方式，针对某个人物或某个情景，安排几个其他人物从不同角度进行叙述，形成小说独特的环形形式。他还运用时序颠倒、象征隐喻和对位结构等艺术手段，创造出一个丰富、复杂、神奇的小说世界。

这部小说共分四个部分，分别代表康普生家四天的生活，由四个叙述者分头叙述。前三部分别由班吉、昆丁和杰生三兄弟叙述，采用的是意识流叙述方式；最后一部分是作者从第三人称全能角度叙述的。凯蒂是小说中最重要的人物，虽然没有她自己叙述的部分，但被巧妙地安排在她三个兄弟的内心独白中。

1928 年 4 月 7 日，班吉的叙述。这天是他 33 岁生日，但他是白痴，只有 3 岁儿童的智力。他和看护他的勒斯特在高尔夫球场附近闲逛，他的思考不断回到童年时代。因为没有逻辑思维能力，没有时间概念，他分不清过去和现在，更不知道事件的先后次序、来龙去脉，他的内心独白完全是本能的感觉印象，显得支离破碎、杂乱无章。但是有一点是明确的，他因为失去姐姐的爱而生活在悲哀之中。他思绪的中心是对姐姐凯蒂的回忆。高尔夫球场传来的喊声“开弟”(球童)使他与姐姐凯蒂联系起来；当他的衣服被钉子勾住时，他就想起与姐姐一起经历的类似的事情……虽然他的思绪如一团乱麻，但是读者仍可通过推测和联想整理出几个关于凯蒂的重要场景：凯蒂爬树偷看奶奶的葬礼，露出弄脏了的内裤；凯蒂与男友在秋千上接吻；凯蒂的心烦意乱(失贞)；凯蒂的结婚离家……凯蒂的故事在这里露出端倪。同时，班吉的叙述还记录了人物的性格特点：凯蒂活泼可爱、有爱心，昆丁敏感，杰生孤立卑鄙，迪尔西忠心，康普生太太冷漠无情……这些都将随着故事的发展而成为人物的主要性格特征。班吉的思绪还不断触及这中间的死亡事件——大姆娣、南茜、昆丁、康普生先生和罗斯克斯。班吉的叙述提供了故事发展的主要线索，也给我们提供了某种信息：康普生家族的颓败气氛、人物和环境。

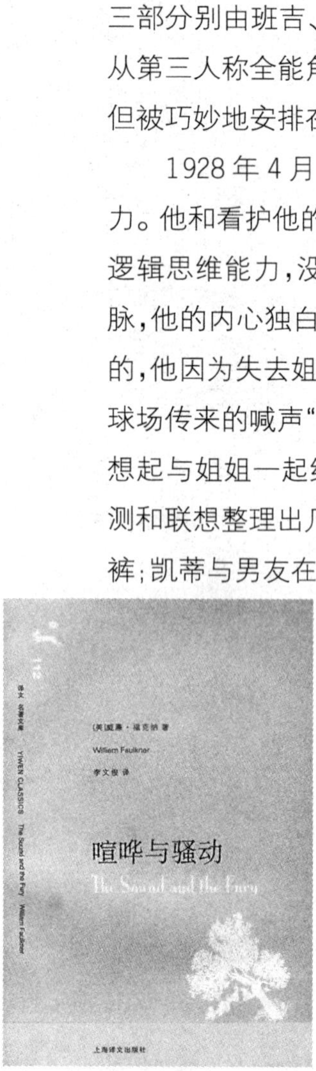

上海译文出版社 2007 年版封面

1910 年 6 月 2 日，昆丁的叙述。那是他在哈佛大学读完一年级准备自杀的一天。他行为反常，思绪混乱。一早起来便在绝望中砸坏了祖传的钟表，然后仔细做着自杀前的准备，穿衣打扮，写信吃饭，购买熨斗……他在电车上沉浸在往事的回忆中。和班吉一样，他的思绪集中在凯蒂身上：凯蒂的恋爱、失贞和结婚，几乎是对凯蒂故事的重新叙述，但是这是一个比班吉的叙述更为复杂的叙述，带有叙述者的个人偏见。昆丁把凯蒂当做家庭荣誉的象征，曾企图阻止她恋爱，反而弄巧成拙；当凯蒂失贞后，他又幻想着自己对妹妹犯了乱伦罪，企望这样可以让上帝将他俩打入地狱，与现世隔绝；凯蒂最后的结婚离去使他失去了精神平衡，只好结束自己的生命以求解脱。昆丁是没落南方贵族的典型代表，骄傲、敏感但又极其懦弱，是"行动的丧失"的典型，他无力正视这个世界，只有用提前结束生命的办法来逃避令他难以忍受的世界。

Vintage Books 1987 年版封面

1928 年 4 月 6 日，杰生的叙述。凯蒂也是杰生叙述的中心。与班吉相反，他对凯蒂充满仇恨，不仅骗取她给女儿的生活费，而且把怨恨发泄在外甥女身上，冷酷无情。杰生与昆丁也不同，他是个唯利是图的利己主义者，刻薄、粗野。他生活的中心是金钱。这一天，他不断算计着为外甥女支付的学费、给情妇劳拉的钱和股票上输掉的钱……他还不断抱怨父亲和哥哥卖地付学费的陈年旧账。如果说班吉是白痴、昆丁太敏感，杰生则是他们中最清醒的一个，富有理智，顺应潮流，但是他的叙述也显示他心智不健全，总与人作对，惹人不快，十足是个贪婪、自私的家伙。

1928 年 4 月 8 日，这一部分是作者用第三人称全能角度进行叙述的，主要以迪尔西为叙述对象，塑造了一个忠心、忍耐、勇敢的黑人女性形象。福克纳曾一再说这是他最喜爱的人物。这一部分通过迪尔西的眼光对前三部分的事作了补充、肯定和修正，"我原先看到了开始，现在看到了终结"①，故事有了比较清晰的脉络。康普生家曾显赫一时，祖上出过州长、将军，但是现在家道中落。康普生先生虽说是律师，却不务正业，他嗜酒如命，发着悲观虚无的论调。康普生太太则念念不忘自己大家闺秀的身份，整日里无病呻吟，乱发脾气。孩子们由于父亲的没落颓废和母亲的自私冷酷而生活在悲凉之中。女儿凯蒂活泼可爱，但恋爱失贞，走上堕落的道路。大儿子昆丁受父亲的影响，悲观绝望，最后只好投河自尽。杰生是个顺应潮流的实利主义者。小儿子班吉生来就是白痴。全书以小昆丁的私奔而告结束。

在《喧哗与骚动》出版后 15 年，福克纳在马尔科姆·考利编的《袖珍本福克纳文集》中对康普生家的故事又作了一些补充。杰生成了棉花商，没有后裔，是康普生家最后的一个人。班吉被送进了杰克逊的州立精神病院。小昆丁私奔后，杳无音信。凯蒂成了德军参谋部将军的情妇，"已经再也没有什么有价值的东西值得拯救的了"②。　　（周　韵）

①《喧哗与骚动》，李文俊译，上海译文出版社 1984 年版，第 325 页。

②《喧哗与骚动》，李文俊译，上海译文出版社 1984 年版，第 42 页。

J. A. 斯特林堡 [瑞典]

《一出梦的戏剧》

作者简介

J. A. 斯特林堡(J. A. Strinberg,1849—1912),瑞典小说家、诗人、剧作家,出身于斯德哥尔摩一个破落贵族之家,接受过短暂的大学教育,曾经当过小学教师、家庭教师、记者和图书馆管理员。斯特林堡的创作生涯,大致可以分为四个时期。19 世纪 70 年代的代表作有《奥洛夫老师》和《红房间》,奠定了斯特林堡成为戏剧大师的基础。斯特林堡在 19 世纪 80 年代的主要作品有短篇小说集《结婚》(1—2 集)和自传长篇小说《女仆之子》,戏剧《父亲》和《朱莉小姐》(1888),他这个时期的剧作被称做"自然主义戏剧",强调台词简练,大量运用哑剧手法、音乐和芭蕾舞技巧。90 年代是斯特林堡创作道路和人生历程最艰难的时期,被称做斯特林堡的"地狱危机"。此时他的婚姻生活极度不幸,创作又走向神秘化。这期间他创作的小说《地狱》和《传说》可以看做是其自传体小说《女仆之子》的续集,也是他本人忏悔的心灵记录,极具心理学价值。20 世纪初,斯特林堡的戏剧艺术发展到了新的高度。在斯特林堡后期创作中占有特殊地位的是所谓"小剧场"戏剧,又称抒情戏剧,即《通往大马士革之路》三部曲、《死亡的跳舞》、《一出梦的戏剧》和《鬼魂奏鸣曲》。这些剧本的共同特点是:时空规律被打破,现实与梦幻、生与死的界限被消除,大量采用了象征、怪诞、魔幻等手法,呈现出一种现实与梦境相互混杂、朦胧模糊的流程。这标志着欧洲戏剧向现代派的转变。晚年,斯特林堡还写了许多历史剧和散文,引起了社会反响。

斯特林堡的创作风格兼有现实主义、自然主义、象征主义和表现主义。作为戏剧家,斯特林堡的主要贡献是对于戏剧形式的改革,在探索人灵魂的同时创造了具有现代派特点的戏剧表现手法。在戏剧结构、性格描写、语言、表演等方面,他尊重自然而不囿于陈规,使人的内心在这种不拘形式的描写中得到充分表现。斯特林堡对 20 世纪欧美文学产生了巨大影响,梅特林克、皮兰德娄、拉格奎斯特、奥尼尔、萨特等人都把他奉为先师。

作品提要

《一出梦的戏剧》(又称《梦的戏剧》、《梦戏》,以下简称《梦》剧)是斯特林堡的代表剧作之一，也是斯特林堡的创作才能得到最充分发挥的剧本。《梦》剧创作于作者的"地狱危机"之后，经过肉体和精神的双重洗礼，作者在探寻人生奥秘的旅途上已经过了最艰难最严酷的时期，达到了一个更高的层次。《梦》剧中主要情节围绕天神因陀罗女儿的主要活动展开。剧中情节零散，人物性格多重，完全是按照"梦"的逻辑和理念来发展的。全剧没有分场分幕，仅以灯光布景的变换暗示时空转换，以荒谬倒错的形式来显示梦不合逻辑的表面和暗符事理的实质。《梦》剧首篇序幕把女儿带入了观众的视野。女儿告别父亲因陀罗，载着一块云，从虚无缥缈的仙境穿越太空来到了地球上。她要到这黑暗和沉闷得让人呼吸困难的沉重球体上去看看人世，体验人的生活，听听人的怨言和哀叹，以拯救受苦难的人类。

Theatre Communications Group 1974 年版封面

戏剧正式开场，女儿的身份是玻璃工的女儿。她和玻璃工来到了一个城堡：这是一个会生长的城堡，有生命力，并且在脏土上开花，这实际上是人生的哲理图像。女儿看到城堡中有一囚犯，一种沉重的责任感驱使她立即去解救那个囚犯，可是被囚禁的军官却给了女儿一个令人失望的回答：我不要出去。理由是："因为不管出去还是不出去，我都会受罪!生活中的任何快乐都要用加倍的痛苦来偿还。我坐在这个地方固然难受，但是如果要获得自由的快乐，我就得忍受双倍痛苦。"①人人都渴望自由，渴求幸福，而军官对于自由的态度却是逃避式的。女儿努力开导："到光明中去寻找自由是一个人的义务。"②可是女儿对军官的劝诫并没有减少军官对生活的抱怨。作为尘世中的一个普通人，他认为生活对他不公平，因此他对生活没有什么义务。这种心态来自他童年时的冤屈情结，并成为他人生观的一部分，父母错怪他，对他进行了惩罚，形成了他对世人的不信任和想报复的阴暗心理。借烛光和幕布，梦境中时光倒流20年，他亲眼看到自己藏起了一本书而使弟弟受到了惩罚。军官愕然地面对逝去的时光，想不到20年后真相大白，这时死去10年的妈妈说的话让他懂得了人生中这样的不公平是必然现象。他看到临终前的母亲因为善行不被人理解而痛苦。活着，的确很难。女儿叹

---

①《一出梦的戏剧》，选自《斯特林堡选集·戏选集》，高子英、李之义等译，人民文学出版社1981年版，第394—480页。

②《一出梦的戏剧》，选自《斯特林堡选集·戏选集》，高子英、李之义等译，人民文学出版社1981年版，第394—480页。

道："人真可怜！"

结束了城堡之行，女儿来到剧院。剧情跟随梦者的意识流淌，场上的人物不停变换，剧院女看门人、军官、广告员交替出现。剧院的女看门人有一块灰色大披肩，只要披上它，就能看到人在现实生活中的种种苦难：失业、失恋、忍受着折磨的无望的期待、不能实现的人生理想。总之，人无时无刻不受到肉体和灵魂的反复折磨。军官日复一日地捧着玫瑰花等待着从未出现过的意中人。广告员盼了几十年的鱼网，得到后却产生了更多的不满足。剧院里有一扇从未开启过"有苜蓿叶的门"，神秘莫测，人们想打开看看里面有什么奥秘，警察却以法律的名义禁止打开这扇门。布景又变成了律师事务所。作为法律代表的律师，灵魂被人为地扭曲。"律师穿着大礼服，围着白围巾，坐在栅门内一张堆满文件的桌子旁。"[①]从他表情上可以看出他受过很多的折磨，他面色苍白，皱纹满面，并且带有紫色的阴影。他长相丑陋，面部反映出职业迫使他包容下的各种罪行和劣迹。神圣的法律代言人必须承受烦恼和痛苦，对人生没有自由选择的权利，他慨叹：做人真是一种痛苦。女儿由此又一次深深体会到生存的困境。女儿又来到教堂，那儿正在授予博士学位。满怀希望的律师却被当头一击：他因为保护了穷人而不能获得象征博士学位的月桂花环。人间充满苦难，梦者的意识不停变幻。女儿的双重身份在剧中同时出现。作为人的一面，女儿也尝试了爱情和婚姻。可是贫穷给爱情和婚姻带来了不可逾越的不和谐。而作为神的一面，女儿是以拯救者的身份出现在家庭生活中的，女儿的尝试只能以失败而告终。女儿又来到美景湾和耻辱峡。这里是佛教中因果轮回、善恶报应的理想境界。有钱的人和获得美满生活的人在耻辱峡接受酷刑的折磨，而相对快乐的美景湾也一样充满生死离别的人生痛苦。世界的荒唐和不公平表现在每一方面。汗流浃背拼死干活的工人忍饥挨饿，富人却吃不下饭。而企图改造社会的人，社会就会把他送进疯人院，判官就是所有公正的人和所有体面的人。

女儿又和在耻辱峡洗泥浴的诗人一起，来到了位于天涯的一个叫做"芬加尔穴"的岩洞，人类的怨言和叹息从这儿传到天神那里。女儿在人世间所见到的一切在这儿又成了一个梦，一个梦中之梦。女儿在这些可怕的不断重复的恶性循环中体验到尘世间的丑恶，她发誓要烧掉人间的罪恶，返回天堂。终于她对诗人说出了人们永远在探寻的人间奥秘和宇宙奥秘——原罪。然后，她走进城堡，烧毁掉世间的丑恶之后，在大火中结束了人间之行。这时，房顶上的蓓蕾开出一朵巨大的菊花。

（刘　坚）

---

①《一出梦的戏剧》，选自《斯特林堡选集·戏选集》，高子英、李之义等译，人民文学出版社 1981 年版，第 394—480 页。

弗吉尼亚·伍尔夫［英国］

《一间自己的屋子》

作者简介

弗吉尼亚·伍尔夫(Virginia Woolf,1882—1941),英国现代著名女作家。伍尔夫的主要成就在于小说,她是西方现代主义文学和“意识流”小说的代表人物之一。伍尔夫的“意识流”小说代表作有《达洛卫夫人》、《到灯塔去》、《海浪》等。在小说创作之余,伍尔夫还写了大量的文学评论,大抵收入《普通读者》、《普通读者续集》和其他文集中。1928年,伍尔夫在剑桥大学纽纳姆及格顿女子学院宣读了以《妇女和小说》为题的两篇论文,在此基础上撰写成长篇论文《一间自己的屋子》,于1929年出版。

作品提要

《一间自己的屋子》全书分为六章。开篇时伍尔夫说有人请她谈谈“妇女和小说”。这个题目的意思在她看来也许是妇女和她们到底是什么样子的人,或者是妇女和她们所写的小说,或者是妇女和关于她们的小说,甚至或者是这三个意思不知怎么难解难分地纠缠在一起。关于这个题目,她仅能献给听众一点很小的意见——一个女人如果要写小说一定要有钱,还要有一间自己的屋子。她将利用一个写小说的人的自由与特权来解释她怎么会有这个关于房子和钱的意见,并将尽力充分任意地阐发与此相关的一串相继的思想。于是,在十月里一个晴朗的早上,一个虚构的代表“我”开始了对牛桥(“Oxbridge”,拼凑牛津“Oxford”与剑桥“Cambridge”而成,指代男子受教育并享有特权的高等学府)的一次访问。那里草木扶疏,图书馆、实验室、观象台林立,设备完备,庄严气派。然而因为“我”是个女人,就被禁止在男研究员们用的一块草坪上走动,就被挡在图书馆门外。在牛桥畅饮美酒,用完丰盛的午饭已是下午很晚时

伍尔夫和丈夫在英国

上海人民出版社 2008 年版封面

分，"我"吟着丁尼生和克丽斯蒂娜·罗塞蒂的诗，走进了分能姆女子学院。这里又是一番景象：园地荒芜空阔，设施简陋，人员谦卑。吃完简朴的晚饭后，玛丽·塞登告诉"我"，1860 年的时候为了建立这个女子学院，母亲们费尽辛苦才募得 3 万镑，她们终日劳作，生儿育女，没有自己的财产也不可能去攒钱，于是她们无法留下钱去设立研究津贴和奖学金，专为她们那一性别使用。但是男子接受教育是何等的容易。历代皇室拨巨款建造校舍，资助男子诵经读书；到了近现代，金融巨子捐大笔的款项设立各种奖学金。男子学院富贵威仪，"那都是优裕、独处、空闲的产物"①。夜深了，"我"独自走回旅馆，一路上想到"那一性的人的安全和富足，这一性的人的贫乏和不安全"，想到"有传统和缺乏传统对一个作家的脑子有什么影响"，不由得感慨万千。②游牛桥引出了一大堆的问题：为什么男性那么富足而女性那么贫乏？贫乏对小说创作有什么影响？艺术作品的创造需要些什么条件？带着这些问题，"我"来到伦敦大英博物馆寻找答案。不看还好，一看吃了一惊！男子撰述的关于女性的书汗牛充栋，而妇女所写的关于男性的书却寥寥无几。所有的教授、社会学家、小说家和新闻记者都在写女人，他们的观点五花八门，应有尽有。一位冯·X 教授在他的大本著作中竭力论证女性的智力、道德和体力的低劣，以此来强调男性的优越和高尚。"我"感到异常愤慨，认为这些人坚持妇女低下的观点，是因为多少世纪以来，妇女实际上是具有神奇功能的镜子，她们能将男子的形象比实体放大两倍反映出来。在 1918 年以前，像"我"那个阶级出身的妇女可做的工作无非是在报馆打杂、替人写信、给老太太读书、做纸花或者教小孩念字母。且不说工作的艰苦、维持生计的困难，更严重的伤害是那种日子在妇女身上产生出胆怯和忿恨的毒素。幸而"我"得到了姑母留下的一笔遗产，每年 500 镑的收入使"我"不用像一个奴隶那样做不爱做的工作，不用再埋没那点可贵的才气，胆怯和忿恨也随之渐渐消失，可以自由地在蓝天阳光下生活。在大英博物馆没得到什么重要的记载和可信的事实，晚上回家后"我"决心缩小探究的范围，请记录事实而并非见解的历史学家描述一下，比方说伊丽莎白女王时代妇女的生活状况。"我"踱到书架前，随意翻阅，发现那个时代的文学如此繁茂，产生了一大批令人肃然起敬、光辉灿烂的十四行诗和悲剧，但却没有一位妇女参与那非凡的文学盛事。然而她们都是剧本的主人

① 弗吉尼亚·伍尔夫：《一间自己的屋子》，王还译，三联书店 1989 年版，第 27 页。
② 弗吉尼亚·伍尔夫：《一间自己的屋子》，王还译，三联书店 1989 年版，第 28 页。

公和诗篇的主题，在文人笔下她们主宰着国王和征服者的生活，有着深邃的思想，博学善辩。想象之中，她们最为重要。但看看史书便可明白实际上她们微不足道，几乎不识字，不会拼写，经济不能独立，婚姻不能自主，被当做是丈夫的财产。看着书架上的《莎士比亚全集》，“我”想象假如莎士比亚有位极富有才华的妹妹朱迪思，她向往着像哥哥一样成为一名戏剧家，她的命运会是怎样?她一定是年仅19岁就被许配给街坊里一位羊毛商的儿子；为了逃避婚姻，她出走到达伦敦；但是却处处碰壁：她去剧院找工作，受到男人们的嘲笑；一位可怜她的演员兼经纪人收留了她，却使她怀了孕；最后她被迫走上了自杀的绝路。不管这个故事是真是假，有一点是可以肯定的，那就是“在16世纪一个女人若是有特殊的天才，一定会发狂、自杀，或是终其一生于村落外一所寂寞的小草屋里，半像女巫，半像妖魔，被人怕，被人笑”[①]。另外，传统的贞节观念令妇女甚至迟至19世纪仍隐姓埋名，或用男性化的假名发表作品。

“我”继续浏览着书架，看到在17世纪只有关在乡下大宅之内的孤独的贵妇们诸如温奇尔西伯爵夫人和纽卡瑟尔公爵夫人才写作。她们本来充满诗情诗才，被逼得抒发愤怒和悲痛。阿弗拉·班恩使情况有了改变，她证明了妇女可以通过写作来攒钱。于是18世纪中有数百名妇女开始通过翻译或撰写蹩脚小说来增加私房钱或者救助家庭。在18世纪后半叶，妇女们头脑极其活跃，她们谈话、聚会、写评论莎士比亚的文章、翻译经典作品。到18世纪末，中产阶级妇女开始写作了。这些先驱们对妇女写作作出了重大贡献，使后来的女作家的创作成为可能，因为“杰出是多年共同思考的产物，是一群人思考的产物，在一个人的声音后有群体的经验”[②]。走到存放19世纪早期作品的书架前，“我”第一次发现有好几个书架装满了妇女的作品，然而这些书籍之中除了极少几本外都是小说。为什么女作家们都不约而同地选择小说这种文学样式而不是诗歌?“我”想是不是因为到了19世纪，妇女仍然没有一间自己的屋子，只能呆在客厅写作，而且总是受到干扰，没有属于自己支配的哪怕是半小时。这样的话，在客厅写散文、小说显然比写诗歌、剧本更容易时作时辍，无需全神贯注。而且小说是年轻的文学模式，不具男性权威的长久历史，可以依赖在客厅的观察而不像诗歌写作在传统上要求贵族式的教育，因而是

London The Hogarth Press
1929 年版封面

① 弗吉尼亚·伍尔夫：《一间自己的屋子》，王还译，三联书店1989年版，第60页。

② 弗吉尼亚·伍尔夫：《自己的一间屋》，黄梅编，王义国译，河北教育出版社1995年版，第96页。

妇女能胜任的写作样式。此外，妇女无法摆脱加在她身上的狭窄贫乏的生活体验。简·奥斯丁在家庭的公用起居室写作，一听到有客人来访，就立即把手稿藏起来。她的题材从未超出她生活的那个乡村中地主阶级圈子。夏洛蒂·勃朗特很有才能，却终生贫困，英年早逝。乔治·艾略特因同一位已婚男子一起生活被迫隐居；而青年托尔斯泰却可以自由地接触波希米亚女人和其他贵妇人，不受妨碍、不被挑剔地获得多姿多彩的人生经验。再深入地探讨一下性别对小说的影响，可以看到女性在创作时受到多大的阻碍和批评。

"我"在逍遥漫步之间，最后来到陈列着现代作家作品的书架前。这里男女作家都有，并且女作家现在不再仅仅写作小说而已了。她开始把写作当做一门艺术而不是自我表现的手法。"我"随意拿下一本，是玛丽·卡迈克写的《人生的经历》。当"我"读到"克娄依喜欢奥利维亚，她们共用一个实验室"时，忽然想起这是多大的一个变化，在文学里大概这是第一次女人喜欢女人。直到简·奥斯汀的时候，所有小说戏剧里的伟大女性"不但是仅仅由男人写出来，而且仅因她们和男人的关系而写出来"[①]。女人在19世纪的小说里渐渐变化较多且比较复杂，即使如此，在很多作品中还是可以看到对女性认识的错乱和偏颇。现在玛丽·卡迈克开始尝试用一种与男性不同的方法来创作，来重新反映妇女的生活，这使"我"禁不住赞叹女性的创造力发展到了很高很复杂的地步。"我"一面看着她的最末一章一面想，再给她一百年的时间，给她一间自己的屋子和每年500镑的收入，她一定会变成一个诗人，写出更好的作品。

第二天早上，阳光明媚，"我"站在窗口注视着伦敦热闹的大街，看见一对男女坐进了一辆汽车，这使"我"想到两性之间最自然适意的就是合作。那是否脑子里也有两性，是否它们和谐融洽时，脑子才能充分发挥所有的官能？写作应该成为一种无性别的艺术，心灵要有男女的通力协作才能完成艺术的创造。

（王晓俊）

---

① 弗吉尼亚·伍尔夫：《一间自己的屋子》，王还译，三联书店1989年版，第101页。

乔治·奥威尔［英国］

《一九八四》

作者简介

乔治·奥威尔(George Orwell,1903—1950),英国著名的政治讽刺小说家和现代散文家,出生于英国统治的孟加拉。他在《我为什么要写作》中写道:“我先花了五年的时间去干适合我的职业,接着又经历了贫穷,产生了失落感。于是我更加憎恶当局,并且第一次真正认识到阶级的存在,我在缅甸所干的工作也使我懂得了帝国主义的本性。”他在20世纪30年代初相继发表了《巴黎伦敦蒙难记》(1933)、《缅甸岁月》(1934)、《牧师的女儿》(1935)、《通向威根坦之路》等进步作品,反映劳工的困苦与斗争。他对底层人们的生活和各种社会问题的深入调查和仔细观察,使他认识到工人阶级的存在和英帝国主义的虚伪,最终他放弃了资产阶级的生活,并在政治上转向了社会主义。1936年底,他以社会主义者身份加入了西班牙内战。然而在巴塞罗那前线进行的一场内部大清洗中,他却差一点被当做托派成员处决。他认为,西班牙共产党人的目的不在于搞国内的社会主义革命,而仅仅是为苏联的利益服务,同时他也不同意西班牙共产党以暴力镇压政治反对派的做法。1937年,他逃离西班牙,从此他一生害怕共产主义,进而形成反共反苏的政治立场,转向对专制权力的思考,企图在帝国主义与共产主义之间寻找一条中间道路,正是这种思想指导了他的创作过程。第二次世界大战加剧了奥威尔对社会现实的悲观情绪。他为英国广播公司做战况评论员,撰写大量诗文,又亲赴欧洲战场采访。战后,他创作了政治讽刺寓言小说《兽园》(1945)和反乌托邦小说《一九八四》(1948)。1950年奥威尔病逝。他的名字被载入英国文学史和西方思想史。

作品提要

《一九八四》共分三部、24章,讲述了一个企图反叛者——年届不惑的温斯顿·史密斯的不幸故事。故事开篇时间是1984年4月。当时的世界分为三个超级大国——大洋洲国、欧亚国和东亚国,三国之间性质雷同,相互攻伐不止。英国伦敦只是大洋洲国一个行省

上海译文出版社 2008 年版封面

的首府。大洋洲国的居民分为三类——党的圈内人士、党的圈外人物和“无产者”。整个帝国受制于“老大哥”，他无处不在，无所不见。他通过强制安装在每家每户的各个角落的电视监视着人们的一举一动，捕捉居民的内心思想，甚至连他们的梦幻也不放过。这儿不允许有任何自由思想和隐私，凡有自由思想的人都会遭受极刑。居民只能使用官方规定的统一语言“新语”即英语的变种，这种语言含义简单，无法表达深层思想。

温斯顿是一名在真理部负责改写历史档案的小职员，他每天的工作是用口授打字机杜撰假文件以配合政治需要，并抹去一切与之不符的文件。他喝苦涩的杜松子酒，抽劣质的香烟。每天早晨他都要收听上司在收播两用电视上对他的训话，因为所有人都受到电视监视而无权关闭机器，必须遵照命令进行全部活动，天天如此，令他感到厌倦。温斯顿常躲到电视监视不到的角落提心吊胆地拿出自己的日记本，成篇地描述属于自己的“自由思想”。他常常梦到温柔的母亲、美丽的乡村和无忧无虑的孩提时代，而现实却截然相反，人们整天浑浑噩噩，虚度光阴，苟且度日，邻居和同学们都愚昧无知。他想到自己的生活充满了不幸：父母丧生于原子大战，自己也因“历史忘却症”无法将过去、现在和未来连接起来，他的妻子凯瑟琳是受党内指定婚配，是个坚定的反性主义者，结婚十年来死活不肯给他生个孩子，而离婚则又是绝对不允许的。这一天温斯顿读着自己的日记，惊奇地发现自己不止一次地写下了反对老大哥的口号，他意识到自己的行为是罪上加罪，便再一次提醒自己“老大哥在注视着一切”!在真理部，温斯顿每天都要参加一个“两分钟仇恨”的活动，目的是为了反对党的敌人戈尔茨坦，他被指控策划推翻大洋洲国的阴谋活动。温斯顿自然也忠诚地加入到憎恨戈尔茨坦的行列之中。1984 年 4 月 4 日，温斯顿注意到一位佩戴红色贞节带的黑发姑娘并为之倾倒。这被他的上司奥布莱恩所洞察，但他那若无其事的神态令温斯顿松了口气。五月的一天，那个名叫朱莉娅的黑发姑娘在工作中悄悄地塞给温斯顿一张小纸条，表达了爱慕之情。温斯顿小心翼翼地在食堂里抽空和她约好了幽会的地点，在能够躲避电视监视的郊外的一个小树林里，他们互诉衷肠。他似乎又看到了儿时的金色原野，并与她实现了灵魂与肉体的结合。朱莉娅为“反性同盟”工作，专门为政府编写黄色读物以蛊惑人心，她虽没有深刻的思想，但难以容忍自己的工作。最后他们决定去寻找地下组织“兄弟会”，追随戈尔茨坦推翻老大哥的统治。温斯顿在一旧货店租下了一间房子，专门用于他与朱莉娅的幽会。他们在这儿感到了充分的自由，因为这里没有电视监视和控制。与此同时，温斯顿开始深入调查部里的历史档案，企图发现历史真相，揭露现有制度。相貌温和的奥布莱恩向温斯顿表示亲近，并邀请他和朱莉娅去家里做客。奥布莱恩与他们进行了秘密交谈，告诉他们戈尔茨坦最终将推翻老大哥。朱莉娅还向奥布莱恩坦白了自己违反党纪的罪过，温斯顿则对党在公开审讯和清洗中歪曲事实表示强烈不满。其实这是奥布莱恩设下的圈套，他还宣布接纳他们两人为“兄弟会”的新成员，并且赠给他们戈尔茨坦的著作，同时将他们的谈话全部录下。温斯顿回去后，日夜攻读著作。有一天，正当他们躺在床上阅读时，警察破门而入，将他们一同逮捕入狱。此时，温斯顿才意识到事情的真相。在狱中，温斯顿每天都要遭受严刑拷打，接受洗脑程序。这种肉体与精神上的折磨都由奥布莱恩亲自主持。他让温斯顿求生不得，欲死不能，他还告诉温斯顿，戈尔茨坦和他的著作以及“兄弟会”都是伪造的实验品，目的是想通过此项实验找到一种彻底杜绝思想犯罪的方法。他最终承认了自己的罪过，并供出了朱莉娅的背景，并表示深爱着朱莉娅，于是他被投入“101 室”接受特殊的思想纠正训练。在他的反叛思想被彻底摧垮之后，温斯顿被释放。从此，他经常孤独地去小酒馆喝苦涩的杜松子酒。有一次，他看见了早已被折磨得不成人样的朱莉娅，两人都无话可说，唯恐躲闪不及。这一天，因为大洋洲国在非洲取得一次重大的胜利，小酒馆里的屏幕上出现了老大哥的形象，引得人们高呼胜利，温斯顿也兴奋地大叫起来，此时他才感到自己已经彻底洗清了罪恶，是个真正的驯服的良民。因为他终于真心地爱上了老大哥并为此热泪盈眶。

London Secker & Warburg 1949 年版封面

《一九八四》可以说是一部寓言小说。在这里，野兽变成了人类，是因为人类过着野兽般的生活。他们没有良心并失去了记忆，因为记忆已被抹杀，良心已被淡忘。温斯顿试图记起独立和自由曾是什么样子，然而这种想法对国家和公民都同等危险。每件事都经过缜密计划，人们必须无条件服从。为了与现在吻合，过去必须被改写，所有报纸资料也都要改写。人类早期文明的成果，就这样被系统地置换抹杀了。仅仅被动的服从还显然不够，人人还必须心甘情愿地放弃自我，撇开异议。每个人必须从生到死深深地爱着老大哥。哀莫大于心死，在这样的情况下，人已沦为政治机器，毫无尊严可言，甚至连野兽都不如。

（胡 牧 王 镇）

爱德华·摩根·福斯特［英国］

《印度之行》

作者简介

爱德华·摩根·福斯特(E. M. Forster,1879—1970),英国现代著名小说家、散文家和文学评论家。长篇小说主要作品有《天使惧于涉足的地方》(1905)、《可以远眺风景的房间》(1908)、《印度之行》(1924) 等。除此之外，福斯特的主要著作还有《小说面面观》(1927)、《福斯特短篇小说集》(1947)和散文集《阿宾格收获》(1936)、《两呼民主》(1951)等。

作品提要

《印度之行》是福斯特发表于 1924 年的长篇小说。小说开始时,印度医生阿齐兹到他的朋友检察官哈米杜拉家吃晚饭。在等候开饭的时候,两人与另一位客人谈起了有否可能与英国人交朋友的问题,并对英国官僚的傲慢态度大加鞭挞。哈米杜拉的太太是阿齐兹的姨妈,议论刚过,阿齐兹便进里屋去问候他的姨妈。由于阿齐兹的妻子去世近一年了,他姨妈便劝他早日再娶。晚餐还没摆上桌,阿齐兹的英籍上司就让人带来口信,让阿齐兹速去他家,却未讲何事何故。阿齐兹对英国人的无礼十分气愤,但只能忍气吞声,骑自行车去见上司。路上自行车胎爆了,只好坐出租马车前往。不料赶到后却发现上司已出门了,不曾给他留下任何口信。上司的夫人和她的朋友刚好要去英国人俱乐部，便乘上阿齐兹的马车，扬长而去,连个谢字也没说。阿齐兹只好徒步返回。

译林出版社 2003 年版封面

阿齐兹闷闷不乐地走到一座清真寺,坐在那里平息对英国统治者粗鲁无礼的愤怒。这时,他看到一个英国女人的身影从清真寺出来。他知道,平时英国人进清真寺从来不按教规脱鞋子,便想借指责那个英国女人不遵守伊斯兰教规来发泄一下自己对英国人的怨气。可是事出意料,即使是在黑夜,而且没有印度人在场,这位英国女人也是脱了鞋子后才进清真寺的。这位英国女人便是刚到印度不久的莫尔太太。莫尔太太是治安法官希斯洛普的母亲，她陪儿子的未婚妻阿德位小姐从英国来到印度的坎著坡(虚构地名)，其主要目的是让阿德拉深化对希斯洛普的了解，以便让阿德拉决定是否要嫁给他。阿德拉小姐和莫尔太太都想了解真正的印度，英国人便邀请当地上层印度人参加一次“搭桥聚会”。在这个具有象征意义的聚会上，印度人和英国人各站一方，壁垒森严，彼此之间只有不信任的鸿沟而没有了解与友好的“桥梁”。只有当地大学校长菲尔丁多少可与印度人沟通。“搭桥聚会”之后，菲尔丁为莫尔太太和阿德拉安排了一次茶会，目的是满足她们了解真正印度的愿望，为此他邀请了阿齐兹医生和一位印度音乐教授戈德博尔。茶会刚进入高潮，希斯洛普便赶来了，以冷漠的态度打断了茶会。在茶会上，阿齐兹向两位英国女士发出了邀请，要带领她们去参观马拉巴山，那里有具有史前遗迹、奇形怪状的岩洞。

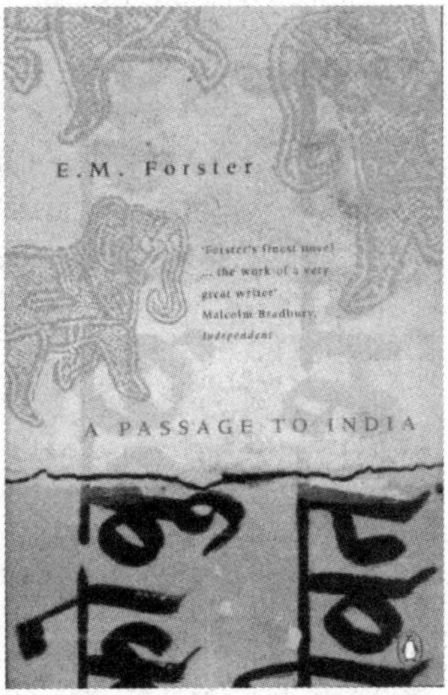

Penguin Books 1979 年版封面

阿齐兹医生发出邀请后便把这事忘到了脑后。可是一天，一位印度仆人听到阿德拉小姐提及此事，并有责怪阿齐兹言而无信之意。这一消息传到了阿齐兹的耳朵里，他决心履行自己的诺言，安排这次旅行。但出发这一天，诸事不顺。原拟同往的菲尔丁校长和那位印度音乐教授戈德博尔未能赶上火车。在参观第一个岩洞的时候，洞内昏暗无光，潮湿闷热的空气使人窒息，声声不绝的回音使人头脑发胀，莫尔太太感到一阵恐惧，便决定留在树阴下休息，不再参观下一个岩洞。阿齐兹与阿德拉一起继续参观。阿德拉心不在焉，思索着自己与希斯洛普的婚事，独自走进了一个岩洞，神思恍惚中，突然感到有人想乘机污辱她，她认定这个人一定是近在身旁的阿齐兹医生。她冲出岩洞，奔到山下，恰好遇到送菲尔丁前来的德里克小姐，便乘上她的汽车，返回坎著坡，向希斯洛普诉说了她的遭遇。阿齐兹回到坎著坡，刚一下火车就被逮捕了。

这件事引起了轩然大波，将冲突推向高潮。城里的英国人认为，这是有预谋的罪行，令人不能容忍，必须重罚；菲尔丁与希斯洛普的母亲莫尔太太深信阿齐兹是无辜的；印度居民则群情激愤，对诬陷十分不满。阿德拉在病床上躺了一段时间，热度退下来之后，她回到家中，原想从莫尔太太那里得到些安慰和支持，但得到的却是冷漠和嘲讽。希斯洛普对母亲的表现渐生厌烦，当莫尔太太提出想回英国的时候，便不顾时值炎热季节，送她上船。在法庭审判一场中，英印的种族矛盾几乎达到公开对抗的程度。在审判过程中，阿德拉努力回忆当时岩洞内情景，承认受到污辱的感觉只是在闷热潮湿的环境里濒于晕厥时的一种

TSP Book Club 1995 年版封面

幻觉。阿齐兹立即被宣布无罪开释，白种人全场哗然，印度人欢庆他们的胜利。

菲尔丁由于对印度人友好而受到其他英国人的冷落奚落。阿德拉小姐在法庭上的表现则使她成为英国殖民者的“叛徒”，她无处安身，只好住在菲尔丁的学校里，而菲尔丁则借住在印度检查官哈米杜拉处。通过几次交谈，菲尔丁认为阿德拉态度诚恳、尊重事实，很值得同情，便劝说阿齐兹放弃对阿德拉的赔偿要求，阿齐兹同意了。但不久，阿齐兹听说菲尔丁时常造访阿德拉小姐，有时两人一起呆到深夜。阿齐兹对菲尔丁劝其放弃赔偿金要求的动机产生了怀疑，便拿这一传闻来质问菲尔丁，被菲尔丁骂了一通。两人的友谊陷入僵局。后来菲尔丁回英国度假，阿齐兹便认为菲尔丁是与阿德拉结婚去了，心中蒙上一层受到欺骗的阴云。

两年以后，在庆祝印度教传统节日时，戈德博尔教授已是一个印度邦的高级官员，他主持了印度教的仪式，在仪式结束的时候，竟情不自禁地想起了莫尔太太。阿齐兹医生也迁到了这个邦，在戈德博尔的介绍下当了王宫医生。两人在节日里相遇了，戈德博尔告诉阿齐兹：菲尔丁也来了。阿齐兹深信菲尔丁欺骗了自己，很不愿意再次见到他。第二天，阿齐兹领着孩子们在山坡上玩耍，遇上了爬山散步的菲尔丁和他的内弟。至此，阿齐兹才弄清楚：菲尔丁并未与阿德拉结婚，他的妻子是莫尔太太的女儿。在随后的几天里，阿齐兹与菲尔丁的友谊有所恢复。菲尔丁离开之前，与阿齐兹骑着马在山谷里散步，阿齐兹对菲尔丁说“只有当印度人将每一个该死的英国人都统统赶到大海里去”后，他们才有可能成为朋友。菲尔丁问道：“为什么我们现在不可以是朋友呢?这是我的愿望，也是你的愿望。”对这个问题，福斯特用了象征的手法，回答说：这不可能。

（李建波）

威廉·戈尔丁［英国］

《蝇　王》

作者简介

威廉·戈尔丁(William Golding,1911—1994),英国小说家。生于英格兰康沃尔郡一个知识分子家庭,自小爱好文学,7 岁开始写作。1930 年进入牛津大学学习自然科学和文学。1934 年发表了处女作——一本包括 29 首小诗的诗集。1935 年毕业于牛津大学,获文学士学位。1954 年发表了长篇小说《蝇王》,获得巨大声誉。1955 年成为皇家文学会成员。1961 年获牛津大学文学硕士学位。

戈尔丁是个多产作家,继《蝇王》之后,他发表的长篇小说有《继承者》(1955)、《品契·马丁》(1956)、《自由堕落》(1959)、《塔尖》(1964)、《金字塔》(1967)、《看得见的黑暗》(1979)、《航程祭典》(1980)、《纸人》(1984)、《近方位》(1987)、《巧语》(1995)等。其中《航行祭典》获布克·麦克内尔图书奖。此外,他还写过剧本、散文和短篇小说,并于 1982 年出版了文学评论集《活动的靶子》。

作品提要

《蝇王》这部长篇小说是以一群少年为主角的寓言故事。小说是这样开头的:一个金发男孩从岩石最下面的一截攀下来,开始小心翼翼地找条道儿奔向环礁湖。尽管他已脱掉那件学校里常穿的笨重运动衫,但还是大汗淋漓。灰色的衬衫仍然粘在身上,头发也湿漉漉地贴在前额。在他周围,一条狭长的断层岩直插林莽深处,天气的闷热使得孤岩就像个热气腾腾的浴缸。金发男孩叫拉尔夫,他刚刚与绰号叫“猪仔”的胖孩子相遇,他们互相交换着信息,得知带队的大人已经下落不明,驾驶员也不见了。他们决定,既然没有大人了,他俩应当召集岛上的孩

戈尔丁和孩子们在海边度假

子，并列出名单来。小胖子发现一支漂亮的螺号，便请拉尔夫吹响它，来召集岛上的人。果然，拉尔夫一吹响螺号，便陆陆续续走来了一群孩子，小的才五六岁，大的也不过十三四岁。小胖子开始询问他们的名字。这时，沙滩的一边出现了一支队伍。这是一队男孩子，头上戴着四四方方的黑帽子，身上罩着黑斗篷，斗篷的左胸部挂着一个长长的银十字架。领队的男孩喊着口令站住，询问是谁在吹号，是不是有船来接他们了。原来这是一支唱诗班，领队的人叫杰克。大家首先选举领导，拉尔夫以多数票当选，杰克仍负责唱诗班。

拉尔夫决定先去查看一下这是不是一块陆地，然后商量营救众人的办法。拉尔夫、杰克和聪明的西门去查看地势。他们首先发现了野猪的痕迹，又发现他们所处的不是陆地，而是一个呈船形的岛屿。最后，他们看到了飞机坠落的现场。拉尔夫说，这是一个荒岛，没有炊烟，也没有船；杰克喊道他们可以去打猎、捉动物。三个人完成了勘查任务，回到当初开会的石台。拉尔夫向大家报告了勘查结果。从他的介绍中，孩子们才明白，他们的飞机是被击中的，他们也许要在这个岛上呆很长时间。

几天过去了。拉尔夫与杰克发生了争执，拉尔夫想让大孩子们集中力量盖几个窝棚，杰克却把人拉上山打野猪。篝火是为了大家得到营救而点燃的，也因人力不足而几乎熄灭。杰克在一心一意地打野猪，他还为自己涂了花脸，认为这会让人眼花缭乱，有助于狩猎成功。几乎与此同时，拉尔夫发现在地平线上有一小团浓密的烟，下边还有一个黑点点，可能是船的烟囱。他极为兴奋，自语道："他们会看见我们的烟。"拉尔夫开始向山上跑去，想看到篝火烧得怎样，是不是能够放出浓烟来。很快他们就看到了：篝火熄灭了，没有一丝烟，值班的人全走了。西门和猪仔都哭泣起来，拉尔夫气得满脸通红。正在这时，他们听到"杀掉猪！割喉咙！放掉血！"的歌声，并看到杰克领着一队人过来。他们打到了一头野猪，正在高度的兴奋情绪中。拉尔夫和杰克发生了激烈的冲突。但是杰克猎到的猪肉人人都想吃，连拉尔夫也经受不住引诱而让了步，这使杰克趾高气扬，骄横地说："是我给你们搞到的肉！"嫉妒忿懑的拉尔夫决定马上到石台上召开大会。拉尔夫作为领袖，再次要求大家做事要有规矩，"石头堆做厕所；看住火，冒烟作信号；不要从山上取火，把吃的拿上山去"。有人提出山上有怪兽，这引起会场上一阵混乱。大家争着抢着要螺号，都想有一个发言的机会。杰克却破坏规矩，大喊大叫："让规矩见鬼去吧！我们才是强大的——我们打猎！"这时，几个懂事的孩子开始向往有秩序的文明世界，盼望有大人快来救他们。孩

上海译文出版社 2006 年版封面

子们在不安中入睡。睡眠中他们漏掉了一个重要的场面，在岛的上空发生了空战，一名飞机驾驶员从爆炸的座机中乘降落伞来到岛上，可惜他已经中弹身亡了。双胞胎正在篝火旁守夜，在风中一会涨鼓一会呼呼作响的降落伞被他们认为是白天大家谈到的怪兽，两人大惊失色。发现怪兽的消息使所有的孩子们都深感不安。拉尔夫提醒大家不要一心只想怪兽，要紧的是要马上重新燃起篝火。西门心中也有疑惑，觉得双胞胎说的不是怪兽，它有爪子，却没有留下足迹，而且还追不上双胞胎，听上去更像个病人。为了寻找怪兽，杰克发现了一处可造堡垒的好地方，这使他和拉尔夫之间的冲突愈加剧烈：他要带领猎手们造堡垒，不再听从拉尔夫的指挥。拉尔夫与杰克之间的公开分裂带来了一系列的问题：大一点的孩子都加入了杰克一伙，生火的工作无法进行。唱诗班的孩子们成了杀动物的猎手，并且残酷地杀死了一头母猪。杰克还割下猪头给怪兽当祭品。一群苍蝇围住猪头，形成了一个蝇团，仿佛是只“蝇王”。西门生了病，却发现了“怪兽”实为降落伞与死人，他去报信，却被杰克手下的人在狂欢中打死。杰克为了搞到火种，夜里去偷小胖子的眼镜，小胖子等人去要眼镜，却被石头砸死，螺号也在乱战中粉碎了。杰克还要继续追杀拉尔夫，身已带伤的拉尔夫拼命地逃命，就在他走投无路的危急时刻，一位海军军官突然出现在他的面前：皇家海军的军舰来营救孩子们了。

Penguin Group 1954 年版封面

诚如安德林所云：“《蝇王》的中心思想绝非仅出于凭想象臆造出来的孤岛斗争故事，而是出于读者将这些事件与命运多舛的 20 世纪世界历史现实联系到一起时作出的反应。”①20 世纪是历史发展最迅速、变革最深刻的时代，同样也是政治危机一浪高过一浪、信仰迷失、道德沦丧、生活安全了无保障的时代，两次世界大战、原子弹爆炸的威力至今仍让人心有余悸。我们已经永远地丧失了家园，早已没有了诗意栖居之地，到处都是难民。从这个意义上来说，《蝇王》是对维多利亚时期重建大英帝国的梦想，对上层社会教育及绅士风范的重新审视，它向人们证实：人类道德伦理会随着社会历史发展同时进步；人类可以在地球上重建人间天堂等想法要么是一个迷梦，要么就是一个弥天大谎。这样，《蝇王》无形中促使我们去思索：在物质文明日益发展的今天，人类精神为何一步一步迈向悬崖？

(胡宝平)

① David Anderson, “Nostalgia for the Primates”, The Tragic Protest, John Knox Press, 1969, p155-162.

詹姆斯·乔伊斯［爱尔兰］

《尤利西斯》

作者简介

詹姆斯·乔伊斯(James Joyce,1882—1941),爱尔兰著名的现代派小说家,其主要作品有抒情诗集《室内音乐》(1907),短篇小说集《都柏林人》(1914),长篇小说自传集《青年艺术家画像》(1916),剧本《流亡者》(1918),长篇小说《尤利西斯》(1922)和《芬尼根后事》(1939),这些作品全部以爱尔兰为背景,这不仅因为他对祖国怀有特殊的感情,而且因为他认为只有通过对自己有深刻感情的人、事、地的描述才能表达自己的心曲。

乔伊斯的创作风格极具特色,在艺术上打破了西方文学的传统。首先,乔伊斯运用并发展了"内心独白"这一艺术手段,开创了具有独特风格的现代创作方法即意识流。其次,乔伊斯竭力反对粉饰现实的浪漫主义文学,强调通过坦率方式表现全面的人和真实的社会,对传统认为"粗俗"而加以回避的一些方面毫不避讳,这在英语文学中尚属第一人。他特别讲究作品内容与形式的一致,力求表达最佳的艺术效果。他的作品从来不以情节取胜,从不刻意于人物塑造。再者,乔伊斯在作品中采用电影中常用的"蒙太奇"手法,将两年以上在空间和时间上相距甚远的事物、意象排列并置,通过瞬间回顾的形式产生一种新的时空形象。

作品提要

小说《尤利西斯》描写都柏林三个居民——年轻的爱尔兰作家、教师迪德路斯,犹太广告推销员布卢姆及妻子莫莉——在1904年6月16日早晨6点到夜间2点40分,近19个小时的经历。

早晨8点钟。一年前因母丧从巴黎回到都柏林的迪德路斯心里老惦念着一件事:母亲临终时曾经恳求他跪下为她的灵魂做祷告,出于对宗教教规的反抗,他背叛了天主教教义并拒绝了母亲的请求。如今她已死去一周年了,这件事使他感到内疚,心神不安。这时,他来到旧城楼的楼梯顶上,向外眺望都柏林港,看着窗外的大海,母亲可怕的幻影在他脑际突然间再次展现出来,他自言自语道:"不,妈,让我按自己的想法去做,让我自由地生活!"

但他对母亲仍感到内疚并痛恨酗酒堕落的父亲。他厌恶周围的世界,感到自己的生活变得毫无追求,于是便放荡不羁。早餐后,迪德路斯离开旧城楼去学校教古代史,他对学生们说:"历史是一场噩梦,我竭力想从梦里醒来。"这一天是学校的半休日,学生们很不安心,有一个学生连简单的题目都答不出来,迪德路斯仿佛在他身上看到了自己儿时的笨拙。下课后,他松了一口气,独自去海边散步,打算去拜访他一向瞧不起的一个舅舅,认为这样也许可以减轻他对母亲不孝的内疚,但他又打消了这个主意。他想到了世界和人类的起源,想到了文学和他学生时代的日子,想到了他的不幸,想起了贫穷的家庭和那既寒酸又讲究绅士派头的酒鬼父亲。回家后,他想动手写诗,但是写不下去。下午,他去图书馆,写了一篇长长的但自认为很好的讲稿,谈的是莎士比亚与他父亲的关系,其实正是讲他自己。

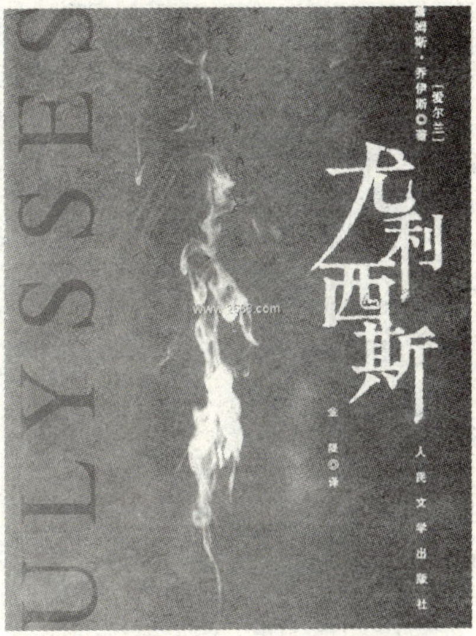

人民文学出版社 2005 年版封面

同一天,犹太广告推销员布卢姆起来后给妻子莫莉做早点并取来了邮件。莫莉是一个才能平庸的职业歌女,一个身体肥胖、纵情声色的女子。结婚 16 年来,布卢姆是个称职的丈夫,从不对妻子发牢骚。他知道莫莉不断有外遇,虽然表面上对此无动于衷,心里却多少有点不高兴,只要有人提及此事,他就立刻转变话题。布卢姆一边吃着早餐,一边看女儿的来信。他的女儿在马林加的一家照相馆工作,她的信令布卢姆想起了早早夭折的儿子,因为女儿信中讲了一个青年学生,布卢姆便担心女儿会跟她母亲一样。布卢姆出去溜达,到邮局取了封信。由于在家里生活不幸福,他就用一个假名通过邮件调情。他懒懒地走过一座教堂,听了会弥撒,后来,他又跟随一群人去参加一个老朋友的葬礼。在葬礼过程中,布卢姆想到牧师每天都要迎接一批新尸,一年到头,牧师就做同样的祷告,撒同样的圣水。他又一次想起了夭折的儿子和自杀身亡的父亲。在他的下意识中,他还幻想着老朋友在地狱中的所见所闻。这天,布卢姆的工作是去报社安排一个广告的印刷。在报社里,布卢姆和迪德路斯相遇,但两人都没打招呼,离开报社后,布卢姆走过奥康奈尔桥,向别人谈起葬礼情况。布卢姆一边走着,一边欣赏着夏日都柏林的景色,最后他走进一家酒馆,要了份点心,后来又来到了国家图书馆查找一些报纸资料,在那儿他又碰到了迪德路斯,但两人仍然没有打招呼。中午,布卢姆在奥蒙德饭店吃了一顿过时午餐,看到了莫莉的相好,他听见人们嘲笑莫莉是贱货,便竭力想把话题引开,但丝毫没起作用。黄昏时分,布卢姆在酒馆卷入了一场关于拳击赛中博彩的事,他从嘲骂的人群中出来,跑到桑迪蒙特海岸去消遣。一个美

Vintage Books 1990 年版封面

丽而放荡的女子正带着一群孩子在打球，他站在旁边不禁心猿意马。月亮升起来后，布卢姆决定去医院去看望一个临产的太太。他沿着海岸慢慢走着，经过教堂时，里面的布谷鸟钟敲了九下，这时他突然意识到，当他在海滩上梦想着爱情时，他又做了一次乌龟。到了医院，他得知那位太太难产。在那儿他又一次看到了迪德路斯和一群医学院学生正在喝酒，讲着关于生产的下流话。他跟着他们来到附近的一个酒馆，然后和他们一起去逛妓院。醉意朦胧中，他仿佛看到了妻子和相好寻欢作乐的画面，而自己却成了世人的笑柄。迪德路斯喝得烂醉，似乎看到死去的母亲突然从墓地走出来，再次请求他为她的灵魂做祈祷，但他依然不肯。最后，他匆匆地跑向街头，与两个英国士兵打了一架，结果被打倒在地。赶来的布卢姆将他扶起，觉得他就像他那夭折了的儿子，就把他带回自己家里。此时，迪德路斯已经精疲力竭，一直沉默不语，而布卢姆则大谈艺术与科学。布卢姆让迪德路斯留下来过夜，希望他少与那些放荡的朋友来往，并与自己住在一起，但迪德路斯拒绝了。他离开了布卢姆家，走回寂静的街道，听到了圣乔治教堂的钟又响了起来。布卢姆爬上床，在昏昏欲睡时以命令的口吻对莫莉说，她必须明天早晨起床为他做早餐。莫莉则躲在床上无法入睡。她回忆着自己的一生，想起她当初怎样结识布卢姆，后来又怎样和那么多男人胡搞。她想到人体的神秘，想到她所认识的人们，她在直布罗陀兵站度过的少年时代。她还幻想着迪德路斯来和她丈夫住在一起，迪德路斯有才气、年轻、高雅、有教养，是个不错的相好。她又想起布卢姆对她的追求，他们一起度过的岁月，想起了布卢姆向她求婚那天，她头上带着玫瑰花，两人紧紧拥抱在一起。她一直醒着，任思绪畅游，而此时此刻，她那俗不可耐的尤利西斯即布卢姆在虚度了一天之后，正在她身边的黑暗中打着隆隆的呼噜。

《尤利西斯》代表了 20 世纪西方意识流小说的最高成就，也是对世界文学的巨大贡献。它之所以能获得举世公认的成功，不仅因为它淋漓尽致地展示了西方人的现代意识，反映了第一次世界大战之后整整一代人所面临的矛盾与危机，而且还因为它在创作手法和谋篇布局上标新立异，别具一格。乔伊斯成功地发掘了人们头脑中潜意识和无意识的广阔领域，大胆突破传统小说的时空界限，拓展了西方小说的表现力。以后不少小说家都在直接或间接、有意识地或无意识地对之模仿，可以说，乔伊斯为西方小说的发展开辟了一条新径。

（王　镇　胡　牧）

伦纳德·布龙菲尔德［美国］

《语言论》

作者简介

伦纳德·布龙菲尔德(Leonard Bloomfield,1887—1949),美国语言学家,美国描写语言学的创始人。在布龙菲尔德的学术生涯中,他从事过印欧语文学、普通语言学和应用语言学(外语教学)的研究,对北美印第安语等语言作过实地调查和科学研究。在具体语言研究方面,布龙菲尔德是一名印欧语学者。所著《语言科学的一套公设》(1926)和《语言论》(1933)全面地论述他的行为主义语言观。布龙菲尔德对美国语言学的贡献还表现在,在他的关心和倡导下,语言学在美国蓬勃发展,成为一门独立的科学。

作品提要

布龙菲尔德的《语言论》是其 1914 年《语言研究导论》的修订本,全书共 28 章。在第 1 至 16 章中,他从语言的研究、语言的使用、语言社团、世界语言、语音学和音位学、语义学、句法学、形态学等方面对语言和语言学的一般理论问题作了详尽的描写和论述,这属于共时语言学研究。这一部分主要反映了布龙菲尔德个人的语言观,尤其是其中对于语音(第 5 至 8 章)和语法(第 10 至 16 章)的论述。在第 17 至 28 章中,他从语言的文献记载、比较法、方言地理学、语义的演变、方言借用、文化借用等方面对语言的历史发展也作了精辟的论述,这属于历时语言研究。在《语言论》中,布龙菲尔德将行为主义,也即机械主义(mechanism),作为理论基础,把语言和意识割裂开来,把语言视为一个协调人的行为并被情景所确定的符号系统,视为一连串的"刺激—反应"的行为。他还认为,"研究语言必须从语音形式开始而不是从意义开始"①。换言之,语

外语教学与研究出版社 2002 年版封面

① 赵世开:《美国语言学简史》,上海外语教育出版社 1989 年版,第 162 页。

言研究就是研究一定的声音与一定的意义的相应关系。就语言结构而言，布龙菲尔德主张依靠形式标志进行分析，认为语言的描写在于对语言形式作严格分析。该书还制定了描写语言结构的基本原则和方法，如粘着形式和自由形式的区分、直接成分分析法、形式的配列分布等。对于语言历史发展的研究，他首推比较法，依靠文献记载，注重历时和共时研究之并举。《语言论》的主要观点表现在以下几方面。

一、语言的研究和世界的语言

世界上的语言可以根据“言语社团”分成若干语系、语族、语支或语群、语种，情形极为复杂。例如汉藏语系中有汉语族、泰语族、藏缅语族。藏缅语族中有四个语群：藏语群，最重要的语种是藏语；缅语群，最重要的语种是缅甸语；另外两个语群是波多一拿加一克钦语群和锣锣语群，由较少的方言组成。又如印欧语系中有斯拉夫语族，其中的西斯拉夫语支中有卢塞西亚语、纹德语、索布语等。

二、语言的使用和行为主义语言学

言语行为是一个“刺激—反应”的过程，是一个特定社会环境的产物。我们可以通过描写一个在简单的情况下发生的言语行为来分析言语行为的过程。这一过程根据时间的先后分成三个部分：1.言语行为前的实际事件；2.言语行为；3.言语行为后的实际事件。布龙菲尔德断言，“人类社会中劳动的分工以及由此而进行的整个活动，都依靠语言”①。

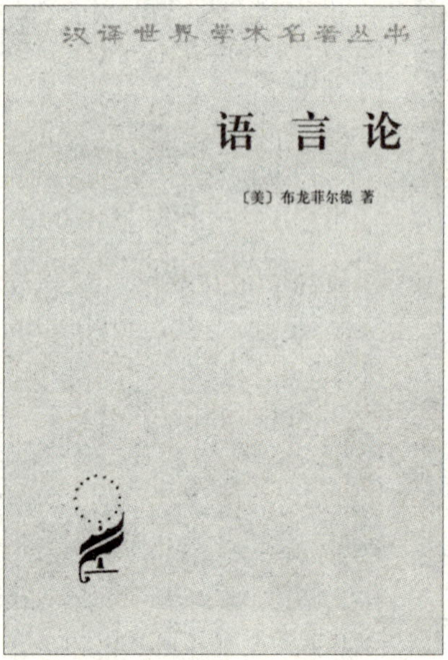

商务印书馆2008年版封面

三、音位的特征和类型

音位的物理基础是发音器官的位置、各器官动作的类型、发音器官从某一基本位置到另一位置的活动方式以及音长、音高等。这些既是音位分类的依据，也是音位变异的依据。对于音位学来说，仅有物理基础是不够的，还必须根据言语形式结构即语音结构的作用来确定每一个音位。语音学或实验语音学以研究语音的物理基础为主，音位学则以研究语音构成的言语形式结构为主。对任何一种语言的描写都是从音位学开始的，例如英语[mun]不能成为语音形式结构，不能发音，而[men]的组合能成为语音形式结构，能发音；前者无意义，后者有意义。这就是以语音结构为基础的语言描写。在语言描写

① 赵世开：《美国语言学简史》，上海外语教育出版社1989年版，第24页。

中，除音位学外，还有语义学，它旨在说明意义与语音形式之间的联系，这种描写通常又分语法和词汇两部分。

四、语义、语法和词法研究

为了更好地研究语义，我们可以提出一项语言学的基本假设，即"在一定的社团(言语社团)里，某些话语在形式和意义上是相同的"[①]。这一基本假设意味着每一个语言形式都有一个稳定的和特定的意义。语义研究的内容很多，例如对不同语音形式所表达的不同意义的确认，在 quick，fast，rapid，speedy 这一组同义词中，语音形式不同，意义也不完全相同，真正的同义词是没有的。对同音异义词的确认也如此，如 bear a burden(承受负担)和 bear fruit(结果实)中的两个 bear 意义并不相同。另外诸如各种情感意义、边缘(隐喻的或者转移的)意义、内涵意义、附带意义等都是语义研究的内容。

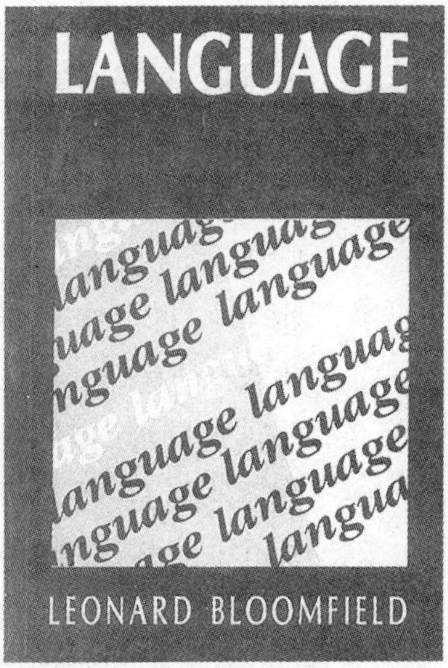

Motilal Banarsidass 1995 年版封面

在语法研究中，句型属于句法学研究之范围，结构则属于形态学研究之域。语言的自由形式(词和短语)按配列方式组合。句法结构(syntactic construction)就是指有意义的、重复出现的配列方式的语法单位(法位)。例如，"施事—动作"结构中的法位选择有两种，一类选择成主格短语(nominative expression)，一类选择成限定动词短语(finite verb expression)。此外，并列结构、插入语、同位语、连续变音、词类划分、语法范畴、支配关系、互证关系、离心结构、向心结构、从属结构等，均是句法学研究的内容。形态学实际上研究粘着形式出现于组成成分中的结构，其研究内容有：粘着形式的分析和综合，根据直接成分对词的分类(即含有自由形式的次要词和不含自由形式的基本词)，词缀的前后结构次序，重音变化，粘着形式的语音变体，词缀系统，词素连续变音，词素结构的层级，外层屈折和里层构词法，屈折、派生和复合，词核和作为派生词的词干，等等。形态类型包括复合结构、次要派生结构和主要派生结构。短语中主格、宾格、属格的区分，复合词中的向心和离心结构的区分，种种屈折形式以及词根、词素分析等，均是形态类型的研究内容。替代是语法配列的手段之一，它在英语中有种种更为明显的表现。如英语关系代词就表示其参与构成的短语是内含的(或补足的)形式，标志该短语不是句子而仅是从属成分或补充成分。

语言信号的有意义特征有两类：由音位组成的词汇形式(lexical form)和由语法单位

① 赵世开：《美国语言学简史》，上海外语教育出版社 1989 年版，第 144 页。

(配列特征)组成的语法形式(grammatical form)。这两种形式的对比有三个方面:1.语言中没有意义的最小单位是语位(phememe);在词汇层叫音位(phoneme),在语法层叫法位(taxeme)。2.语言信号有意义的最小单位是义位(glosseme),其意义叫义素(noeme);在词汇层叫词素 (morpheme), 在语法层叫语法元素或法素 (tagmeme); 前者的意义叫词素意义(sememe),后者的意义叫法素意义(episememe)。语言中有意义的或复杂的单位是语言形式(linguistic form),其意义叫语言意义或语义(linguistic meaning);在词汇层叫词汇形式,语法层叫语法形式; 前者的意义叫词汇意义 (lexical meaning), 后者的意义叫语法意义(grammatical meaning)。具有共同功能的词汇形式属于同一个形类(formlass)。为了描写一种语言的语法,就必须说明词汇形式的形类。形类和词汇的研究还包括句法范畴和词法范畴的研究,如性、数、格、时、体、态等。

五、语言的历史发展

从早期言语的文献记载、语言间的相似性及区域方言的各种变体可以发现:语言是变化的。语言的变化包括语音演变、类推演变和语义演变。其一,语音演变是不同语言间的语音一致或对应的结果。其二,类推演变也是一种发展方式,它被广泛应用于形态变化、语义变化、构词及短语的形成等的解释中。其三,意义演变或语义演变指的是,那些改变一个形式的词汇意义而非其语法功能的创新,其类别有意义的缩小、扩大、隐喻、换喻、提喻、夸喻、曲意(意义由弱转强)、贬低、抬高提升等。

(王传经　王　莹)

赫伯特·乔治·威尔斯［英国］

《月球上的第一批人》

作者简介

赫伯特·乔治·威尔斯(H. G. Wells,1866—1946),英国小说家、新闻记者、社会学家、历史学家和哲学家,以科幻小说闻名。

威尔斯发表的第一部作品是本教科书《生物教科书》(1893)年,他的第一部小说便是科幻小说《时间机器》(1895),这本小说获得成功后,他趁热打铁写出了一系列科幻小说,其中包括《神秘世界的人》(1895)、《莫罗博士岛》(1896)、《隐身人》(1897)、《星际战争》(1898)、《神食》(1904)、《大空战》(1908)和许多科幻短篇小说等。后来,威尔斯渐渐放弃科幻小说写作,转而写描述中下层平民的希望和苦恼的社会讽刺小说,如《爱情与鲁维轩先生》(1900)、《吉普斯》(1905)、《托尼-邦盖》(1909)和《波利先生传》(1901)等。威尔斯从生物学的角度出发,希望人类社会能像生物一样从低级形式向高级形式进化。他用来阐述思想的小说《关于机械和科学发展对人类生活和思想影响的展望》(1901)和《现代乌托邦》(1905)等集中地体现了他的一些社会主张。

作品提要

我,福伯特先生,为了写一部剧本,借住在朋友的房子里。在这里,我每天傍晚都看到一个打扮怪异的人,他又矮又胖,长着两条细腿,动作有些僵硬。他打着手势,挥着胳膊,晃头晃脑,嘴里发出奇特的声音。连续14天,他总是这样。我实在忍不住了,便走过去,告诉他:他那吱呜声太难听了。得知自己发怪声后,他很是抱歉。但自那以后,他便无法像原来那样散步了。于是他便要买下我住的房子,这样他吱呜怪叫也就没人干预了。我没法出卖朋友的房子,便提议他给我讲一下他在进行的研究。这样我可以获得休息,他则可以通过向我讲述理清自己的思路。后来我知道他叫卡沃尔,就在附近与三个助手一道研究一种类似重力的东西。这样的物质可以用于许多领域,一本万利。想到这里,我竟无法再写剧本。第二天,我跑到他家里,要求成为他的第四个助手。

太白文艺出版社 2004 年版封面

他的这种物质果然制造出来了。他以自己的名字为这种物质命名，称它为卡沃尔素。这种物质可以使地球上的物体(包括气体)失去重力，飞向天外。在一次实验中，卡沃尔产生了一个灵感。他要制造一个装有阀门的球体，因为卡沃尔素只是在自发温度降到 60 度的时候才会起作用，所以他决定在球体外面趁热涂上一层卡沃尔素，这样便可造成可载人到其他星球的交通工具。他们订做了钢球钢架，热情洋溢地在实验室里工作，很快就万事俱备了。后来我们真的驾着钢球驶向月球。我们下方的陆地幽暗而模糊，但是往西边看，灰蒙蒙的辽阔大西洋，在白昼逝去之时像熔化的银子一样闪亮。我们终于接近了月球。

突然间，月球上的白昼转眼就到了，让人不胜惊叹。阳光已经渐渐移到了峭壁下面，触到了底部飘移的雪堆，大步迈向我们。这时，下面的雪开始飘移，球体又滚动了起来。我在滚动中受了伤，晕了过去。等我醒来，天已大亮。我们发现钢球外边有几颗种子。在阳光的照耀下，种子迅速发芽生长，长出根茎。

我们感到欢欣鼓舞，因为只要植物生长，就说明月球上有空气。但究竟是不是有氧气还不得而知。卡沃尔点燃一张纸，扔到钢球外面。火没有熄灭——说明有氧气。我们走出钢球，来到月球表面。这里重力很小，我们便跳动行进。不久，我们就迷路了，找不着钢球了。我们在周围四处寻找，听到地下传来敲钟似的声音。没过多久便听到一声野兽似的嚎叫。一群野兽在我们的背后出现了，有一只怪兽张开嘴吼叫，我们看见了一个红色的大洞，并感觉到了从这个洞里呼出来的气息。然后这只怪兽像船一样倾斜了一下，身体沿着地面向前拖行，揉皱了全身的兽皮，它又打了个滚，就这样从我们的身边滚过。然后，一个月球人突然出现在视线内，好像他正赶着这群活生生的庞然大物到牧场去。

突然，地下打开了一个大盖子。原来月球人夜里住在地下，只有白天才到表面上活动。我饿极了，发现一种红色植物，闻上去可口，便不顾卡沃尔的劝阻，嚼了起来。卡沃尔见我嚼得有滋有味，也跟着嚼起来。这种植物像酒，不久我们都“醉”了。我们像醉汉一样相互争辩着什么不着边际的问题，而且不顾危险跳到了光天化日之下，很快就被月球人俘虏了。

在月球人的地下室里，我看到了月球人的脸。仿佛那不是一张脸；那应该是一副面具，代表了一种恐惧，一种畸形。这家伙没有鼻子，一双眼睛突出在两旁——刚才看他的侧影，我曾以为那是耳朵。他根本没有耳朵，他的嘴巴向下弯曲，就像一个怒目而视的人的嘴巴……脑袋安在脖子上，连接的地方有三处，就像螃蟹腿上的短关节。卡沃尔觉得月球人不像想象的那样野蛮，或许有沟通交流的可能。这时，月球人进来了，给我们送来了做熟的兽肉，我们不顾体面，大吃大咽起来。

一个月球人向我们做了手势，让我们站起来，跟他走。一路上，我们看到月球人的机器很先进。我一路上一直想扭断手铐的链条，在过一道深渊的时候，我终于成功了。月球人用刺棒不断刺我。这激怒了我，我用恢复自由的手给了月球人一拳。我的重拳好像打穿了他。他被打碎了，好像是内装液体的软糖！他被打得稀巴烂！粉身碎骨，液体四溅，就像击中了一个潮湿的伞菌。那个单薄的身子翻滚出 12 码远，轻轻坠落下来。我大吃一惊，我不敢相信竟有这样脆弱的生物。我又打死了一个向我投刺棒的月球人，返身为卡沃尔扭断链条，我们匆匆向外逃跑，不知道下面会发生什么事情。

我们发现一道岩缝，便沿着爬了上去。后来月球人追上了我们，我大开杀戒，把月球人打退了。我们来到了月球表面，表面上很热。卡沃尔建议我们在脚下立个标识，然后分头去找钢球，找到以后即返回到标识处会合。说完，他就一蹦一跳地走了。我绕着圈寻找钢球，眼见白昼过去了一大半。当我发现钢球回到有标识的地方去找卡沃尔的时候，却只找到了他的一顶帽子和一张带血的字条。我见太阳西坠，意识到严寒即将来临，便赶紧在被冻死之前跳回了钢球并驾着钢球飞离了月球。不知飞了多久，我落到了地球上的大海里，结束了太空旅行。几个小伙子帮我把两根金棒从钢球搬到了附近的一家旅馆。我给他们讲述了我的经历，他们都感到难以置信。可是他们当中的一个竟跑到钢球里面。随着一声巨响，钢球升空了。我本想通过研究分析，弄懂卡沃尔素的制作原理，以便再上月球，寻找黄金和卡沃尔的尸体，这一下子全部泡汤了。

我写完了关于月球历险的书，并同意出版。就在这时，荷兰电学家朱利叶斯·温迪吉先生来了一封信，说他每天收到一种离奇古怪、支离破碎的英文讯息，那无疑是卡沃尔先生从月球上发来的。我们获悉卡沃尔不仅活着，而且是自由地生活在蚂蚁的生物所组成的一个难以置信的社会里，生活在月球洞穴的蓝色黑暗之中。他的腿好像瘸了，除此之外身体十分健康。他明确表示他的身体比在地球上时更好。但是，奇怪的是他似乎以为我已死在月球的球形山上，或者丧失在太空中了。

（李建波）

Replica Books 2000 年版封面

Modern Library 2003 年版封面

Wildside Press 2004 年版封面

杰克·凯鲁亚克［美国］

《在路上》

作者简介

杰克·凯鲁亚克(Jack Kerouac,1922—1969),美国"垮掉的一代"代表作家。凯鲁亚克的作品主要是18部小说,其风格大同小异,大多带有自传性质,其中的12部被作者自称为"杜鲁士传奇",即用"自发表现法"写成的"路上小说",从作者的童年时代一直写到他逝世前信仰佛教禅宗和酗酒为止。除《在路上》外,还有《地下人》(1958)、《达摩流浪汉》(1958)、《特莉斯苔萨》(1959)、《孤独天使》(1959)等。

凯鲁亚克自称在文学上曾有一番抱负,但因批评界不肯严肃对待他的作品而感到愤懑。1969年,就在他根据近十年的生活创作一部超现实主义作品时,终于因酗酒死去,年仅47岁。死后两年,他的中篇小说《匹克》出版。

作品提要

《在路上》共五部41章,故事是由流浪汉作家索尔·佩拉提斯以第一人称叙述的。

第一次遇到迪恩是在我与妻子分手后不久。自从迪恩闯入我的世界,你便可以称我的生活是"在路上"。迪恩从教养院出来,刚与玛丽露结婚,第一次来纽约,我和几个伙计去看他。迪恩与玛丽露闹翻后投奔了我,在停车场找到工作。这时迪恩与诗人卡罗·马克斯相识,他们智慧相当,非常投合,不断一起去冒险,寻找新的兴趣。不久迪恩、卡罗先后去了丹佛,那儿有一大帮伙计。

凯鲁亚克(右)和好友尼尔卡沙1952年的合影

1947年7月,我带着50美元退伍金,沿迪恩的路线,到西部作我的第一次旅行。一路上我搭便车,经过一座座城市。到丹佛后,几经周折见到了迪恩。这时,迪恩一面在妻子和情人凯米尔之间奔走,忙着和两人做爱;一面和卡罗在做一件非常重要的工作:两人面对面坐在床上长谈,倾吐心曲。卡罗要孕育出一本伟大的著作,把每天发生的事都写进去——把迪恩讲的每一件事都写进去。我觉得他们似乎很高兴变成疯子。离开丹佛,我去了圣弗兰西斯科,找到朋友雷米,他住的米尔城是美国唯一一个黑人和白人自愿合居的地方,也是一个我从未见过的充满欢乐的土地。我为好莱坞写剧本未成功,便干了警察,但因未能制止住棚屋劳工的狂欢,反而和他们一起喝得烂醉,早晨把国旗挂倒了,只得辞职,踏上了归途。在路上,我结识了墨西哥姑娘苔丽,便一起到沙比纳租了帐篷住下来。我每天去农场摘棉花,挣一个半美元,忘记了东部,忘记了迪恩和卡罗。可房租到期后,我不得不和苔丽分手。

过了一年多,我又见到迪恩。那段时间我呆在家里写作,并且依靠退伍军人助学金进了学校。1948 年圣诞节,我和姨妈在弗吉尼亚的哥哥家里,迪恩开着辆哈逊 49 型汽车,带着玛丽露和埃迪·邓克尔找到了我,他使我从陶醉中惊醒过来,我又被拽着开始了路上的游荡生活。

我向往再作一次到西海岸的奇妙旅行,想看看迪恩还会干些什么。这样我们又一次出发到加利福尼亚。天上飘着蒙蒙细雨,使我们的旅行一开始就带着一种神秘的色彩。到华盛顿时,正是哈利·杜鲁门第二次就任总统的加冕日,到处看上去杀气腾腾。埃迪开车超速被警察罚款 25 美元,这样把旅费抢走简直是邀请我们去做贼。我们只好沿路偷烟偷汽油,还拉几个乘客捞点汽油费。到新奥尔良,埃迪留下来,我们继续上路。在这个世界上,我们永远期待着下一次疯狂的冒险。车到奥查那时,迪恩脱光衣服,兴高采烈地跳下车,在路旁的草地上奔跑,然后他就这样开车,还让我们也把衣服脱光。来到佩克斯峡谷,我们下车去看印第安废墟时,他仍然一丝不挂。在圣尤亚昆山谷,迪恩关上油门,利用下坡的惯性没用一滴油跑了 30 英里。我们终于到了白色的神话般的圣弗兰西斯科。迪恩找凯米尔去了,把我和玛丽露扔在马路上。后来玛丽露跟一个夜总会老板跑了。我一无所有,神志不清,被迪恩带到凯米尔住的地方。可是凯米尔讨厌我,我想回纽约了,便告别他们。我们都在想或许再也不能见面了,但我们都满不在乎。

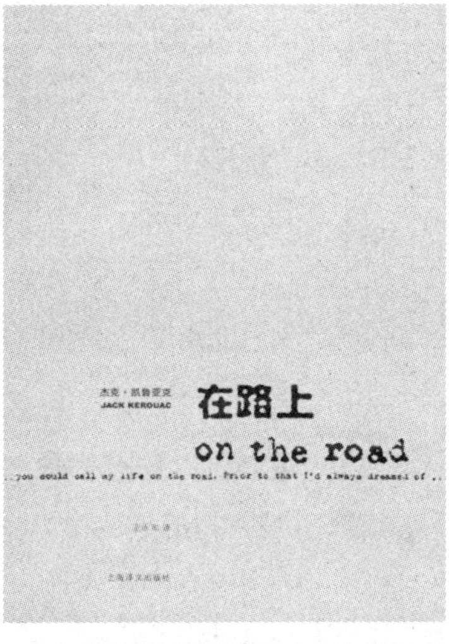

上海译文出版社 2006 年版封面

1949 年春,我从退伍军人助学金中支了钱,到丹佛想定居下来。我以前认识的一位有钱姑娘给了我 100 美元支票,这样我又开始了横跨大陆的旅行。到圣弗兰西斯科后,我立即敲响了迪恩家的门,他欣喜若狂,平静了几个月的他又开始变得躁动不安了。我上次离开后,迪恩又同玛丽露混在一起过,他们吸食大麻,结果同样地幻觉混乱,同样忍受噩梦和痛苦,最后迪恩打玛丽露时把自己的手指弄断了。

现在是迪恩照顾孩子,凯米尔工作。我对这个家庭来说,就像是

Penguin Books 1957 年版封面

个不幸的魔鬼，结果，我们被凯米尔赶了出来。我对迪恩说："如果你跟我走，我们就到纽约——那以后，我们去意大利。"我们坐上车向东出发，又叫又闹，后来迪恩开起了飞车，车上的人都以为他是个疯子。到丹佛我们下了车，前面还有很长的路要走，但是没关系，生活本身就是一条永无尽头的大路。迪恩在丹佛的全部生活就是闯祸。我们去酒吧，迪恩又到处偷车开，最后竟偷了一辆警车。这样，我们只好马上离开，继续向东。在旅行社，我们租到一辆可以开往芝加哥的 47 型卡迪拉克高级轿车，迪恩一路上把车开得像离弦之箭，结果车滑到沟里，请人帮忙才弄上来。到芝加哥，我们进酒吧听了一群年轻流行音乐家的演奏。到底特律，我们看了场通宵电影。最后，我们搭上辆崭新的克莱斯勒车，在清晨驶入纽约这个美国最大的城市。我把伊尼兹介绍给迪恩，她很快有了孩子。

我的书卖出后赚了一笔钱，由于无法忍受大陆干燥的冷空气，我又决定离开这里，这时我平生第一次在纽约和迪恩告别。迪恩此时又在一个停车场工作，他和伊尼兹的生活是跟凯米尔生活的翻版，那只历经磨难的箱子就放在床下，随时准备远走高飞。我先去了华盛顿，然后一个州一个州地游荡。我又一次来到丹佛，整整一个星期，我和朋友们跑遍了所有的酒吧。就在我为到墨西哥作准备时，迪恩开着他买的旧汽车突然出现，所有的人又都到了丹佛。几年来，大家四处奔波，但谁也没有真正改变。我和迪恩带着斯坦上了路。进入墨西哥国境后，我们把身上的钱换了一大批比索，尽情地玩乐，飞快地花钱。现在，美国在我们身后。迪恩和我早已理解了生活中的一切，理解了路上的生活，而在路的尽头，我们终于发现了从来没有梦见过的这片神奇的土地，人们的目光中仍然保留着人类柔顺、忍耐的本性。迪恩抓紧时间赶往墨西哥城，他只知道路上会越来越有趣，乐趣总是在前面。车到哥瑞格里亚，我们吸了大麻，又到妓院里找到姑娘，和她们疯狂地跳舞。我们什么也不在乎，只是迷恋女人、大麻和这个疯狂的世界。车驶进了墨西哥城，我们知道，这座陌生的充满活力的巨大城市就是我们所走的路的尽头。在那里，我得了热病，迪恩办好同凯米尔离婚的事，和躺在堪称世界屋脊海拔 800 英尺床上的我告别，回到纽约伊尼兹那里去了。我恢复后，意识到他把生病的我抛在这里独自离去是多么可耻，但我还是理解了他生活的复杂痛苦，决定什么也不说。

我最后一次见到他是在一个相当凄恻而奇特的境况里。雷米用车接我们去歌剧院听音乐会，拒绝了迪恩搭车去车站的要求，我坐在卡迪拉克的后座向他挥手，迪恩穿着一件被虫蛀过的破大衣孤独地走了。

（邱颂平）

路德维希·维特根斯坦［英国］

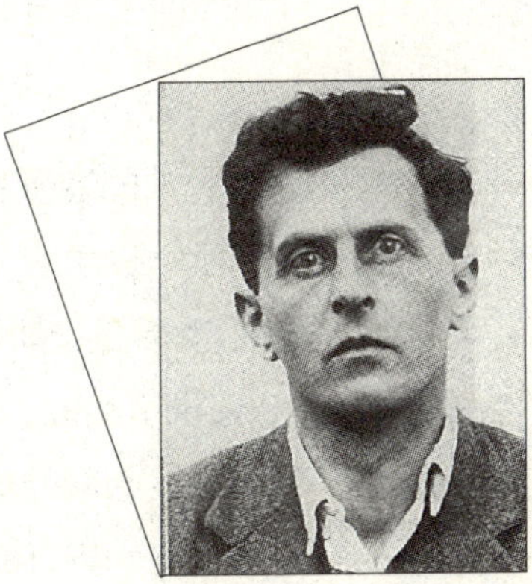

《哲学研究》

作者简介

路德维希·维特根斯坦(Ludwig Wittgenstein,1889—1951),奥地利出生的英国哲学家,20世纪首屈一指的哲学天才,西方最有影响的哲学家。分析哲学的强大动力均来自于他。在20世纪50年代前,他以其逻辑哲学影响英美哲学界,50年代以后,则以其语言哲学影响英美哲学界。逻辑学家和数学家的清晰与宗教家深刻的绝望和怀疑、对生命的思索奇妙地结合在他的思想中。维特根斯坦是20世纪的传奇人物,一个怪人。他是个专注自己的思想而与世事不入的人。他放弃大学教席而去当小学教师、园丁,因为担心与他结交的人盯着他的钱袋而捐献自己的大笔遗产以至无钱出版自己的第一本书(也是他有生之年出版的唯一一本书),他对在世的或作古的几乎所有伟大人物都嗤之以鼻(他对人的最高评价是"像个人样"),而在与他交往的所有20世纪西方思想的大人物们除了罗素(他从内心对罗素的智力与人格存大敬畏)以外没有一个人没受到过他粗暴的对待,他甚至当堂说穆尔呆得像个木桩。许多听他课的人,也是他的追随者们,感叹到受虐的快感。在这个太少传奇的世纪里,他的确是个传奇人物。但最重要的,是维特根斯坦的智力力量。他是公认的西方思想史上极少数的几个天才之一。他的哲学影响整个20世纪。维特根斯坦1947年从剑桥大学退休,1951年死于癌症。他在世只发表《逻辑哲学》一书,他的《哲学研究》是死后出版的。其他大量的著作,如《文化与价值》、《论数学基础》、《蓝皮书与棕皮书》(以笔记本的颜色定名),都是他的弟子从他大量的笔记中整理出来的。

维特根斯坦(右二)与家人(右三是维特根斯坦的姐姐)

维特根斯坦是奥地利钢铁大王维特根斯坦八个孩子中最小的一位。他的父母都极有音乐天赋,他家是当时维也纳的音乐中心。直到14岁之前，维特根斯坦一直在家中接受教育，后来到奥地利的一所学校学习，其兴趣在数学与自然科学。随后又在柏林学习两年机械。1908年，其父送他到英国曼彻斯特学习航空动力学，在那里他进行了最早的喷气发动机的设计工作，做了一些风筝实验。他所碰到的计算问题使他进一步钻研数学，不久便迷上了数学基础。读了罗素的《数学原理》以后，他决定放弃航空学研究，专攻数学。他先到耶鲁跟数理哲学的先驱弗雷格学习，弗雷格建议他到剑桥找罗素。1911年，他到剑桥师从罗素。罗素对他深为赏识，说自己与维特根斯坦的相遇是他一生中“最兴奋的智力探险”。罗素认为维特根斯坦具有历史上伟大天才的美德，并预言哲学的下一步发展要由维特根斯坦来完成。

维特根斯坦在剑桥一直呆到1913年，然后隐居挪威的一个小镇潜心研究逻辑学。第一次世界大战爆发后，他先到军队服役，直到1918年奥地利战败被俘。服役期间他并没有中断他的逻辑研究。他利用在意大利战俘营的闲暇时期把他的思想整理成文，这就是《逻辑哲学论》。1921年，《逻辑哲学论》在奥斯瓦尔德的《自然哲学年鉴》上发表，次年出英文译本。此书一出版就在英国与维也纳学派中引起强烈反响，成为分析哲学的经典。

作品提要

应维特根斯坦的要求，《哲学研究》在他死后才出版。《哲学研究》的思想可以说主要是从批判《逻辑哲学论》发展出来的(当然不是逐字逐句批判)。《哲学研究》有三个关键思想。

第一个是语言工具或语言游戏说。维特根斯坦哲学(也是分析哲学)的研究对象是语言，《逻辑哲学论》认为语言是图像，最逼真的、与实在相符合的图像只能有一个，而《哲学研究》认为语言是工具，人们对语言的运用类似于游戏。这就是语言游戏说。《逻辑哲学论》说人们使用语言是为了表现世界。《哲学研究》并没有完全否认语言的这个功能，但他认为这只是语言的诸多功能中的一种。假设一个人拿着“五个红苹果”的字条去买苹果，店员拿到字条后，先到装苹果的筐前，然后找到红色的苹果，再数总共五只。现在分析这个行为，我们就会发现，“五个红苹果”这句话，在这个场合并不是告诉店员这里有五只苹果，不是描述事物的某种状态，而是要做一件事情。同样，“苹果在楼上”这句话，在不同的场合也有不同的意义，它有可能描述一件事实，即苹果在楼上，也有可能是下一个命令，让人到楼上去拿苹果。同样，如果拿到纸条的店员要做完一件事，他首先必须知道苹果是个什么东西，即知识词代表的事实，必须有比较颜色的能力，还得会计数。在这个简单的例子中，我们便会发现语言的三种功能：指称、比较与计算。

在这个事实中，维特根斯坦对语言现象作了新的理解。语言是一种人际间的事实，它是为了做某种事情的。人类使用语言就好像使用工具箱里的工具，在不同的场合使用不同的工具。当人们描述一件事实时，语言就起到指称、认知的作用；当人们下命令时，语言就起到下命令的作用。语言或一个词的意义不是固定的，它在不同的场合有不同的意义。如“火!”既可以表示那是火，也可以表示惊惧，还可以表示快来救火。在《逻辑哲学论》中，维特根斯坦说词的意义就是它指称的事物，但是在具体的使用语言的过程中，他得出结论说：“在多数情况下，虽然不是在一切情况下，我们可以给‘意义’这个词下这样一个定义：一个词的意义就是它在语言中的用法。”[①]词没有固定的意义，有多少种用法，就有多少种意义。

Prentice Hall 1973 年版封面

第二个是“以言行事”说。在《哲学研究》中，维特根斯坦主要关心的是概念或行为、人的生活的关系。如果人们把申诉使用放在实践的脉络中，他们对意义的困惑就会有所缓解。人应问：“在什么场合，为了什么目的，我们这样说?与这些词相联的是人们的哪些行为?”词的功能与意义在于它所融入的人类生活方式。语言之所以有意义，是因为它是人类的一项活动。“我们把语言和行动交织在一起的整体，称之为语言游戏。”[②]“语言游戏这个概念突出了这一事实的重要性，即：运用语言是一种活动，是一种生活方式。”[③]

第三个是“家族相似”说。在《逻辑哲学论》中，维特根斯坦说对词的多样性地使用是使人误解的，在一词多用之下，必然存在着哲学家试图把握的、统一的本质。在《哲学研究》中，维特根斯坦说这是一种幻觉。语言与游戏很类似，游戏有排球、篮球、足球、棋类等，人们一般总认为在这些游戏中存在着某种共同的东西。但维特根斯坦说，认真地考察，并不存在这种共同的本质。你列举出的任何一种共性，都有可能在某一种游戏中并不存在，这种游戏虽然没有这种特征，但仍然是游戏。因此，在游戏之间存在着相互重叠与交叉的相似性，维特根斯坦称之为“家族相似性”。同样，在哲学中，诸如命题、知识、意向、记忆、思想、规律、信念这些词，也只具有家族相似性。某种东西之所以被称为知识，不是因为它拥有知识的本质，而是可能是因为它与别的称之为知识的东西具有某种类似。（胡传胜）

① 维特根斯坦：《哲学研究》，三联书店 1992 年版，第 90 页。
② 维特根斯坦：《哲学研究》，三联书店 1992 年版，第 14 页。
③ 维特根斯坦：《哲学研究》，三联书店 1992 年版，第 31 页。

约翰·罗尔斯［美国］

《正义论》

作者简介

约翰·罗尔斯(John Rawls,1921—),美国当代著名学者和哲学家。1921年2月,罗尔斯出生于美国东部的巴尔的摩。1939年,罗尔斯从他的家乡巴尔的摩肯特中学毕业,来到普林斯顿大学学习并于1943年获得硕士学位。当时正值第二次世界大战的最后阶段,按照美国兵役法,罗尔斯在部队服役三年,期满后,他仍选择了做学者的道路。1947年,他考入康奈尔大学后,获得博士学位,时年29岁。以后,罗尔斯先后在普林斯顿大学(1950—1952)、康奈尔大学(1953—1959)及麻省理工学院(1960—1962)任教,1962年任哈佛大学哲学教授,以后再没离开这一教职。

他是《哲学评论》、《哲学杂志》、《剑桥评论》等几家有世界声誉的哲学杂志的撰稿人,也间或为一些著名的经济学、政治学刊物撰稿。他的著述活动以其著作《正义论》为标志可分为三个时期。在前《正义论》时期,1951年,罗尔斯发表他的第一本著作《用于伦理学的一种决定程序的纲要》;1955年,发表《两种规则概念》;此后,他主要关注社会正义问题,并潜心构筑一种理想性质的正义理论,开始《正义论》写作时期。这期间,他陆续发表了《作为公平的正义》(1958)、《宪法的自由和正义的观念》(1963)、《正义感》(1963)、《非暴力反抗的辩护》(1966)、《分配的正义》(1967)等作品。1971年,在斯坦福高级研究中心,通过对以上作品的系统思考,完成《正义论》。在后《正义论》时期,罗尔斯的工作主要是补充、修正及辩护《正义论》中的论点,主要发表了《基本结构是正义的主题》(1975)、《康德主义的平等观》(1975)及《道德理论中的康德式建构》(1980)等系列论文。

作品提要

《正义论》是一部伦理学著作,可以说它是罗尔斯近20年努力思考的一部心血之作。罗尔斯到哈佛大学任教的初期,正是美国社会政治、经济生活激烈动荡的年代。这一时期,罗尔斯用《作为公平的正义》(1957)中确立的公平概念分析了社会政治、法律、经济生活中的一些重大问题，撰写了《宪法自由与正义概念》、《正义感》(1963)、《分配的正义(两篇)》(1967—1968)等论文。在这些论文的基础上，罗尔斯吸取了一些批评者的合理意见，重新系统地思考了他的理论，去除其中的矛盾，把它综合成一个“一致的观点”，用罗尔斯的话说，是“一种继承西方契约论的传统，试图与现行功利主义相抗衡的有关社会基本结构的正义理论”，写成了洋洋50万言的巨著《正义论》。

《正义论》全书共分三编。第一编是理论部分，它充分考察了《作为公平的正义》及《分配的正义》这两篇文章中述及的理论根据；第二编为制度部分，其中三章分别对应于《宪法的自由和正义的观念》(1963)、《分配的正义》(1967)及《非暴力反抗的辩护》(1966)三篇文章的主题；第三编为目的部分，涉及《正义感》一文(1963)。该书努力要做的是进一步概括洛克、卢梭及康德所代表的传统的社会契约理论，并使之上升到一种更高的抽象水平。

在第一编中，罗尔斯明确规定，在他的正义论中，正义的对象是社会的基本结构，即用来分配公民的基本权利与义务，划分由社会合作产生的利益与负担的主要制度。他认为，人们的不同生活前景受现实生活中如政治体制、经济社会条件的影响与限制，也受到人们出生伊始所具有的不同的生活环境，如不平等的社会地位、自然资赋的差异等深远而持续的影响，但这种不平等都是个人无法自我选择的。因此，这些最初的不平等就成为正义原则的最初应用对象。也就是说，正义原则要通过调节主要的社会制度，来从全社会的角度处理这种出发点方面的不平等，尽量排除社会历史与自然方面的偶然任意因素对于人们生活前景的影响。

为此，罗尔斯通过进一步概括以洛克、卢梭及康德为代表的契约论，提出了他的“作为公平的正义”(Justice as fairness)理论。在此，契约的目标不是选择建立某一特殊的制度或进入某一特定的社会，而是选择确立一种指导社会基本结构设计的根本道德原则，即正义原则。按罗尔斯的想法，这种正义原则是基于一个更一般、更具普遍意义的正义观，即所有的社会基本价值(或说基本善)——自由与机会、收入与财富、自尊的基础——都要平等地分配，除非对其中一种或所有价值的一种不平等分配合乎每一个人的利益。

中国社会科学出版社 2001 年版封面

因而，罗尔斯设计下面两个正义原则，认为其最好地表达了公平或正义的概念及要求：

Ⅰ. 平等的自由原则

Ⅱ. 民主的平等原则

罗尔斯进一步认为，以公平概念为基础的两个正义原则，实际上是处于某种平等的最初状态的自由选择者们普遍会同意的原则，因而考察这种平等的最初状态是必要的。在作为公平的正义中，平等的最初状态相应于传统的社会契约理论中的自然状态。这种自然状态，按罗尔斯的意思，它不是一种实际的历史状态，也不是文明之初的那种真实的原始状况，它应被理解为一种用来达到某种确定的正义观的纯粹假设的状态。这一状态的基本特征是：人们什么也不知道。没有一个人知道他在社会中的地位——无论是阶级地位、社会出身抑或财产状况，也没有人知道他在先天的资质、能力、体力、智力等方面的运气；甚至各方不知道他们特定的善恶观念或他们的特殊心理倾向。即正义两原则是在一种无知之幕（Veil of ignorance）后被选择的。这可以保证任何人在原则的选择中都不会因自然的机遇或社会环境的偶然因素得益或受害。由于所有人的处境均是相似的，无人能够设计有利于他的特殊情况的原则，因而正义的原则是一种公平的协议或契约结果。因为，在这种特定的原初状态环境中，在所有人的相互联系都是相称的条件下，对于任何作为道德人，即作为有自己的目的的并具有一种正义感能力的有理性的存在物的个人而言，这种最初状态是公平的。可以说，原初状态是恰当的最初状况，既然每个人都被无知之幕遮掩而不知道自己的地位与能力，那么显然，他们一致同意的分配权利与义务的原则一定是正义的、公平的。

第二编制度部分分为三章：平等的自由，分配的份额及义务与职责。讨论正义的第二个原则的《分配的份额》一章值得关注。在这一章里，他以西方现行的资本主义现代化国家为背景，试图来描述一种合理的制度安排。他认为一方面社会经济制度塑造人、决定人，另一方面对制度的选择又涉及人类善的观念、人的理想，作为公平的正义恰好为社会经济的安排提供了一个阿基米德式支点；同时，他评析经济体制，特别谈到自由市场与私有制并无必然联系，它与社会主义也是相容的，声言私有制和公有制对两个正义原则都是开放的，都能满足它们。他具体地假设了分配正义的背景制度，假设政府在这方面按功能分为四个部分，即配给、稳定、转让与分配部门，至于交换部门与正义原则无关。之后，他转到当代正义与储存的困难问题，反对为了未来而牺牲现在，或只顾现在而不顾未来，强调不能以后代的更大福利为借口而损害现在这一代人的公平份额。《义务与职责》一章主要讨论个人的道德原则，认为如果一个制度是正义的或公平的，亦即满足了两个正义原则，那么每当一个人自愿地接受了该制度所给予的好处或利用了它所提供的机会来促进自己的利益时，他就要承担职责来做这个制度的规范所规定的一份工作。这份职责驱使他们选择用于个人的原则，也就是说要建立一种完全的正当观——“作为公平的正当”（rightness as fairness）。

第三编目的部分也有三章：作为合理性的善、正义感及正义的善。他认为，一个人的善是由在合理有利的环境下他们合理的生活计划决定的；当制度公正时，那些参与着这些社会安排的人们就获得一种相应的正义感与努力维护这种制度的欲望。而就社会个体的角度看，遵循着道德心理学的三条法则，这三条法则在个体社会化过程中逐步渗入个体之后，有利于社会的稳定。在最后一章，罗尔斯认为，一个人的合理生活计划将会支持、巩固他的正义感。在他看来，一个这样的社会(即满足了两个正义原则的组织良好的社会)是一种诸社会联合体的联合，体现正义与社会联合理想的结合，这一社会也有助于减轻那种倾向于颠覆或动摇他的正义感的怨恨倾向，削弱它们产生的条件。这一编的主要目的，按罗尔斯的设想，是试图联系人类的思想情感与目标志向，解决作为公平的正义理论的稳定性、正义及善的一致性问题，解释社会的各种价值与正义的善。

Harvard University Press 2005 年版封面

《正义论》出版后，在社会上引起广泛影响，被誉为"二战后伦理学、政治哲学领域中最重要的哲学著作"，一般大学的哲学、政治、法律等有关学科均把它列为最重要的必读书之一，作为"标准的精神食粮"[①]。这里，有几个方面的原因是值得关注的。其一，罗尔斯是作为一个伦理学家从道德角度研究社会的基本结构的，即研究社会基本结构在分配基本的权利与义务、决定社会合理利益或负担之划分方面的正义问题，这些问题关系到每一个社会个体的切身利益。其二，就其治学方法而言，全书反映了他在探讨正义理论时的细致、深刻之处以及他缓和、耐心而严谨的态度。他从社会契约论的一个基本范畴——"原始初态"开始，运用抽象与虚拟的方法，并通过他所称的"反思的平衡"(reflective equilibrium)不断矫正论证中出现的偏差。为使问题更为明晰，他采用了简化的手法，如对无知之幕的假设、最少受惠者地位的挑选、纯粹程序正义的概念等。这种努力，某种意义上秉承了爱因斯坦等在科学上，维特根斯坦、罗素等在哲学上的努力方向。其三，他关注社会制度的正义问题，对制度的评价与选择优于对个人的道德评价与选择。他把个人理想与社会理想、个人的道德与制度的道德等联系起来考虑，表现出一种试图达到全面与综合的倾向，从而使得他的理论具有巨大的理论伸缩余地与回旋空间，不同倾向、不同立场的人均可以从他那里找到支持或反对抨击的内容。

(姚国宏)

① 罗尔斯：《正义论》，何怀宏等译，中国社会科学出版社 1988 年版，《译者前言》，第 4、21 页。

马塞尔·普鲁斯特［法国］

《追忆似水年华》

作者简介

马塞尔·普鲁斯特(Marcel Proust，1871—1922)，法国现代著名小说家、专栏作家、评论家、西方意识流小说的先驱。1871 年 7 月 10 日，普鲁斯特生于巴黎塞纳河岸一个富裕的门第。

1890 年，普鲁斯特服役一年后，进入巴黎大学法学院和政治学学院学习，但他的兴趣却在文学和哲学方面。这期间，他继续出入社交界，结识了当时文化界的众多人士和形形色色的社会名流，很多人物后来成了其代表作《追忆似水年华》中的原型。

1909 年，他开始创作小说《追忆似水年华》。第一部《在斯万家那边》因遭出版商们的冷淡只得自费于 1913 年出版，然而却使他在法国文坛崭露头角。小说的第二部《在少女们身旁》由于第一次世界大战的爆发于 1918 年底出版，获得了 1919 年龚古尔文学奖，奠定了他在法国文坛上的地位。小说的第三部《盖尔芒特家那边》和第四部《索多姆和戈摩尔》分别在 1921 和 1922 年出版。1922 年 11 月 18 日，死神带走了他的悠悠意识。小说的第五部《女囚》(1922)、第六部《女逃亡者》(1925)和第七部《重现的时光》(1927)成了他的遗著。

作品提要

《追忆似水年华》由七部小说组成，每部的内容大致如下。

第一部《在斯万家那边》：主人公“我”由于偶然的联想，豁然打开了记忆的大门，逝去的年华又浮现在眼前：贡布雷外祖父母家的生活情景。每晚入睡前，“我”唯一的安慰是等上床之后妈妈来吻“我”……当她朝“我”的房间走来的时候，“我”只感到阵阵的痛苦……但愿妈妈即将上来而还没有上来的那段空白的时间越长越好。“我”家的朋友斯万先生，一个很有修养很有品位的资产者与一个来历不明的迷人女子奥黛特那笼罩在荡人心潮的音乐之声中的恋情，从资产阶级家族的代表——维尔迪夫妇的沙龙展开去。地名魅力使“我”回忆起童年时代“我”与斯万先生的女儿们希尔贝特在巴黎宅院附近一块儿玩耍时的情景，从那产生了“我”的初恋。

第二部《在少女们身旁》：主人公与希尔贝特的初恋失败，他有志从事文学创作的雄心被挫，他沉入了苦恼之河。两年之后，他陪伴外祖母去了巴尔贝克海滩，在那里遇到一群少女，在他心中传播开各不相同的情感波，既相互抵消又和谐共存。一天下午，当他们做猜物集体游戏的时候，当他握住了其中的少女阿尔贝蒂娜的手时，这种和谐共存的局面终于被打破。那是一只给人一种极为特殊感觉的手，具有性感的柔和，能通过某些着力动作传递出憋在心中的那么多爱情倾诉和表白，并能进行心灵的对话。这时，他明白了阿尔贝蒂娜就是他的爱。

译林出版社 2002 年版封面

第三部《盖尔芒特家那边》：盖尔芒特家族是小说中的两户豪门之一，它是贵族阶级形象的代表，它那光荣和神秘的府邸常常引起主人公的幻想和神往。盖尔芒特夫人举止优雅，俨然是一位伟大的仙女，任何一个花容月貌的少女都难以同她媲美争辉。他对盖尔芒特夫人产生了强烈的情感。通过引见，他终于踏进了盖尔芒特家族的沙龙，然而，当他和历史学家在盖尔芒特夫人面前深深地鞠了一躬时，盖尔芒特夫人的目光看上去似乎没有注意到前面还站着两个人。他祈求上帝让她破产，让她失去一切横在他俩之间的特权，让她没有住处，没有人理睬，让她前来向他寻求避难。当他最终对盖尔芒特家族真实的贵族生活有所了解后，他已想象不出盖尔芒特夫人的言谈会、散发出中世纪挂毯和哥特式彩绘大玻璃的奇异光彩，仙女在她接近名字所指的真实的人时消失了。

第四部《索多姆与戈摩尔》：盖尔芒特公爵的兄弟夏吕斯男爵是社交圈中一个引人注目的男士，平日他嗓门洪亮，动辄发怒，阳刚之气溢于言表。他对青年小伙子不屑一顾，最讨厌那些“嗲声嗲气”的男人。在社交场合上，他恭维起人来毫无节制，滔滔不绝，充分表现出其雄辩的才华，若是讽刺人，手段也妙不可言，语言刻薄至极，让人铭心刻骨，终身难忘。但他总是能同最风雅的女人谈得火热，仿佛对她们心醉神迷，因此，很讨女人的欢喜。然而他同公爵府中的裁缝比安偶然相遇时的一举一动、一腔一调却让无意中的主人公发现了一个秘密。

第五部《女囚》：他决心娶阿尔贝蒂娜为妻来改变她的心理，为了让她再也没法去跟这个那个朋友会面，他俩同返巴黎。在最初的日子里，他俩相濡以沫。然而，阿尔贝蒂娜身上包蕴的昔日的时光在他心头投下拂不去的阴影。有时，他让阿尔贝蒂娜坐在自己的膝上，

Penguin USA 2005 年版封面

但他触摸到的只是一个生物体封闭的外壳。他感觉到,她的身体虽然控制在他的法力之下,但她的思想却逃脱了他的控制,仿佛在一个或远或近的地方不断地有她的约会,等待她前去享受那种奇趣乐事,尽管在这场捉迷藏的游戏中,阿尔贝蒂娜仅仅向他道安才来他的卧室。当他意识到这种生活对他和对她都是十分残酷的时候,他决定离开她,独往威尼斯。一天上午,正当他准备动身的时候,女仆上楼来报告,阿尔贝蒂娜已经走了。

第六部《逃亡者》:阿尔贝蒂娜的离去,给了他精神上猛烈的一击,使他感到撕心裂肺的痛苦,也引起了他对自我的重新认识,对爱情、嫉妒等一列系问题的思考。他托朋友圣卢寻找,终于在土兰阿尔贝蒂娜的姨母家找到她的下落。随后的日子里,他俩建立了通信关系。几经来往,两人都再不能按捺住那急于相逢的心情。他在阿尔贝蒂娜面前丢掉了傲气,给她拍了一份充满绝望之情的电报请求她回来……阿尔贝蒂娜同时也投出了焦渴的信,向他写道:假如您决定让我回来,我立即去乘火车,全心全意属于您。然而,阿尔贝蒂娜姨母拍来的一份电报,赶在了阿尔贝蒂娜书信的前面,告诉他:“阿尔贝蒂娜骑马出游,不幸落马遇难。”一种从未领略过的痛苦占据了他裂开的心灵。他十分地怀念阿尔贝蒂娜,对过去的回忆使阿尔贝蒂娜在他心上显得从未有过的生龙活虎。他试图在别的少女身上找回阿尔贝蒂娜。

第七部《重现的时光》:岁月流逝,历史变迁。贵族盖尔芒特公爵同大资产者维尔迪兰夫人结了婚;夏吕斯男爵不再高傲,收养了裁缝比安的女儿;已成寡妇的斯万夫人奥黛特也已再嫁;希尔贝特成了圣卢的妻子。第一次世界大战爆发了,巴黎也沉没在火山爆发式的炸弹轰鸣声中。硝烟黯淡了盖尔芒特家族往日的辉煌。岁月无情,曾经的欢乐和时日不再回转,生灵和死亡是严酷的艺术法则,触发“我”去沉思一个永恒的价值:“我”的大脑是蕴含丰富的矿床,那里有大面积品种繁多的珍贵矿脉,“我”把它们开发出来,实现在一部作品中。现在该是着手撰写作品的时候了。“我”要留住往日那“值得一过的感受”,通过这部作品,使往昔重新形成,化为现实。

(宋学智)

丹尼尔·贝尔 [美国]

《资本主义文化矛盾》

作者简介

丹尼尔·贝尔(Daniel Bell,1919—),当代美国重要的学者与思想家,也是美国主要的批判社会学家。

20世纪50年代,贝尔积极参加了战后的历史反省与文化大讨论活动,并在总结20世纪30年代左翼运动失败经验的基础上,提出了“意识形态终结论”。而对20世纪60年代后期兴起的西方激进运动,贝尔又反思了资本主义现存的一系列现状,尤其是美国的政治、经济与文化,逐步形成了其“文化保守主义”的意识,对资本主义文化矛盾予以揭露针砭,更加注重信仰与权威,维护文明的延续。在他从事学术思考及社会活动的过程中,他写出了一系列的著作,并编撰了许多文集:《美国的马克思派社会主义》(1951)、《意识形态的终结》(1971)、《极端右翼》(1964)、《今日资本主义》(1971)、《后工业化社会的来临》(1973)、《资本主义文化矛盾》(1976)及《蜿蜒之路》(1980)。这些著作与文集完整反映了他的立场:“本人在经济领域是社会主义者,在政治上是自由主义者,而在文化方面是保守主义者。”①

1967年10月,贝尔(左)在美国格林奈尔学院的一次国际会议上

贝尔在战后西方的社会学、未来学与发达资本主义研究诸领域据有领先地位。50年代以来,贝尔一直在哥伦比亚大学(1953—1969)和哈佛大学(1969年至今)担任社会主义学教授,参与创办了在美国社会科学界声誉遐迩的刊物《公共利益》。近年来,他作为美国艺术与科学院2000年委员会主席、批判社会学及文化保守主义思潮的代表人物,在欧美思想界声望日高,颇具影响。

① 丹尼尔·贝尔:《资本主义文化矛盾》,赵一凡等译,三联书店1989年版,第21页。

三联书店 2003 年版封面

作品提要

《资本主义文化矛盾》是一本文化方面的哲学著作，它集中探讨了当代西方繁荣的经济及文化表象背后，其社会的内部结构脱节与断裂的问题。贝尔在书中所作的基本判断是，资本主义历经几百年的发展与演变，已形成它在经济、政治与文化三大领域间的根本性对立冲突。这三个领域相互独立，分别围绕自身的轴心原则，以不同的节律交错运转，甚至逆向摩擦，随着后工业社会的到来，这种价值观念与品格构造方面的冲突更加突出，难以扼制——这是贝尔有关当代资本主义批评的理论出发点。

从本书的行文结构上，可以看出一个非常清晰的线条，即从政治、经济与文化三领域对立的情况分析入手，指出现代主义与信仰危机所导致的资本主义精神裂变，给今日西方资本主义带来了毁灭性的影响；最后，他从“本书的支撑点——宗教”[1]，寻求后工业化时期精神需要与现实世界中的领域断裂，从而为后工业化社会设计出一种他称之为“公共家庭”理论的广义文化、宗教崇拜。

矛盾与冲突：经济、政治与文化。贝尔在书中说，文化本身是为人类生命过程提供解释系统，以帮助他们对付生存困境的一种努力。按贝尔的理解，本书中的“文化”一词，其词义略小于人类学涵盖一切“生活方式”的宽大定义，又稍大于贵族传统对精妙形式与高雅艺术的狭窄限定。因此，他把文化视为与经济、政治并列的三大领域。这种社会学说综合了马克思主义区分上层建筑与经济基础以及韦伯重视文化研究的成果，并经得起严谨缜密的社会学分析的考验。这正是贝尔的一大长处。

江苏人民出版社 2007 年版封面

但是，当代资本主义的社会发展在这三大领域表现为尖锐的对立。在该书正文的开头，贝尔引用弗莱德里希·尼采的《强力意志》一书的序言，来说明当前西方资本主义面临的现实：“我谈论的是今后两个世纪的历史。我描述的是即将到来，而且不可能以其他形式到来的事物：虚无主义的降临。这部历史目前就能加以讨论；因为必要性本身已经出现。未来正以 100 种迹象倾诉着自己。……因为眼下我们整个的欧洲文化正在走向灾难，带着几个世纪积压下来的磨难和紧张，骚动着，

① 丹尼尔·贝尔：《资本主义文化矛盾》，赵一凡等译，三联书店 1989 年版，第 39 页。

剧烈地向前，像一条奔向干涸尽头的河流，不再回顾身后的一切，也害怕回顾。"[①]"给现代主义下定义是极端困难的。"[②]因而，贝尔采用了特征分析的方法。其一，从理论上看现代主义是一种对秩序，尤其是对资产阶级酷爱秩序心理的激烈反抗，它侧重个人以及对世俗物质利益无休止的追求；其二，从体裁上看，现代主义产生一种称之为"距离的消蚀"(eclipse of distance)现象，其目的是为了获得即刻反应、冲撞效果、同步感及煽动性；其三，对传播媒介的重视。

Basic Books 1996 年版封面

这样的现代主义文化的发展，一开始与资本主义经济有着共同的根源，即在经济活动中体现为"粗犷朴实型个人主义"，在文化上体现为"不受约束的自我"。贝尔认为，关于早期的资本主义流行理论，如马克斯·韦伯强调的加尔文教义与清教伦理(禁欲主义)以及韦尔纳·桑姆巴特的贪婪攫取性，均各执一词。其实，禁欲主义所代表的资产阶级精打细算的谨慎持家精神与贪婪攫取——体现在经济与技术领域中的那种浮士德式的骚动激情，宣称以彻底改造自然为己任——这一对宗教与经济的冲动力，从资本主义发展初始就紧紧锁在了一起，并形成现代主义的理性观念。

然而，现代理性观念在经济冲动力之下所形成的逐步转而生产那种由文化所展示的生活方式。这种"象征着自我解放的生活方式不再是'奋勇开拓'的经理阶级，而效仿那些蔑视习俗、孤傲不驯的艺术家"[③]，现代主义与资本主义曾经共同的根源开始瓦解。这样，在资本主义上升时期，曾经因资本主义的兴起而仅以充分发挥其个人的想象空间与追求以及个性解放的文化人、艺术家开始了他们的叛逆历程。资本主义企业家们在经济上激烈进取、贪得无厌，却不妨碍他们在道德与文化方面的保守顽固。他们本能地维护经济和社会制度的稳定，反对个性的充分张扬与转变；而文人艺术家则把人字大写到无以复加的地步，对功利化、制度化与拜金主义厌恶不已，大加鞭挞。从此，资本主义企业家与现代主义艺术家形成长久的对峙。

现代主义文化的这种反资产阶级性质，初始是出自"激进自我的无穷发展精神"，因而具有不满庸俗现实禁锢，追求价值关怀的精神品格。但在20世纪60年代以后，它一方面与大众文化、商品文化合流，一方面由于中产阶级对它的奉迎与侵蚀，现代主义文化的批判性、反叛性已变为花哨的时尚而失去了精神蕴涵。娱乐性报刊、大众传媒推波助澜，大张

① 丹尼尔·贝尔：《资本主义文化矛盾》，赵一凡等译，三联书店1989年版，第49页。
② 丹尼尔·贝尔：《资本主义文化矛盾》，赵一凡等译，三联书店1989年版，第31页。
③ 丹尼尔·贝尔：《资本主义文化矛盾》，赵一凡等译，三联书店1989年版，第34页。

旗鼓地掀起对属于后现代主义的影星、歌星的偶像崇拜。在贝尔看来，现代主义统治资本主义的文化领域，是一个很值得忧虑的问题，它潜存着资本主义精神的裂变。

“公共家庭”——未来社会的新宗教。贝尔在书中说：“文化领域是意义的领域，它通过艺术与仪式，以想象的表现手法诠释世界的意义，尤其是展示那些从生存困境中产生的，人人均无法回避的所谓‘不可理喻性问题’，诸如悲剧与死亡。”[①] 在现代西方资本主义技术膨胀与物质繁荣的背后，尽管有着深刻的资本主义精神裂变，但人们一直没有放弃对那些根本性问题的意识。而宗教，作为一种信仰崇拜，无疑是作为人类破译这种“秘诀”的最古老的努力。在这个意义上，它是文化象征的源泉。因而，在后工业社会，由于现代主义思想的衰竭与异变，要通过一种什么样的方式来使得整个社会“重新向某种宗教观念回归”[②]。贝尔的设计，是称之为“公共家庭”理论的广义文化崇拜，这种崇拜更具有宗教心理的色彩。

当然，现代主义里的大众文化并不缺乏崇拜。但大众文化崇拜的是技术与力量，它不断消蚀人的意识空间，意义问题却被忽略了。宗教是传统社会的意义来源。人总是希望生活在稳定的意义系统中，在深渊中的生存必定是十分难掌握的，因此，对意义的追求成为人无法扼制的冲动。贝尔的“公共家庭”应运而生。

作为以社会学为终生事业的学者，贝尔在《资本主义文化矛盾》里的研究还不仅是学术理论的意义。在这里，体现出他将对社会学问题的思考引申到宗教、文化、伦理、历史、哲学等不同领域。在学术思想的组合上，他力图恢复马克思与韦伯时代的社会学崇高地位，并建立起一个指向未来的资本主义体系，是一种大胆的实践。

20 世纪 30 年代的全球资本主义经济危机及第三世界国家如火如荼的民族解放运动，促成了他后来的思想成形，一度思想激进，在社会与经济问题上深受马克思主义影响。贝尔年轻时对马克思学说确实下过功夫。因此，有关经济基础—生产方式的理论使他后来的社会学研究大受裨益。比如，他认为，西方现代主义文化的兴起既是由于传统资产阶级价值体系的崩溃，也是植根于以自由市场为最大特色的经济体系。同时，他把社会领域分为经济、政治与文化三个方面，又明显受到韦伯文化思想研究的重视。

该书与他的另一本著作《后工业化社会的来临》一起，集中反映了他的“意识形态终结论”、“后工业化社会论”及对资本主义文化矛盾的批判上升改造成一个囊括政治、社会与文化的综合理论体系，反映出他对未来社会的科学预测与其深远的历史意识相得益彰，而他运用人文学科传统理论与社会科学现代方法的学术能力进入自如阶段。（姚国宏）

① 丹尼尔·贝尔：《资本主义文化矛盾》，赵一凡等译，三联书店 1989 年版，第 30 页。
② 丹尼尔·贝尔：《资本主义文化矛盾》，赵一凡等译，三联书店 1989 年版，第 40 页。

艾丽斯·沃克 [美国]

《紫颜色》

作者简介

艾丽斯·沃克(Alice Walker,1944—),美国著名黑人女作家。出身于美国南方佐治亚州的一个佃农家庭。20世纪60年代,她就读于莎拉·劳伦斯学院并获得了学士学位。

诗集《一度》是沃克发表的第一部作品,她在其中记载着自己在学生时代参与民权运动的种种经历。两年后,沃克又出版了第一部长篇小说——《格兰奇·科普兰的第三次生命》。继这两部作品之后,沃克陆续发表了四部长篇小说、两本短篇小说集、两卷散文集及五卷诗集。她还为黑人作家兰斯顿·休斯撰写过一部传记。居住在美国旧金山市期间,沃克与他人合力创办起一家小规模的出版社,志在发掘并出版那些不受人瞩目的黑人作家的作品。1983年,沃克的长篇小说《紫颜色》获得了全国图书奖和普利策两项大奖。随后不久,名导演斯皮尔伯格将其改编并成功地搬上银幕。《紫颜色》这部女性正义畅销小说受到读者、评论家们的一致好评,并使沃克跻身全美最著名作家之列。

作品提要

小说通过一对黑人姐妹——西莉和耐蒂的书信展开叙述。故事发生在20世纪初美国南方佐尔亚的一个小山村里。14岁的西莉遭到父亲奸污而怀了孕,她全然不知自己为何会有这样的生理变化,又羞又怕,只是偷偷地给上帝写信,倾诉心中的惶惑。西莉先后生下一男一女两个孩子,都被父亲夺走送了人。原本身体便很虚弱的母亲不了解事情的真相,在病痛和绝望中悲惨地死去了。父亲随即又娶了一个年轻女子为妻,然而却依然不放过任何能蹂躏西莉的机会,同时他又想将魔爪伸向西莉年幼的妹妹耐蒂。为了保护妹妹不受到侵犯,可怜的西莉不得不一次又一次地屈服于父亲的淫威。然而父亲终于对西莉厌倦了,而

艾丽斯·沃克在给读者签名售书

译林出版社 1998 年版封面

且他更急于除掉这块挡在他与耐蒂之间的"绊脚石"。在西莉 20 岁那年，父亲强行将她嫁给了村里的一个鳏夫。西莉不敢也不愿对丈夫直呼其名，在写给上帝的信件中，她只称为某某先生。

原本某某先生对西莉毫无感情，他只是因为看中耐蒂才上门求亲的，由于父亲答应给西莉一头母牛作为陪嫁，他才勉强同意娶西莉为妻。同时，村中盛传某某先生还有一位名叫莎格·艾弗里的情妇。一个偶然的机会使西莉得到了莎格的照片。不知为什么，西莉一下子就对照片中的女人产生了好感。西莉结婚后毫无怨言地照顾着某某先生前妻留下的四个小孩子，并包揽下家中所有大小杂务，然而某某先生却依然对她百般虐待，非打即骂。在他的眼中，西莉只是他发泄性欲的工具，受尽了苦难的西莉对此早已麻木不仁，习惯了逆来顺受的她全然失去了反抗的意识。一次，进城的时候，西莉在布店中看见一个女人带了个五六岁大的小孩在挑选布料。母性的直觉告诉西莉那就是她失散了多年的女儿奥莉维亚。西莉没有前去相认，然而单单知道女儿尚在人世，西莉已经很满足了。这时，耐蒂忍受不了父亲对她的不轨企图，出逃来到了西莉家，但没安好心的某某先生却也妄想占有耐蒂。在遭到耐蒂拒绝后，某某先生借故将她赶了出去。西莉和耐蒂临分别前约定互相通信，可耐蒂别后却音信全无。

后来某某先生的情人莎格到镇上来了，她的出现使某某先生兴奋极了。莎格是一位很有特色的歌唱家。她身患重病，某某先生把她接到家中。西莉的精心照顾使她很快恢复了健康。不仅如此，西莉还得知，如果不是因为某某先生父亲的干涉，莎格原应嫁给某某先生的。

Harcourt Brace Jovanovich 1982 年版封面

在不知不觉中，西莉和莎格成了无话不谈的知心好友。当莎格得知西莉时常遭受某某先生折磨时，她便决定留下来帮助西莉。

莎格再次回来的时候，带回一辆汽车，同时也带回一个丈夫。和莎格谈心的时候，西莉向她倾吐出自己在少女时期的悲惨遭遇。莎格对西莉十分同情，并对西莉表露了她的爱意，从此，西莉似乎找到了信心的源泉。莎格发现，某某先生把耐蒂写给西莉的信全部藏了起来。机智的莎格靠着和他打情骂俏的机会，将所有的信偷了出来交到西莉手中。西莉对某某先生的行径十分气愤，生平第一次，她公然反抗了某某先生，并决定和莎格一起去田纳西州北部的孟菲斯，那里有莎格自己的家。西莉从未觉得自己会像现在这样自由和快乐。在莎格的鼓励下，西莉学着缝制长裤，并开了一个裁缝铺子，她有了朋友和爱，也有了金钱和时间，而且还开始学习文化知识了。

Harvest Books 2003 年版封面

从耐蒂那厚厚一叠来信中，西莉得知了耐蒂自出走后的一切经历。当时，无处可去的耐蒂来到塞缪尔牧师夫妇家里，他们恰好是西莉的儿女——亚当和奥莉维亚的养父母。于是，耐蒂承担了照看孩子的工作。塞缪尔夫妇正准备动身去非洲大陆的奥林卡地区传教，耐蒂也随其来到非洲。在非洲的所见所闻让耐蒂感到既激动又痛心。耐蒂和塞缪尔夫妇在奥林卡安下家，一面传教一面传授各种文化知识，生活十分艰苦。转眼间数年便过去了。塞缪尔夫人感染上非洲的疟疾不治身亡，亚当和奥莉维亚也成为大孩子了。亚当爱上了美丽的当地姑娘塔希，却又深深地震惊于奥林卡部族沿留的残害女性身心健康的种种陋俗。英国殖民主义者为了开垦橡胶园，肆意破坏奥林卡人民的村落及其赖以生存的土地，并勒令奥林卡人离开家园，搬迁别处。塞缪尔和耐蒂赶去向主教求助，却遭到教会的冷眼相待。失望之余，塞缪尔鼓励奥林卡人去投奔住在丛林深处的布雷田人，让非洲人民联合起来反抗白人的殖民统治。在塞缪尔夫人临死前，耐蒂向他们坦露了两个孩子的身世，而此时，耐蒂发现自己居然一直深爱着塞缪尔，于是，两人幸福地结合了，并决心带着奥莉维亚、亚当和已成为儿媳的塔希乘船返回美国。

更让西莉感到高兴的是，耐蒂告诉她，那个曾经对她施暴的人并不是她们的亲生父亲。这一消息驱散了一直笼罩在西莉心头的阴影。而某某先生在西莉离开他之后，一改过去懒散的大男子主义作风，变得勤劳起来。他向西莉承认了自己过去的错误，并获得了西莉的原谅，西莉终于乐意以名字称他了。两个人虽然没有复合，却也建立起诚挚的友谊。继父死后，西莉得到了一幢房子作为遗产。她做梦也没有想到她会拥有自己的房子。然而，西莉忽然发现莎格爱上了一个 19 岁的男孩。西莉虽然心碎欲绝却又深知这便是莎格的风格——想爱就去爱，全然不受约束。慢慢地，西莉学着去习惯没有莎格在身边的生活，可这时，莎格却再一次回到西莉家中。

回来的并不止莎格一个，耐蒂和塞缪尔带着两个孩子在某一天突然出现在西莉眼前。西莉终于得以和阔别了多年的妹妹重逢，终于可以和亲生的儿女欢聚一堂。虽然孩子们早已成年，而此时的西莉却觉得自己格外年轻。

（张　瑛）

以赛亚·伯林 [英国]

《自由四论》

作者简介

以赛亚·伯林(Isaiah Berlin,1909—1997),英国思想家、当代英美自由主义思想的最重要的代表之一。1974—1984 年任英国皇家科学院主席。伯林是那种面向公众学问思考的典型,西方学界公认的演说家。1939 年因为《马克思传》而一举成名。1978 年以前结集出版的著作有《自由四论》、《维科与赫尔德》、《启蒙的时代》。1978 年,在他 70 岁时,牛津大学出版社把他的重要文章编为四卷:《反潮流——观念史文集》、《俄国思想家》(对 19—20 世纪俄国知识分子历史的多角度研究,有对别林斯基人格与思想的分析,有对赫尔岑和巴格宁自由观念的解释,有站在自由主义立场上对民粹派运动的著名评论,更有"狐狸与刺猬"对思想史研究的新划分)、《概念与范畴》、《个人印象》(对包括丘吉尔、罗斯福、纳米尔、奥斯丁、爱因斯坦在内的名人的回忆)。1978 年以后的重要文章收集在《人性的幽曲——观念史篇章》中。1957 年,伯林被授予英国骑士勋章,1971 年被授予功勋勋章(只有 24 个在世的人可以获得此项殊荣)。他一生得过无数次的奖,荣获包括哈佛、剑桥、耶鲁、普林斯顿在内的 23 所大学的荣誉博士学位。此外,伯林既是个散文作家,也是有名的音乐指挥家,他在英国皇家歌剧院担任了十多年的指挥。

译林出版社 2003 年版封面

作品提要

《自由四论》是伯林四篇讨论自由的文章的结集。最早一篇《20 世纪的政治理念》,发表于 1949 年的《外交季刊》;《论历史的不可避免性》为 1953 年在伦敦经济学院的孔德纪念讲演;《两种自由概念》是 1958 年牛津大学社会与政治理论教席的开讲词;《米尔与人生目的》为 1959 年在伦敦市政厅的讲演。《自由四论》的主要内容如下。

多元主义价值观。《自由四论》的一个重要的思想前提,也是伯林一生思考的一条主线,就是价值多元论。多元主义是伯林哲学的原则与方法,是他分析与批判各种思想流派的出发点。

极权主义的起源。在《20 世纪的政治理念》中，他运用他的多元主义的方法，分析了当时西方社会科学所认为的两种类型的极权主义的起源。这就是纳粹主义与斯大林主义，被自由主义者认为对个人自由产生巨大威胁的两种思想与制度。伯林认为，从历史起源上看，纳粹主义是 19 世纪浪漫的民族主义的极端形式，斯大林主义则是人道的个人主义的极端形式。这两种主义是 19 世纪两大政治解放运动。个人主义与民族主义在主张上是相反的，因为个人主义强调个人自由，反对群体对个人的压迫，而民族主义恰好相反，认为民族的利益至高无上，个人必须无条件地服从民族。但是它们却有共通之处：两者都相信，只要人类能够用美德战胜无知与邪恶，无论个人问题还是社会问题，都可以得到解决。因此，尽管各种各样的悲观论调甚浓，但这两种思潮却对未来充满乐观，认为只要人们充分利用知识资源，所有问题都可以解决。

伯林说，到了 20 世纪，情况发生了逆转。上述两种思想对理性解决问题已经失望，认为“理性无法解决问题，问题要用思想与争辩以外的方法去解决”[1]。这导致他们走向建立组织、夺取制度的道路。不论在组织中还是在随后的制度中，答案都是不容置疑的，因为组织与制度的本性就在于将这些被视为绝对正确的答案付诸实施。也就是说，用一种暴力的、非理性的力量去解决思想问题。从此以后，诸如“人与人之间应该维持什么样的关系？”“人为什么活着?”“人类的未来如何?”“合理的社会制度应该如何?”等等，这些人类的“生死攸关的”问题，只能有一种答案，而别的答案都是错误的，只能接受一个答案，否则将受到严厉的制裁。在极权的社会里，目的已经没有疑问，终极价值问题已经解决，为思想留下的只是技术问题：怎样才能更好地实现那些目的与价值。于是千百年来困扰着无数思想家、宗教领袖的问题就不再存在。伯林讽刺说这样一种用根本不让提问的方法来消除问题的做法“简直是天才之举。它排除了选择在心理上的可能性，以期造成政治原则上看法的一致”[2]。这样一种理性主义的合流现象，这样一种借助非理性的力量达到理性要求的做法，在柏林看来，是 20 世纪最大的悲剧。

Oxford University Press 1969 年版封面

---

① I. Berlin, Four Essays on Liberty, Cambridge: Oxford University Press, p7.

② I. Berlin, Four Essays on Liberty, Cambridge: Oxford University Press, p23.

Oxford University Press 2002 年版封面

历史决定论的讨论。历史决定论、历史必然性或历史主义的观念，是西方文化中源远流长的观念，不同的时代有不同的形式。在古代与中世纪，历史主义主要受宗教观念的影响，随着 17 世纪科学革命的兴起，历史主义成为 18、19 世纪西方最重要的社会思潮。它的中心论点是历史有一个既定目标，历史的发展遵循一定的法则，个体与群体的使命就在于遵循历史的规律、法则，实现历史的目标。在伯林看来，历史决定论或历史必然性的概念，是西方文化中一种根深蒂固的"神话"，这种神话不仅是历史的一种解释理论，更是涉及人生的目的、社会制度的安排等所有重大问题的意识形态。

从解释的领域转到实践的领域，伯林认为历史必然性观念实践后果，就是以高层次的实体来压迫个人，将传统、种族、国家、文明、阶级等集合名词视为高级实体，而将有血有肉的个人视为微不足道的沙尘，视为这些高级实体的工具。在历史决定论的眼界下，个人没有终极性的价值。个人要么是被历史淹没，有如尘埃，要么就是历史目的、历史法则这些"抽象观念"的工具。因此，历史决定论是仇恨个人自由的学说。此外，这种最积极的、要把人的行动与最高的目的相联系的学说，却产生了逃避道德责任这样一种矛盾。既然历史的目的是既定的，历史的发展规律是客观的，那么人只能顺应这种规律，几乎谈不上选择自由。这种进攻性的学说，在历史面临善恶抉择时，却"消解了道德责任"，陷入"不光彩的投降行为"，陷入道德的犬儒主义。

两种自由概念。《两种自由概念》是对自由的方式的分析疏理。对自由问题的讨论贯穿着整个西方思想史，宗教的、伦理的、哲学的、心理学的、政治理论的自由学说相互激荡，相互驳斥。伯林把自由的各种界定基本上划为两个类。第一类，把自由理解为对个人以外的干涉力量持否定态度，在个人与国家、社会之间有一个清楚明白的界线，为个人保留一个外人或社会力量绝对不得进入、不得干涉的"私人领地"。这种否定性、防御性也具有消极意义的自由概念，伯林称为"否定性的自由(negative liberty)"，这是个"免于……干涉(free from)"的自由。所谓否定性的自由，即是对下列问题的回答："在什么样的限度内，一个人或一群人，可以且应当被容许做他所能做的事情、成为他所能成为的角色，而不受别人的干涉。"[1]第二类,把自由理解为对自我与自然的控制,起源于人自主性的要求。这是个肯定性的、对生活、社会持干预态度的自由。持这种自由观念的人,不仅要成为自己的主人,而且要成为自然、社会的主人。伯林称这是一种"肯定性的自由(positive liberty)",一种"对……的自由(free to)",对人生、自然、社会持积极进取甚至进取性态度的自由。伯林认为第二种自由观念要回答的是这个问题:"什么东西或什么人,有控制权、干涉权,从而决定人应该去做某件事、成为某种人,而不应该去做另一件事,做另一种人?"[2]虽然《两种自由概念》给人以否定肯定性自由的印象,但是伯林认为两者实际上没有主从之分,甚至不能说哪种理解会更合适。它们实际上是对世界的两种不同的态度。但是对其中一种态度的任何夸大,都有可能造成对另一态度的压制,因而对自由本身造成威胁。而在写作《两种自由概念》时,伯林感觉到从18世纪以来,对自由的肯定性理解已经发展得过分,因此,他花大量的篇幅来说明肯定的自由过分发展的危害。对自由概念的这种分析与疏理,产生了对西方思想史的重新排队。持否定性自由的,并持多元立场的,有康德、贡斯当、托克维尔、米尔、阿克顿等;持肯定性自由的,有卢梭、黑格尔、马克思、格林等。持肯定性自由观念的,也往往是持建构论态度的人,常常把自由与自由以外,甚至与自由在概念上相互对立的东西扯在一起。

《自由四论》是20世纪西方政治哲学的当之无愧的经典。它的第一篇文章发表于1949年,最后一篇发表于1959年,以《自由四论》为名结集出版在1969年。概括而言,《自由四论》的影响有四个方面:第一,引导着当代的思想潮流。第二,促进了自由主义思想的转向。伯林的"两种自由观念"被视为当代自由杂交的"宣言"。第三,显示更深切的人文关怀。伯林的自由主义不仅是一种政治社会政策的关怀,更是一种人文的关怀,终极的关怀。他的独特的困境意识,使他在思想深度与方向上与存在主义相通。第四,如果对于政治、社会、人生的所有重大问题,根本就没有一个正确、合理的答案,而人又不得不选择,那么,这种没有目的的生活、没有确定的参照系的选择,会不会成为巴斯卡所说的赌博?这是伯林思想中的存在困境。因为这种困境意识,他被视为当代重要的人文主义思想家之一。

(胡传胜)

---

① I. Berlin, Four Essays on Liberty, Cambridge: Oxford University Press, p122.

② I. Berlin, Four Essays on Liberty, Cambridge: Oxford University Press, p163.

存　目

说明:我们在本书中介绍了99部对世界产生过影响的西方名著,并将最后一部的选择权留给读者,在此仅提供10部备选书目。

1. 阿・怀特海与伯・罗素:《数学原理》(1910—1913)
2. 理查德・罗兹:《原子弹的形成》(确切年代不详)
3. 卡尔・客:《无意识心理学》(1916)
4. 詹姆斯・沃森:《基因的分子生物学》(1965)
5. 埃兹拉・庞德:《诗意》(1905—1970)
6. 米兰・昆德拉:《生命中不能承受之轻》(1984)
7. 罗・戈达德:《到达极高空的方法》(论文,1919)
8. 埃德温・哈勃:《星云王国》(1936)
9. 库尔特・哥德尔:《选择公理及广义连续统假设同集合论公理的相容性》(1904)
10. E. B. 怀特:《夏洛特的网》(1952)